Pieske *shangri-la*

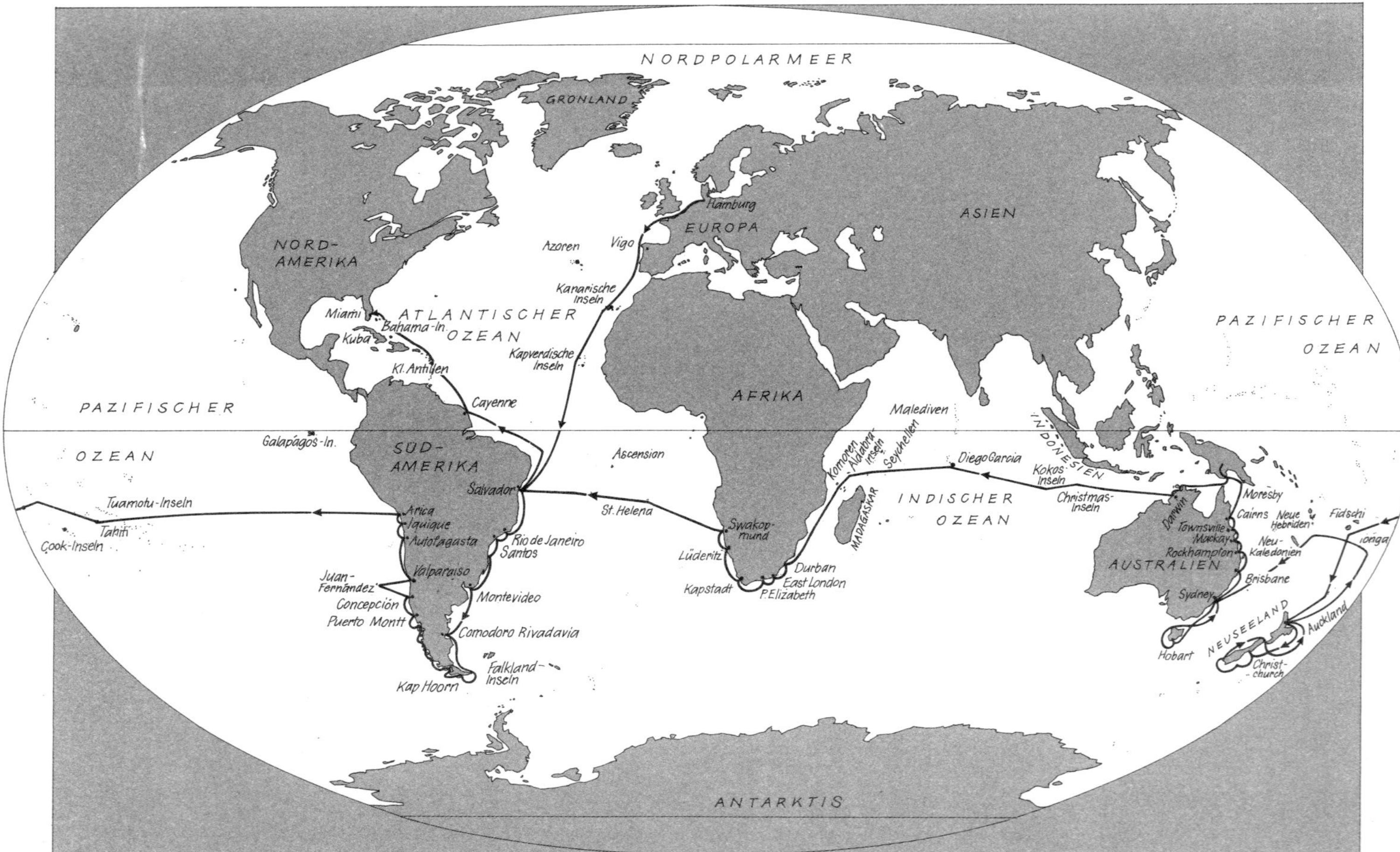
NORDPOLARMEER
GRÖNLAND
NORD-AMERIKA
EUROPA
ASIEN
AFRIKA
SÜD-AMERIKA
AUSTRALIEN
NEUSEELAND
ANTARKTIS
ATLANTISCHER OZEAN
PAZIFISCHER OZEAN
PAZIFISCHER
OZEAN
INDISCHER OZEAN
INDONESIEN
MADAGASKAR
Hamburg
Vigo
Azoren
Kanarische Inseln
Kapverdische Inseln
Miami
Bahama-In.
Kuba
Kl. Antillen
Cayenne
Galapágos-In.
Salvador
Rio de Janeiro
Santos
Montevideo
Comodoro Rivadavia
Falkland-Inseln
Kap Hoorn
Puerto Montt
Concepción
Juan-Fernández
Valparaiso
Autofagasta
Iquique
Arica
Tuamotu-Inseln
Tahiti
Cook-Inseln
Ascension
St. Helena
Swakopmund
Lüderitz
Kapstadt
P. Elizabeth
East London
Durban
Komoren
Aldabra Inseln
Seychellen
Malediven
Diego Garcia
Kokos-Inseln
Christmas-Inseln
Darwin
Moresby
Cairns
Townsville
Mackay
Rockhampton
Brisbane
Sydney
Hobart
Neue Hebriden
Neu-Kaledonien
Fidschi
Tonga
Auckland
Christ-church

Burghard Pieske

shangri-la

Mit dem Wind um die Welt

Delius Klasing Verlag

INHALT

AUSSTIEG UND EINSTIEG

„... und wir alle hoffen, daß Sie den Weg in die Schule zurückfinden werden.“ Mit diesen Worten meines Rektors bin ich entlassen – aus dem Schuldienst des Landes Schleswig-Holstein und aus meinem bisherigen Leben.

„Ist Ihnen eigentlich klar, was Sie da aufgeben?“

„Sie sind doch eigentlich kein Aussteigertyp und schon gar kein Ausgeflippter.“

„Denken Sie doch mal an Ihre Zukunft!“

Noch bei der Abschiedsfeier im Kollegenkreis bekomme ich derlei zu hören, stoße auf befremdete Gesichter und offenes Unverständnis. Wie kann ein Beamter auf Lebenszeit mit 31 Jahren seine Existenz als Grund- und Hauptschullehrer durch eigene Kündigung aufgeben, die gesicherte Zukunft gegen den Traum von Freiheit und Abenteuer eintauschen?

Ach, solche Warnungen habe ich in den vergangenen Monaten viel zu oft gehört, als daß sie in mir noch die geringsten Zweifel wecken könnten. Mein Entschluß steht fest: Ich gehe auf einen dreijährigen Segeltörn um die Welt.

Von der Brücke zum Lehrerpult

Während ich diese Zeilen schreibe, sitze ich auf meiner „Insel“ in der Karibik, nur wenige Bootsminuten entfernt vom weißen Puderstrand, wo sich das Plätschern der seichten Wellen mit dem Rauschen der Palmenblätter harmonisch vereint. Der Kalender zeigt Januar 1984, und seit meiner Schulentlassung sind weit mehr als drei Jahre vergangen. Der Lehrer Burghard Pieske ist nicht zur Schule zurückgekehrt und wird es vermutlich auch nicht mehr tun. SHANGRI-LA hat sein Leben... Doch greifen wir der Geschichte nicht vor. Fangen wir dort an, wo alles begonnen hat.

Mindestens 25 Jahre ist es her, seit ich am Ostseestrand meine Liebe zu Wind und Meer entdeckte. Auf Eisschollen stakte ich am Ufer entlang, bis sie löcherig waren und brachen. Die Wechselbäder eisigen Ostseewassers und wärmender Prügel konnten die Begeisterung nicht schmälern. Fragte mich damals jemand nach meinem Berufswunsch, kam prompt die Antwort: „Kapitän.“ Des Zitterlebens im unteren Leistungsdrittel der Realschule überdrüssig, steuerte ich diese Laufbahn denn auch zielstrebig an, von der Pike auf. Nach der Ausbildung als Schiffsjunge auf der PASSAT fuhr ich als Moses auf Küstenmotorschiffen in Nord- und Ostsee, später als Matrose auf großer Fahrt. Doch während die See mich nach wie vor in ihren Bann zog, verblaßte das romantisch verklärte Bild des Kapitäns mehr und mehr.

Ich musterte ab, quälte mich durchs Abitur, fuhr wieder zur See, begann auf Drängen der Familie ein Pädagogikstudium, um nach vier Jahren abermals auf Schiffsplanken zu reisen, diesmal Richtung Ostasien. An der Hamburger Seefahrtschule erwarb ich schließlich das Patent „Kapitän auf kleiner Fahrt“ und verdiente als Zweiter Offizier eines Tankers mein Geld. Doch eines wurde mir im Lauf der Zeit immer klarer: Die Karriere bei der Handelsmarine mußte für mich in eine Sackgasse führen. Nach heftigen Meinungsverschiedenheiten mit meinem Arbeitgeber packte ich endgültig den Seesack und vertauschte die Kommandobrücke mit dem Lehrerpult.

Der Wechsel war nicht leicht und wurde nur erträglich durch eine Idee, die Weltumsegelung hieß und die ich schon lange mit drei Freunden teilte. An die Geburtsstunde dieser Idee kann ich mich nicht mehr genau erinnern. Ich glaube, es war einer dieser Monate, in denen Norddeutschland sich unter nassem Grau versteckt: Oktober oder November. Wir hockten viel in verräucherten Studentenkneipen herum, träumten und stritten, redeten von Freiheit und Abenteuer, planten Zukünftiges und diskutierten Aktuelles. Wir, das waren vier Studenten: die Geschwister Helga und Dörte, mein Freund Peter, den ich schon aus der Schulzeit kannte, und ich. Alle hatten wir von kleinauf gesegelt, waren jeden Sommer auf Nord- und Ostsee unterwegs gewesen. Der Weg aller leidenschaftlichen Segler war uns vorgezeichnet: erster Bootskauf – Segeln lernen durch Segeln – Verkauf – ein neues, größeres Boot – Segeln ... So diente man sich hoch, von der Jolle zum Folkeboot.

Ja und dann, an einem dieser Kneipenabende, tauchte sie plötzlich auf, die Idee von der gemeinsamen Weltumsegelung. Wie ein Virus überfiel uns die Begeisterung. Aber in jenen Tagen konnte alles nur unscharfe Vision bleiben, ein Tagtraum, verpackt in Bierdunst und Kneipenlärm. Keiner von uns hatte auch nur eine Mark, um ein so gigantisches Unternehmen zu finanzieren. Erst Jahre später reifte dieser Traum bei der Apothekerin Helga, der Architektin Dörte, dem Maschinenbauingenieur Peter und dem Hauptschullehrer Burghard zum Vorsatz und wurde schließlich Realität. Denn vier angepaßte, erfolgreiche, mit guten Gehältern versorgte Mitglieder der Gesellschaft fürchteten sich inzwischen davor, im Mittelmaß zu versinken. Als Beamter auf Lebenszeit war ich wohl der erste, der von Veränderung sprach. Versorgt und abgesichert bis ans Ende unserer Tage, im gemächlichen Gleichschritt mit anderen der Pensionierung entgegengehen? Nein, das wollte eigentlich keiner von uns. Die Idee von der Weltumsegelung erschien uns plötzlich als beste Alternative.

„For Biscay Make West!"

Der 1. September 1977 ist ein Tag, an dem man Norddeutschland nur zu gern die Heckwelle zeigt: schmierig, trist und grau. Helga, Luggi und ich segeln elbabwärts durch Nieselregen, Kälte und Ungemütlichkeit. Meine Gedanken eilen nicht in Vorfreude voraus zu tropischen Inseln. Sie sind zurückgeblieben bei einer kleinen, winkenden Gruppe am Werftgelände in Wewelsfleth. Abschiedsschmerz: Noch weiß ich nicht, daß diese Situation symbolisch für die weitere Reise ist. Nicht Stürme, Streit, Geldmangel und Krankheiten werden unsere Hauptprobleme sein, sondern die sich wiederholenden Trennungen von neuen und alten Freunden.

Das ist mir natürlich nicht bewußt, während die SHANGRI-LA in der Elbmündung gegen eine eklige Windsee bockt, die der Strom aufgebaut hat. In der Nacht folgt dann eine kräftige Brise aus West, wir ziehen Genua und Groß hoch, denn wir wollen schnell nach Süden, dahin, wo die Sonne wohnt, und segeln, was das Zeug hält. Doch das Zeug hält nicht viel. Schon am nächsten Tag bricht der Großbaumbeschlag am Mast. Also erster Stopp an einem Sonntag in Borkum, wo die Schweißer noch schlafen. Nach beendeter Reparatur aufkreuzen gegen einen steifen Südwest. Es ist wie verhext und deprimierend zugleich. Mit einem schwer beladenen Katamaran gegen einen heftig pfeifenden Wind, den man auf den Zähnen spürt, oder bei bleierner Flaute mit Nebel und markerschütterndem Getute, das ist Segeln zum Abgewöhnen. Wir verstecken uns ängstlich hinter den holländischen Inseln, um nicht von einem freundlichen Riesen aus Versehen in Grund und Boden gefahren zu werden. Stopps in Terschelling, Den Helder, Nieuwport, Dover und Folkestone, Warten auf Wetterbesserung. Und die Zeit verrinnt, kostbare Zeit, die den Herbst ins Land schleppt. Erst sechzehn Tage nach der Ausreise stehen wir querab von Lizard Point, dem Ausgang des englischen Kanals, der grau verblassend im Dunst verschwindet.

„For Biscay make west, Burghard, make west!“

Wieder habe ich die mahnenden Worte im Ohr. Damit schickte uns der Schiffshändler in Dover, bei dem wir die Ausrüstung noch ergänzten, auf den Weg. Zum Teufel, wie recht er doch hatte! Mehrere Tiefs setzen uns weit in die Biskaya hinein. Kap Finisterre, diese chronisch windige Ecke, müssen wir aber mit reichlich West passieren!

Endlich dreht der Wind auf Nordwest und dann – na also – sogar auf stramm Nord. Herrlich! Am Wind noch ein schnaubender, bockiger Ackergaul, verwandelt sich SHANGRI-LA bei raumem Wind in ein edles Vollblut mit elegantem Bewegungsablauf.

Zehn, zwölf Knoten zeigt das Log, die Seen werden gröber. O Mann, was schmeckt der Atlantik salzig! Es ist also wahr: Wir haben den Atlantik unter den Rümpfen, den beiden umstrittenen. Wir sind unterwegs. Wie seltsam unwirklich Träume selbst dann noch sind, wenn sie in Erfüllung gehen... Viereinhalb Jahre ist es nun her, daß der Traum greifbare Gestalt annahm. Daß diese „Gestalt“ letzten Endes zwei Schiffsrümpfe haben mußte – daran mag vielleicht eine Begebenheit schuld sein, die viele Jahre zurückliegt, die mir aber nie aus dem Sinn gegangen ist.

Die rote Wolke

Mein Freund sah sie zuerst, die rote Wolke hinter unserem Frachter, der gemächlich die Karibik pflügte. Das Schiff, auf dem ich als Matrose fuhr, hatte in Curaçao gebunkert, zwei Kolben ersetzt, und nun ging es durch die lange Passatdünung dem Panamakanal entgegen.

Die seltsame Erscheinung kam näher, wurde größer und gab sich schließlich zu erkennen: Die rote Wolke war ein Spinnaker, der zu einem ungewöhnlichen Fahrzeug gehörte, einem Katamaran.

Gegen Abend holte uns der Kat ein. Fasziniert beobachtete ich, wie er graziös die Wellenhänge hinabsurfte, unglaublich ruhig seinen Kurs verfolgte und diesen charakteristischen Doppelstreifen hinter sich ließ, als liefe er auf Schienen. „Seine 16 Knoten hat der mindestens drauf", meinte der wachhabende Offizier.

Aber: „Ein Katamaran ist kein Seeschiff!" Keinen Satz bekamen wir von wohlmeinenden Zeitgenossen in den letzten Jahren so oft zu hören wie diesen. Na, dann kommt mal jetzt alle an Bord, Freunde, mit euren Vorurteilen. Schaut achteraus – seht die breite Schaumwalze über dem Heck heranziehen, vor der man, einen fürchterlichen, nassen Schlag erwartend, unwillkürlich den Kopf einzieht . . . SHANGRI-LA beschleunigt die Fahrt, jagt ins Wellental hinab, verharrt ein wenig und läßt – Achtersteven hoch – das, was von der Schaumwalze übriggeblieben ist, gesittet unter sich durchlaufen.

Plötzlich ist sie da, die steile See, viel höher als alle bisherigen. Klammheimlich hat er sich herangeschlichen, der Kaventsmann, verräterisch glasklar schimmernd im oberen Drittel. Jäh richtet er sich auf und schmettert seine Krone gegen das Heck, so daß sie stäubend explodiert und das erzitternde Schiff in eine perlweiße Gischtwolke hüllt. „Wenn das Weltumsegeln ist, dann bleibe ich lieber zu Hause", schimpft ein blasses, kapuzenumrandetes Gesicht mit rotgeränderten Augen neben mir. Auch in meinem Kopf spukt furchtbar viel Land herum, friedliches, schönes, grünes Land.

„Gale warning", sendet BBC. Den Verdacht, daß Sturm droht, hatten wir schon. Zwei zerrissene Streifen Kielwasser nachschleppend, stampft SHANGRI-LA nur unter Fock III unverdrossen ihren Kurs zur spanischen Nordküste.

Wir runden Kap Finisterre, das sich untypisch freundlich zeigt, doch querab von Vigo rollt eine hohe Süddünung, Unheil verkündend, uns entgegen. Und pünktlich zur unpassenden Zeit, nämlich zum Abendbrot, ist der Südsturm, der große Heuler, da. Ölzeug raus, Segelwechsel. Unter Fock III ab in Richtung Vigo, auf zum schützenden Stall, dem wir im Konvoi mehrerer Fischerboote wie eine von Wölfen gehetzte Herde zustreben. Der Südsturm ist laut und naß, aber die Luft bleibt warm und die Sicht gut. Diese Nacht taugt nicht zum Schlafen. Eine entfesselte Natur spielt Alleinunterhalter und verzaubert uns mit einem Feuerwerk, das den Sturm und die Angst vertreibt: Meeresleuchten! Von den zwei Steven der SHANGRI-LA, die sich wie Schneidbrenner durch die See fressen, sprühen Funkenregen. Die Wogen haben Kronleuchter aufgesetzt, die unregelmäßig an- und abgeschaltet werden.

Selbst Fock III ist noch zuviel Tuch bei dem Wetter. Helga und Luggi arbeiten auf dem Trampolindeck und setzen die Sturmfock. Doch kaum ist die Fahrt aus dem Schiff, gebärdet sich SHANGRI-LA bockig und zeigt ungewohnt ruppige Bewegungen. Durch das Trampolindeck klatschen von unten funkelnde Brecher in kleinen Fontänen herauf. Unerwartet kommt eine leuchtende Schaumwalze herangedonnert, zerspringt an der Bordwand und überschüttet die beiden auf dem Vordeck mit Tausenden glitzernder Sterne. Ich muß unwillkürlich an das Märchen vom Sterntaler denken. Auch im Wasser tut sich was. Wie Leuchtgeschosse zischen Fische in wildem Wirbel herum. Wir müssen in einen Schwarm geraten sein, denn auf der dunklen Wasserfläche zuckt und windet sich phosphoreszierendes Leben. Diesen Augenblick werde ich nie vergessen. Ich schaue nach unten in einen auf- und abwogenden Sternenhimmel, an dem sich ein blitzendes Feuerwerk entlädt.

Noch bei Dunkelheit mogeln wir uns mit Hilfe der beiden Dieselmotoren in den engen, überfüllten Yachthafen des Club Nautico von Vigo. Beim Festmachen fällt plötzlich eine Maschine aus. Scheißtechnik, nichts dreht sich mehr. Aber jetzt sind wir viel zu müde, um auch nur einen Gedanken an etwas anderes zu verschwenden als an Schlaf, nichts als Schlaf.

Kleine Ursache – große Wirkung

Mittags sieht die Welt schon anders aus. Eine französische Yacht, die geradewegs aus der Hölle zu kommen scheint, macht neben uns fest. Vier bleiche Typen hocken apathisch im Cockpit, die restlichen zwei sind in kaum besserer Verfassung.

„Total fertig“ murmelt Luggi. „Am besten, Helga, du gibst denen mal deinen Muntermacher.“ Damit meint er unser Weckmittel für Scheintote: heißen Kakao mit einem Geschoß Rum. Das Getränk bringt die erschöpften Franzosen auch tatsächlich „innegäng“, denn bald fliegt pützenweise Seewasser aus dem Niedergang ins Cockpit. Die müssen ihre Kojen anscheinend erst freilenzen.

Doch Probleme gibt es auch auf der SHANGRI-LA, und das nicht zu knapp. Luggi hat den defekten Motor inspiziert. Beim Anblick des grauen Öls am Meßstab ist uns klar, daß Seewasser in den Motor gedrungen ist, der nun zerlegt werden muß. Das drückt sofort auf die Stimmung, die sich in den nächsten zwei Wochen kaum bessert. Ohne Alleskönner Luggi müßte der Motor ausgebaut und in eine Werkstatt geschafft werden. Aber Luggi hat sich schon immer der beiden Maschinen angenommen und sie behütet wie Kinder. Er verzieht das Gesicht schmerzhaft bei leichteren Wehwehchen, leidet mit seinen Zöglingen und stürzt bei kleinen Rülpsern und Verdauungsproblemen mit seinem Erste-Hilfe-Kasten voller Schraubenschlüssel sofort zum Patienten, dem es dann augenblicklich besser geht. Doch jetzt steht ihm und uns, seinen beiden Assistenten, ein schwerer Eingriff, vergleichbar einer Herztransplantation, bevor.

Wie konnte es dazu kommen? Wohl nach unserem letzten Hafenaufenthalt in Folkestone habe ich vergessen, das Seeventil der Steuerbordmaschine zuzudrehen. In der stürmischen Biskaya drang dann Seewasser über den Auspuff in die Zylinder, von dort hinunter in die Ölwanne, wo es tagelang Zeit hatte, aus der Ölpumpe einen Aluminiumgriesbrei zu machen, der das Schmiersystem lahmlegte. Das Endergebnis war ein festgefressenes Lager.

Von Vigo sehen wir in den nächsten Tagen außer Kfz-Läden und Ersatzteillagern wenig. Wie heißen Pleuellager und Kilopondschlüssel auf spanisch? Als Luggi schließlich nach dem großen chirurgischen Eingriff aufs Starterknöpfchen drückt, scheint endlich auch für uns die Sonne Spaniens. Unser guter 50-PS-Diesel rattert gleichmäßig wie eine neue Nähmaschine, und der leitende Ingenieur Luggi bekommt ganz rote Ohren von dem vielen Lob, das ihm alle spenden.

Drei Tage Entspannung gönnen wir uns noch, bummeln als Normaltouristen durch bunte Gassen, schauen dem geschäftlichen Treiben am Fischmarkt zu und sitzen abends bei vino tinto in den Bodegas. Dann geht's hinaus mit Backstagsbrise und weiterhin raumem Wind entlang der portugiesischen Küste. Wir treiben einen Tag in dickem Nebel, in dem uns wie Geisterfahrer einige portugiesische Fischerboote passieren, und setzen sogar den Spinnaker, der uns nach Süden zerrt. Kurz vor den Kanarischen Inseln läuft eine hohe Restdünung aus Nord, wir bekommen noch einmal Arbeit mit mehrfachem Segelwechsel, doch eins ist gewiß: Den Herbststürmen Nordeuropas sind wir entkommen.

La Palma, Sprungbrett über den Atlantik

Santa Cruz de la Palma gilt unter den Yachties, die ab Anfang November über den Atlantik segeln, als Geheimtip für einsames, billiges Liegen in den Kanarischen Inseln. Aber wie es bei Geheimtips häufig ist, erfreut es sich großer Popularität. Ganz so einsam ist es dort also nicht mehr. Mit fast einem Dutzend Gleichgesinnter erleben wir zum ersten Mal die internationale Gemeinschaft der Fahrtensegler. Was ihre Motivation für das Aussteigen aus dem Leben an Land auch gewesen sein mag, in ein sorgenfreies Dasein ist keiner hinübergewechselt. Genau wie wir haben die angehenden Weltumsegler nach Jahren der Planung und Vorbereitung sich von Freunden, Beruf, Vereinen, Haustieren und ach so vielen liebgewordenen Gewohnheiten trennen müssen.

Es ist erst ein kleiner Schritt, den wir auf unserem Weg um den Globus zurückgelegt haben, nicht viel mehr als ein Luftholen und Anlaufnehmen. Und doch – was liegt nicht schon alles hinter uns! Ernüchterung ist eingekehrt. Aufbruch in eine Welt mit unendlichen Horizonten, zu Freiheit und Abenteuer? Ich kann die Phrasen schon nicht mehr hören. Wir haben doch nur die Landprobleme eingetauscht gegen die Schwierigkeiten, die uns die See aufgibt. Aber wenn ich ehrlich bin, dann waren es bisher Schwierigkeiten, die wir selbst verursachten. Die SHANGRI-LA, unser braves Schiff, hat sich bewährt, *wir* haben Fehler gemacht. Das schwere Wetter in Nordsee und Biskaya wäre sicher vermeidbar gewesen, wenn wir früher im Jahr aufgebrochen wären. Auch war die SHANGRI-LA für einen Katamaran zu langsam, weil wir sie überladen hatten. (Im Supermarkt kam es uns noch recht lustig vor, als wir Einkaufswagen nach Einkaufswagen durch die Kasse schoben und die Verkäuferin entsetzt fragte, ob wir ein Konkurrenzunternehmen aufmachen wollten.)

Während ich noch trüben Gedanken nachhänge, kommt David an Bord. Mit Frau Jill und ihrem Schiff DIFFERENT DRUMMER sind sie seit zwei Jahren unterwegs. Auf Weltumsegelung? „Ach nein, so verbissen sehen wir das nicht. Letztes Jahr waren wir auf den Azoren, jetzt schauen wir uns die Karibik an, alles weitere wird sich finden." Ich mag die beiden sehr. Sie strahlen heitere Gelassenheit aus, machen einen rundum zufriedenen, fröhlichen Eindruck. Diesen Zustand mit dem Aufbruch zur Weltumsegelung zu erreichen, war einst auch meine Hoffnung. Statt dessen blicke ich nun pessimistisch in die Zukunft. Zuviel ist auf dieser ersten Etappe schon schiefgelaufen. Ist es der Erfolgszwang, der mich belastet? Oder sind es die Nachwirkungen aus den Jahren des Schiffsbaus, als wir große Opfer bringen mußten? Bin ich nun enttäuscht, daß sich die Strapazen nicht sofort in Glückseligkeit auszahlen? Waren die vier Jahre ohne Urlaub und voller Schweiß, Streß und Streit – aber auch gedämpftem Jubel – umsonst?

Der Gedanke, das Unternehmen abzubrechen, aufzugeben, der kommt mir nicht. Aber in diesen ersten Tagen auf La Palma stehe ich unserem Vorhaben skeptisch gegenüber. Wir sind desillusioniert – von Euphorie keine Spur mehr. Aber um das zu erklären, müssen wir ganz zurückgehen, dahin, wo das Unternehmen SHANGRI-LA begann.

EIN SEESCHLITTEN FÜR WELTENBUMMLER

Die Zeit war reif, die Umstände waren gut. Helga hatte gerade ihre Arbeit in einer Apotheke in Hamburg-Blankenese aufgenommen, Dörte entwarf Gebäude in einem Architekturbüro auch in Hamburg, Peter arbeitete schon einige Jahre als Maschinenbauingenieur im Rheinland, und ich war in einer Grund- und Hauptschule als Klassenlehrer eines fünften Schuljahres tätig. Jetzt konnten wir das Ziel endlich in Angriff nehmen, das uns seit der Studienzeit beschäftigte. Aber nun, da es ernst wurde, stellte sich heraus, daß die Früchte unterschiedlich geartet und gereift waren.

Die Weltumseglerliteratur hatten wir vollständig verschlungen, Bootsmessen und Gebrauchtmärkte regelmäßig besucht und immer wieder auf verschiedenen Yachten gesegelt unter dem Aspekt: Könnte man mit diesem Boot vielleicht . . .

Die Weltumsegelung an sich, der Törnplan, erschien uns unproblematisch, brachten wir doch einige Vorkenntnisse mit. Dörte und Helga verfügten über Seefahrtsbücher, waren mehrfach an Bord mit ihrem Vater, einem leitenden Ingenieur in der Fruchtfahrt, zur See gefahren. Mit Peter machte ich zusammen eine Ostasienreise bei der Hapag, dann ging's mit Stückgut rund Südamerika, er als Maschinenassistent, ich als Matrose. So kannten wir alle schon eine Reihe der Länder, die wir auf der geplanten Weltumsegelung besuchen wollten, hatten Atlantik- und Pazifikluft geschnuppert. Nur fürs Segeltechnische brachten die Jahre bei der christlichen Seefahrt recht wenig. Beruflich zur See fahren und Segeln, das ist wie Lkw-Fahren und Radwandern. Aber immerhin, wir wußten, wovon wir sprachen, wenn es um Passate, Tropenschauer und Wirbelstürme ging. Jetzt war nur noch eines wichtig: das Boot. Darüber diskutierten wir tagelang, wobei jeder seine Vorstellungen formulierte, eisern verteidigte, änderte. So ging es nicht. Mit deutscher Systematik stellten wir einen Kriterienkatalog auf, der unsere Wünsche und Ideen umfaßte, wobei wir uns freimachten von den Erfahrungen anderer. Wir stellten dieses und jenes – alles – in Frage, nur uns selbst nicht.

Der Katamaran – das logische Boot

Vierzigtausend zusammengekratzte Mark in den Fingern und im Hinterkopf die Zwangsvorstellung, sich ein Schiff zuzulegen, um damit den Erdball zu umrunden: Das waren wir. Einige vernünftige Menschen tippten sich bedeutungsvoll an die Stirn und klärten uns darüber auf, daß unsere Kalkulation weder mit dem kleinen noch mit dem großen Einmaleins zu vereinbaren sei. „Mit der Summe kann man heutzutage höchstens eine hübsche Gartenlaube bauen und 'ne Grillparty veranstalten." Na gut, unsere Laube sollte eben hochseetüchtig sein. Daß unser anfänglicher Kontostand keine glänzende Voraussetzung für zukünftige Blauwassersegler war, das wußten wir selber. Aus dem geringen Einsatz an Geld ein Maximum an Schiff herauszuholen, so lautete unsere Parole.

Was will man? Und was davon kann man? Von angeborenem Optimismus beseelt, machten wir uns daran, die Antworten auf diese beiden Fragen zu vereinbaren. Über das Gewollte gab es bereits gewisse Vorstellungen, und wozu man schließlich imstande ist – das weiß man sowieso erst hinterher.

Daß wir mit dem vorhandenen Startkapital das passende Schiff nicht „von der Stange" kaufen konnten, zu dieser Einsicht mußten wir uns bald durchringen. Zumindest nicht das Schiff, das uns – noch ein bißchen nebulös – vorschwebte. Einige Bootstypen wurden zwar genauer unter die Lupe genommen, kamen aber letzten Endes alle nicht in Betracht. Meistens störte der Preis. Innerhalb unserer Grenzen gab es „unser" Schiff offenbar nicht zu kaufen.

So begann der Gedanke zu reifen: Wenn die Mittel für das fertige Traumboot nicht ausreichten – was lag näher, als es selber zu bauen, nach der Devise: „Wir basteln uns ein Segelschiff." Warum auch nicht? Bei Licht betrachtet, fanden wir unsere Ausgangsposition geradezu ideal: Da waren vier Leute, motiviert bis unter die Haarwurzeln, die allesamt brauchbare Talente mit ins Rennen brachten. Zum Beispiel Dörte Seebeck: Für die Architektin mit abgeschlossener Tischlerlehre waren Zeichnungen und Baupläne längst keine böhmischen Dörfer mehr, von ihren handwerklichen Fähigkeiten ganz zu schweigen. Ihre Schwester Helga, Apothekerin mit bemerkenswertem Organisationstalent und einem ausgeprägten Sinn für Zahlen, hatte von vornherein den Daumen auf den Finanzen. Dann Peter Singer, vom Maschinenschlosser zum Maschinenbau-Ingenieur avanciert: Er war prädestiniert für die Abteilung Beschläge, Elektronik, Maschinen. Last not least meine Wenigkeit, Anstifter des Unternehmens und auch nicht gerade mit zwei linken Händen begabt: vier Jahre als pinselschwingender und rostklopfender Matrose, anschließend Pädagogikstudium mitsamt den diversen Handwerkspraktika, die ein angehender Werklehrer absolvieren muß (Spezialgebiet Polyesterverarbeitung).

Alles, was wir uns nehmen mußten, war Zeit. Mit der Zeit würden auch die finanziellen Mittel nachfließen, da wir alle vier voll erwerbstätig waren und ständig, Monat für Monat, weiter in das Projekt investieren konnten. Auf diese Weise würden die Finanzen nicht mehr das Hauptproblem sein.

Wie aber sah unser Traumschiff denn nun eigentlich aus? Vor allem sollte es zwei Eigenschaften in sich vereinigen: erstens natürlich Seetüchtigkeit, also optimale Anpassungsfähigkeit an die See unter allen denkbaren Bedingungen. Dazu gehörten brauchbare Am-Wind-Qualitäten, Kursstabilität, Schnelligkeit. Und zum zweiten: Bei Überführungstörns in Nord- und Ostsee hatten wir Erfahrungen auf den verschiedensten Kielyachten gesammelt und festgestellt, daß von der technischen Ausstattung her wohl nahezu alle guten Serienschiffe in Frage kamen. Doch erfüllte keines davon unser zweites Hauptkriterium für jahrelange Blauwassersegelei: die angemessene Beherbergung der Besatzung – angemessen nämlich der Dauer einer solchen Reise.

Man muß sich klarmachen, daß bei Weltumsegelungen normalerweise nur ein Drittel der Zeit tatsächlich gesegelt wird. Während des überwiegenden Teils der Jahre hat die Yacht praktisch keine andere Funktion, als eine Wohnung zu sein, ein Heim für die Crew. Eben diese Anforderungen stellten wir an unser Schiff: Es sollte für lange Zeit unser Zuhause sein, ein Nest zum Wohlfühlen. Daher durfte der Wohnkomfort so wenig zu kurz kommen wie die Seetauglichkeit, beides mußte in annehmbarem Verhältnis zueinander stehen, das eine war so unabdingbar wie das andere.

Vernachlässigt man die Seetüchtigkeit, dann sollte man die Reise von vornherein lieber vergessen. Deshalb befaßt sich die Fachliteratur auch vor allem mit der Ausrüstungs- und Sicherheitsproblematik. Die meisten Reisen aber, die ein vorzeitiges Ende finden, scheitern an der Mißachtung des zweiten, leider oft verschwiegenen Aspekts: daran nämlich, daß die Mannschaft über Jahre hinweg in einer Art behelfsmäßiger Notunterkunft zusammengepfercht ist, eine Situation, die ideal ist als Nährboden für Aggressionen. Diese Umstände sind es, und weniger die Tücken der See, die so manchen großen Traum ruinieren.

Aus eigener Erfahrung auf längeren Seetörns wußten wir, was es hieß, dem gelegentlichen Wunsch nach Alleinsein nicht nachkommen zu können, krampfhaft, aber vergeblich am anderen vorbeizulaufen. Es fängt damit an, daß man verbissen danach trachtet, einander zu übersehen, während einen die Enge doch zwingt, dem anderen dauernd auf die Füße zu treten, und sei es nur mit Worten. Die Spannung eskaliert bei manchen Crews schließlich zu offenem Streit, der bei etwas Glück die Luft reinigt, nicht selten jedoch mit Nervenzusammenbrüchen und überstürztem Abschied im nächsten Hafen endet, manchmal sogar mit Messerstecherei und Mord. Kein Zweifel, das Höhlenleben in der Beengtheit eines Schiffes – und mag es auch eine Mahagoni- oder Teakholzhöhle sein – beeinflußt das Verhalten selbst des Friedlichsten negativ.

Darum wollten wir ein großes Boot.

Jedem sein eigenes Reich – das bedeutete: vier Kabinen, die neben der notwendigen Ausrüstung auch noch Raum für persönliche Dinge bieten sollten: Kameras, Taucherkluft, Fahrräder, Surfboard, Bücher und den ganzen Krimskrams, mit dem sich einer gern beschäftigt. Jedem Crewmitglied mußte genügend Bewegungs- und Entfaltungsmöglichkeit gegeben sein, nur so konnte man Reibereien wirksam begegnen. *Leben* sollte man auf unserem Boot, nicht nur vegetieren wie ein Ding in der Schublade, eingeklemmt zwischen Gegenständen, und essen aus der Faust wie in einer überfüllten Imbißbude.

Erschwerend und der Gereiztheit ausgesprochen förderlich erschien uns auf den Kielyachten immer das Im-Keller-Leben, besonders bei schlechtem Wetter. Wir wollten aus einem großzügigen Salon über das Wasser schauen, einem Salon, der das Herz des Bootes darstellen sollte, einem gemeinsamen „Wohnzimmer“, das die Funktionen von Navigationszentrale, Küche und Eßplatz harmonisch verband.

Zum passenden Zeitpunkt fällt uns das richtige Buch in die Hände: Rudi Wagners *Weit, weit voraus liegt Antigua* bringt die entscheidende Anregung. Schwarz auf weiß finden wir darin unsere eigenen Überlegungen und Wünsche wieder. Rudi Wagners „Steckbrief“ für die Suche nach seinem Traumboot, mit dem er den Atlantik überqueren wollte, entspricht beinahe Punkt für Punkt unserem eigenen Kriterienkatalog.

Er entschied sich für einen Katamaran.

In der Erinnerung an meine Matrosenjahre taucht nebelhaft die „rote Wolke“ wieder auf, der Spinnaker jenes pfeilschnellen Hochseekatamarans, den ich einst in der Karibik voller Faszination bewundert hatte ...

Von Stund an konzentriert sich unser Interesse auf Mehrrumpfboote. Fachzeitschriften werden durchforstet. Was die Literatur zu diesem Thema hergibt – spärlich genug –, wird verschlungen, analysiert, wiedergekäut. Gelesenes und Gehörtes verdichtet sich immer mehr zu der Gewißheit: Unser Boot müßte ein Katamaran sein. Vor allem diese Erkenntnis überzeugt: Der Unterschied zwischen Kielschiff und Kat, das ist der Unterschied zwischen Kellerwohnung und geräumigem Vier-Zimmer-Appartement. Außerdem könnte kaum ein anderer Schiffstyp unseren Wunsch nach Schnelligkeit – worunter wir uns bei günstigsten Bedingungen Etmale von 200 sm vorstellen – in dem Maße erfüllen wie ein Mehrrumpfboot. Daß unsere Trauminseln in der Südsee und die vielen Reedehäfen abseits der üblichen Seglerrouten einen geringen Tiefgang und die Möglichkeit des Trockenfallens für Reparaturen erfordern, sind weitere Argumente für einen Katamaran.

In beschlußfähiger Versammlung fällt die Entscheidung: Was wir wollen, ist ein Katamaran.

So weit, so gut. Und nun? Vielleicht den Gebrauchtmarkt abgrasen? Ziemlich sinnlos mit unserer schmalen Brieftasche. Es bleibt dabei: Wir bauen. Woher aber bekommt man Unterlagen, Baupläne, eventuell Fertigteile?

Wie so oft ist es der Zufall, der die Weichen stellt. In einem Bootskatalog stoßen wir auf diese Eintragung: „Kunststoffwerk Hermann Sparr & Co., Industrieartikel und Bootsrümpfe, Hersteller des Katamarans ‚Twin I‘, Norderstedt bei Hamburg.“

Der erste Anruf verheißt noch nicht allzuviel. „Tja“, sagt Hermann Sparr, „einen Kat haben wir wohl mal gebaut. Ist ’ne ganze Weile her, ein paar Jahre bestimmt ... Aber Sie können ja mal vorbeikommen.“

Shangri-La entsteht

Beschaulich unter Apfelbäumen ruhen auf einem wildbewachsenen Wiesengrundstück ein paar wunderliche Kunststoffungetüme, umwuchert von hohem Gras wie eine vergessene Burgruine – die Polyesterformen des größten deutschen Serienkatamarans, den Diplomingenieur Fritz Hartz entworfen hat.

Liebe auf den ersten Blick ist es nicht. Das „Oh“ und „Ah“, die Erleuchtung, entfällt. Skeptisch und einigermaßen enttäuscht umrunden wir die – nun ja, man will nicht unhöflich sein – originellen Bootsformen, die offenbar schon länger darauf warten, einen Liebhaber zu finden und wieder in Arbeit genommen zu werden. Aber ein Segelschiff? Das sieht ja eigentlich anders aus... Wir mit unserem angeblichen Mehrrumpf-Enthusiasmus sind offensichtlich doch viel stärker an traditionelle Vorstellungen gebunden, als wir dachten. Ein Rumpf und ein Kiel – die machen eben ein Schiff aus. Aber hier: lauter gebrochene Linien, ein kastenförmiger Aufbau, alles in allem ein Schlag für das ästhetische Empfinden.

Der erste Eindruck muß bei einem Köm zunächst mal verdaut werden. Im Büro von Sparr & Co. liegen die Pläne des „Twin“ auf dem Tisch. Und siehe da – auf dem Papier offenbart der Polyester-Zwilling seine Vorteile, überzeugt er durch logische Konstruktion und besticht durch verblüffende Maße und Zahlen – vor allem das enorme Raumangebot bei 12 Metern Länge gibt schließlich den Ausschlag. Wir fangen an, uns miteinander zu befreunden... Und da schließlich der Preis stimmt, auf den Werfteigner Hermann Sparr und sein Kompagnon Klaus Imken sich einlassen, kann der Vertrag an Ort und Stelle begossen werden.

Der „Twin“ ist unter Dach und Fach, mit ihm werden wir die Welt umsegeln! Er mag vielleicht kein ausgesprochen hübsches Kind sein, aber wir haben ihn nun mal adoptiert und sind überzeugt, daß er unschätzbare Vorzüge besitzt. Mit Sparr und Imken kommen wir überein, daß die Werft lediglich die Einzelteile – Rümpfe, Deck und Aufbau – in Balsa-Sandwichbauweise fertigen und der Rest unserer Eigenarbeit überlassen wird.

Und da liegen sie denn eines denkwürdigen Tages: sechs große Polyester-Elemente, die es gilt, zu einer Katamaranschale zusammenzufügen. Nun wird es ernst, und dem Tatendrang sind ab sofort keine Grenzen mehr gesetzt...

Am Tatort, dem schon bekannten Wiesengrundstück in Norderstedt, machen wir unsere ersten Gehversuche als Bootsbauer, nicht ohne öfter zu stolpern. So funktioniert beispielsweise das Laminieren unter freiem Himmel tadellos – solange es trocken bleibt. Ein überraschender Regenguß jedoch verwandelt das frische Laminat unverzüglich in eine weiße, pappige Masse. Die Mittelbrücke, die die beiden Schwimmer verbinden soll, donnert unter weithin vernehmbarem Getöse zu Boden. Wir hätten sie eben besser sichern sollen, nicht nur auf übereinandergestapelten Ölfässern.

Das Mißgeschick wird als notwendiges Lehrgeld abgebucht. Und der Vorfall hat auch seine positive Seite, erhärtet er doch unser Vertrauen in das Material Polyester: Mit nur ganz geringfügigen Schrammen in der Feinschicht hat die Schale den Unfall überstanden.

Letztlich ist es geschafft. Nachdem alles zusammengefügt und der Kat seiner Konstruktionszeichnung auffallend ähnlich geworden ist, soll der Rohbau an den Ort seiner Fertigstellung geschafft werden. Nach einigem Hin und Her haben wir uns auf Wedel an der Elbe geeinigt, denn dort wohnt die Mehrheit der Crew: Helga und Dörte. Woraus sich ergibt, daß die männliche Restbesatzung sich sowieso des öfteren in derselben Ecke aufhält.

Die Überführung wird zum neuerlichen Ereignis.

Wegen Überbreite darf der Transport nur mit polizeilicher Genehmigung und bei Nacht stattfinden. Von Blaulicht eskortiert, rollt der Tieflader mit seiner wunderlichen Fracht gegen zwei Uhr früh von Norderstedt quer durch das schlafende Hamburg zum Wedeler Yachthafen. Peter, an einen aus der Luke schauenden Panzerfahrer erinnernd, sitzt während der Fahrt als Notsignal in der Segellast, bewaffnet mit einer roten Straßenbaulaterne, die er bei irgendwelchen Unklarheiten zu schwenken hat. Er schwenkt die Leuchte von Norderstedt bis Wedel.

In Rekordzeit geht es durch die ausgestorbenen Straßen der Hansestadt – bis zum Ortseingang von Wedel. Einen Kilometer vor dem Yachthafen fährt der Peterwagen rechts ran. Was ist passiert? Gar nichts, hier ist bloß die Hamburger Stadtgrenze. „Wir dürfen unsere Kompetenz nicht überschreiten. Die Holsteiner Kollegen sind bestimmt bald da, um zu übernehmen ... Na dann, gute Nacht!“, verabschiedet sich unser Begleitschutz.

Deutschland, deine Bürokraten ...

Den Freunden und Helfern zum Trotz erreichen wir noch vor Morgengrauen den Platz auf dem Yachthafengelände, wo unser Schiff nun vier Jahre lang seiner Vollendung entgegenreifen wird, wo wir an jedem Wochenende jede Minute unserer Freizeit verbringen werden. Vier lange Jahre wird sich all unsere Energie und Phantasie, alle körperliche und geistige Kraft auf diesen Ort konzentrieren, werden wir ihn lieben und verfluchen.

Shangri-la: In einem Roman von James Hilton steht dieser Name für ein utopisches Tal in Tibet, einen abgeschiedenen Erdenwinkel ungetrübten Glücks. Ein Paradies, in dem die Zeit stillsteht, das erfüllt ist von einem fröhlichen Für- und Miteinander jener Bewohner, das Raum und Zeit bietet für Freundschaft und Frieden ...

Shangri-la. Dieses Wort wie Musik soll einmal unser Schiff zieren und für das Leben darauf Symbol sein.

Die Verwirklichung des Traums nimmt pünktlich alle sechs Tage ihren Fortgang – gleich neben der Zufahrtsstraße zum Wedeler Yachthafen. Die Lage unserer Baustelle erweist sich als ungemein publikumswirksam. Ihre knallig orangeroten Schwimmerspitzen provozierend Richtung Elbe gestreckt, lockt Shangri-la schon in ihrer embryonalen Phase ganze Heerscharen von Neugierigen an. Zwangsläufig müssen alle Wochenendskipper und die in Regimentsstärke auftretenden Möchtegernkapitäne, die allwöchentlich ins Revier der Masten und Segel pilgern, an uns vorbei.

So fehlt es uns denn nie an Expertentips ungebetener „Gutachter" und „Sachverständiger". Ob wir gerade einen Harzpott angerührt haben oder an der Kreissäge Teakleisten schneiden – immer steht so ein Spezialist im Weg. Und selten geht einer vorbei, ohne ein paar aufmunternde Worte über die allseits bekannte Kenterbarkeit von Katamaranen zu verlieren.

„Sie haben völlig recht. Deshalb bauen wir ihn ja – wir baden doch so gerne." Was soll man denn sonst sagen? Wir sind eben die „Spinner, die noch ihr blaues Wunder erleben werden". Als hartnäckigste und entschiedenste Widersacher marschieren die älteren Jahrgänge des Yachtklubs auf, mit Skippermütze auf der Glatze, dunkelblauem Klubjackett und der goldenen Ehrennadel am Revers. Abschätzend wie ostfriesische Aufkäufer bei der Viehauktion umrunden sie die wehrlose Shangri-la. „Is' das Plastik?" Mißbilligende Finger klopfen hier mal gegen die Rümpfe, bewegen da mal versuchsweise die Ruder. „Also hier, das hält nie! Eine mittelschwere See, und ihr habt zwei Boote." Unser ganzes Gefährt scheint überhaupt nur aus Schwachstellen zu bestehen.

Wochenende für Wochenende geht die totale Abqualifizierung der Katamarane im allgemeinen und unserer Shangri-la im besonderen weiter. Wir können den Text schon mitsingen. Und mit schöner Regelmäßigkeit schließt sich als letzte Strophe eine Lobeshymne auf alle braven Kielyachten an. Da sträubt sich doch die feuchte Glasharzmatte! Nur mühsam ist sie davon abzuhalten, etwa als schmuckes Schulterstück auf einer adretten Klubjacke zu landen ...

Kritik ist, wenn man's auch nicht besser weiß.

Wir könnten damit leben, wenn diese Kritik auf sachlicher Information und objektiver Betrachtung beruhen würde. Man ließe sich ja in fachlich fundierten Diskussionen nur zu gerne belehren oder beraten; doch an die Stelle von Sachverstand tritt hier nur Opposition aus Prinzip.

Eines Tages reicht es uns. Kurzerhand riegeln wir den Kat einfach ab: für Publikumsverkehr gesperrt! Auf die Idee hätten wir gleich kommen sollen, denn sie erweist sich als doppelt praktisch: Zwischen den beiden Schwimmern entsteht wie von selbst eine kleine Werkstatt, in der alle notwendigen Maschinen Platz finden und ständig griffbereit sind. Und außerdem haben wir endlich Ruhe.

Zum Glück gibt es nicht nur Anfeindung und Ablehnung. Zahlreich und ermutigend, oft rührend, sind die Hilfeleistungen der vielen Gleichgesinnten aus der Selbstbauerszene. Mit ihnen teilen wir Freud und Leid der Bootsbesessenen, unter den Gruppen entsteht eine zusammenschweißende Solidarität. Informationsdienst und Tauschhandel pendeln sich perfekt ein. Sperrholz wechselt gegen Niroschrauben den Besitzer, ein Feuerlöscher gegen Borddurchlässe. Kameradschaft und Humor helfen über manche schlimme Phase, über Miesmacherei und Mutlosigkeit hinweg. Wenn am Sonntag „Schrott-Herbert" und „U-Boot-Dieter" zum Grillabend trommeln, ist der Zorn über ein verpfuschtes Schott schnell verrauscht. Immer wieder gelingt es uns, einander aus einem Tief herauszuholen.

Wer hätte in dieser Zeit maximaler Motivation geahnt, daß am Ende keines der so mühsam entstandenen Weltumseglerboote außer unserem wirklich aufbrechen wird zum großen Törn? Und daß auch wir zuletzt mit unserem startklaren Schiff fast an Land geblieben wären? Doch das extreme Aufeinander-Fixiertsein innerhalb einer Gruppe kann schon an Land in eine Situation führen, die ein gemeinsames Bordleben nicht mehr vorstellbar macht.

Noch gibt es für uns kein Nachlassen, kein Abschalten, keine Muße, die einsichtig machen würden. Urlaub ist ebenso zum Fremdwort geworden wie der Begriff Hobby. Uns bleibt nur noch Raum für den Beruf und das Boot. Also Streß an fünf Tagen in der Woche – und auch am Wochenende. Wir merken gar nicht, daß auch ein freiwillig gewähltes Steckenpferd, mit Verbissenheit vorangetrieben, zur Schindmähre werden kann.

Gruppenprobleme

Irgendwann taucht vor unserem Kunststoffpalast plötzlich wie vom Himmel gefallen dieser Mensch mit dem urbayerischen Akzent auf: Ludwig Bareuther aus München. Grüß Gott! Also, bisher sei er immer nur auf Berge gestiegen, aber wie alle von der Gebirgsmarine ziehe ihn die Seefahrt magisch an. Die Kunde von unserem Unternehmen muß auf verschlungenen Wegen bis ins bayerische Voralpenland gedrungen sein. Jedenfalls hat er von uns gehört, und die Neugier trieb ihn, mal zu sehen, wie man so einen Katamaran baut. Ob er sich wohl ein bißchen nützlich machen könne?

Wir können jeden gebrauchen, der zuzupacken versteht.

Und das versteht der „Luggi“ wirklich. Immer wieder kreuzt er wie aus dem Nichts auf, und unter seinen geschickten Händen macht der Innenausbau sichtbare Fortschritte. Bald steht außer Frage, daß Luggi zur Crew gehört. Parallel zu Luggis Eingliederung – doch ohne jeden Zusammenhang damit – zerfällt allmählich die ursprüngliche Mannschaft. Es bröckelt die Motivation für eine Weltumsegelung, unmerklich und unausgesprochen beginnt sich die Idee zu wandeln, rückt der blaue Traum von der Südsee in unendliche Ferne.

Die Langwierigkeit des Projekts, die jahrelange ausschließliche Konzentration auf die eine große Sache haben den anfänglichen Schwung längst erlahmen lassen, die Leidenschaft gedämpft. Nach und nach ist die Begeisterung einer zähen Verbissenheit gewichen. Im Beruf von Montagmorgen bis Freitagabend voll gefordert und am Wochenende auf jegliche Freizeit verzichtend, haben wir uns der Möglichkeit des Abreagierens und der Entspannung beraubt, die wohl jeder Mensch für sein Gleichgewicht braucht. Dazu kommen die weiten Wege, die Peter und ich jedesmal zurückzulegen haben, er aus dem Rheinland und ich von Lübeck. Immer häufiger bricht Gereiztheit aus, und es braucht manchmal nur noch einen lächerlich geringen Anlaß, um einen handfesten Konflikt heraufzubeschwören. Oft genug liegt die Arbeit brach, verdrängt von ebenso endlosen wie fruchtlosen Diskussionen. Wir debattieren schon über Dinge, die gar nicht zur Debatte stehen: um Arbeitsgänge etwa, die noch gar nicht an der Reihe sind. Völlig betriebsblind geworden, halten wir uns mit Nebensächlichkeiten auf, die mit dem Ziel nichts gemein haben, vergessen über der Theorie oft die Praxis und vergeuden in heftigen Auseinandersetzungen wertvolle Stunden und Tage.

Waren wir beim Start noch ein Kollektiv mit absoluter Gleichberechtigung, so kristallisierten sich mit der Zeit doch eindeutig Führungsansprüche heraus – was vielleicht gar nicht so verwunderlich ist, bedenkt man, daß jeder von uns im Berufsleben eine souveräne Position mit weitgehender Weisungsbefugnis bekleidet. Peter zum Beispiel als leitender Ingenieur, auf dessen Kommando etliche Untergebene hören; ich selbst bin Lehrer (die wissen ja sowieso alles besser) und darf meiner Klasse jeden Tag den Marsch blasen. Am Samstag aber, auf unserer Baustelle, gilt es, Teamgeist zu praktizieren – und darin sind wir, wie sich zeigt, bedauerlich ungeübt.

Glühend beneiden uns die anderen Selbstbauergruppen um unser Fachwissen und die handwerkliche Routine; seltsamerweise klappt aber deren Arbeitsablauf häufig reibungsloser als unserer. Das Unvermögen, uns einander unterzuordnen, verkehrt unsere anscheinend so ideale Gruppe ins Gegenteil. Eine Handvoll Experten müssen noch lange kein funktionsfähiges Team sein, denn immer wieder ist keiner bereit, dem Geschmack oder der Meinung des anderen nachzugeben – schließlich ist man selber Spezialist!

Die Spannungen eskalieren, jeder ist sauer auf jeden. Die Mädchen empfinden sich und ihre Arbeit als unterbewertet; ihnen fallen Aufgaben wie Essenkochen und Aufräumen zu, was natürlich absolut notwendig ist, von Peter und mir jedoch allzu leicht abqualifiziert wird, weil es nicht unmittelbar der Sache zu dienen scheint. „Typisch männliches Rollenverhalten“, müssen wir uns dafür an den Kopf werfen lassen, zu recht. Dann fällt Dörte zeitweise aus, weil ein Architekturwettbewerb ihre volle Aufmerksamkeit verlangt – was wir anderen ihr wiederum als mangelnde Einsatzbereitschaft ankreiden.

Ist es eigentlich der Bootsbau, der unsere Freundschaft so belastet, oder erschwert unsere Freundschaft den Bootsbau? Bald finden wir aus dem Teufelskreis nicht mehr heraus, wollen nur noch klare Verhältnisse schaffen. So, wie sich unsere Beziehungen während des Bootsbaus gestalteten, das ist uns allen klar, können wir sie nicht an Bord mitnehmen und über die Meere schleppen.

Im nachhinein mit dem nötigen Abstand betrachtet, waren es neben den Partnerschaftsproblemen zwei Kardinalfehler, die uns das Erreichen des Zieles unnötig erschwerten. Der erste: Wir nahmen den Kat in Angriff, ohne zuvor Erfahrung mit einem Mehrrumpfboot gesammelt zu haben. Leicht hätten wir wenigstens ein einziges Mal einen Katamaran chartern können, um uns mit der besonderen Konstruktionsweise dieser Boote vertraut zu machen. Dann hätten wir von vornherein gewußt, daß der Kat durch seine spezifische Bauart andere Gestaltungsmöglichkeiten für die Inneneinrichtung bietet, als wir sie von Kielyachten her kannten. Aber so – ohne Erfahrung – begingen wir den zweiten Fehler, indem wir nur die rohe Schale des Schiffes, und selbst die nicht komplett, übernahmen, aber die gesamte vom Konstrukteur vorgesehene Inneneinrichtung verwarfen, weil wir uns zutrauten, alles nach eigenen Ideen zu gestalten.

Das Arbeiten nach einem fertigen Plan aber hätte uns kaum so viel Ansatz zu Streiterei und Meinungsverschiedenheiten gegeben und uns manchen quälenden Disput erspart. Leider wußten wir bei Baubeginn nicht, daß gleichzeitig in Berlin der Katamaran WILANA – etwa so groß wie SHANGRI-LA, aber mit hervorragend gelösten Detailausführungen – des Konstrukteurs Wilfried Sell in der Entwicklung stand. Es mangelte an Kommunikation. Ein Erfahrungsaustausch wäre sicher eine wertvolle Hilfe gewesen, die Vereinigung der Mehrrumpfenthusiasten „Multihull Deutschland“ gab es damals noch nicht.

Doch allen Schwierigkeiten zum Trotz lief SHANGRI-LA schließlich von Stapel, und sie ist ein wundervolles Schiff geworden. Der symbolischen Bedeutung ihres Namens aber konnte die Viererbande, die sie plante und baute, nicht gerecht werden. Vorstellungen und Ziele der Einzelnen hatten sich verlagert, Dörte war mit Hellmut verheiratet und segelte mit eigenem Boot und Familie in ihrer Freizeit. Peter hatte im Beruf eine neue Aufgabe gefunden, die sich schon während der letzten Bauphase abzeichnete, und kaufte sich den 13 m langen Katamaran TAHITI BILL, mit dem er in Nord- und Ostsee segelte.

Am Tag der Abreise sind wir zu dritt: Bordfrau Helga, ich und Luggi. Dennoch – die Freundschaft mit Peter und Dörte übersteht das Abenteuer, das Bootsbau hieß. Vielleicht aber nur, weil wir nicht zusammen auf große Fahrt gegangen sind.

Sicherheit und Ausrüstung

Ein Katamaran – das sind zwei Schiffe, zu einem zusammengepfuscht. So etwa lautet eine der landläufigen Definitionen dieses Bootstyps. Oder auch: Ein Katamaran ist ein Boot, das umkippt, wenn eine verkehrte See kommt.

Verfechter eines dieser beiden Standpunkte würde auch das Credo eines Andersgläubigen sicher nicht bekehren. Sie können es also gut gewappnet mit diesem Kapitel aufnehmen, das die technischen Wesensmerkmale eines Doppelrumpfbootes erläutern will – nicht der Katamarane im allgemeinen, sondern von SHANGRI-LA im besonderen. Denn so wenig eine Kielyacht genau der anderen gleicht, so wenig ist etwa ein extrem leicht gebauter Rennkatamaran mit einem Kreuzerkat zu vergleichen. Die sogar von Fachleuten (oder solchen, die sich dafür halten) vertretene Ansicht, Katamarane seien allesamt seeuntüchtig und bestenfalls für Binnengewässer geeignet, kann daher nur auf schlichter Ignoranz oder mangelnder Information beruhen.

Zweifellos hat dieser Bootstyp neuralgische Punkte, die nur durch lange, intensive Entwicklungsarbeit bewältigt werden konnten. Aber auch die heutige Seetüchtigkeit von Kielyachten wurde nicht über Nacht erzielt, sondern fußt auf den Erfahrungen und Erkenntnissen von Jahrzehnten, wobei alle modernen Materialien und Forschungsmöglichkeiten ausgenutzt wurden.

Das todsichere Schiff gibt es ohnedies nicht, weder mit einem noch mit zwei oder drei Rümpfen. Das Risiko aber so gering wie möglich zu halten, darauf kommt es an, gerade bei einer Weltumsegelung. So war denn unsere Entscheidung für einen Katamaran wahrhaftig nicht von Leichtsinn diktiert. Schreckensmeldungen und -berichte über verlorengegangene Katamarane wurden von uns so ernst genommen, wie sie es verdienten; alle Informationen wurden bis ins Detail analysiert und in unsere Sicherheitsüberlegungen schon beim Bau mit einbezogen. Ein Katalog aller denkbaren Gefahren war daher die Grundlage bei der Entstehung unserer SHANGRI-LA.

Wichtigste Sicherheitsmaßnahme war die Aufteilung der Schwimmerrümpfe in je drei voneinander unabhängige Sektionen (von vornherein mußte sich deshalb auch der gesamte Einrichtungsplan nach dieser Vorgabe richten). Bei ersten Testfahrten in der Ostsee stellte sich dann auch wie geplant heraus, daß SHANGRI-LA trotz vollgelaufener Sektion I (siehe Zeichnung S. 28) absolut schwimm- und manövrierfähig blieb. Ein solcher Fall mochte zum Beispiel eintreten, wenn die Steven bei hoher Fahrt durch Treibgut stark beschädigt wurden. Auch bei einer Walkollision – dem Alptraum aller Weltumsegler – war zu hoffen, daß sich der Schaden auf nur eine Sektion beschränken würde. Sollte aber Sektion II von einem Leck betroffen sein – der ungünstigste Fall – dann würden die verbleibenden zwei Sektionen ausreichen, den Schwimmer so weit tragfähig zu halten, daß eine Leckabdichtung auf See möglich wurde oder der nächste Hafen zur Reparatur angelaufen werden konnte.

Natürlich ist es unumstößliche Tatsache, daß ein einmal durchgekenterter 12-m-Kat ohne fremde Hilfe kaum wieder auf die Beine findet, obwohl in jüngster Zeit auch da einige positive Entwicklungen stattfan-

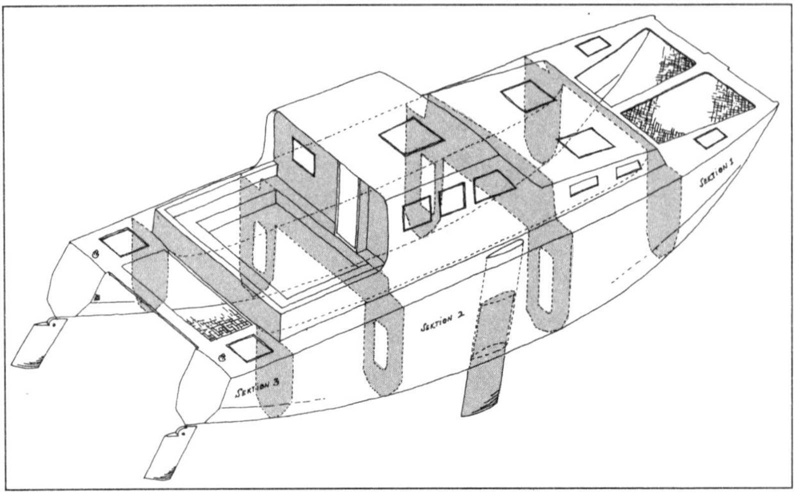

den. Diese nüchterne Überlegung verlangt zunächst einmal von der segelnden Crew uneingeschränkt sichere Seemannschaft sowie ständige Wache auf See. Aber damit sind die möglichen Maßnahmen natürlich nicht erschöpft. Der Kat braucht ein niedriges Rigg und eine schnellreagierende Ruderanlage. Deshalb blieben wir bei der von Konstrukteur Fritz Hartz vorgesehenen Masthöhe von nur 12 Metern, dimensionierten entsprechend die Ruderanlage und entlasteten die Schoten durch Bruchseile, die bei einer Überbeanspruchung durch einfallende Böen die eigentliche Schot freigeben und ein Auffieren der Segel zulassen.

Aber was, wenn der Kat dennoch durchkentert?

In diesem Fall soll aus SHANGRI-LA eine sicher treibende, übergroße Rettungsinsel werden. Das setzt voraus, daß die Crew durch eine Bodenluke, die sich dann ja oben befindet, ins Freie gelangen kann und nicht im Boot eingeschlossen ist. Außen zwischen den Rümpfen angebrachte Sicherungsösen, durch die eine Greifleine geschoren ist, bieten der Crew die Möglichkeit, sich selbst und dringend benötigte Ausrüstungsgegenstände zu retten. Solange SHANGRI-LA kieloben schwimmt, bestehen für die Mannschaft gute Chancen, lange Zeit an Bord zu überleben.

Beim Bau durch Voraussicht so wenig wie möglich dem späteren Zufall zu überlassen – auf dieser Grundlage entsteht SHANGRI-LA, festigt sich auch unser Vertrauen, das sie nicht enttäuschen wird.

Für den Seenotfall befindet sich zusätzlich eine Rettungsinsel an Bord, mit doppelt soviel Wasser und Proviant versehen wie normal, denn die handelsübliche Version eignet sich nicht für sehr lange Strekken. Dazu ein Behälter mit Plastiksextant, Kompaß, Übersegler, speziellem Angelzeug und Medikamenten. Im übrigen ist da noch das Schlauchboot, und auch die üblichen Rettungsmittel wie Schwimmwesten, Markierungsboje und Signalpistole werden nicht vergessen.

Keine Frage, daß eine Weltumsegelung, mit welchem Bootstyp auch immer, ausreichende navigatorische Ausstattung voraussetzt. Wir tragen nicht weniger als vierhundert Seekarten zusammen, dazu Seehandbücher, Leuchtfeuerverzeichnisse, den *Marine Climatic Atlas of the World,* die unentbehrlichen Pilot Charts, die zu allen Jahreszeiten Auskunft über das Wettergeschehen in den betreffenden Gebieten geben. Zwei Sextanten, ein UKW-Sender, ein Grenzwellenempfänger und ein Funkpeiler vervollständigen die Ausrüstung.

Bleibt zu erwähnen, daß zu den nötigen Vorbereitungen neben umfangreichen Proviantlisten und einer sorgfältig sortierten Bordapotheke (was wären wir ohne Helga!) natürlich auch die Generalüberholung der Besatzung gehört. Zahn- und andere Ärzte werden geduldig abgeklappert, was mit allerhand Sticheleien verbunden ist: Impfungen gegen fast alles sind angebracht. Und wer noch mit einem Blinddarm behaftet ist, trennt sich davon. Denn der ist kein brauchbares Reiseutensil.

GASTFREUNDLICHES SÜDAMERIKA

Mit „Stiefeln" über den Atlantik

„Muestras de botas" behauptet die Deklaration auf dem Paket und weist es damit eindeutig als „Mustersendung von Schuhen" aus. Böswillig könnte man dies als Irreführung bezeichnen, zugegeben. Ich stehe beim Zoll in Santa Cruz de la Palma, wohin ich voll Freude geeilt bin, um die heißersehnte und endlich avisierte Lieferung aus Deutschland in Empfang zu nehmen. Und nun soll ich einem Zöllner auf spanisch verdeutschen, wieso anstatt der zu erwartenden Ledertreter achtzig Kilo „Dingi" zum Vorschein kommen.

Wer es auch war, der da amtlicherseits „Boot" mit „botas" übersetzt und dies auch noch schwarz auf weiß verewigt hat – die unvermeidlichen Kalamitäten daraus muß ich allein ausbaden. Was behördlich abgesegnet, gestempelt und beglaubigt ist, kann schließlich nicht einfach falsch sein. Da macht man doch einem spanischen Beamten kein X für ein U vor! Ich soll bloß nicht so tun, als ob in diesem Paket keine Stiefel zu finden wären – man muß nur lange genug danach suchen . . .

Drei Kreuze werde ich machen, wenn wir erst mit dem Beiboot auf der SHANGRI-LA und dem Atlantik sind – vorausgesetzt, ich komme nicht in Untersuchungshaft. Ich weiß nicht, wie lange es dauert, bis wir – das Dingi, das uns wegen Terminschwierigkeiten nachfliegen mußte, und ich – endlich von dannen ziehen dürfen. Befriedigt sieht der Zöllner noch immer nicht aus. Ich ahne, daß mir nur aus Mangel an Beweisen erlaubt wird, nach Hause zu gehen.

Egal, nun können wir endlich starten!

Die Szene der auf den Kanarischen Inseln versammelten Segler, die hier alle vor dem großen Atlantiktörn noch die günstigen Einkaufsmöglichkeiten nutzen, ist bereits in Aufruhr: Einhandsegler, Crews aus buntgemischten Nationalitäten, sogar Familien mit Kleinkindern an Bord. Auf diversen Abschiedsfeten wird noch einmal von Herzen gelacht und debattiert, werden wichtige Tips und Erfahrungen ausgetauscht. Von Jill und David, die sich vor den südamerikanischen Küsten bestens auskennen – schließlich ist Jill eine waschechte Falklandinsulanerin –, lassen wir uns zum neunundneunzigsten Mal über die Eigenheiten des dortigen Wettergeschehens aufklären.

Wir sind gerüstet, mit Vitaminen gewappnet und gegen Hunger und Durst versorgt. Durch früheres Ungeschick schlauer geworden, haben wir diesmal sämtliche Konserven mit wasserfestem Folienschreiber gekennzeichnet. Daß sich in der Feuchtigkeit mit der Zeit die Etiketten von den Dosen ablösen, soll uns nicht noch mal in Verlegenheit bringen. Das tägliche Lotterie-Diner à la SHANGRI-LA hatte zwar damals durchaus zur Fröhlichkeit an Bord beigetragen, aber lieber weiß man doch vorher, was man ißt.

Alle technischen Einrichtungen funktionieren einwandfrei und sind auf Hochglanz gebracht. Gemeinsam mit DIFFERENT DRUMMER setzen wir Segel und gehen auf Südkurs. Nun also beginnt sie wirklich – die Umsegelung der Erde. Zwei Tage noch steht über UKW die Verbindung mit Jill und David, doch schließlich heißt es: „See you in the Pacific, keep in touch.“ Nach diesen letzten, nur noch schwach wahrzunehmenden Worten reißt der Kontakt endgültig ab. Das Meer und wir sind miteinander allein. Etwa sechs Tage wird die Etappe von den Kanaren bis zu den Kapverdischen Inseln dauern, dem letzten bißchen Erdboden vor der mehrwöchigen Atlantikquerung.

Nun habe ich Zeit, mich in jenes Buch zu vertiefen, das sich noch als wirklicher Schatz erweisen soll: Das Segelhandbuch für den Atlantischen Ozean von 1899, leicht angestaubt, wie es sich für eine antiquarische Rarität gehört, stammt aus dem Nachlaß von Helgas Großvater, der noch zu der inzwischen selten gewordenen Gattung der alten Kap-Hoorniers gehörte. Auf den schönen Windjammern hatte er als Kapitän jahrelang die Meere befahren. Sein Wegweiser für den Atlantik, erschienen um die Jahrhundertwende und den Bedürfnissen der Großsegler angepaßt, beweist bald seine zeitlose Gültigkeit und wird uns zu einem unentbehrlichen Reiseführer. Welche Ratschläge also erteilt uns das Handbuch für den bevorstehenden Törn?

„November: Nachdem die Kapverden passiert sind, ist es gut, etwas Ost auszuholen, so daß man auf 6 Grad Nord in 25 Grad West zu stehen kommt... Bei den ersten südlichen Winden nehme man den Bug, welcher am meisten Süd bringt, und strebe danach, den Äquator nicht westlich von 29 Grad zu kreuzen. Ein gut segelndes Schiff braucht sich indessen nicht zu scheuen, so weit westlich als in 31 Grad W zu kreuzen, wenn es durch die Umstände dazu genöthigt wird..." Und weiter heißt es: „Im allgemeinen ist es der Fall, daß der Wind in den der Küste von Brasilien vorgelegenen Meeresstrichen hauptsächlich in den Monaten Oktober bis März quer gegen die Küste weht. Während dieser Jahreszeit kann man sich dem Lande ohne Gefahr nähern, denn der Wind ist gewöhnlich Nordost bis Ostnordost, und der Strom setzt nahe an der Küste nach Süden. Der Weg ist solcherweise, wie wir gesagt haben, äußerst leicht..."

Äußerst leicht? Ja, von Brasilien aus betrachtet war es das auch.

Die Neun von den Kapverden

Einen ausgesprochen freundlichen Eindruck vermitteln sie auf den ersten Blick tatsächlich nicht. Abweisend schroff und zerrissen steigen die Küsten aus dem gleißenden Wasser, matte Farben von müdem Braun, Gelb und Rot verheißen nichts als Öde und Trockenheit.

„Kapverdische Inseln? Lohnt sich nicht."

„Würd' ich an eurer Stelle lieber dran vorbeirauschen."

„Keine Chance, irgendwas Vernünftiges an Proviant zu ergattern."

Solche und ähnlich vernichtende Urteile über die atlantische Inselgruppe haben wir viele gehört. Manche Yachties verstiegen sich zu wahren Schauergeschichten, wie der englische Skipper, dessen Kamera von pflichtbesessenen Hafenbeamten über Bord geworfen worden war. Überdies wanderte der Fotofreund für ein paar Besinnungstage in den Knast, weil er beim Einlaufen unbekümmert drauflos geknipst hatte.

Na gut, dann sind wir eben gewarnt, aber Bangemachen gilt nicht. Die abschreckende Begebenheit soll sich knapp nach der Unabhängigkeitserklärung der Republik Kap Verde zugetragen haben. Vielleicht hatten die Staatsorgane damals, nach der Trennung von Portugal, noch gewisse Identitätsprobleme?

Wir sind einfach neugierig.

Gewillt, uns gesittet zu benehmen und, falls erforderlich, auch das dortige kommunistische System über den grünen Klee zu preisen, lassen wir unsere Ankerkette in den Hafen von Praia rasseln. Die Insel Sao Tiago gehört zu den dreien von insgesamt vierzehn Kapverden, die man zum Einklarieren anlaufen darf.

Mit etwas gemischten Gefühlen betrachten wir die geschützte Bucht, aus der alsbald ein Behördenboot naht.

Neun Mann hoch. Klar, für so'n kolossales Schiff wie unseres . . .

Unser Salon füllt sich. Kurzer Händedruck, verschlossene Gesichter. Der Politoffizier hat aus irgendeinem Anlaß auch gleich seinen Assistenten mitgebracht (vielleicht kann der eine lesen und der andere schreiben?). Ausdauernd prüfen sie unsere Pässe, versinken in das Studium der Schiffspapiere. Wäre doch gelacht, wenn man da nichts fände, was zu beanstanden ist! „Nein, danke." Wein, Bier oder Kaffee mögen sie heute nicht.

Natürlich, das hätte man sich denken können – kommen da welche ganz frech mit lückenhaften Impfpässen hereingeschneit! Der Arzt ist sehr unzufrieden mit uns, wirklich. Typisch Kapitalisten. Eine Mordsyacht besitzen und dreist gegen sozialistische Vorschriften verstoßen. So geht das nicht. Wir sollen zum Nachimpfen ins Hospital. Sollen wir wirklich? Noch scheinen sich die Hüter der marxistischen Ordnung nicht ganz einig zu sein. Aus der halblaut geführten Unterhaltung ist das Wort „Capitalista" unschwer noch ein paarmal herauszuhören.

Da zündet es bei mir. Kunstfertig zaubere ich einen Stapel Fotos aus dem Ärmel. „Hier, seht mal – SHANGRI-LA!" Und mit Händen und Füßen fuchtelnd, verdeutlichen wir nun gemeinsam den Werdegang unseres Schiffes. Verwirrung ergreift die schweigenden Neun.

„Was – selbst gebaut?" Die Frage des Offiziers fällt in ganz passablem Deutsch. Jawohl, selbst gebaut, im Schweiß unseres Angesichts, wie es sich für das internationale Proletariat gehört!

Das Eis schmilzt in Sekunden.

Der Oberinquisitor mit dem Pokergesicht wird jetzt richtig redselig. Er kennt Ostberlin. Aha, damit wissen wir auch, wo *er* geimpft worden ist. „De-De-Ärr – serr gutt!" Klar. Serr gutt! Darauf trinken wir jetzt alle einen *vino!* Und schon kommt Leben in die Bude, selbst der Doktor vergißt, uns ins Hospital zu schicken. Selbstverständlich, Diesel können wir bunkern, soviel wir brauchen. Versteht sich doch! Und einkaufen, was das Herz begehrt. Bank- und Postformalitäten – alles überhaupt kein Problem. Es werden noch dreimal neun Hände geschüttelt, und dann – „Alles Gute!" – tuckert die kleine Barkasse friedlich zurück zur Pier.

Kaum, daß unser Dingi am Kai festgemacht ist, stoßen Horden kleiner brauner Figuren auf uns herab, für die es die selbstverständlichste Geste der Welt ist, die Hand aufzuhalten: Gebärde der Armut, trauriges Symbol der Dritten Welt. Landgang auf den Kapverden – das ist unversehens ein Stück tiefstes Afrika: fremdartige Gerüche, die unsere Nasen nicht definieren können, freundliche Menschen von schwarz-brauner Mischung, ebenso bedürftig wie hilfsbereit, und Farben, so schreiend wie das Land eintönig.

Allzu viel ist es nicht, was uns die kargen Inseln enthüllen, aber zu mehr würde auch unsere Zeit gar nicht ausreichen. Gewiß ist dies kein Platz, der Segler zum langen Verweilen ermuntert, aber nur wer überall tropische Schlaraffenländer vorzufinden erwartet, wird den Abstecher bedauern. Von den Segnungen des Regens übergangen und vergessen, müssen sich die Kapverden mit der Rauheit und Unergiebigkeit kahler Berge und sandverwehter Steinwüsten abfinden. Wie eine Oase liegt Praia am Rande dieser Trostlosigkeit, hilfesuchend ans Meer gedrängt, das ertragreicher ist als der Boden und in manchen besonders schlechten Jahren das Überleben sichert.

Unser wichtigstes Anliegen – noch einmal Post aufzugeben, bevor wir für Wochen auf dem Atlantik abgeschnitten sind – läßt sich mit einiger Aussicht auf Erfolg erledigen; nach Begutachtung des Postamts sind wir ganz zuversichtlich, daß unsere Briefe auch ankommen werden. Und daß man die Kapverden mit knurrendem Magen wieder verlassen müsse, ist auch nur ein Gerücht. Gewiß, die Preise haben es in sich wie überall, wo Mangel herrscht, und die Verproviantierungsmöglichkeiten mögen nicht eben glänzend sein – aber besser als ihr Ruf sind sie allemal. Unsere unvermeidlichen morgendlichen Pfannkuchenorgien sind auf jeden Fall gesichert. Eingedeckt mit holländischem Eipulver, kann uns nichts passieren. Der große Törn nach Salvador, wegen der Kalmen so unkalkulierbar, drängt uns zum Aufbruch.

Die Entfernung mutet uns ungeheuerlich an, das Meer wie ein Berg. Stunde um Stunde hat Helga mit rauchendem Kopf versucht, den Karten den optimalen Kurs zu entlocken. Wir werden ja sehen . . .

Ein Brief aus Salvador

Hallo, Ihr Lieben, Salvador (Bahia), am 7. Dezember 1977
wir leben noch! Alles in Butter. Während der letzten Wochen konnten wir ja, wie Ihr wißt, keine Nachricht an Euch loswerden. Es waren drei wirklich unvergeßliche Wochen für uns: das großartige Erlebnis der

Atlantiküberquerung. Ich muß sagen, der „große Teich" hat es uns ziemlich leicht gemacht. Kein Vergleich mit dem Gebolze im Englischen Kanal und in der Biskaya. Ich könnte sofort wieder lossegeln, von überstandenen Strapazen und Erschöpfung kann keine Rede sein. Allerdings empfinden das wohl nicht alle so, denn neben uns liegt eine kleine französische Yacht, deren Crew will „erst mal Pause machen", hat vom „Atlantik die Schnauze voll". Die Leute halten eine Ozeanüberquerung für einen schweren, aber notwendigen Brückenschlag von Kontinent zu Kontinent. Da sie als Beförderungsmittel für ihre Weltreise eine Yacht gewählt haben, führen sie gezwungenermaßen ein amphibisches Dasein, aber der nassen Hälfte ihres Lebens gewinnen sie recht wenig ab. Nein - Segeln, um nur anzukommen? Niemals! Segeln, um auf See zu sein, das ist herrliches, intensives, spannendes Erleben der Natur. Ihr könnt Euch einfach nicht vorstellen, wie super es ist im Passat, mit ausgebaumten Segeln unter der Tropensonne . . .

Aber jetzt muß ich wohl der Reihe nach berichten, damit Ihr nicht den Überblick verliert. Also, von den Kapverden begleitete uns wieder unser zuverlässiger Freund, der Nordostpassat. Das war Segeln zum Jubeln! Etmale zwischen 160 und 170 Seemeilen machte unser braves Mädchen mit links. Es war ein Dasein in der Badehose, unter täglich strahlend blauem Himmel, mit nichts als Sonnen, Faulenzen, Genießen – während unser schönes Schiff sich unbeirrt allein steuerte.

Aber auf 7 Grad nördlicher Breite fand das Dolcefarniente ein Ende. Die Kalmenzone kündigte sich an, weit nördlicher als vermutet. Quellbewölkung und Regenschauer nahmen uns die Sonne weg, und der bis dahin so beständige Wind flaute merklich ab. Es wurde zunehmend heißer.

Helga, der verantwortungsbewußte Biber auf Patrouillengang, bemerkte mit gerümpfter Nase einen leichten Käsegeruch, der aus Luggis Kabine kam. „Der kann sich auch mal die Socken waschen", raunte sie mir zu. Ihm sagte sie noch nichts; erst zwei Tage später war ihre Geduld zu Ende, und sie sprach ihn darauf an. Doch Luggis Unschuldsmiene wirkte überzeugend. Worauf Helga in seine Kammer stürzte, kurz und intensiv schnüffelte – und schon flogen die Fußbodenbretter in den Gang. Und siehe da: Die H-Milch, die seit unserer Abreise vergessen in der Bilge schlummerte, hatte ihren Weg durch Sprengung der Wachstüten ins Freie gefunden und schwabberte nun als käsige Masse, mit Schimmeltupfern versehen, in der Bilge herum. „Bei solchem Gestank können nur Bayern schlafen", machte Helga dem Unmut über ihre beginnende Seekrankheit Luft.

Die Geschichte erzähle ich nur, weil Ihr immer glaubt, unser Proviant reicht nicht. Apropos Proviant – da fällt mir noch was ein. Morgens backe ich, wie Ihr wißt, doch gern Pfannkuchen. Mit dem Eipulver von den Kapverden war das auch eine einfache Sache. Die Prise Backpulver, die dazugehörte, wollte ich aus der Blechdose mit Schnellverschluß, in der die Backpulvertütchen sicher verschlossen waren, nehmen. Doch als ich die Dose aus dem Regal fingerte, hatte sie die gefährliche Form einer Eierhandgranate angenommen. Mit spitzen Fingern fummelte ich am Verschluß herum, da – plötzlich ein Wahnsinnsknall, der Deckel ballerte in die gegenüberliegende Teakholzwand, zwanzig Packungen Backpulver zischten durch den Salon, und wir standen da wie drei Mehlwürmer im Schneegestöber (da sage mir einer, auf dem Atlantik ist nichts los).

In den folgenden Tagen hielt uns der Kalmengürtel fest, und das war der Stimmung nicht unbedingt förderlich. Absolute Flaute . . . klapp, flapp, klapp . . . Und immer wieder der vergebliche Versuch, die Physik zu überlisten: Alles an die Luft, was an Tuch vorhanden ist – Genua, Groß-, Besanstag- und Besansegel. Quatsch, alles zwecklos, Segel wieder weg. Es war ein echtes Geduldspiel.

Als einzige Zerstreuung kam in der Eintönigkeit mal ein kleiner Zwei-Meter-Hai auf Besuch. Aber als wir mit unserer Hai-Angel mörderische Absichten erkennen ließen, drehte er empört eine Runde und blieb fortan in tunlichem Abstand längsseits.

Manchmal bauten sich pechschwarze Wolkenungetüme auf. Wenn aber Helga Pützen aufstellte, um der Situation das Beste abzugewinnen – nämlich Süßwasser –, dann fiel garantiert kein Tropfen.

Dieses verflixte Gefühl, nicht von der Stelle zu kommen! Für ein Etmal von 69 Seemeilen waren wir schon richtig dankbar.

Aber auch diese Dümpelei hatte ein Ende. Nach vier Tagen ließ eine zunächst nur schwache Brise leises Hoffen aufkeimen. Sie wurde stärker, entwickelte sich zu einem ausgewachsenen Wind und drehte auf Südost: Die Passatzone der Südhalbkugel war erreicht und brachte neues Leben in Schiff und Mannschaft.

Nach altem Brauch zelebrierten wir mit Würde die Äquatortaufe, und zur Feier des Tages wurde auch SHANGRI-LA innen und soweit wie möglich auch außen vom Schmutz und Bewuchs der nördlichen Hemisphäre befreit. Sie dankte uns das Abschrubben von Entenmuscheln und Seepocken mit spürbar forscherer Fahrt. Aber natürlich war es auch der einsetzende Brasilstrom, der uns zu größeren Etmalen verhalf.

Und eines schönen Morgens fanden wir uns plötzlich von ausgedehnten Ölflächen und ungeheuer großen, schwabbelnden Müllansammlungen umgeben, die der Strom in unübersehbare Streifen geformt hatte. Zwei Tage vor dem Landfall schickte uns Südamerika seine stinkenden Abfälle entgegen!

Das war ja nicht gerade einladend. Als aber dann in der Nacht zum 2. Dezember auf einmal kleine Lichter in der Kimm tanzten, starrten drei Augenpaare doch gebannt und fasziniert auf die blinkende Perlenkette, die in der hohen Dünung immer wieder untertauchte. Kein Zweifel, der helle Schein hinter den einzelnen Küstenlichtern, das war unser Ziel. Das mußte Salvador sein...

Im ersten Morgenlicht saßen wir am Ankerplatz des Iate Clube do Bahia, still und ein wenig benommen von der langsam einsickernden Erkenntnis, etwas Unvergleichliches erlebt zu haben. Trotz der frühen Stunde wurde der diesem Augenblick vorbehaltene Wein andächtig genippt – vor uns die langsam erwachende Großstadt, deren Anblick wir stumm genießend in uns aufnahmen.

Ja, das war also unser Törn nach Brasilien, diesem Land, das unsere Phantasie schon viel beschäftigt hat, und auf das wir sehr neugierig sind. Etwa am 23. 12. wollen wir in Rio eintreffen. Jetzt, da ich dieses Datum schreibe, wird mir erst bewußt, daß ja Weihnachten vor der Tür steht! Bei der Hitze hier kann man das gar nicht recht begreifen. Man bekommt direkt Lust, zur Abwechslung mal richtig zu frieren! Wir freuen uns auf Peters Besuch zu den Feiertagen, hoffentlich können wir ungestört „in Familie" unser harmonisches Bordleben genießen.

Wir jedenfalls fühlen uns – nach einigen unbedeutenden Wehwehchen, die mit Bordmitteln erfolgreich bekämpft werden konnten – toppfit und putzmunter. Wir freuen uns auf Rio und hoffen, dort einen Riesenstapel Post vorzufinden!

Bis zum nächsten Etappenbericht alles Liebe – und Grüße an alle!

Diva Bahia

„SHANGRI-LA! Heeeh, SHANGRI-LA!"

Das sind wir.

„Herzlich willkommen! Schön, mal wieder Landsleute zu treffen", ertönt es mit einwandfrei norddeutschem Zungenschlag. Nach der ersten Überraschung orten wir zwei Figuren auf der kleinen Pier, die sich winkend bemerkbar machen. „Die meinen uns", stellt Helga fest. Und Luggi traut seinen Ohren nicht: „Narrisch! Wann dös koane echt'n Preiß'n sein..."

Wirklich narrisch, wir kennen doch keine Menschenseele hier. Ja, bisher! Aber das soll sich schlagartig ändern, nachdem Werner und Elke im Gewusel des Yachthafens das schwarz-rot-goldene Gütezeichen an dem auffälligen Kat entdeckt haben, der am frühen Morgen hereingekommen ist.

„Willkommen an Bord."

„Hallo. Wir sind aus Bremen. Falls ihr in Bahia mal nicht zurechtkommt oder irgendwelche Fragen habt – wir kennen uns hier aus."

Ob wir Fragen haben? Gleich vom Einlauftag an werden Werner und Elke für uns die wichtigste Institution der Stadt, etwas ähnliches wie Mutters Rockzipfel. Schon seit Jahren in Brasilien ansässig und der Landessprache mächtig, lassen sie sich von unkundigen Yachties alle möglichen Besorgungen aufhalsen. Mit Engelsgeduld und dem nötigen Einblick in die örtlichen Verhältnisse erledigen die zwei einfach alles, was für uns schon durch mangelnde Sprachkenntnisse zum Problem würde. Denn so große Ähnlichkeit, wie man unsinnigerweise hofft, hat das Portugiesische eben doch nicht mit unserem sorgsam aufgebügelten Spanisch. Ein Glücksfall, daß „unsere" Bremer uns aufgegabelt haben; unerwartet ist uns ein Stück Heimat zugefallen.

Wir liegen vor der Skyline Salvador-Bahias, Zaungäste eines brodelnden, farbigen Treibens, am Puls der geschäftigen Innenstadtszene. Der Iate Clube do Bahia gibt sich unerhört exklusiv. Schwimmbad und Hobbyräume, Wäscherei und Duschen – alles ist vom Feinsten und eine Wohltat nach den Wochen auf See. Obendrein wird die Anlage bewacht, was hier leider eine Notwendigkeit zu sein scheint. So fühlen wir uns ziemlich sicher vor Dieben.

Durch unsere neuen Freunde gelangen wir sofort in die Kreise der ortsansässigen Ausländer, mit dem Erfolg, daß eine Party die nächste jagt, wobei wir geduldig – und zu Anfang auch ein bißchen geschmeichelt – die Exoten abgeben. Allzu viel Abwechslung scheinen die Leute hier nicht zu haben. Aber unter einigen Yachtcrews gibt es reichlich Trouble. Wir sind somit unversehens zum Seeleneimer für manche Segler geworden, die offensichtlich mit dem Zusammenleben unter extremen Bedingungen nicht klarkommen. Vor allem bei den Frauen scheint es allerhand Frust zu geben – und SHANGRI-LA, auf der es so friedlich zugeht, ist wohl der richtige Platz, um sämtliche Probleme abzuladen. Na, wir können's ertragen und aus dem ganzen Gezänk und Palaver unsere Lehren ziehen. Zum erstenmal genießen wir es sehr bewußt, unser heimisches Terrain dabeizuhaben, unterschlüpfen zu können in unserer schwimmenden, kleinen, heilen Welt.

SHANGRI-LA bedarf einer Überholung. Der wochenlange Atlantiktörn hat dem Material doch zugesetzt, und sie hat es verdient, daß wir uns jetzt nach und nach ihrer kleinen Wunden annehmen. Eine Liste von Ersatzteilen kann bald zufriedenstellend besorgt werden – dank Werner und Elke. Nach einigen Hafentagen in Salvador sind wir sogar besser ausgerüstet als beim Start! Marketenderin Helga, der es obliegt, für die Fütterung der Raubtiere Sorge zu tragen, macht sich daran, die ausgeweideten Lebensmittelbestände wieder aufzufüllen. Was nach strengem Preisvergleich als günstig eingestuft wird, stapelt sich bald, exotisch duftend, in der unbewohnten Achterkabine. Wohlig braten wir im brasilianischen Backofen. Pullover und ähnliche Unentbehrlichkeiten der nördlichen Halbkugel sind längst in die Mottenkiste gewandert, selbst Schuhe finden nur noch bei ausgedehntem Landgang Verwendung.

Die Abende mit den Freunden sind so randvoll wie die Tage. Die Zeit läuft uns davon, denn schon bald soll es weitergehen nach Rio. Doch wir wollen unsere erste Stadt in Südamerika nicht verlassen, ohne ein wenig mit ihr vertraut zu werden. Werner drückt es mit einer Mischung aus kritischer Ironie und liebevollem Humor aus: „Bahia hat etwas von einer gealterten Diva."

Betrachtet man ihre äußere Erscheinung, trifft diese Charakterisierung den Nagel auf den Kopf. Hie und da schimmert etwas durch die rissige Fassade, wenn auch arg verblichen und verwelkt, das die Schönheit ihrer vergangenen Blüte noch ahnen läßt. Für chirurgische Korrekturen oder auch nur ein kaschierendes Make-up ist sie entweder zu selbstbewußt oder zu nachlässig oder beides. Wozu sich noch herausputzen? Ein Festgewand besitzt sie schon lange nicht mehr, es ist zerschlissen. Die Vergänglichkeit ignorierend, kleidet sie sich in Geflicktes – doch erhobenen Hauptes. Die Zeit ist mitleidslos mit ihr umgegangen, darüber kann auch ihr klangvoller Name nicht hinwegtäuschen, der als Anschrift auf keinem Briefumschlag Platz findet: Cidade do Salvador da Bahia de Todos os Santos. Als „Salvador" weist sie sich auf Karten und Atlanten aus, „Bahia" sagen ihre Bewohner, wenn sie von der Stadt sprechen, die in ihren glanzvollen Tagen einmal die Hauptstadt Brasiliens war – auf den Höhepunkt ihres Reichtums getragen durch die Fracht, die Sklavenschiffe in ihrem Hafen anlandeten.

So ist Salvador-Bahia bis auf den heutigen Tag schwarz wie keine andere Stadt in Brasilien. Acht von zehn Bahianos sind noch so unverfälscht dunkelhäutig wie ihre beklagenswerten Urgroßeltern, die die Fahrt ins Ungewisse nicht aus freien Stücken angetreten hatten. Man sieht es, man hört es – auf den Märkten, den Straßen und in den urigen Kneipen der Altstadt: Die afrikanische Vergangenheit ist nicht bloß gehätschelte Tradition, sondern ein sehr gegenwärtiges Lebensgefühl. Macumba und Candoblé-Kult haben den Weg in die südamerikanische Verbannung überlebt, die nach Generationen zur Heimat geworden ist.

Für uns hat dieser erste Brückenpfeiler im Land der Samba – auch sie wäre nicht denkbar ohne das Zutun Afrikas – das Flair Brasiliens schlechthin. Und das wird immer noch so sein, wenn wir später, nach Jahr und Tag, hierher zurückkommen. So bereiten wir mit einem lachenden und einem weinenden Auge unsere Abschieds-Bordfete vor. Es ist, wie es immer ist und noch in vielen Häfen sein wird: Für das Geschenk der Freundschaft und Begegnung muß man letzten Endes zahlen, und der Preis ist die immer wiederkehrende Trennung. Aber stets ist es auch die Anziehungskraft des neuen Ziels, die nie endende Neugier auf das Unbekannte, die uns Segel setzen läßt. Diesmal können wir uns wirklich keinen Aufschub genehmigen, denn in Rio sind wir mit Peter Singer verabredet, der aus Deutschland herüberdüsen wird, um Segelferien auf der SHANGRI-LA zu machen.

Jahreswechsel in Rio

Problemlos geht es südwärts, immer an der Küste entlang, bis am sechsten Tag das Leuchtfeuer Cabo Frio querab liegt. Ein paar Stunden später gleiten Copacabana und Zuckerhut in ihrer ganzen, weltberühmten Pracht vorüber. Fasziniert schauen wir hinauf zum Corcovado mit der riesengroßen Christus-Statue: ein szenischer Entwurf, der erfunden werden müßte, wenn es ihn nicht schon gäbe. Diese eindrucksvollen Bilder, tausendfach verewigt, haben Rio de Janeiro das Prädikat „schönste Stadt der Welt“ eingetragen.

Sie ist ein beachtenswerter Markstein für die SHANGRI-LA.

Hinter uns liegen sechstausend Seemeilen. Anlaß genug zur Besinnung, der rechte Ort und die richtige Zeit, ein erstes Mal Bilanz zu ziehen: Was waren diese sechstausend Meilen – außer sehr viel salzigem Wasser, Sonne und Wolken, Sturm, Flaute und Passat? Was ist die Quintessenz?

Segeln, herrlicher und intensiver erlebt als je zuvor? Ja, uneingeschränkt. Eine großartige Lektion in nautischer Erfahrung? Auch das. Und unvergeßliche Treffen mit Menschen, die ohne Wenn und Aber Kameradschaft und Hilfe anboten, eine Vielzahl von Namen und Adressen auf Zetteln und in Notizbüchern, die nicht verlorengehen dürfen – das alles zusammen. Und noch etwas. „Aus uns“, sagt Helga, und keiner widerspricht, „ist eine echte Mannschaft geworden.“

Was könnte man Besseres sagen? Zwei Männer und eine Frau – Sprengstoff? Mitnichten. Eine funktionsfähige Crew, allen Unkenrufen zum Trotz . . .

Schon vor dem Start in Deutschland und in nahezu jedem Hafen wieder: dies zweifelnde, nicht selten moralisch irritierte Stirnrunzeln auf den Gesichtern überraschter Mitmenschen: „Wie klappt das bei euch? So was kann doch auf die Dauer überhaupt nicht gutgehen!"

Na, dann seht mal alle her: Die wichtigste Voraussetzung ist sicher, daß weder Eifersucht noch ähnliche Partnerschaftsprobleme den Bordfrieden bedrohen, daß die Zugehörigkeiten von keinem der drei Beteiligten in Frage gestellt werden. Fragen kamen denn auch nur von außen, von Argwöhnern, die Luggi als den „Mann zuviel an Bord" verdächtigten und alles ganz genau wissen wollten.

„Hat er keine Frau?"

„Doch."

„Ach?"

Und dann erzählen wir mal wieder von Ingrid, die in München mehr oder weniger geduldig ausharrt, in jedem Urlaub der SHANGRI-LA entgegenreist und alle unsere Stationen verfolgt. Sie selbst mochte das Abenteuer Weltumsegelung nicht auf sich nehmen – wer könnte es ihr verdenken? Doch die Zweisamkeit von Luggi und Ingrid – über die Episode SHANGRI-LA hinaus – ist beschlossene Sache. So ist Luggi quasi als „halbes Paar" unterwegs, gleichsam in Vertretung seiner zweiten Hälfte. Daß dies für ihn und Ingrid eine Zerreißprobe bedeutet, der nicht jede Partnerschaft standhalten würde, steht auf einem ganz anderen Blatt, berührt jedoch nicht die Intaktheit der Mannschaft.

Wir sind keine aus dem Knobelbecher geschüttelte Crew. Und die Klammer, die uns zusammenhält, ist auch nicht allein das gemeinsame Ziel, die Welt mit einem Segelboot zu umrunden. Was unser Trio im Einklang hält, uns einander unentbehrlich macht, ist die von allen akzeptierte Regelung, daß jeder seinen klar umrissenen Aufgabenbereich besitzt, wobei niemand dem anderen ins Gehege kommt. Eigentlich ganz selbstverständlich fällt jedem das Ressort zu, welches seinen persönlichen Neigungen, seinen Fähigkeiten und Möglichkeiten entspricht.

Ist es Zufall, daß die Talente beim SHANGRI-LA-Team etwas anders verteilt sind als gemeinhin bei gemischten Yachtbesatzungen? Aber vielleicht haben die anderen ihre Talente nur nicht ganz ausgeschöpft? Immer wieder gibt unser „Spiel mit vertauschten Rollen" bei ahnungslosen Seglerkollegen zu unterhaltsamer Verwirrung Anlaß . . .

Da kommt beispielsweise einer in der sicher nicht abwegigen Absicht, mit Skipper Burghard über navigatorische Probleme zu fachsimpeln. „Sag mal, bei der Dingsbumsinsel, da seid ihr doch gewesen? Wie steuert man denn da die Riffeinfahrt an? Wie ist das mit der Strömung?“

Worauf der SHANGRI-LA-Skipper meistens nur die Achseln zucken kann. „Tut mir leid, mich darfst du das nicht fragen“, antworte ich dann wahrheitsgemäß und schon in stiller Vorfreude auf die Verblüffung des anderen. „Mit so kniffligen Fragen mußt du dich schon an den Experten wenden. Dafür ist unser Navigator verantwortlich – die Lady da hinten.“ Ergänzend füge ich noch hinzu: „Ich bin auf diesem Dampfer bloß für Arbeitsbeschaffung und Freizeitgestaltung zuständig, so 'ne Art Animateur, weißt du?“ Außerdem bin ich noch der Chronist, der jedes Detail dieser Reise für die Nachwelt festhält, aber damit will ich den ohnehin schon Verstörten nicht auch noch verwirren.

Ebenso kann ich Fragen nach technischen Spitzfindigkeiten nur delegieren, denn die Maschinen sind Luggis Reich – wie er auch Herr über den täglichen Speisezettel ist. So versetzt denn auch Helga, von den Seglerfrauen um Kochrezepte und Küchentips ersucht, die Umwelt in Verblüffung: „Die Kombüse – also, da halt' ich mich raus. Bei uns kocht der Chefingenieur.“

Kein Wunder, daß man beim Skippertalk in irgendeinem Klub häufiger ein ungewöhnliches „Gruppenbild mit Dame“ bestaunen kann, während sich die Weiblichkeit zum Kochkurs um unsere bärtige Küchenfee schart . . .

Ich sehe es ja ein, für manchen konservativ geprägten Seglerkameraden muß SHANGRI-LA den Eindruck einer total verkehrten Welt erwekken. Na und? Sie funktioniert aber, gedeichselt von zwei Typen und einer Typin, die sich verstehen.

Außentemperatur: 34 Grad. Innentemperatur: etwas mehr als draußen. Luftfeuchtigkeit: wie im türkischen Dampfbad. Stimmung aufgrund der genannten Werte: beeinträchtigt.

Kurz gesagt: Es ist Weihnachten. Die heißen Samba-Rhythmen aus allen Kanälen entsprechen dem Thermometerstand; Rio de Janeiro ergeht sich in einem vorfestlich euphorischen Taumel – jedoch, wie man an allen Ecken vernimmt, weniger wegen des Christfestes. Daß Silvester bevorsteht, finden die Leute hier viel aufregender!

Wir sind um die rechte Feiertagsbegeisterung vorerst noch vergeblich bemüht. Die drückende Schwüle und der Regen zerren am Gemüt. Dabei haben wir es doch eigentlich gut . . . Werfen wir mal das Positive in die Waagschale: Der Iate Clube Rio de Janeiro übertrifft den von Salvador an Luxus, auf dem weitflächigen, großzügigen Areal haben wir die Auswahl zwischen mehreren feudalen Restaurants und ebensolchen Gesellschaftsräumen, von Kino, Schwimmbad und anderen Genüssen ganz zu schweigen. Nein, ein Höhlendasein brauchen Yachties hier nicht zu führen. Wir sind gesund und gut versorgt und befinden uns am aufregendsten Ort Lateinamerikas. Daß wir zu Weihnachten an Frost und Glatteis gewöhnt sind, dafür kann ja Rio nichts.

Am 26. Dezember fahren wir zum Flughafen, drücken uns erwartungsvoll in der Halle herum und die Nasen an der Trennscheibe zur Zollabfertigung platt.

„Da ist er!" Luggi hat den besten Überblick.

Peter, bepackt wie Knecht Ruprecht, lädt seine Fracht auf dem Tresen ab und winkt grinsend. Mit klopfendem Herzen, wie Kinder auf dem Weihnachtsmarkt, erspähen wir die Schätze, die die Zollbeamten ausbreiten: die Geschenke unserer Lieben zu Hause. Mensch, da ist das Radio, das auf unserem Wunschzettel ganz oben stand! Gott sei Dank, alles geht glatt durch die Inspektion.

Und dann am Abend bei uns im „Salon", als der Regen gemütlich aufs Kajütdach trommelt, als Marzipan und Mutters selbstgebackene Kekse auf dem bunten Teller liegen und Peter ganze Romane von daheim erzählt – da wird es auf einmal eine sehr weihnachtliche lange Nacht. Und die winterliche norddeutsche Tiefebene scheint gleich draußen vor der Tür zu liegen.

Vier Tage später laufen wir zu Isla Grande aus. Das heißt, wir versuchen es zumindest, bleiben aber sozusagen im ersten Anlauf stecken. Kaum sind wir um die Ecke, bricht das Vorstag. Dabei hatten wir gerade alles so schön überholt! Aber das Material muß einfach überbeansprucht gewesen sein; so was weiß man erst, wenn es passiert. Na, lieber jetzt als auf hoher See. Außerdem bedeutet dieses kleine Mißgeschick: Auch Silvester findet für uns in Rio statt.

Und nun geht der Zauber erst richtig los! Erst nach diesem Tag, nach dieser Nacht, können wir sagen, daß wir Rio erlebt haben – ekstatisch, emotional, überschäumend . . .

Der Regen hat termingerecht aufgehört. Gern folgen wir der Einladung des Yachtklubs zur großen Silvesterparty, ohne eine Ahnung zu haben, was man hier darunter versteht. Das Feuerwerk aus Tanz und Musik, Farben und Glitzer und phantasievoller Kostümierung ist die offizielle Generalprobe für den zwei Monate später stattfindenden Karneval. Wie alle Vereine, so unterhält auch der Iate Clube seine eigene

Show-Truppe, die sich fast die Beine ausreißt, um beim Umzug mit einem möglichst aufwendigen Beitrag aufzufallen. Jetzt, zu Silvester, bewirbt man sich in heißem Wettstreit um die Preise, die zu den berühmt-berüchtigten Veranstaltungen im Februar ausgesetzt sind: eine eindrucksvolle Vorahnung von dem, was hier beim eigentlichen Karneval stattfindet.

Rio tanzt. Die Samba wird zum Fortbewegungsmittel. Und als das Jahr zu Ende ist, brennt die Copacabana, von abertausend Kerzen märchenhaft entflammt: ein Bild, das sich für immer einprägt.

Nach Mitternacht gehen wir durch die Stadt und zurück an den Strand. Auf einigen Plätzen sind Matten am Boden ausgebreitet. Viele Schälchen mit Essen stehen darauf verteilt, überall dazwischen holzgeschnitzte Heiligenfiguren, und alles ist mit unzähligen Kerzen besteckt. Etwas ratlos betrachten wir die ungewohnte Szene. Dann erhebt sich ein monotones Getrommel, von seltsamem Singsang begleitet, und eine Gruppe älterer Frauen beginnt einen Tanz, der sich im Flackerlicht ekstatisch steigert und offenbar das Ziel völliger Entrückung hat: Trance, Trennung des Geistes vom Irdischen. Was wir hier erleben, so erschreckend fremd, ist Geisterbeschwörung, „Macumba". Uralter afrikanischer Kult, für den die katholischen Heiligen nur zierendes Beiwerk sind. Mag auch der römische Katholizismus die vorherrschende Religion in Brasilien sein – die Naturreligionen sind offenbar so zäh wie die Völker, die sie eingeführt haben. Mit eigenen Augen erleben wir, daß die überlieferten spiritistischen Kulthandlungen unzählige gläubige Anhänger haben, für uns eine erstaunliche Erfahrung. Die Frauen, die wir bei der Zeremonie beobachten, wirbeln bis zur völligen Erschöpfung herum und brauchen anschließend eine Art Erster Hilfe. Erst am Rande der Ohnmacht endet der Tanz, und die Angehörigen stehen dabei, um die Tänzerinnen in die Welt zurückzuholen.

Silvester in Rio: Was hätten wir versäumt, wäre nicht das Vorstag gebrochen!

Die Hölle im Bertioga-Kanal

Helga ist dagegen.

„Nein, das machen wir nicht! Ist mir viel zu unsicher. Ohne Detailkarte werden wir das schön bleibenlassen!"

Luggi, Urlaubssegler Peter und Skipper Burghard, kernig-unverzagt und nicht nur zahlenmäßig männliche Überlegenheit demonstrierend, sehen die Sache nicht so eng. „Ach wo, da kann nicht viel schiefgehen."

Stimmt, eine Detailkarte zum Ansteuern von Santos ist zwar an Bord nicht zu finden, aber laut Handbuch kann das Einlaufen durch den Bertioga-Kanal, sozusagen durch eine Nebeneinfahrt, wirklich nicht besonders schwierig sein. In kühnem Bogen führt der kleine Kanal, ohne von hinderlichen Brücken gekreuzt zu werden, durch ein unbesiedeltes Gebiet mitten hinein in den Hafen von Santos. Man kommt ungestört durch die Hintertür, ohne die Gefahr, von dicken Überseepötten bedrängt zu werden. Das kann uns doch nur dienlich sein.

Helga ist der Navigator, aber der Skipper ist im Zweifelsfall „die Mehrheit".

Die Kanaleinfahrt ist leicht zu finden, und wir können uns, erst einmal hineingelangt in diese unbekannte Wasserstraße, zu unserer Wahl eigentlich nur beglückwünschen; durch eine großartige Landschaftskulisse zieht SHANGRI-LA gemächlich-neugierig ihres Weges. Eine bewaldete, imposant steile Bergwand säumt das Ufer. Gegenüber liegt ein Sandstrand, von Häusern gerahmt (als unser Kartenwerk entstand, muß da wohl noch Busch gewesen sein), und im Hintergrund Wald, der sich in der Ferne in dunstgrünen Bergen verliert. Die Fahrrinne ist beruhigend breit, hin und wieder zweigen kleine Seitenarme ab, was uns keineswegs zu denken gibt. Denn natürlich können so unbedeutende Abzweiger auf unserer großen Karte nicht vermerkt sein. Das hat nichts zu bedeuten.

Doch irgendwann fällt uns auf, daß der Bootsverkehr ganz aufgehört hat. Wir sind allein. Auch die Uferbesiedelung ist zurückgeblieben und dichtem Mangrovendschungel gewichen, der beiderseits ins Wasser greift. Und plötzlich taucht dann diese Brücke auf.

Wieso das? Das kann ja gar nicht sein, hier gibt es doch überhaupt keine Brücken! Aber diese verteufelt reale Betonbarriere ist absolut kein Hirngespinst. Gebieterisch versperrt sie uns den Weg.

Man sollte es jetzt aussprechen, trotzdem behält jeder die Frage für sich: Ist das wirklich „unser" Kanal – oder haben wir uns verfranzt? Nein, vermutlich haben sie die verdammte Brücke erst in jüngster Zeit gebaut.

„Das können wir vergessen, da kommen wir nie durch!" Vielleicht sollte man jetzt doch auf den Navigator hören?

„Wartet mal!" Luggi, dem Bergsteigen ein Bedürfnis ist – daher wird er für Arbeiten in schwindelnder Höhe eingeteilt –, erklimmt hurtig den Mast, während ich die SHANGRI-LA auf Schneckentempo bändige und zaghaft an das Hindernis heranbugsiere. Das Augenmaß spricht dagegen, daß wir unter der Brücke durchpassen. Doch: „Es ist nur der

Peilrahmen, der stört“, verkündet Luggi vom luftigen Gipfel. „Ich mach' ihn ab.“

Umkehren, umkehren! Das ist nicht Helga, sondern meine innere Stimme, die sich Gehör zu verschaffen sucht; ich weiß nicht, warum ich sie ignoriere.

Im Handumdrehen ist der Kreuzpeilrahmen demontiert, Luggi bezieht erneut Stellung an der Mastspitze, und – alle mal Luft anhalten – schon sind wir durch. Gemogelt, aber immerhin (ein Personalausweis hätte sogar noch dazwischengepaßt). Unsere Mastsprossen, eigentlich für ein rasches Erspähen von Südseeriffen gedacht, haben sich also schon bewährt.

Luggis Füße berühren gerade wieder das Deck, da geht ein Ruck durchs Schiff, und Funken sprühen an den Wanten. Gütiger Himmel! Eine Stromleitung, von irgendwoher wie ein Springseil den Kanal überquerend und am anderen Ufer klammheimlich wieder verschwindend, hing eine Idee zu tief durch! Sekunden früher wäre Luggi mit 220 Volt an den Mast geklebt worden. Wie ein Messer hat unser Mast das Kabel durchtrennt, dessen Enden nun nutzlos an beiden Ufern im Wasser ruhen. Die Schreckensvision dessen, was uns gerade wie durch ein Wunder erspart blieb, sitzt uns noch in allen Knochen, da wird uns bewußt, daß wir jetzt irgendwem das Licht ausgeknipst haben – vielleicht einem ganzen Dorf, dessen Bewohner gleich mit Giftpfeilen an uns Rache nehmen werden.

Erstarrt harren wir der Dinge, die sich auch prompt einstellen.

Zwei Männer wachsen wie Pilze aus den Mangroven (zweifellos sind da irgendwo noch mehr), hitzig mit den Armen fuchtelnd, unverständliche Rufe ausstoßend. Na, was das heißen soll, wissen wir auch so. Da weit und breit niemand sonst in Frage kommt, dem man die Schuld in die Schuhe schieben könnte, entschließen wir uns, lieber gleich Reue zu zeigen: „Schreckliches Unglück! Wir ersetzen alles! Was kostet das? Wir haben Dollars, wieviel Dollars wollt ihr haben?“ Wir versinken fast im Boden vor Zerknirschtheit.

Die Burschen verstehen rein gar nichts. „Amigo, amigo! No problemas!“ Na, die sind gut. Sie strahlen, freuen sich auf Teufel komm raus und lachen sich kaputt. Und: „Weiterfahren, weiterfahren“, winken sie wie italienische Zöllner bei Regenwetter.

„I spinn“, sagt Luggi. Aber nur weiter! Alles kein Problem! O nein, für Dollars haben sie überhaupt keine Verwendung. Wir sind doch amigos!

Okay, wenn das so ist . . . Man muß ja nicht alles begreifen im Leben.

Ebenso perplex wie schuldbewußt wirft Luggi noch als Trostpreis eine Stange Zigaretten ans Ufer, die neuen Enthusiasmus auslöst. Die Männer winken begeistert, und unter ihren anhaltenden Ovationen setzen wir die Fahrt fort.

Der Gedanke, jetzt – spätestens jetzt – umzukehren (denn wer weiß, was da noch alles kommt), ist entweder von dem Ereignis verdrängt worden, oder es spricht ihn nur keiner aus. Weitere zwanzig Seemeilen steuern wir wahnwitzige Flußmäander aus (das soll ein Kanal sein?), und es muß erst Abend werden, bis wir uns zu dem Eingeständnis durchringen, daß wir uns in einem unbekannten Flußsystem verirrt haben. Statt bequem in den Hafen von Santos zu gondeln, vor dessen Yachtklub wir jetzt gepflegt zu ankern dachten, sind wir auf eine abenteuerliche Expedition gegangen. Oder öffnet sich womöglich doch noch hinter der nächsten Biegung der erwartete breite Kanal? Ist alles drin, wir sind ja in Südamerika. Also kehren wir nicht um. Die Hitze muß uns um den Verstand gebracht haben.

Immer bedrängender wächst das Mangrovengestrüpp auf uns zu, immer bedrohlicher nehmen die Ufer uns in die Zange. Bald schließen sich die Baumwipfel zu einer schummrigen Tunnelwölbung, die immer niedriger sinkt – bis unsere Mastspitze einen Schauer von grünem Geäst herunterholt. Auf knisternden, raschelnden Zweigen wandeln wir über Deck.

Im nächsten Moment geht gar nichts mehr: Landberührung von vier Seiten! Mit beiden Rümpfen ist SHANGRI-LA in zähen Schlamm gestapft, von links und rechts greifen die Mangrovenwurzeln nach ihr, und die verschlungenen Arme des grünen Dachgeflechts halten ihre Mastspitze umklammert. Das war's dann wohl, Ende der Sackgasse.

Unvermittelt überfällt uns die Urwaldnacht. Das Tageslicht erlischt so plötzlich wie eine Kerze.

Kein Grund zur Panik, wir kommen hier bestimmt wieder heraus. Ohne die leistungsfähigen Dieselmotoren wäre eine Situation wie diese mehr als bedenklich, aber unsere sind so stark, daß SHANGRI-LA auch als Hafenschlepper arbeiten könnte. Ihre zweimal 50 PS werden uns sicher wieder befreien, heute allerdings nicht mehr. Arglos machen wir uns auf „ein paar unbequeme Stunden" gefaßt ...

Der Dschungel, bei Tageslicht zwar undurchdringlich, aber doch in lieblich grünem Kleid und von friedlicher Stille, offenbart nun seine zweite Natur. Im Schutz der Dunkelheit erwacht das Leben, das sich tagsüber in tarnendes Schweigen hüllt. Die Nacht im tropischen Wald – das ist blinde Schwärze voll fremder, beunruhigender Laute, klagend und warnend. Das sind Stimmen von Fröschen und Vögeln, Zikaden und Affen, die bisweilen in schauerlichem Konzert zu einem Höllenspektakel anschwellen. Aber es ist auch das Ahnen lautlos-geschmeidiger Bewegung. Unheimlich, dieses leise Knacken zertretener Äste! Und alles ist so bedrohlich nahe, zum Greifen fühlbar, aber ohne Gesicht . . .

Die Luft in der dampfenden Natursauna scheint nun auch den letzten Sauerstoff zu verlieren, mag eher zum Trinken taugen als zum Atmen: ein warmes, widerwärtiges Gesöff, das die Lungen zu ersticken droht. Penetranter Fäulnisgestank mischt sich mit dem Geruch der Dieselmotoren zu einer schier unerträglichen Atmosphäre, von unseren eigenen Ausdünstungen ganz zu schweigen. Das Innenthermometer zeigt 40 Grad.

Und dann fallen sie über uns her, die Plagegeister feuchter Tropennächte: Milliarden Mücken und Fliegen, eine Heimsuchung von nie gekannten Dimensionen, gegen die wir nicht gewappnet sind. Denn für eine Dschungelexpedition fehlt es uns an der wichtigsten Ausrüstung: an Moskitonetzen oder wenigstens ein paar Dosen Ungezieferspray.

Zu Wolken geballt, stürzen sich die Angreifer auf die willkommene fette Beute, um uns die schlimmste Nacht unseres ersten Reisejahres zu bereiten. Wie tausend Nadeln schmerzen die Stiche der Sandfliegen, kaum sichtbarer, länglich schwarzer Punkte. Scheuert man sich verzweifelt die Haut, dann verwischt man nur die bereits vollgesogenen Peiniger zu roten Streifen und macht Platz für die nächste Angriffswelle. So winzig die Ungeheuer auch sein mögen, die sanft auf ihrem Opfer landen und erst wieder starten, wenn sie mit dem Gewicht ihrer Blutfracht kaum mehr fliegen können, so ohnmächtig sind wir ihrer Vielzahl ausgeliefert. Wir treten die Flucht ins Bett an, vergeblich unter den glatten Leintüchern Kühlung und Schutz suchend. Die Folterknechte finden auch hierher ihren Weg, setzen ihre Attacken unbeirrt fort. Es gibt kein Entkommen.

Diese Nacht ist die Hölle – und sie scheint genauso endlos zu sein. Beim ersten Morgengrauen starren wir uns entsetzt in die entstellten, von unzähligen Stichen gequollenen Gesichter, untersuchen besorgt unsere zerschundenen roten Arme und Beine.

Ich friere. Es ist drückend heiß, aber mich friert. Helga geht es ebenso. Das kann nur Fieber sein. Hoffentlich kein erstes Anzeichen von Malaria! „Die Biester haben uns regelrecht vergiftet", murmelt Helga mit dicker Zunge. Wir können nur abwarten, wie die Symptome sich entwickeln. Müde und kaputt, eine Nacht ohne Schlaf in den Gelenken, hält uns nur der eine Gedanke aufrecht: Wir müssen hier raus! Zurück auf dem Weg, den wir gekommen sind.

Der erste Versuch scheitert. Selbst bis in diesen gottverlassenen Winkel des Flusses macht sich die Ebbe bemerkbar. Wir müssen tatenlos warten. Als endlich das Wasser steigt, heulen unsere beiden Motoren laut auf, triumphierend und voller Kraft. Die Schrauben wirbeln energisch den Grund auf; zu beiden Seiten ihrer Rümpfe schwarze Strudel wegschleudernd, befreit sich SHANGRI-LA zentimeterweise aus der Erde, die nicht ihr Element ist. Ein scheußliches Schürfen über den Boden – dann hat sie es geschafft, unser zuverlässiges Mädchen. Der Mast nimmt noch ein paar Äste mit, dann sind wir nach vorsichtigem Zurücksetzen wieder in breiterem Gewässer. Eine Maschine voll voraus, die andere zurück, so drehen wir auf dem Teller. Und dann heißt es nur noch: volle Fahrt voraus! Weg, nichts wie weg. Raus aus diesem Alptraum.

Die Brücke überlisten wir noch einmal auf erprobte Weise, nicht ohne zuvor einen betretenen Blick auf das Stromkabel geworfen zu haben, das von den Masten rechts und links des Ufers schnurstracks ins Wasser führt, als sollte es so sein. Ein Nichteingeweihter könnte es glatt für eine Unterwasserleitung halten. Die beiden Lockmänner, die mit den Zigaretten verschwanden, tauchen nicht wieder auf. Vielleicht suchen sie schon im Busch nach unserem Wrack.

Kleine Motorboote erscheinen als Vorboten der Zivilisation. Wir steuern geradewegs das erstbeste an. „Santos? Wo geht's hier nach Santos?"

Befremdete Blicke. Wir sehen ja auch aus, als hätten wir Wochen im Dschungel verbracht. Sie weisen flußabwärts auf eine Tonne, die offensichtlich eine Abzweigung markiert. Da wir uns in Brasilien befinden, stellen wir vorsichtshalber dieselbe Frage beim nächsten Boot noch einmal.

„Si, si! Dort geht's lang!"

Aha. Da die Antwort gleich ausfällt, folgen wir mit einem leisen Hoffnungsschimmer der angegebenen Richtung. Und ein paar Stunden später schippern wir in den quirligen, geschäftigen Hafen von Santos, Traum aller Matrosen und Dorado der lockeren Lebensart, vorausgesetzt, man kann sie bezahlen.

Prominenz in Santos

Wie ein Gruß aus einem anderen Leben leuchten uns die heimatlichen Nationalfarben entgegen. MANGAN steht an dem riesigen Bulkcarrier, den wir mit andächtigen Gesichtern passieren. Von oben mustern drei Khaki-Bedreßte aus interessanter Perspektive den hübschen roten Kat und winken uns, längsseits zu kommen. Eine Lotsentreppe klatscht über die Verschanzung, und schon kriegen wir Besuch. Kapitän, Erster Offizier und Bootsmann hangeln sich herunter auf die SHANGRI-LA, staunen über unser Äußeres. Solche Blicke haben wir heute schon mal einstekken müssen . . .

Artig bitten wir in den Salon, wo unsere Gäste sich bald verstohlen zu kratzen beginnen – was sich in Kürze zu wilden Rundumschlägen steigert. Wir haben doch nicht etwa Ungeziefer an Bord? Vielleicht suggerieren das nur unsere Windpockengesichter . . . Der Bootsmann turnt sofort wieder nach oben, um schleunigst mit Insektenpulver zurückzukommen. Während er als Kammerjäger fungiert und das Schiff von vorn bis hinten mit einer Giftwolke entwest (hoffentlich ist es danach noch bewohnbar), erbarmt sich der Käpt'n des bedenklichen Gesundheitszustandes der Crew. Ob uns mit ein paar gut gekühlten Ampullen aus seinem „Medizinkasten" gedient wäre? Wir sind zum Bier eingeladen. O Mann, den Kerl könnt' ich küssen.

Gegen Abend, als vier schwankende Figuren die Lotsentreppe der MANGAN wieder hinunterzittern, haben sich die Krankheitssymptome immerhin verlagert: in die Kniegelenke nämlich, die sich angenehm nach Schaumgummi anfühlen. Die Medizin tut ihre Wirkung!

Als unser frisch desinfiziertes Heim an einer Mooring vertäut ist, begeben wir uns in den Yachtklub von Santos. Hier herrscht Festtagsstimmung und zitternde Erwartung. In heller Aufregung scheucht jeder jeden herum. Was, um Himmels willen, steht denn bevor? Kopfschütteln über so viel Unwissenheit. Jedes Kind in Santos weiß doch, wer sich derzeit hier aufhält und heute im Klub in höchsteigener Person erscheinen wird!

Na, Silvia! Und Carl Gustav natürlich. Wer? Die Majestäten aus Schweden! Im Yachtklubrestaurant werden die gekrönten Häupter dinieren, garniert von Uniformen und allem, was im Umkreis Rang und Namen hat.

„Schön", sagt irgendeiner von uns schwach. Daß alle Majestäten der Welt sich in den nächsten Minuten hier versammeln könnten, ich aber leider außerstande wäre, sie auch nur mit den Hühneraugen anzusehen – dies ist so ungefähr mein letzter Gedanke, bevor ich wie die anderen drei halbtot in die Koje falle.

Nichts für ungut.

Die Mercedes-Meier-Story

Mit zwanzigtausend Mark sind Sie dabei. Wenn Sie wollen und können. Und wenn Ihre Nase in die Landschaft paßt. Denn für diese Summe kauft man sich in den Yachtklub von Santos ein. Denken Sie nicht, daß Ihnen für den Preis der Klub nun gehört, aber Sie dürfen schon mal zur Tür herein. Und wenn Sie zu jenen Erlauchten zählen – etwa den Geldmagnaten von São Paulo – die diesen Klacks mit der Linken über den Tresen schieben, dann zahlen Sie auch den Jahresbeitrag nur müde lächelnd. Mit einem „Segelverein" nach unserem Verständnis haben die Yachtklubs Brasiliens – Zutritt grundsätzlich nur nach Ausweiskontrolle – nichts gemein. Und der von Santos ist *das* Paradebeispiel. Eher handelt es sich um eine Gesellschaft zur Förderung standesgemäßen Zeitvertreibs in Kreisen, die unter sich zu bleiben gedenken.

Etwa sechzig Angestellte sorgen für stets gleichbleibend gepflegten Luxus, und nachts ist die Nobelszenerie bewacht wie Fort Knox. Ach ja – und maritimen Flair hat das Ganze auch noch, allerdings mehr zur Dekoration. Millionär zu sein, ist hier Pflicht, zufällig eine Yacht dabei zu haben, stört nicht.

Beeindruckt und leicht verschämt lassen wir am ersten Morgen unseren Gammellook verschwinden: die fröhlich an der Reling flatternden Unterhosen oder was sonst uns auf den ersten Blick als Seezigeuner verrät. Aber wir Fahrtensegler sind die bunten Farbtupfer in dem elegant-pomadigen Luxuseinerlei. Da wir zur Kurzweil der Klubmitglieder beitragen, werden wir als Gäste gern eine Weile geduldet. Begrenzte Zeit, versteht sich.

Wir genießen ungerührt all die Annehmlichkeiten eines Hilton Hotels, die für uns Nomaden ein großartiger Gegensatz zu dem Leben auf See sind. Und im Yachthafen Santos begegnet uns auch dieser Typ zum erstenmal . . .

„Hummel, Hummel!" würdigt er jovial unseren Heimathafen Hamburg.

Man kann wirklich nicht sagen, daß der Mensch unsympathisch wäre. Jürgen, wie sich der stämmige, fröhliche Kerl vorstellt, ist gerade damit beschäftigt, auf einer benachbarten Yacht eine neue Maschine einzubauen. Einer, der was von Motoren versteht? Den können wir gleich mal zu Rate ziehen, denn unsere Steuerbordmaschine hat neuerdings Launen. Vielleicht würde er sich die Sache mal ansehen?

Jürgen, leutselig und aufgeschlossen (daß er zu allem Überfluß auch prominent ist, können wir zu diesem Zeitpunkt noch nicht wissen), erklärt sich ohne weiteres einverstanden. Mehr noch – wir sind gleich eingeladen, bei ihm daheim Quartier aufzuschlagen. „Meine Werkstatt ist unten in Itajai. Kommt doch einfach bei mir vorbei! Das Grundstück liegt direkt am Fluß, da könnt ihr ungestört ankern, so lange ihr wollt. Ich sehe dann eure Maschine durch. Okay?"

Wir beglückwünschen uns, einen so netten Typ kennengelernt zu haben, und versprechen, die Einladung anzunehmen. Rund fünfhundert Kilometer südlich von Santos liegt Itajai, doch nach brasilianischem Sprachgebrauch „eben um die Ecke" – was die Dimensionen dieses Landes ahnen läßt.

„Komisch", sinniert die Bordfrau später, nachdem unser neuer Bekannter sich verabschiedet hat, „mir kommt der bekannt vor. Aber frag' mich nicht, woher. Ich weiß ihn nicht einzuordnen . . ."

Drei Wochen später hängt Helga in einem Garten in Itajai Wäsche auf. Luggi, selig verschmiert in Mercedesteilen wühlend, hat den Himmel in Jürgens Werkstatt gefunden, die erstaunlich gut bestückt ist.

Unser Gönner hat keineswegs übertrieben. SHANGRI-LA liegt vor einem weitläufigen Wassergrundstück, auf dem wir uns zwanglos ausbreiten dürfen. Ein properer Bungalow, umrahmt von viel wucherndem Grün, daneben die Autowerkstatt und – gleichmäßig verteilt – bemerkenswerte Schrottansammlungen. Betty, Jürgens Freundin, und die gemeinsame Tochter Gaby haben uns wohlvorbereitet begrüßt wie alte Vertraute, zwar ohne einer deutschen Silbe mächtig zu sein, aber Freundlichkeit ist schließlich an keine Sprache gebunden. Haus und Garten stehen uns uneingeschränkt zur Verfügung. Während SHANGRI-LAS Innenleben mit viel Sorgfalt auf Vordermann gebracht wird, genießen wir die Gastfreundschaft und Großzügigkeit unserer neuen Freunde.

Einiges ist allerdings absonderlich an diesem Haus, finde ich. Ich kann mir nicht helfen, die Einrichtung des Bungalows wirkt – nicht abgenutzt, nein: mißbraucht. Sogar ziemlich rabiat mißbraucht. Auf der hübschen Polstergarnitur hat ganz offensichtlich jemand Zigarettenkippen ausgedrückt. In der Küche sind einige Keramikfliesen des Fußbodens zu einem ungewöhnlich modernen Mosaik zertrümmert, und daß dem Toilettenbecken eine ziemlich große, glatt herausgebrochene Ecke fehlt, wundert uns auch. Irgendwann muß das Haus von Vandalen bewohnt gewesen ein, die auch die gesamte Elektrik lahmgelegt haben. Ob Klimaanlage oder Fernseher, Tiefkühltruhe oder Durchlauferhitzer – überall scheint der Kupferwurm einquartiert zu sein. Beim arglosen

Versuch, die Dusche zu benutzen, haut mich ein elektrischer Schlag gegen die Wand. Die Flucht in den Nebenraum scheitert daran, daß ich die Türklinke ohne die Tür in der Hand halte.

Man will ja nicht meckern. Die Frage stelle ich nur aus Interesse. „Sag mal, Jürgen, du hast zwar 'ne tolle Bude hier, aber . . ."

Der Hausherr zuckt grinsend die Achseln. „Schicksal, mein Lieber, Schicksal." Und dann entschließt er sich, mich in seine Familiengeheimnisse einzuweihen. Ursache für den Vandalismus in seinem Haus – jedenfalls indirekt – ist wohl die nicht ganz einwandfreie Abstammung von Braut Betty, einem echten Kind aus dem Milieu. Nun haben auch Menschen wie Betty einen familiären Anhang, oft sogar von Kompaniestärke, und wenn man ihren Kreisen auch manches nachsagen kann, dann aber gewiß nicht das: daß sie keinen Familiensinn hätten. Im Gegenteil, da herrscht noch Solidarität! Durch ihre Verbindung mit dem „reichen Werkstattbesitzer" ist Betty für ihre Sippe eine Art Lebensversicherung geworden. Kehrt Jürgen dem Haus den Rücken, um sich auf eine seiner zahlreichen Geschäftsreisen zu begeben, so rollen unverzüglich zehn Geschwister samt Anhang aus den Favelas an, um es vorübergehend zu besetzen. Und dabei kann es schon mal hoch hergehen. Friedfertig nimmt Jürgen die Verwandtschaftsmeute in Kauf, wie sollte man sich auch einer solchen Übermacht erwehren?

„Daß ich ihnen erlaubt habe, beim Kaufmann auf meinen Namen anschreiben zu lassen, war aber wohl doch ein Fehler", seufzt der Ausgebeutete. Tags darauf hatte die Verwandtschaft nämlich den Laden leergeräumt. Seitdem kriegt sie ihre Rationen monatlich zugeteilt – was Betty jedoch nicht daran hindert, die Ratten aus ihren Löchern zu pfeifen, sobald der Patron abwesend ist, damit sie sich noch einen Nachschlag holen können.

Daß der Geplünderte die Schmarotzer mit stoischem Gleichmut durchfüttert, mag daran liegen, daß ihm das „Milieu" selber nicht fremd ist . . . Und einmal ins Erzählen geraten, rückt unser Gastgeber schließlich mit der ganzen Geschichte heraus – seiner eigenen nämlich.

„Ich heiße eigentlich Klaus Meier. Aber für euch bleibe ich am besten Jürgen." Klaus Meier? Ich habe da eine Wissenslücke, aber bei Helga scheint es jetzt zu dämmern. Um seine Story zu illustrieren, legt Jürgen einen Stapel Reisepässe auf den Tisch, in denen sein Foto mit allen möglichen Namen geschmückt ist, bloß nicht mit Klaus Meier: eine Notwendigkeit, zu der ihn die lästigen Nachstellungen von Interpol gezwungen haben. Bei den Gesetzeshütern mehrerer Länder ist der „Mercedes-Meier" nämlich ein alter Bekannter.

Nach eigenen Angaben begann seine Karriere im zarten Alter von zwölf Jahren, und von Anfang an spielten Autos und Motoren dabei eine tragende Rolle. Als frühreifer Knabe fuhr er den Bus seines Vaters zu Schrott, danach reihten sich die Unfälle aneinander, und was er zuschanden fuhr, war nie sein Eigentum. Eine Weile waren es fremde Motorräder, an denen er einfach nicht vorbeikam. Doch als er reifer geworden war, bekamen auch seine Delikte andere Dimensionen: Betrug, Hehlerei und fahrlässige Körperverletzung.

Doch dann beschließt der Meier, daß es mit solchen Hühnerdiebereien nun ein Ende haben muß. Die bringen doch nichts. Unternehmer muß man heutzutage sein! Klaus Meier eröffnet seine erste Autowerkstatt. Vom Fach versteht er was – er hat sich zu einem ausgefuchsten Handwerker gemausert, einem dieser Genies, die aus ein paar Blechdosen und Schrott einen Motor oder aus einem Haufen Sperrmüll die Einrichtung für eine Komfortwohnung basteln können. Bei so viel Geschick floriert das Geschäft – nicht nur das offizielle in der für jedermann zugänglichen Reparaturwerkstatt, sondern auch das dunkle im Hinterhof. Denn schon darf Meiers Rechte nicht mehr wissen, was die Linke tut, aber ölverschmiert sind beide. Er fährt erfolgreich doppelgleisig. Hinter der Kulisse von Redlichkeit und Lauterkeit werden gestohlene Autos säuberlich zerlegt und zu Neuwagen umgebaut. Als Perfektionist, der er ist, stattet er jede seiner Kreationen auch mit einer neuen Identität aus. Dazu dienen billig erworbene Fahrzeugbriefe von Schrottautos. Unter der Schleifscheibe verschwinden die alten, verräterischen Nummern – und mit dem Prägemeißel wird eingestanzt, was der neue Brief verlangt.

Das hätte vielleicht noch lange so funktionieren können, aber niemand ist perfekt. Einmal hat auch Mercedes-Meier seinen schwachen Tag und vergißt, den nicht markengetreuen Tankdeckel an einem 280 SE auszuwechseln: Er wird sein Lindenblatt, die verwundbare Stelle. Der ursprüngliche Besitzer erkennt zwar nicht seinen Wagen, wohl aber seinen Tankdeckel wieder, und das genügt. Als jedoch die Polizei zur Hausdurchsuchung schreitet, um die Anklage wegen „gewerbsmäßiger Hehlerei und gemeinschaftlichen schweren Diebstahls“ zu untermauern, hat sich der Verfolgte schon nach Belgien abgesetzt – um dort still und bescheiden, aber nicht weniger erfolgreich, ein Geschäft gleicher Kategorie zu betreiben. Auch nach der grenzüberschreitenden ZDF-Fahndung kann Hobbykriminalist Zimmermann den Fall Mercedes-Meier nur als „ungelöst“ buchen.

Dann aber stöbert ihn Interpol in Belgien auf. Um Haaresbreite entkommt Meier, nicht nur über alle Berge, sondern diesmal gleich über den großen Teich. Dem allseits publik gemachten Vorbild von Posträuber Biggs folgend, läßt er sich in Brasilien nieder. Inzwischen heißt er Jürgen Rinke, und daß ihm wegen fehlender Papiere fünf Jahre Gefängnis für Einwanderungsbetrug blühen können, ficht Jürgen nicht an. Denn der zu allem entschlossene Spezialist greift sich flugs die bereits erwähnte Kaffeeschöne namens Betty und sorgt dafür, daß neun Monate später seine „Aufenthaltsgenehmigung“ da ist. Auslieferung und andere Unannehmlichkeiten sind damit auf unabsehbare Zeit verhindert, denn als Vater eines brasilianischen Kindes hat man für Haus und Hof und Frau und Kind zu sorgen. Da kennen die Behörden kein Pardon, und zum erstenmal ist Mercedes-Meier mit den Staatsorganen einer Meinung.

So gesehen sind doch eine habgierige Verwandtschaft, ein paar Brandflecke auf dem Sofa und ein halbiertes Toilettenbecken das geringere Übel, meint er. Wir nicken einsichtig und überwältigt.

Nachdem wir atemlos seiner Lebensgeschichte gelauscht haben, holt Jürgen zur Krönung des Abends seine aus Deutschland mitgebrachten Trophäen hervor. Liebevoll hütet er die Schallplatten, Bücher und Tonbänder aus dem Dieter Thomas Heck gestohlenen Mercedes. Der bekannte Redefix vom ZDF wurde nämlich auch eines seiner Opfer. Der ganze Stolz Jürgens sind die Stiefel des Hitparadenmatadors: „Genau meine Größe.“

Seinen Mercedes fuhr später übrigens ein belgischer Arzt, der angeblich äußerst zufrieden mit dem Wagen war.

Punta del Este ohne Luggi

Mag ein Pechvogel wie Dieter Thomas Heck über Jürgen nun denken, wie er will – soviel ist sicher: Um SHANGRI-LA und ihre Besatzung hat sich der Mann verdient gemacht. Drei Wochen lang baden wir in großzügiger und herzlicher Gastfreundschaft, und beide Schiffsmaschinen sind am Ende unseres Aufenthaltes in Itajai in geradezu jungfräulichem Zustand. Die Kühlprobleme, die sich erst in den tropischen Regionen eingestellt und eine Höchstbelastung der Motoren riskant gemacht haben, können wir in Zukunft getrost vergessen. Nagelneue Wasser- und Ölwärmetauscher werden dafür sorgen, daß die Temperatur nicht mehr über 80 Grad klettern kann. Ihre Installation erfordert viele Stunden intensiver Arbeit, denn sämtliche Schlauchverbindungen, Halterungen etc. müssen zu diesem Zweck in mühevoller Tüftelei neu verlegt werden. Aber Jürgen mit seinem hervorragenden Fachwissen, großem Geschick und unendlicher Geduld scheint dabei in seinem Element zu sein. Nichts ist ihm zu mühsam oder zu schwierig. Uns leistet er tatsächlich unschätzbare Hilfe.

Darüber hinaus tut uns Mercedes-Meier noch den „Gefallen“, für SHANGRI-LA als Public-Relations-Manager zu fungieren. Bald stapeln sich die Einladungen zum Churrascera (was soviel bedeutet wie: Fleisch essen, bis es zu den Ohren herauskommt), und schließlich rückt sogar das lokale Fernsehen mit einem Übertragungswagen an, um der ganzen Region in Wort und Bild kundzutun, welch exotischer Besuch in Itajai weilt. Der TV-Bericht löst eine Völkerwanderung Neugieriger aus, die uns unbedingt leibhaftig bewundern wollen, aber Gott sei Dank gelingt es nur ein paar Unentwegten, uns paddelnd in dem versteckten Flußwinkel aufzustöbern.

Den Höhepunkt des Kapitels ‚SHANGRI-LA in Itajai‘ aber bildet die Fünfhundert-Personen-Hochzeitsfeier, an der wir teilnehmen dürfen. Unermüdlich werden wir für die Familienchronik fotografiert: Skipper und Crew, garniert vom Brautpaar – oder ist es umgekehrt? Schauplatz dieses privaten Samba-Festivals, das zudem mitten in den Karneval fällt, ist eines der vornehmsten Hotels am Platze, das mit einer Freßorgie erster Güte aufwartet. Unvergessen aber bleibt der morgendliche Auftritt des Brautpaars vor dem Altar: Der König der deutschen Autoknakker und -verschieber, artig im dunklen Anzug, gibt dabei einen ebenso andächtigen wie würdevollen Trauzeugen ab.

Doch am Ende der drei bewegten Wochen erwartet uns eine unangenehme Überraschung: Wir haben einen invaliden Luggi. Für den eilig konsultierten Arzt ein klarer Fall: „Schleimbeutelentzündung“, kommentiert er lapidar das ausladend verformte Knie, das Luggi ihm unter Schmerzen vor die Brille hält (bayerische Beine und Samba müssen sich wohl erst noch aneinander gewöhnen). Was nun? Wie geplant davonsegeln und auf Bordheilmittel vertrauen? Ausgeschlossen, bestimmt der Arzt kategorisch. Das Tanzbein bleibt vorläufig in seiner Behandlung.

So setzen wir uns denn zur Lagebesprechung zusammen und kommen zu dem Entschluß, daß Bordfrau und Skipper als geschrumpfte Besatzung die nächste Station, Punta del Este, allein ansteuern sollen. Wir haben es eilig, denn der Südsommer muß für die Durchsegelung der Magellan-Straße genutzt werden. Luggi wird in der Obhut der Freunde in Itajai zurückbleiben und uns mit dem Überlandbus folgen, sobald der Arzt ihn als geheilt entläßt. Es wird ein gemütvoller Abschied von der Familie Mercedes-Meier. Wir scheiden mit vielen guten Wünschen und der Überzeugung, daß Interpol sich zufriedengeben könnte. Denn es sieht ganz danach aus, als ob Betty und ihr Troß den Ganoven zu „lebenslänglich“ verdonnert haben ...

Die Ruhe auf See. Das Aufatmen. Die frische Luft und der Wind.

Eine willkommene Abwechslung nach den Wochen der Hitze und der Moskito- und Menschenschwärme. Nichts gegen nette Leute, in Maßen und wohldosiert. Aber die reizenden, interessierten Zeitgenossen waren zuletzt in so anstrengenden Mengen aufgetreten, daß wir eine leichte Überdosis davon abbekamen. Auf dem Törn nach Punta del Este wollen wir abschalten, entspannen und den Streß des Lebens an Land verdauen.

Sechs Tage haben wir für die 650 Seemeilen veranschlagt – unter Berücksichtigung der unzuverlässigen Wetterverhältnisse vor der brasilianischen Küste, die sich vor allem durch leichte Winde auszeichnen. Das bestätigt sich auch in den ersten Tagen, dann stabilisiert sich der Ostwind, und wir fliegen nur so nach Süden. Nach vier Tagen und sieben Stunden landet SHANGRI-LA mit ausgebreiteten Schwingen in Punta del Este, dem Seebad an der La-Plata-Mündung.

Der uruguayische Amtsschimmel erwartet uns. „Sie haben noch keine Touristen-Tarjetas? Die brauchen Sie aber. Ohne Tarjetas kein Stempel!“

„Jawohl. Und wo gibt's die?“

„Auf der Präfektur!“

Dort will der zuständige Operettensoldat nicht mit den Tarjetas herausrücken, weil das Ausreisedatum in unseren Reisepässen mit der Ausklarierung des Schiffes nicht übereinstimmt. Er bezweifelt sogar, daß wir von Itajai direkt nach Punta del Este gesegelt sind. Daß wir allerdings den Weg von Deutschland nach Südamerika mit demselben Boot zurückgelegt haben müssen, wundert ihn überhaupt nicht. Das ist ja selbstverständlich.

Mit Engelszungen in den Besitz der gewünschten Dokumente gelangt und triumphierend quer durch die ganze Stadt zur „Immigration“ zurückgeeilt, geraten wir noch einmal dem Bürohengst vom Vormittag unter die Hufe. Jetzt hat er seine sanften fünf Minuten und winkt beschwichtigend ab: „Muy bien.“ Schon gut. So wichtig seien die Tarjetas ja nun auch wieder nicht. Zur Not wäre es auch ohne sie gegangen ... Und eigentlich brauchen wir auch gar keine Stempel. Geschenkt! Alles bueno, mucho bueno.

Südamerika ist manchmal reine Glück-, Geduld- und Nervensache.

Da ballt sich die Faust in der Tasche, und der Schaum steht kurz vor der Unterlippe. Ich will nur ins Bett, mir reicht's für heute. Allmählich macht sich auch bemerkbar, daß wir die Rekordfahrt hierher unter erschwerten Bedingungen – nämlich ohne den dritten Mann – bewältigt haben. Für zwei war es doch eine ziemliche Ackerei. Wir fallen in die Kojen und schlafen geschlagene zwölf Stunden durch. Frisch und ausgeruht bin ich anderntags geneigt, den Ärger bei der Einklarierung zu vergessen.

In Punta del Este weiß kein Mensch etwas von einer SHANGRI-LA aus dem fernen Alemania. Das bringt uns in den seltenen Genuß „freier" Tage im Hafen – ohne fremde Menschen, ohne Einladungen. Wir bummeln ganz allein durch die Stadt und genießen die Abende in unserer guten Stube bei Wein und Steak „satt" (hier die billigste Art, sich zu ernähren). Draußen heult der Wind in den Wanten, was die Gemütlichkeit noch erhöht.

Nach ein paar Tagen haben wir den tollsten Sturm aus Südwest. Die offene Atlantiksee steht, durch eine Landzunge nur halb gebrochen, voll auf die Ankerplätze, und SHANGRI-LA – am weitesten draußen – schaukelt wild wie auf hoher See. Der geplante Ausflug nach Montevideo fällt damit ins Wasser, denn so können wir das Schiff unmöglich allein lassen. Ankerwache ist angesagt.

Plötzlich hebt draußen ein Geschrei und Tumult an. Irgend etwas muß passiert sein . . . An Deck gestürzt, sehen wir die Bescherung, die bereits alles Zweibeinige rundum in Bewegung gebracht hat: Eine unbemannte Yacht hat es geschafft, mitten im Hafen in Seenot zu geraten. Von der Brandung getrieben, einer Dampframme gleich, bearbeitet sie die Uferfelsen. Sie lag nicht weit von uns an einer Mooring, einer dieser üblichen Ankertonnen, wie sie hier in allen Yachthäfen gebräuchlich sind. Einige Male haben wir schon selber an einem solchen Ding festgemacht, und die Vorbehalte, die ich dabei nie ganz losgeworden bin, bestätigen sich jetzt. Oberflächlich sind die Moorings meist gut in Schuß, vertrauenserweckend sauber gepinselt – was tückischerweise gar nichts über ihre Beschaffenheit unter Wasser aussagt. Trau keiner Mooring! Manchmal ist die schöne frische Bemalung nichts als Kosmetik und täuscht nur darüber hinweg, daß die Tonne unter der Wasserlinie samt ihrer Verankerung schon in Verrottung übergegangen ist. Damit hat auch das Vertäuen an so einem Ding nur mehr symbolischen Wert.

Es ist ein Irrtum, daß Gefahren grundsätzlich nur auf See lauern, während der Hafen absolute Sicherheit bietet. In einer Situation wie dieser kann das Ankern eine höchst abenteuerliche Angelegenheit werden und die volle Aufmerksamkeit der Crew verlangen. Der Südweststurm steht zum Zeitpunkt der Havarie genau entgegengesetzt zu dem starken Gezeitenstrom – wodurch die Yachten mit Bug oder Seite auf die Ankertonnen gedrückt werden, was allein schon zu Schrammen und Schäden führen kann. Gibt die Tonne unter Belastung dann nach, sitzt man unter Umständen unversehens auf der Pier oder dem Nachbarn.

In diesem Fall hat der eilends herbeigerufene Eigner noch Glück. Seine schöne Yacht ist aus solidem Stahl, und die Beulen, die sie am Unterwasserschiff davonträgt, bringen sie nicht um. SHANGRI-LA und jedes andere Kunststoffboot, das ist uns klar, hätte in dieser Situation bestimmt weit schlechter ausgesehen ... Helga springt mit Kamera bewaffnet ins Beiboot, um die Bergung des Havaristen für die Nachwelt und als Lehrstück für uns selber festzuhalten. Mit Schlepperhilfe ist die Yacht bald wieder frei, und das ungefähr dreihundertköpfige Publikum auf der Pier beklatscht das Manöver wie eine gelungene Theatervorstellung! Spaß muß sein.

Wir sind froh, SHANGRI-LA „kurzgezäumt" zu haben: Unsere Tonne liegt gebändigt zwischen den Rümpfen, mit Leinen von beiden Schwimmern festgezurrt, so daß sie friedlich mit uns auf und nieder tanzt. Vielleicht ist es das Gefühl, in diesem Hafen festgenagelt zu sein, was uns Punta del Este irgendwie vermiest. Wir warten inständig auf Ausreisewetter – und auf Luggi. Sein Knie soll sich beeilen.

Sechzig Knoten Sturm

Das Barometer fällt und fällt.

Man kann fast zusehen, wie die Nadel sich rapide in eigentlich nur theoretisch vorhandene Schlechtwetterbereiche senkt. Luggi klopft ungläubig zum dreiundzwanzigsten Mal gegen das Glas und schüttelt den Kopf. „Wohin will das noch? Was soll das werden, wenn's fertig ist – der Weltuntergang?"

Seit drei Tagen liegt Punta del Este samt seinen Bürokraten und Potemkinschen Ankertonnen achteraus; die Halbinsel Valdes ist bereits im Eiltempo passiert. Ganz phantastische Etmale (keines unter 150 Seemeilen) haben wir bis jetzt gemacht. Wieder komplett besetzt (Luggi traut sich sogar schon Sambaschritte zu), rauschen wir vor strammem Nordostwind gen Süden, träumen vom Abenteuer Magellanstraße und den Patagonischen Kanälen ...

Vorläufig heißt es aber realistisch bleiben. Die Wetteraussichten geben wirklich zu Besorgnis Anlaß. Und ehe wir uns noch den Kopf zerbrochen und unseren Befürchtungen Ausdruck gegeben haben, bricht die Hölle auch schon los.

Ohne Übergang springt der Wind von Nord auf West. Die alte Dünung bedeckt sich mit kleinen frischen Schuppen, die zusehends wachsen und weiße Kämme bilden, die von den einfallenden Böen zerstäubt werden. Der Himmel ist eine schmierige graue Masse, daran hängen dunkle Wolkenklumpen wie verdreckte Putzwolle auf altem Beton. Voraus im Südwesten sind Himmel und See bereits zu einem einzigen Dunkelgrau veschmolzen. O weh! Das kommt dicke!

Frontal von Südwest tobt jetzt der Sturm heran. Erst fauchend, dann schrill heulend, drischt er mit Wucht auf uns ein, verschlägt uns den Atem und nimmt das Gehör. Wir müssen augenblicklich handeln. Die Segel werden geborgen, das Großsegel sogar abgeschlagen, und in das Besansegel drei Reffs eingebunden. Mit dieser kleinen Windfahne, die genau mittschiffs dichtgeholt ist, liegen wir beigedreht, hoffen, daß das winzige Tuch die SHANGRI-LA im spitzen Winkel zur See hält. Der Wind legt weiter zu, die See steilt sich furchterregend auf, und unsere Angst wächst. 50 Knoten zeigt der Windmesser, und dazu sagt Beaufort lapidar: „Schwerer Sturm: sehr hohe Wellenberge mit langen, überbrechenden Kämmen. See weiß durch Schaum. Schweres, stoßartiges Rollen der See. Sicht durch Gischt beeinträchtigt." Aber ich empfinde die Situation so: Wir liegen in einer riesigen, zerrissenen Schneelandschaft im Hochgebirge, Nässe überall, die Luft ist ein Nebel aus fliegendem Salz. Und das alles in wahnsinniger, lärmender Bewegung, als feierten die Elemente eine Orgie.

Wie ein verschüchtertes Kaninchen kauere ich im Cockpit, blinzle aus schmerzenden Sehschlitzen voraus in unheilvolle Steilwände, an denen sich Wasserkaskaden zu Tal stürzen. Da, eine zischende Schaumwalze aus blendender Gischt hat das Schiff gepackt – ein Geräusch, als würde Wasser auf glühende Kohlen gegossen –, und ab geht's mit der Lawine aus gleißendem Schaum in den Abgrund. Wassermassen fliegen durch die Luft wie Seifenflocken, bleiben an Reling und Stagen hängen, bilden kurzzeitig Wasserfahnen, die sofort zerfetzt werden. Unten im Wellental wirbeln wir auf einer weißkochenden, zuckenden Fläche herum, die einem riesigen Schaumteppich gleicht. Um uns ein einziges Quirlen und Gurgeln, ein Zischen und Fauchen.

Doch SHANGRI-LA? SHANGRI-LA begegnet dem Widersacher mit gelassener Routine. Schon wird sie wieder emporgezogen, wahnsinnig schnell geht das, der Winddruck legt augenblicklich zu, greift achtern brutal ins Segel, reißt somit SHANGRI-LA herum, daß die Schwimmerspitzen erneut auf die nächste donnernde Walze zeigen. Sie werden steil emporgehoben, höher, immer höher und – rumms – geht die nasse, dröhnende Rutschpartie erneut los.

„60 Knoten Sturm jetzt“, schreit Helga von drinnen und reicht einen Becher heiße Brühe heraus, um den sich meine Leichenfinger krallen. Die Fingerkuppen sind tief gefurcht von Kälte und Salz – Waschfrauen hatten früher solche Hände. Warum sitze ich eigentlich hier draußen und lasse mir ständig die üblen kalten Duschen über den Kopf kippen, die längst ihren Weg über Hals und Nacken zum Körper gefunden haben? Es ist die Furcht vor dem Unbekannten, die mich hinter dem Kajütaufbau in der Ecke hocken läßt. Es könnte ja passieren, durch eine See vielleicht, die viel, viel steiler ist als alle anderen, die uns durchkentern läßt, uns überrollt, wie ein welkes Blatt über den Acker trudeln läßt. So etwa hat man es uns doch immer geschildert . . .

Doch nichts geschieht. SHANGRI-LA driftet mühelos in chaotischer Berg-und-Talfahrt achteraus durch wildbewegte Wassergebirge, durch ein Inferno aus Gischt und Lärm. Einen vergleichbar schweren Sturm habe ich in meiner Matrosenzeit nur einmal erlebt, und da war alles ganz anders. Damals fuhren wir Stückgut von Hamburg nach den Häfen der USA und Kanadas an den Oberen Seen. Über den Nordatlantik im Herbst, da hat man den Garantieschein für schlechtes Wetter schon in der Tasche.

So liefen wir auch mitten hinein in ein Sturmtief mit gigantischen Seen, gegen die wir frontal andampfen mußten. Der Kapitän mit dem beziehungsreichen Namen „Katastrophen-Müller“ hatte die Fahrt zwar stark reduziert, doch nicht genug, er mußte Meilen machen, denn da gab's einen Fahrplan und Termine, die tunlichst einzuhalten waren. Ich stand während des Sturmhöhepunkts hoch oben auf der Brücke, geschützt hinter dickem Glas in anheimelnder Wärme, und starrte fasziniert hinunter, wo weiß-grüne Riesenwalzen übers Vorschiff tobten, über Deck rollten, sich an den Luken brachen und zu Fontänen emporschossen, dann weiterrasten in wilder Jagd, bis sie an der Vorkante der Brücke endgültig zerplatzten und ihre Gischtreste hoch oben an unsere Fenster trommelten. Ich hatte Wache, sollte Ausguck halten nach Fahrzeugen, sah aber kaum übers Vorschiff hinaus, das zwischen dem ablaufenden Wasser vor meiner Fensterscheibe wie in einem Zerrspiegel verschwamm. Es waren aber nicht nur Gischtroller, die da über Deck walzten, sondern blauschwarze Seen, Tonnen von Wasser; jedesmal, wenn das Vorschiff sich eine neue Ladung Atlantik auf den Nacken lud, lief ein federndes Zittern durchs Schiff. Ohne Schaden ging diese Reise nicht ab, nein, Katastrophen-Müller machte seinem Namen alle Ehre, denn was da im nächsten Hafen aus den Laderäumen, den Schlachtfeldern kam, waren Trümmer, Fragmente eines gigantischen Polterabends.

Staunend schlich ich übers Vorschiff, das der Sturm seltsam verändert hatte. Als Grobschmied mit Vorschlaghammer schien er seine schlechte Laune an der Verschanzung ausgelassen zu haben; die Fundamente des tonnenschweren Ankerspills waren gelöst, zentimeterdickes Eisen des Wellenbrechers war verbogen. Welche Kräfte, welche Gewalten mußten da gewirkt haben, wenn Schiffbaustahl so aussah, als hätte jemand mit einer Cola-Dose Fußball gespielt?

In der Erinnerung an solch verheerende Schäden war mir eigentlich klar, daß keine Yacht der Welt derartige Sturmseen aushalten konnte. Und so waren es meine Schwerwettererfahrungen bei der christlichen Seefahrt, die mein Hobby, das Segeln, beeinflußten. Wie ein Dogma vertrat ich das Prinzip, daß eine seegehende Yacht stark sein müsse, fest und solide gebaut aus schwerem Holz oder besser noch aus Stahl. Seetüchtig, das hieß für mich immer, der See mit vielen Tonnen festen, schweren Materials zu begegnen. Eine Stahlyacht mit langem Bleikiel, kleinen Fenstern und einschlagsicheren Luken, das war mein Idealfahrzeug für die Ozeansegelei.

Aber nun saß ich auf einem knapp sieben Tonnen schweren Kunststoffboot, hochbordig, mit einer Hütte darauf, großen Fenstern und einer Inneneinrichtung aus leichtem, dünnem Sperrholz. Wie würden sich die Kielyachten bei diesem Wetter verhalten, die ich früher gesegelt hatte? Etwa besser? Konnte sich eine Yacht in dieser Hölle eigentlich besser verhalten als SHANGRI-LA, die fortlaufend mit Gischt bespuckt wurde, aber nie grüne, zerstörerische Seen übernahm? Noch wußte ich die Antworten auf die vielen Fragen nicht, die sich mir stellten, war unfähig, rational zu denken. In diesem Höllentanz blieb nur Raum für Beobachtung, Empfindung, für Eindrücke und Gefühle. Die Auswertung des Erlebten, die Analyse, das alles sollte später stattfinden, viel später.

Gegen Abend – der Sturm hält uns unverändert in den Krallen – bergen wir den Besan, gehen vor den Wind. Die Situation bessert sich schlagartig. Fliegende Gischt von achtern, nicht mehr so peitschend wie zuvor, denn wir machen Fahrt, hohe Fahrt in die verkehrte Richtung. Mit sekundenlangen Surfphasen geht's die Steilhänge hinab, im Riesenslalom des Südatlantiks. SHANGRI-LA beschleunigt unter blanken Masten, ohne jedes Segel und nur mit der Fläche des Kajütaufbaus machen wir gute sechs Knoten Fahrt, leider viel zu schnell. Drei Tage, drei grausame Tage, versuchen wir, dem Hexenkessel des Sturmtiefs zu entkommen, dann nehmen wir am vierten Tag kleinlaut und übermüdet unseren Standort – und finden uns weit nördlich von Valdes wieder! Um fast zweihundert Seemeilen hat uns das Schwerwetter zurückgeworfen.

Es folgt eine ruhigere Phase sogar mit raumem Wind, in der es uns gelingt, verlorenes Terrain wieder gutzumachen. Zum zweiten Mal passieren wir Valdes, aber die Verschnaufpause soll nicht lange dauern. Bald schon rollt das nächste Ungetüm heran, wieder aus Südwest, und fällt mit fauchenden Böen über uns her. Verzweifelt versuchen wir, zunächst noch voll gerefft, gegenan zu bolzen.

Helga studiert in unserem heftig tanzenden Wohnzimmer, das wie ein Fahrstuhl zwischen Parterre und erstem Stock hin- und hergerissen wird, die Karte. „Wir sind auf der Höhe von Comodoro Rivadavia. Muß 'ne kleinere Stadt sein. Ich glaube, wir sollten . . .“

Sie hat recht. Wir haben es alle drei gehörig satt. Den nächstbesten Hafen anzulaufen, bis sich das Wetter beruhigt, ist das einzig Vernünftige.

IM SCHATTEN DER ANDEN

Comodoro Rivadavia

Hinter der hohen Dünung schwankt eine langgezogene Uferkulisse. Wir sind ehrlich erleichtert und froh, Land zu sehen... Doch bei näherer Betrachtung scheint es, daß wir nicht unbedingt den besten Tausch gemacht haben. Die Ansiedlung, die sich mit dem klangvollen Namen Comodoro Rivadavia schmückt, erweckt den Eindruck einer Geisterstadt. Wir gehen an eine Ankertonne und mustern niedergeschmettert die öde, leblose Szenerie, eine Stadtansicht von kaum zu überbietender Trostlosigkeit. Da wundert es auch nicht, daß in diesem Hafen weit und breit kein Schiff zu sehen ist. Wir müssen hier wirklich am Ende der Welt sein, in einem vergessenen argentinischen Provinzkaff am Rande der Patagonischen Hochebene: eine lieblos hingewürfelte Ansammlung häßlicher Bauwerke, zugeweht von einer dikken Schicht gelbgrauen Staubes, den der Wind von den Bergen herüberträgt. Wir sind drei Seelen, aber ein Gedanke: Wie können hier bloß Menschen leben?

Woher sollten wir in diesem Moment auch wissen, daß es ein glückliches Geschick war, das uns gerade an diesen tristen Ort geführt hat, und daß wir hier erfahren werden, wie sehr der äußere Schein trügen kann? Denn an diesem entlegenen, wenig einladenden Platz wohnen liebenswerte, wunderbare Menschen...

Als sich das kleine Boot der Hafenbehörde heranpirscht, sind wir auf alles gefaßt, nur nicht auf den freundlichsten, zuvorkommendsten Hafenkapitän unserer bisherigen Seglerlaufbahn. Keinem seiner Kollegen – schon gar nicht den brasilianischen – wäre es je in den Sinn gekommen, sich dafür zu entschuldigen, daß er uns mit dem leidigen

Oben: Kurz vor dem Landfall

Unten rechts: Der Proviant reicht bis Südamerika

Unten links: Auch während der Reise wird gebaut: Neue Kiele entstehen

Oben links: Indios vom peruanischen Hochland

Oben rechts: Auf dem Titicacasee

Unten links: Centoillas, die leckeren Seespinnen, tummeln sich zuhauf im Netz

Unten Mitte: Helga in Aktion

Unten rechts: Los Canales, das ist eine leise Landschaft . . .

Oben: Manchmal zwingt uns Treibeis zu kuriosen Zickzack-Kursen

Unten: Jeder Versuch, in diesem Urwald aus dicken, mit Moos und Schlingpflanzen überzogenen Stämmen einen Fuß vor den anderen zu setzen, scheitert

Papierkram belästigen müsse. Und gar zu peinlich ist es ihm, daß er uns pflichtgemäß auch zum Arzt schicken muß. Dafür wird er uns gern behilflich sein bei allem, was wir hier im Ort zu erledigen haben. Wir sind platt. Wir sind gerührt. Deshalb ist es uns auch besonders unangenehm, daß ausgerechnet dieser überaus nette Mensch beim Verlassen der SHANGRI-LA ins Schliddern gerät und der Länge nach im Wasser landet. Seinem Humor und seiner guten Laune aber kann die unfreiwillige Planscherei keineswegs etwas anhaben.

Als wir zwei Stunden später geschlossen in der Prefectura naval aufmarschieren, wird uns klar, daß sich die Kunde vom Auftauchen des bunten Seglers wie ein Steppenbrand durch die staubigen Straßen ausgebreitet haben muß. Die Amtsstube ist wie zum Staatsempfang gerüstet. Zur Begrüßung der drei „Navigantes" drängelt sich in dem Kabuff so ziemlich alles, was Comodoro Rivadavia an Honoratioren und Offiziellen besitzt, mit blankgewienerten Stiefeln, eilig abgeklopften Uniformjacken, staunenden Augen – und einer Flut von Fragen. Eingekeilt hocken wir mitten drin, schlürfen artig den kredenzten Kaffee und versuchen zu begreifen, daß wir die Attraktion der Stadt sind.

„Aus Alemania – hierher? Ist denn so etwas möglich!" Man schwankt zwischen Fassungslosigkeit und Faszination. Beeindruckt schütteln die Herren die Köpfe. Nein, niemand hier kann sich erinnern, daß sich jemals eine Yacht aus Deutschland nach Comodoro Rivadavia verirrt hätte. Die Sensation ist perfekt. Und da Sensationen am Ende der Welt selten sind, läßt man sich das Ereignis etwas kosten.

Von Stund' an wird uns jeder Wunsch von den Augen abgelesen.

Ob man in der Stadt wohl Seekarten kaufen kann? Uns fehlen einige. Im Handumdrehen sind sie herbeigezaubert. Wir müssen einen Beibootriemen ersetzen. Augenblicklich trabt jemand los und besorgt ihn. Kein Gedanke, den nicht irgendeine hilfreiche Hand eilends in die Tat umsetzt. Versprechen werden hier offensichtlich noch gegeben, um gehalten zu werden.

Wir möchten Geld wechseln? Es wäre ja schnöde, dem hohen Besuch nur den Weg zur Bank zu erklären und ihn dann mutterseelenallein auf die Straße zu schicken. Selbstverständlich wird uns eine Eskorte zur Bank begleiten – und wohin sonst wir unsere Schritte lenken möchten. Schon ist einer der Soldaten abkommandiert – zu unserer besonderen Verfügung!

Die Don-Carlos-Festwoche

Mit dem Begleitkrieger biegen wir unterwegs in eine Papierwarenhandlung ein. Mal sehen, ob es hier Zeitungen gibt, die von diesem Jahr sind. Zu unserer unbeschreiblichen Überraschung spricht uns in dem kleinen Laden eine wohltönende Stimme in glasklarem Deutsch an. Ein gütigeres Gesicht als das, zu dem diese Stimme gehört, wird man sich kaum denken können. Mit fröhlich blitzenden Augen freut sich der zierliche alte Herr über die drei Überrumpelten und wüßte gern, woher und wohin –? Nachdem wir die Sprache wiedergefunden haben, sollen wir bald erfahren, daß einer der angesehensten Bürger der Stadt vor uns steht: Don Carlos, mit Familiennamen Mordhorst, in Argentinien wohnhaft seit 1921. Er „verhaftet" uns vom Fleck weg, und wir, fremd in dem kargen Nest, lassen es nur zu gern geschehen.

Vom Papierladen geht es schnurstracks zum Essen. Wir müssen wohl einen völlig abgezehrten Eindruck machen, denn unser Gönner nötigt uns mit Leidenschaft so viel Churrascos auf, wie wir nur schaffen können, und guckt uns dabei mit Freude zu. Den Gang zur Bank können wir jetzt getrost aufschieben. Don Carlos, Mitglied des Aufsichtsrats des örtlichen Geldinstituts, verspricht prompte Erledigung. Außerdem: „Wozu braucht ihr Geld? Von heute an seid ihr meine Gäste!" Und wirklich – der Aufenthalt in Comodoro Rivadavia wird zu einer wahren Don-Carlos-Festwoche.

Die Familie Mordhorst stammt aus dem Kieler Raum, wo sie größere Ländereien besaß. Don Carlos – damals noch ein deutscher Karl – wollte sich nicht auf den Lorbeeren seiner Vorväter ausruhen, sondern es aus eigener Kraft zu etwas bringen. Zu diesem Zweck wanderte er von Kiel nach Argentinien aus. Mit einmaligem Unternehmungsgeist, nie ermüdender Aktivität und sprühendem Optimismus ausgestattet, nahm er alle Hürden auf dem Weg zur eigenen Existenz. Im Landesinneren gehörte ihm bald eine lukrative Hühnerfarm, deren Leitung er jedoch inzwischen in vertrauenswürdige Hände übergeben hat, was allerdings nicht heißt, daß der mehrfache Großvater nun untätig seinen Ruhestand genießt. Im Gegenteil. Wie es scheint, hat er sich die Hühnerfarm eher aus Zeitmangel vom Hals geschafft. Denn die Arbeit in den Vorständen diverser Firmen, Verbände und überregionaler Organisationen nimmt ihn voll in Anspruch, diesen jungen Mann von zweiundsiebzig Jahren, der manch jüngerem den Schneid abkauft.

Längst ist ihm die Fremde vertraut geworden, erzählt er mit Liebe und Stolz die Geschichte Patagoniens, seiner zweiten Heimat. Doch die Verbindung zum Land seiner Herkunft hat Don Carlos in all den Jahrzehnten nie aufgegeben; so oft es ihm möglich ist, besucht er seine alte Heimat Kiel. Daher auch das einwandfreie Deutsch, das selbstverständlich auch seine Kinder und Enkel gelernt haben. In der Familie Mordhorst haben wir nicht einen Tag das Gefühl, uns außerhalb Deutschlands zu befinden.

Auf einer seiner weiten Reisen ereilte den vitalen Mann eine „kleine Schwäche“ (das böse Wort vom Infarkt benutzt er nicht gern). Seitdem muß ein Herzschrittmacher helfen, den Motor in Gang zu halten. Aber quirlig wie eh und je, gilt seine ungebrochene Arbeitskraft der Öffentlichkeit – und dabei vor allem der Pflege des Deutschtums in Argentinien.

Acht Uhr früh ist „Don-Carlos-Time“. Pünktlich steht er jeden Morgen um diese Zeit an der Pier, um uns abzuholen. Und dann kurven wir zusammen los. Für die Dauer unseres Aufenthalts muß er all seine zahlreichen Verpflichtungen abgesagt haben, denn täglich widmet sich Don Carlos mit Hingabe der SHANGRI-LA-Crew. Wir sind vereinnahmt. Beinahe müßig zu erwähnen, daß keine Mahlzeit mehr an Bord stattfindet. Niemals läßt unser großzügiger Freund es sich nehmen, uns üppig zu bewirten.

Das Tagesprogramm läuft nach einer von ihm gefertigten Liste ab, in der er alle unsere Wünsche und Pläne vermerkt hat. An oberster Stelle dieser Tabelle steht allerdings etwas, das überhaupt nicht unseren Absichten entspricht: „Presse“. Noch immer hegen wir eine unüberwindbare Scheu vor übertriebener Publicity, doch da läßt Don Carlos kein einziges Argument gelten. „Ihr müßt euch als Botschafter Deutschlands verstehen!“ Es sei einfach unsere Pflicht, in den Häfen Südamerikas – und erst recht in den dünn besiedelten Gegenden des tiefen Südens – bei der Presse und offiziellen Stellen unsere Aufwartung zu machen. Dem Interesse der Öffentlichkeit müsse Rechnung getragen und der damit verbundene Rummel in Kauf genommen werden. Damit ist unser Wenn und Aber glatt vom Tisch gewischt; es hilft nichts, als erstes werden die drei Seehelden von der SHANGRI-LA in eine Zeitungsredaktion verschleppt.

Und damit ist der Stein ins Rollen gebracht. Fortan wird es schwierig, unser Pensum überhaupt noch zu bewältigen; schließlich wäre da auch noch die eine oder andere Kleinigkeit am Schiff zu reparieren – wie immer, wenn man im Hafen liegt. Aber die Einladungen häufen sich. Wildfremde Menschen bringen unzählige Geschenke herbei, von allen Seiten wird uns jede nur erdenkliche Hilfe angeboten. Und am dritten Tag tritt das Fernsehen auf den Plan und möchte ein Interview. Uns stehen die Haare zu Berge, aber Don Carlos, der Menschenkenner, weiß uns wieder richtig zu nehmen. „Wie sonst wollt ihr euch für die vielen Gaben und Hilfeleistungen bedanken, wenn nicht übers Fernsehen? Es ist doch die beste Gelegenheit."

Das zieht. Ich kratze alle Spanischvokabeln zusammen und beantworte schwitzend an die fünfzehn bis zwanzig Fragen. Anschließend „... möchte ich die Gelegenheit wahrnehmen, den Bewohnern der Stadt für ihre große Hilfe und Freundlichkeit zu danken." Mit Bedacht zähle ich ein paar namentlich auf. Als die Aufzeichnung am Abend gesendet wird – die Crew ist im Hause Mordhorst versammelt –, bin ich überrascht über den deutschen Skipper, der da fast professionell vor der Kamera steht. Aber ganz ohne Patzer ist die Sache nicht abgelaufen. Auf die Frage, wie „comodo" (bequem) denn so ein Katamaran sei, habe ich mich ausschweifend über das „comida" (Essen) ausgelassen und eine langatmige Schilderung unserer Kocherei zum besten gegeben. Aber das tut der allgemeinen Begeisterung keinen Abbruch. Vor dem Fernseher schwärmt Don Carlos: „Kinder, euer Besuch ist wie Weihnachten! Für mich und uns alle hier!" Nun ja, mit uns ist auch Comodoro Rivadavia, die Stadt am Rande der Welt, ins Scheinwerferlicht gerückt: eine schwache Wiedergutmachung für all das Wohlwollen, das uns hier entgegengebracht wird ...

Am Tag nach der Fernsehsendung sind wir unheilbar prominent. Ganz ehrlich – so übel ist das gar nicht. Der Wirt in der kleinen Imbißstube lehnt entrüstet die Bezahlung für das Bier ab. Und den Tankwart haut's fast aus den Socken: „Wart ihr das nicht gestern im Fernsehen?" Aufgescheucht rennt er davon, um eilig mit zwei Flaschen Wein unterm Arm zurückzukommen: „Zur Erinnerung!" Solch rührende Szenen wiederholen sich. Einer der neuen Freunde nimmt sogar extra einen Urlaubstag, nur um unser Funkgerät zu reparieren! Der Bürgermeister beschenkt uns mit drei wunderschönen, handgearbeiteten Ponchos. Und um allen Einladungen nachzukommen, müßten wir uns monatelang hier aufhalten. Die Privatschule Escuela Argentina Germana, von Deutschland mit einigen spärlichen Mitteln gefördert, bittet um unseren Besuch; ein Rechtsanwalt, früher einmal als Politiker tätig, würde sich gern mit uns unterhalten; deutsche Familien tischen die Genüsse der Heimat auf, und von den örtlichen Klubs darf natürlich keiner durch eine Absage brüskiert werden. Mal muß ein Hammel dran glauben, mal bricht die Tafel unter köstlichem Spanferkel fast zusammen. Comodoro

Rivadavia, das öde, verstaubte Kaff, wird für uns ein Schlaraffenland, in dem liebe, gastfreie Menschen uns uneigennützig ihre Freundschaft schenken, allen voran Don Carlos, dieser gebildete, großherzige Mann, der mehr ist als ein nobler Gastgeber.

„Ums Kap natürlich!“

Eines Abends ist Hochbetrieb im Club Nautico von Comodoro Rivadavia. Wieder sitzen wir in einem großen Kreis aufmerksamer Zuhörer. Noch nirgendwo sind uns so viele Menschen mit so viel offenkundiger Anteilnahme begegnet, die so viele gescheite Fragen stellen. Das Unternehmen SHANGRI-LA wird regelrecht analysiert und unter sämtlichen Aspekten diskutiert. Was wir für unsere Privatangelegenheit hielten, ist zu einem Gegenstand öffentlichen Interesses geworden.

Irgendwann steht die Frage im Raum, provozierend beiläufig gestellt: „Warum wollt ihr eigentlich durch die Magellanstraße?“

„Wie sollen wir denn sonst in den Pazifik kommen?“

„Ums Kap natürlich.“

Natürlich, mit unserer Nußschale um Kap Hoorn. Wir sind doch nicht verrückt! Jeder, der auch nur entfernt etwas mit Wassersport zu tun hat, weiß schließlich, daß es dort seit Menschengedenken mit Orkanstärke stürmt. Und die vorherrschende westliche Windrichtung hat die meisten Ost-West-Umsegelungen zu Lotteriespielen gemacht oder sogar ganz vereitelt. Wer kennt sie nicht, die Schreckensgeschichten der alten Windjammer, die noch darauf angewiesen waren, den Weg um Kap Hoorn zu nehmen, Ansteuerungspunkt und Wendemarke des Seeverkehrs. Von den berühmten Flying-P-Linern der Hamburger Reederei Laeisz, die das Kap in beiden Richtungen rundeten, um Salpeter aus Chile zu holen, weiß man, daß sie häufig in „nur“ zwanzig Tagen die Umsegelung schafften. Traurige Ost-West-Rekorde lagen bei zwei bis drei Monaten! Und der legendäre Käpt'n Bligh von der BOUNTY drehte am Kap resigniert ab, nachdem er wochenlang verzweifelt versucht hatte, den Südpazifik zu erreichen. „Aber Kapitän Blighs BOUNTY hatte weder eine Maschine noch moderne Navigationsmittel, auch konnte er nicht täglich einen detaillierten Wetterbericht empfangen“, argumentiert einer aus der Runde.

Zugegeben, zu jenen Zeiten war die Seefahrt weitaus abenteuerlicher und risikoreicher, weil der Seemann allein auf seine Erfahrung und Beobachtungsgabe angewiesen war, während ein heutiger Kap-Hoorn-Umsegler auf die gesammelten Berichte erfolgreicher Vorgänger zurückgreifen kann. „Und das mit dem Wetter", wissen die Freunde im Club Nautico, „ist auch nicht so, wie ihr glaubt."

Aus dem heiteren Wortwechsel ist plötzlich eine eingehende Untersuchung des Problems geworden. Aber nein – Kap Hoorn kommt für uns nicht in Betracht. Oder doch? Der Stachel sitzt. Wir haben da doch dieses Buch von Großvater Seebeck . . .

An Bord widme ich den Rest der Nacht dem Segelhandbuch für den Atlantischen Ozean. Das Nachschlagewerk der deutschen Seewarte, erschienen 1899, dieses abgegriffene Kleinod, das uns schon bei der Atlantiküberquerung wertvolle Dienste geleistet hat, enthält minuziöse Reiseberichte von Segelschiffskapitänen, die das Kap zu den verschiedensten Jahreszeiten rundeten, zwar altdeutsch-umständlich, aber um so lehrreicher geschrieben. Eine Analyse der Wetterverhältnisse im Gebiet um Feuerland vervollständigt das Bild. Wenn das Handbuch recht hat, dann ist das Wettergeschehen um Kap Hoorn durchaus kalkulierbar. Es weist nach, daß Monate mit Sturmhäufigkeit in bestimmtem Rhythmus mit Monaten geringerer Windstärke abwechseln, wobei Flauten keine Seltenheit sind.

Der Floh im Ohr hat sich bereits eingenistet. Das Thema läßt mich nicht mehr los.

Am nächsten Morgen besetzt die SHANGRI-LA-Crew die Prefectura naval der argentinischen Marine. Mit rauchenden Köpfen studieren wir Klimatabellen, lauschen den Berichten der Kapitäne und Offiziere und vergleichen sie mit den Angaben in den unentbehrlichen Pilot Charts. Dabei wird das Vermächtnis von Großvater Seebeck bestätigt. Hagelschauer und Orkanböen sind nicht der Kap-Hoorn-Alltag, wie es in den Klischeevorstellungen heißt. Das Kap ist nicht unberechenbar. Und damit reift der Gedanke in uns zum Entschluß.

Also wirklich: Kap Hoorn. Der logische Weg in den Pazifik. SHANGRI-LA auf den Spuren der Großsegler. Nach Auswertung aller Informationen, die uns zur Verfügung stehen, halten wir das Unternehmen durchaus nicht mehr für einen Sprung ins Ungewisse, für blindes Vertrauen in unser Glück. Mußten die alten Windjammer noch das Schicksal herausfordern, wir sind mit der Technik des zwanzigsten Jahrhunderts gewappnet, und unser Schiff, längst durch die Feuertaufe gegangen, hat uns über achttausend Seemeilen sicher auf die südliche Halbkugel getragen.

Kap Hoorn, wir kommen! Die Magellanstraße fällt aus.

Der Gedanke an den Abschied ist ein Trauma für uns. Aber die Stunde rückt unausweichlich näher. Blitzsauber liegt SHANGRI-LA an der Tonne, von allen, auch den allerkleinsten Mängeln befreit. Sämtliche Spezialkarten der Inseln um Kap Hoorn, versehen mit Bemerkungen über die Qualität der Ankerplätze, ruhen abrufbereit in der Schublade. Nein, wir können nicht für immer in Comodoro Rivadavia bleiben. Presse und Fernsehen haben unser bevorstehendes Auslaufen ausführlich angekündigt, nicht ohne „unseren Mut für den geplanten Törn" zu würdigen. Die Besucherscharen, die daraufhin schon am Vortag der Abreise zum Hafen pilgern – jeder möchte den tres navigantes alemanes noch ein paar wichtige Worte mit auf den Weg geben –, wirken sich allmählich hinderlich auf unsere Startvorbereitungen aus. Aber es ist wirklich unmöglich, sich so viel Liebenswürdigkeit und gutem Willen zu entziehen. Das Ausmaß der Wohltätigkeit ist direkt beschämend – unbekannte Spender lassen uns sogar Proviant an Bord liefern. Selbst in der Heimat könnten wir nicht mehr Zuwendung finden als hier. Auch die Marine will ihren Beitrag leisten und verspricht, die SHANGRI-LA bis zum Zielhafen Ushuaia im Auge zu behalten.

Und dann kommt der mit Bangen erwartete Augenblick.

Daß so viele Tränen fließen würden, darauf war keiner von uns gefaßt. Umarmungen und Küsse und noch mal Geschenke. Die Prefectura steht vollzählig aufgereiht da, um Haltung bemüht. Mitten in dem aufgeregten Gewühl am Strand wartet die Gruppe der engsten Freunde. Ein gerührter Don Carlos drückt uns zum Abschied zwei Pakete in die Hand: „Nur eine Kleinigkeit, ein paar Küken und Eier für unterwegs ..."

Jetzt muß es sein, sonst vergehen wir hier alle vor Rührseligkeit. Ein gequältes, in Tränen aufgeweichtes Lächeln für die Kameras, die letzten Dankesworte – und dann klettern wir mit einem gewaltigen Kloß im Hals ins Dingi, das uns an Bord bringt.

SHANGRI-LA verabschiedet sich im Festkleid, über die Toppen geflaggt. Drei Salutschüsse böllern über den Hafen. Ein Blick zurück auf die gelbgraue Häuserkulisse – wer hat nur behauptet, diese Stadt sei ein Ausbund an Häßlichkeit? Auf der Uferstraße bewegt sich eine endlose Autoschlange, die ein ohrenbetäubendes Hupkonzert anstimmt. Immer kleiner werden sie alle am Strand, mit dem winkenden Don Carlos in der Mitte. Wir schießen eine Leuchtkugel ab, als letzten Gruß.

In der Le-Maire-Straße

Von den Brüllenden Vierzigern wechseln wir in die Wütenden Fünfziger, was keiner merkt, der es nicht weiß. Hier, jenseits des fünfzigsten

Breitengrades, beginnt die eigentliche Umsegelung des Kaps. Vier Tage seit Comodoro Rivadavia. Ein Militärflugzeug taucht auf, geht tief herunter und beäugt kreisend die SHANGRI-LA wie ein Adler die Beute. Aber es sind nur die Freunde von der argentinischen Marine, die uns tatsächlich unter ihre Fittiche genommen haben! Wir zeigen die Flagge, der Pilot winkt und dreht ab. Dem Flugzeug nachschauend, wandern die Gedanken zurück ... Nicht überall wird uns so viel Warmherzigkeit begegnen. Aus dem einen Paket von Don Carlos sind zweihundert frische Eier zum Vorschein gekommen, und die „paar Küken" entpuppen sich als vier dicke Suppenhühner. Wir müssen ihm schreiben, er soll am Verlauf unserer Reise teilhaben, wie versprochen.

Bevor es ernst wird, fällt unser Anker noch einmal vor einer argentinischen Stadt nördlich der Magellanstraße: Rio Gallegos. Denn hierher haben wir die Post von zu Hause beordert. Und hier setzt sich nun Bordfrau Helga für eine Weile von der Mannschaft ab, um einer Einladung nach Punta Arenas zu folgen, die sie – wem wohl? – Don Carlos zu verdanken hat. So wird also der kümmerliche männliche Rest das Kap allein in Angriff nehmen müssen. Die Wiedervereinigung der Crew ist in Ushuaia, der Hauptstadt der argentinischen Provinz Tierra del Fuego, geplant.

Ein starker Ebbstrom zieht SHANGRI-LA südwärts, vorbei an dem Wrack eines alten Kap-Hoorn-Seglers, das hoch und trocken auf den Sänden liegt: eine stumme Mahnung. Wir halten uns dicht unter der Küste, verringern nach und nach die Segelfläche. Beim Passieren von Kap Virgines, der Einfahrt zur Magellanstraße, haben wir nur noch Fock III gesetzt. SHANGRI-LA macht eine gute Fahrt von sieben Knoten.

Das erste, was von Feuerland zu sehen ist, sind – Feuer. Albern, aber es ist so. Einst mögen hier die Feuerstellen der indianischen Ureinwohner durch die Nacht geleuchtet und dem Seemann Schrecken eingeflößt haben, aber die wehenden Flammen, die uns den Weg nach Süden markieren, sind nichts als Erdgasfackeln, Spuren des Fortschritts.

Ein beständiger Nordwest schiebt uns rasch voran. Eher als gedacht stehen wir bei Kap San Diego vor dem Eingang der berüchtigten Le-Maire-Straße, die die Staaten-Insel vom südamerikanischen Festland trennt. Was tun? Der Weg außen um die Staaten-Insel herum wäre sicher weniger riskant. Unser nun schon oft bemühtes Handbuch warnt eindringlich vor dem Passieren der Le-Maire-Straße, denn: „Durch diese Meeresenge läuft ein starker Gezeitenstrom von bis zu sieben Knoten. Wenn dem eine Windsee entgegensteht, kann sich ein äußerst gefährlicher Seegang bilden ..." Diesem sei, wie die Chronik zu berichten weiß, in früheren Zeiten so manche Takelage zum Opfer gefallen. Das stimmt uns bedenklich.

Aber zum Denken kommen wir nicht mehr. Der Wind nimmt rasant zu und dreht auf Nord. Der Ankerplatz, den wir angepeilt haben, erscheint plötzlich zu gefährlich – die vielen Untiefen vor der Küste, über denen sich verräterisch die Seen brechen, flößen mir großen Respekt ein. Und dann ist es zu spät, Ausweichmöglichkeiten zu diskutieren und eventuell abzulaufen, um die Staaten-Insel zu umgehen. Der Wind drückt uns mit Macht hinein in die unheilvolle Meeresenge – uns bleibt gar nichts anderes mehr übrig, als die riskante Durchfahrt zu wagen. Wir sind genau in die Situation hineingeraten, die ich unbedingt vermeiden wollte: die Straße mit starkem achterlichem Wind bei einsetzendem Flutstrom durchsegeln zu müssen . . .

Schon von weitem ist unschwer ein weißbrandender Schaumstreifen zu erkennen – dort, wo die reißende Strömung und der vom Wind aufgebaute Seegang aufeinanderprallen. Lieber Gott, wo ist hier die Bremse? Wir fliegen darauf zu, mitten hinein ins Chaos. Pyramidenförmig schießen Wellen empor, fallen in sich zusammen; krachend bricht eine schäumende See über das Heck, verliert sich in der Plicht. Das Wasser scheint buchstäblich zu kochen! Wie von Sinnen tanzt SHANGRI-LA, unkontrollierbar, eine Erbse in einem brodelnden Kessel. Sie läuft aus dem Ruder, immer wieder, wird wie ein Ball hin und her geworfen. Verdammt, sie hat doch sonst immer gehorcht! Noch nie zuvor hat es eine solche Situation gegeben.

Ich krieche aufs Vordeck, um das wild schlagende Segel zu bergen. Und plötzlich ist dieses fremde Gefühl da. Der Puls jagt. Nicht vor Anstrengung, nein, ich habe nackte Angst, zum ersten Mal auf unserer Reise. Das erschreckt mich. Nichts macht Angst, was man kennt – aber das hier ist neu, nie dagewesen. Nie habe ich mich so gefürchtet in einem Sturm, wenn der Seegang kalkulierbar und die zu ergreifenden Maßnahmen geübt sind. Hier aber sind wir machtlos; die Elemente boxen, prügeln unser armes Schiff von allen Seiten. Darin liegt kein System, es ist nichts als schäumender Wahnsinn.

Wir überlegen fieberhaft. Wie lang mögen diese Gezeitenstromschnellen sein? Es kann ja nicht endlos dauern . . . Wir haben einhundert PS im Bauch – wenn das nicht reicht? Beide Maschinen auf halbe Kraft, wehrt sich SHANGRI-LA gegen die Willkür der auf sie eindreschenden Seen. Wir kommen voran. Langsam, aber wir kommen voran. Zwei endlos lange Seemeilen, dann sind wir dank der Motoren aus der Gefahrenzone. Und dahinter – als wäre nie etwas gewesen – erwartet uns flauer Wind und ein gemäßigter Flutstrom, der seine Gefährlichkeit ganz eingebüßt hat.

Nicht zu fassen: Der Spuk ist vorbei, so plötzlich, wie er gekommen war. Sogar die Sonne blinzelt freundlich hervor und bescheint den Rest unseres Weges durch die Le-Maire-Straße, dieses friedliche Gewässer . . .

Tauchgang am Hoorn

Am Nachmittag eines herrlichen, sonnigen Märztages, eines phantastischen Segeltages mit raumem Wind, taucht vor den Schwimmerspitzen der SHANGRI-LA das Kap Hoorn auf. Hinter der kleinen Insel Deceit lugt es hervor.

Was für ein Augenblick! Was für ein Gefühl! Luggi holt zwei Gläser aus dem Schrank.

Was hatten wir gestern noch für Befürchtungen, als plötzlich der Luftdruck wieder zu fallen begann! Auch jetzt läßt das Barometer eigentlich auf nichts Gutes schließen, doch der Himmel präsentiert sich unseren kritischen Blicken unbeirrt in zarter Schönwetterbewölkung. Der Wind kommt unverändert aus Nord. Wir passieren Deceit und starren so hingerissen und erwartungsvoll auf die Isla de Cabo Hornos, als wäre dieser unwirtliche Felsen von überwältigender Schönheit. Er ist es nicht, muß es auch nicht sein. Kap Hoorn ist auch so etwas Besonderes, eine geographische Landmarke, eine Legende.

In diesem Moment zieht von Westen – unsere aufgewühlten Gefühle verdrängend – eine ernüchternd dunkle Wolkenwand auf. Unbehaglich schnell kommt sie näher und verwandelt das Kap in eine abschreckend düstere Einöde aus schwarzen Felsen. Das darf doch nicht wahr sein! Wir vergessen das Anstoßen, die Gläser bleiben ungenutzt auf dem Tisch stehen. So übergangslos ändert sich das Wetter (natürlich irrt sich kein Barometer!), daß wir jäh begreifen, wie Kap Hoorn zu seinem zweifelhaften Ruf kam. Keinen Moment zu früh haben wir die Segel unten, da schütteln uns die Böen auch schon so durch, daß es in den Drähten jault. Da uns die Le-Maire-Straße noch in den Knochen sitzt, besinnen wir uns gleich auf unsere beiden hilfreichen Maschinen und dampfen unverzüglich in den Landschutz an der Ostseite der Kap-Hoorn-Insel. Der Abend naht, da ist es sowieso besser, sich eine Ecke für die Nacht zu suchen. Aber hier einen guten Ankerplatz zu finden, ist nicht leicht.

Fünfzig bis sechzig Meter von der Felswand entfernt loten wir ausreichende zweiundzwanzig Meter Wassertiefe. Eine kleine Bucht, von steilen Wänden umgeben, bietet zwar besten Schutz gegen die Böen aus westlicher Richtung – doch was ist, wenn der Wind plötzlich dreht? Wir müssen auf der Hut sein, und entsprechend unruhig wird dann auch die Nacht.

Wir kriegen kein Auge zu. Wahrscheinlich sind wir sowieso ein bißchen überdreht. Kap Hoorn, der südlichste Punkt unserer Reise, liegt nur wenige hundert Meter entfernt – wie soll man da schlafen? Aber viel mehr beunruhigt mich diese nahe Felswand, und das verdammte Rukken der Ankerkette habe ich die ganze Nacht im Ohr.

Gegen Morgen verstummt das Heulen des Windes so plötzlich, als hätte jemand einen Ventilator abgedreht. Wir halten unsere übernächtigten Augen in die frische Morgenluft. Nur noch ein leichter Hauch aus Südwest kräuselt das Wasser. Die Sonne bescheint das Kap, weckt ungeahnte Farben. Stumm lauschen wir in die friedvolle Stille, prägen uns die bizarren Formen der Felsen ein. Es ist doch schön hier! Großartig und schön. Eine grandiose Einsamkeit, die alles verkleinert, das nicht hergehört.

Ist es das verzauberte Bild der Natur oder die Folge der durchwachten Nacht? Oder ein akuter Anfall von Beschränktheit? Beim Aufholen des Ankers unterläuft uns jedenfalls ein schwerwiegender Fehler: Die Bremse am Ankerspill ist nicht genügend angezogen, und beim Abschäkeln einer Kettenlänge donnert unser Pflugscharanker samt Kette auf den Grund!

Stille. Sofort treibt uns der Strom langsam ab. Einige Schrecksekunden vergehen in Sprachlosigkeit, bis uns das Nächstliegende einfällt: den anderen Anker auszubringen.

Wir starren uns blöd an. Da haben wir ja ein tolles Kunststück fertiggebracht. Ein Glück, daß es hier keine Zuschauer gibt. Also – klarmachen zum Tauchen! Das Wasser hat Kühlschranktemperatur ...

Tauchgang am Kap Hoorn, das glaubt uns ja kein Mensch! Aber uns bleibt gar nichts anderes übrig. Und siehe da, schon nach wenigen Metern ist die Eiseskälte fast vergessen, denn reineres, klareres Wasser habe ich noch nirgendwo gesehen! Sofort ist der Anker in zweiundzwanzig Meter Tiefe zu erkennen – und damit schon so gut wie gerettet. Ihn wieder an Bord zu hieven, das schaffen zwei unausgeschlafene Mannsbilder dann auch noch.

Danach haben wir allerdings doch das Bedürfnis, uns aufzuwärmen. Zu diesem Zweck findet sich direkt am Südende der Insel eine geschützte Bucht. Das Ufer besteht aus groben, rundgeschliffenen Granitsteinen, dahinter steigt das Gelände an; Gras- und Moosflächen sind zu erkennen, die sich wie in einem Flickenteppich abwechseln. Im Hintergrund erhebt sich die Felswand, und . . .

„Siehst du das?“ fragt Luggi.

Ich sehe es.

„Was ist das?“

Etwas, das so aussieht wie ein Haus . . . Ach wo. Das gibt es ja nicht. Das ist kein Haus, es ist eine Baracke.

„Hier kann doch keiner wohnen, oder, Burghard?“

„Nein. Das muß eine Unterkunft für Schiffbrüchige sein, so was wie eine Schutzhütte in den Bergen. Weißt du was, wir lassen einen Gruß da. Wir verewigen uns hier, so wie ihr Bergsteiger euch ins Gipfelbuch eintragt.“

Ich suche ein schönes Foto von SHANGRI-LA heraus, kritzle Datum und viele Grüße auf die Rückseite und nehme auch noch eine Flasche Rum mit. Vielleicht trifft es hier mal einer nicht so gut wie wir . . .

Verhaftung

Die Ufersteine sind wie mit Schmierseife überzogen. Ich rücke Kap Hoorn deshalb vorsichtig auf allen Vieren zu Leibe, zerre gebückt das Schlauchboot aufs Trockene, bis eine einigermaßen vertrauenerweckende Befestigungsmöglichkeit für die Leine gefunden ist.

Als ich mich aufrichte, fällt mein Blick in die Läufe dreier Maschinenpistolen, deren Mündungen sich in unmittelbarer Nähe meiner Nasenspitze befinden.

Mein Denken setzt für einige Momente aus. Ich glaube, derart erschrocken bin ich noch nie gewesen. Doch der Entsetzensschrei bleibt mir im Halse stecken; dafür scheint er im Magen zu explodieren. Die Druckwelle, die von dort ausgeht, läuft heiß durch meinen Körper und breitet sich mit deutlichen Zitterbewegungen bis in Knie und Fingerspitzen aus . . .

Hinter den MP-Läufen drei Gesichter, Soldaten in vollem Kriegsschmuck. Ich versuche, die versprengten Gedanken wieder einzusammeln: Ich bin doch am Kap Hoorn, in einer menschenleeren, verlassenen Einöde? Und da war diese Baracke, die angebliche Notunterkunft für Schiffbrüchige. Aber schiffbrüchig sehen die hier nicht gerade aus . . . Der mittlere muß der Häuptling sein, er trägt als einziger eine respektheischende Schirmmütze, während die anderen zwei, unter Stahlhelmen steckend, für den Schützengraben gerüstet scheinen. Meine Verwirrung dauert den drei Olivfarbenen zu lange. Der Oberkrieger, die gewichtige Wampe vorgebraßt, hebt unvermittelt ein Kasernenhofgeschrei an: „Nationalität?! Woher?! Warum?! Wie viele Personen?! Erlaubnis, das militärische Sperrgebiet zu betreten?“

Ach, so ist das ... Das gibt größere Verwicklungen. Mein Zittern hat dummerweise immer noch nicht aufgehört, der Goliath ist ja auch anderthalb Köpfe größer als ich. Zum Teufel, ich konnte doch mal Spanisch! Aber da mir das Blut aus dem Kopf gewichen ist, kann ich mich momentan an keine Vokabel erinnern. In den Blicken der zwei Fußvolkkrieger glaube ich plötzlich so etwas wie Anteilnahme oder gar Mitleid zu erkennen. Neu erwachende Hoffnung auf Menschlichkeit mobilisiert endlich meine Reserven.

„Hier bitte – por favor ... Ich wollte nur, ich wußte nicht ... Ich dachte nur ...“ Da mir nichts anderes einfällt, reiche ich dem Glühkopf, auf Gnade hoffend, das, was ich gerade in der Hand habe: die Buddel Rum. „Als presente, Señor oficial, und die smokes für die compadres.“

Der Koloß durchbohrt mich mit Blicken, dann prüft er eingehend das Flaschenetikett. Seine Miene bleibt dabei unverändert stinksauer, aber die Tonlage ist um eine Frequenz heruntergefahren: „Betrachten Sie sich als Gefangene, bis aus Punta Arenas Meldung kommt!“ Spricht's und schickt eine der Maschinenpistolen – natürlich einschließlich der presentes – zum Funker in die Baracke. Er selbst werde jetzt sofort das Boot durchsuchen – und schon gibt er dem zweiten Gefolgsmann ein Zeichen, der mir sogar diensteifrig hilft, das Dingi wieder ins Wasser zu schieben. Aus den Augenwinkeln habe ich längst bemerkt, daß Luggi die ganze Vorstellung von Bord aus beobachtet hat. Ich brauche dringend seine moralische Unterstützung, lege mich in die Riemen und schaufle meine schwerbewaffnete Fracht der SHANGRI-LA entgegen.

Aus Leibeskräften rudere ich mir den Schrecken, die Angst und das Magendrücken weg. Mir gegenüber sitzt der Befehlsempfänger, während sein übergewichtiger Boss, mir den Rücken zukehrend, vorn im Boot Platz genommen hat. Der Soldat sucht meinen Blick, weist stumm mit dem Kopf auf seinen Vorgesetzten und rollt die Augen himmelwärts. Verstehe ich richtig? Bedeutet dieses Mienenspiel das, was es auch bei uns bedeutet? Etwa: „Der Quatschkopf da vorn gibt mal wieder Schwachsinn von sich.“ Oder meint mein einziger Freund am südlichsten Zipfel der Welt: „Gefangener, blicke nach oben und bete zu Gott?“

Beim Anlegen hat die geballte Militärmacht Anlaß zu fluchen. Woher soll der feiste Kampfstier auch wissen, daß man an unserem breiten Heck mit den Knien zuerst aufentert? Wie ein Windsurfer in der ersten Schulungsstunde schwankt er auf dem Gummiboden, haltsuchend seine

MP umklammernd. Ein Ruderschlag von mir, und der Kerl würde, Knarre voran, über die Kante gehen. Ich unterdrücke den Anflug von Arglist, denn schon kommt Luggi aus der Kabine gestürzt.

„Wir haben furchtbaren Ärger, Alter", wage ich, ihm konspirativ zuzuraunen. Doch Luggi, ein Musterbeispiel bayrischer Diplomatie, bückt sich dem Señor oficial hilfsbereit entgegen. Dieser vollführt gerade eine Balancenummer, die noch nicht ganz bühnenreif ist, die MP am ausgestreckten Arm nach vorn gereckt, als wolle er mit überschwenglicher Geste ein Gastgeschenk überreichen. Genauso faßt Luggi es auch auf und erleichtert den pausbäckigen Haudegen freundlich und zuvorkommend um seine Waffe. Dies ist der Moment, da der Señor zum letzten Mal explodiert. Zornbebend reißt er seine Soldatenbraut wieder an sich und stapft schnaubend in unser Gästezimmer; doch hier hat Luggi längst unsere eigenen Geschütze in Stellung gebracht: Die Whiskygläser stehen randvoll auf dem Tisch. Und bevor der Martialische noch einmal zum Luftholen kommt, hat Luggi ihm bereits ein Glas in die Pranke gedrückt und sein eigenes zackig zum Gruß erhoben.

In diesem Moment, gerade rechtzeitig, schaltet mein Gehirn wieder auf vollen Betrieb. Augenblicklich blättert sich vor meinem geistigen Auge ein spanisches Wörterbuch auf, und ich hebe zu einer flammenden Rede an. „Meine Herren!", beginne ich mit angemessener Würde. „Dies ist ein historischer Augenblick. Wir schätzen uns glücklich, zum ersten Mal offiziellen chilenischen Besuch an Bord begrüßen zu dürfen. Welch eine Ehre! Und das am Kap Hoorn, dem Meilenstein deutsch-chilenischer Seefahrtsgeschichte." Dann folgt ein kurzes, aber ungemein ergreifendes Referat über die traditionsreiche Freundschaft zwischen Chile und Deutschland, wobei ich den Militärs als Garanten des Friedens entscheidende Bedeutung beimesse. Und ohne mit der Wimper zu zucken, bete ich den Wortschatz nationalistischer Gesinnung so flüssig herunter, daß Luggi mit entsetzt geweiteten Augen für mich errötet.

Unsere ungebetenen Gäste nehmen langsam Haltung an, nachdem sie zunächst verständnislos irritierte Blicke gewechselt haben. Als ich meinen Vortrag mit einem dreifachen: „Viva Chile!" beschließe, heben sie die Gläser mit angewinkelten Armen zur Brust. „Viva Chile", echot Luggi markig, und da zucken sie zusammen und stehen stramm wie beim Staatsbesuch. Die MP des Häuptlings ruht mittlerweile auf dem Kartentisch, und er selbst steckt in der Klemme. Nachdem ich ihm nun unzählige Male das Wort „amigo" wie Backpfeifen um die Ohren geklatscht habe, ist er offenbar in Konflikt mit seiner eigenen Pflichtauffassung.

Amigos belästigt man schließlich nicht, indem man bei ihnen das Unterste zu oberst kehrt. Und nach dem dritten Doppelstöckigen tun wir ihm sogar die Ehre, ihn zu einer Eintragung ins Goldene Gästebuch der SHANGRI-LA aufzufordern. Geschmeichelt kuschelt er sich danach in die hinterste Sofaecke, aus der man ohne fremde Hilfe schwerlich wieder in die Senkrechte kommt. ‚Verbannungscorner' heißt der Platz seitdem bei uns.

„Ohne besondere Erlaubnis dürft ihr aber hier zwischen den Inseln nicht segeln. Habt ihr das denn nicht gewußt?"

Nein, das wußten wir wirklich nicht. Weder der chilenische Konsul in Comodoro Rivadavia noch sonst jemand hat uns auf die Notwendigkeit hingewiesen, für die Kap-Hoorn-Umsegelung bestimmte Formalitäten zu erfüllen. Was nun?

Der Funker des Außenpostens hat, während wir seinen Boss besänftigen, nach Puerto Williams gekabelt und verkündet bald strahlend, „die Zentrale" sei über unsere Existenz genau unterrichtet. Unsere zuverlässigen argentinischen Freunde haben alle Stationen informiert – nur nicht diese Kap-Hoorn-Indianer hier. Na, und was ist mit der Erlaubnis? Der Funker nimmt seine Notizen zur Hilfe: Zunächst sei uns hiermit mündlich genehmigt, unmittelbar Kurs auf den Beagle-Kanal zu nehmen, um in Puerto Williams die fehlenden Dokumente zu beantragen.

Damit fällt die Route, auf der unsere Weiterfahrt geplant war, flach. Und auch aus dem Spaziergang am Kap Hoorn wird nichts. Aber wir sind froh, nicht standrechtlich erschossen worden zu sein, und beeilen uns, aus dem Machtbereich des Dicken herauszukommen. Bei strahlendem Sonnenschein und Totalflaute tuckern wir um die Insel und gehen, wie befohlen, auf Nordkurs.

In der südlichsten Stadt der Welt

Der Besatzungsmacht am Kap Hoorn sind wir glimpflich entronnen, da bezieht sich am Nachmittag der Westen plötzlich wieder mit dunklen Wolken. So viel haben wir nun schon gelernt: daß man hier am Kap selbst bei ölig träger See und blankgeputztem Himmel stets mißtrauisch bleiben und sich keinen Augenblick auf ein noch so ungetrübtes Schönwetterbild verlassen sollte. Denn darin liegt die Gefahr – die stetige Weströmung des Windes foppt den unerfahrenen Kap-Hoorn-Neuling, indem sie ohne Vorwarnung schwarze, regnerische Wolkentürme vor den klaren Himmel schiebt, die sie hinter den wild zerklüfteten Bergen Patagoniens aus dem Versteck hervorholt und mit Hammerböen „um die Ecke", den Südzipfel des Kontinents, jagt.

Was Wunder, daß in der Kapregion kein Strauch diesem Wind standgehalten hat, der nicht geschützt am Fuß der Berge steht oder sich an den Wänden einer Schlucht festhält. Und selbst dort hat sich alle Vegetation dem Wind gebeugt. Krummgequältere Bäumchen, wie ein Heer von geprügelten Dienern alle in derselben Richtung – nach Osten – erstarrt, habe ich noch nirgendwo gesehen. Die Gipfel aber und alle ungeschützten Stellen sind kahlgefegt, nur harte Gräser und Moose klammern sich im verzweifelten Überlebenskampf ans Gestein. Deshalb machen auch wir uns vor diesem alles beherrschenden Wind lieber ganz klein. Aus Erfahrung klüger geworden, suchen wir, als es aufbrist, umgehend wieder Landschutz vor der Insel Deceit und bringen diesmal vorsichtshalber gleich beide Anker aus. Kaum, daß wir aufgeklart haben, bringt das Wetter auch wieder Ordnung in seine Küche.

Am Ufer dasselbe Bild wie gehabt: eine Baracke mit Militärposten. O je! Hoffentlich ist die Kunde von unserer Anwesenheit inzwischen hierher getrommelt worden.

Sie ist. Diesmal kommen wir für die Soldaten nicht unerwünscht, sie haben Radio gehört und zeigen sich hocherfreut, daß wir auch bei ihnen noch vorbeischauen. Statt barscher Töne und bedrohlicher MPs gibt's hier eine Party zur Feier des Tages, an dem endlich Besucher ein wenig Abwechslung in die Einöde und den langweiligen Inselalltag bringen. Sieben einsame Leute müssen jeweils fünf lange Monate auf diesem unwirtlichen Außenposten ausharren, unter primitivsten Bedingungen. Ihre Gesellschaft sind Seevögel und Robben, die einzigen Verbindungen zur Zivilisation Radio und Funkgerät. Deshalb wird bei unserer Ankunft ein Fest gefeiert (warum eigentlich nicht auch am Kap Hoorn?). Der Bäcker kommt mit frischen Brötchen angerudert, während ein eilig geschlachteter Hammel sich schon weithin duftend am Spieß dreht. Unser Bild von einer grimmigen chilenischen Soldateska beginnt sich zu mildern. Und als wir an diesem Abend mit weinumnebelten Sinnen und Hammelkeule in den Bäuchen in die Kojen kriechen, ist unsere Kap-Hoorn-Welt wieder intakt und das Ansehen Chiles fürs erste gerettet.

Wir hätten aber besser nüchtern bleiben sollen, denn nach nur zwei Stunden Schlaf weckt SHANGRI-LA uns stampfend und rollend. Die Wanten vibrieren. In der Takelage pfeift ein Weststurm, der es in sich hat, Hagelkörner prasseln dröhnend gegen die Aufbauten.

Und dann die Überraschung: Skipper und Luggi reißen ihre müden Teddyaugen auf: SHANGRI-LA hat ihren Ankerplatz verlassen! Die Böen haben uns weit aus der Bucht getrieben, mitsamt den beiden Ankern. Donnerwetter, wie schnell man doch nüchtern werden kann! Den Rest der Nacht ackern wir wie die Kulis, um das schwere, senkrecht nach unten baumelnde Geschirr an Bord zu hieven, mit Fingern, die bald völlig klamm und gefühllos sind. In dieser Nacht verdienen wir uns das Kap wirklich – es wird eben doch keinem geschenkt.

An Land hat man unsere mißliche Lage erkannt. Scheinwerferkegel suchen bereits unseren ursprünglichen Ankerplatz ab, den wir zwei Stunden später mit Motorhilfe auch wieder erreichen.

Der nächste Tag zwingt uns mit Schauerböen von Stärke acht zu einer Pause, über die wir nicht böse sind: Zeit, Schlaf nachzuholen. Und Muße, in Wolle gehüllt, mit wohligem Grog die feuchte Kälte aus den Gelenken zu vertreiben. Vor allem die Feuchtigkeit ist richtig lästig geworden, denn gegen Kälte weiß man sich eher zu schützen. Was aber tut man gegen chronisch klamme Klamotten und ebensolche Betten, gegen Schimmelpilz auf Teakholz und ähnliche Ungemütlichkeiten? Zuviel Wasser in der Luft. Dagegen ist kein Kraut gewachsen.

„Bienvenidos a Puerto Williams, Capital de la Region Antartica!"

Mit diesem freundlichen Schild gleich an der Hafenmole empfängt die „südlichste Stadt der Welt" ihre Besucher. Ein Ort, der genau genommen weiter nichts ist als eine Garnison und Versorgungsbasis der Antarktis-Stationen.

Der Willkommensgruß läßt auf zivilisierte Bewohner hoffen. Und wirklich – der Comandante, von dessen Wohlwollen jetzt unsere Weiterreise abhängt, ist nicht nur ein Mensch, sondern auch ein Menschenfreund. Zunächst gibt's einen Begrüßungsschluck, das lockert auf. Der Anpfiff wegen unerlaubten Herumstreunens zwischen den chilenischen Inseln, auf den wir gefaßt sind, fällt aus. Stattdessen werden wir händeschüttelnd und schulterklopfend dazu beglückwünscht, als erste deutsche Yacht Kap Hoorn in Ost-West-Richtung umrundet zu haben. Zwei andere ausländische Boote, die sich derselben Tat für ihr Land rühmen dürfen, sind hier in Puerto Williams mit Foto und „Lebenslauf" in besonderen Schaukästen verewigt. Diese Ehre blüht nun auch SHANGRI-LA, und wir werden gebeten, dafür die deutsche Flagge zu stiften.

Das Abendessen findet im Haus des Kommandanten statt. Der gute Mann sichert uns jede mögliche Unterstützung zu. Ein weiteres Mal sollen wir erfahren, daß Aufgeschlossenheit und Herzlichkeit, Freundschaft und Hilfsbereitschaft in Südamerika groß geschrieben werden. In der Reihe der vielen liebenwürdigen Menschen, die uns auf diesem Kontinent begegnen, wird der Streithammel vom Kap Hoorn die einzige Ausnahme bleiben.

„Daß ihr auch ausgerechnet an den geraten mußtet!“ Dem Kommandanten ist die Begebenheit überaus peinlich. Unser spezieller Freund sei, so heißt es, bei allen Einheiten als notorischer Querulant verschrien, weshalb man ihn auch ans Ende der Welt versetzt hat, wohl in der Annahme, daß er dort noch am wenigsten anrichten könne. Aber wir mußten dem Kerl vor die Knarre laufen!

Was wird nun mit dem „permiso“? Tja, meint der Chef von Puerto Williams, ohne diesen Wisch dürfe man hier tatsächlich nicht herumschippern, aber bis das Dokument beglaubigt und gestempelt aus Santiago kommt, das könne lange dauern. Deshalb werde er es auf seine Kappe nehmen und uns provisorisch eine Genehmigung erteilen.

Und nicht nur für unser „permiso“ setzt sich der freundliche Mensch ein. Was uns von nun an in Chile an Beistand und Gefälligkeiten zuteil wird – in Fortsetzung der argentinischen Hilfe –, ist einfach rührend und kaum zu fassen. Wie oft wir bei gastfreien Leuten ganz selbstverständlich zum Essen eingeladen sind, wird am Ende nicht mehr zu zählen sein. Die Marine Chiles kümmert sich ebenso besorgt um SHANGRI-LA wie die argentinischen Kollegen aus Comodoro Rivadavia. Fürsorglich begleiten uns ihre Schiffe, geben uns Sicherheit. Daß wir während der ganzen Zeit keinen Tropfen Diesel mehr bezahlen dürfen, versteht sich schon fast von selbst. Man wäre gekränkt, wenn wir die „paar Liter“, die wir brauchen, nicht annehmen würden.

Wir können es zu diesem Zeitpunkt noch nicht wissen, aber wir ahnen schon: was die menschlichen Begegnungen anlangt, wird Südamerika schlechthin der Höhepunkt unserer ganzen Reise sein.

Durch die Kanäle Patagoniens

Neuerdings blickt mich im Spiegel ein ziemlich verwegener Pirat an, mit blinkendem Gold im Ohr. Daran ist Helga schuld. Sie hat mir das Schmuckstück als Trophäe für die erfolgreiche Kap-Hoorn-Umrundung verehrt. Denn es war alter Brauch, daß der Seemann der Windjammerzeit sich nach der ersten Reise rund Kap Hoorn einen kleinen goldenen Ring durchs linke Ohrläppchen stecken durfte.

Unsere Bordfrau haben wir also wieder eingefangen. Auf der Pier von Ushuaia (auch eine „südlichste Stadt der Welt“, nämlich für argentinische Begriffe) war schon von weitem ein kleiner roter Punkt auszumachen, der wie ein Springball auf und nieder hüpfte: Helga. Während Luggi und ich fröstelnd und in schimmelnden Klamotten das wilde Kap Hoorn eroberten, hat sie sich die ganze Zeit nach Strich und Faden verwöhnen lassen. Ganz ungeniert erzählt sie, daß bei den Bekannten von Don Carlos sogar das Frühstück am Bett serviert wurde. Also, das könnten wir auf unserem Luxus-Liner auch mal einführen. Ich bin dafür, daß Helga gleich morgen damit anfängt (paßt ihr nicht, dabei war sie doch froh, uns wiedergefunden zu haben!).

Für Shangri-la beginnt nun der Törn in die große Einsamkeit: der Weg durch das unendliche Labyrinth der chilenischen Schärengärten, wo es nur noch wenige Anlaufstationen gibt. Mit Vorsicht und großem Respekt tauchen wir ein in das verzweigte Gewirr der ungezählten Kanäle Chilenisch-Patagoniens, die der Strömung und dem Wind ihre eigenen Gesetze aufzwingen. Alle Informationen über die patagonische Inselwelt haben wir sorgsam studiert und sind sicher: Ungewöhnlich wird an diesem Segelrevier alles sein – die Landschaft, die es umgibt, ebenso wie der sagenhafte Fischreichtum der Gewässer und die unberechenbaren Windverhältnisse. In den tiefen Fjorden dieses rauhen Berglandes mit seinen bis zu viertausend Meter hohen Gipfeln entsteht eine Trichterwirkung, die aus einem Lüftchen einen Sturm machen kann. Ein für uns noch unbekannter Faktor sind die berüchtigten Fallböen, von denen es heißt, daß sie ohne Ankündigung mit Orkanstärke von den westlichen Kordilleren herabtoben. Umso mehr beruhigt es uns, daß die chilenische Marine auf uns aufpassen wird.

Wie es sich gehört, sind wir nun auch mit der erforderlichen „autorización“ der Regierung ausgestattet. Dafür hat der Kommandant in Puerto Williams gesorgt, wohin wir aus diesem Grund noch einmal zurück mußten (ohne Funkgerät an Bord hätte es die Genehmigung allerdings auch mit den allerbesten Beziehungen nicht gegeben: safety first). Die „Legalisierung“ unseres Törns wurde dann noch mit einem phantastischen Centoilla-Essen gefeiert, bei dem wir zum ersten Mal diese riesigen Seespinnen, eine Delikatesse der Feuerlandregion, probiert haben. Wieder mal wird aus einem Abschied ein Fest mit Freunden. Feuerland kennt uns. Die Nachrichtentrommeln am Rand der Zivilisation funktionieren eben doch. So dünn besiedelt ist das Gebiet, daß hier niemand anonym bleiben kann, schon gar nicht einer der seltenen Besucher. „Que tal, Borgard!“ ruft denn auch ganz selbstverständlich der erste des Wegs kommende Fischer, als wir zum zweiten Mal Puerto Williams anlaufen. Shangri-la ist ein Begriff, dieses komische doppelte Schiff, ein Boot, wie man es hier noch nie gesehen hat.

Feuerland kennt uns. Es hat sich unser angenommen. Man muß nicht verloren sein am Ende der Welt.

Eine Landschaft tut sich auf – gewaltig, ehrfurchtgebietend, einmalig und so unbeschreiblich, daß ich sicher bin, hier den großartigsten Abschnitt unserer Weltumsegelung erreicht zu haben. Wir können uns nicht sattsehen. Jeder Tag, jede Meile bringt neue, eindrucksvolle Bilder. Welche Majestät geht von dieser Natur aus, deren schroffe, himmelgreifende Felsmassive oft von schweren, düsteren Wolken gerahmt sind. Ein Hauch von Schwermut bleibt selbst bei Sonnenlicht, wenn das einsame Land in klaren kühlen Farben erstrahlt, die ihm eine seltsam eindringliche Reinheit geben. Silbrig-weiß schimmernde Gletscher schieben sich aus großer Höhe zu Tal, wo sie, umgeben von grünen Hängen, im tiefblauen Wasser abbrechen. Weit oberhalb der Baumgrenze sprudeln Wasserfälle in gleißenden Kaskaden über das kahle Felsgestein. Mitten darin, zu Füßen der Urgewalt, eine winzige SHANGRI-LA, der einzige rote Tupfer in einem Meer frostiger Schattierungen.

Das Wasser wimmelt nur so von Krebsen, Schnecken und Muscheln. Es genügt, den Arm bis zum Ellbogen einzutauchen, um ein schmackhaftes Mittagessen von den Rockies zu pflücken! Da hüpft mein Fischerherz vor Begeisterung. Jetzt will ich's aber wissen und bringe euphorisch die Netze aus. Die Ernte am anderen Morgen übertrifft alle Erwartungen – allerdings macht es unvermutete Schwierigkeiten, sie auch einzubringen. Kaum bin ich mit dem Dingi zu den Netzen gerudert, da brist es plötzlich auf. Ich schaffe den Rückweg nicht mehr, kann mich ins Geschirr legen, wie ich will, gegen den Wind ist nicht anzukommen. So muß Luggi schleunigst eine Bergungsaktion starten.

Doch der reiche Fang läßt die Mühe und sogar die Kälte vergessen. Centoillas, die leckeren Seespinnen, tummeln sich zuhauf im Netz! Damit ist nicht nur für heute ein voller Magen garantiert – die Biester sind nämlich zäh genug, um in Eimern auch noch die nächste Woche zu überstehen. So krabbelt unser Frischfleischvorrat nun in allen verfügbaren, gleichmäßig in der Plicht verteilten Behältern herum.

„Diesel wird knapp", sagt Luggi.

Weiß ich. Aus lauter Angst vor den schroffen Felsufern und dem unberechenbaren Wind laufen wir reichlich oft unter Maschine. Dadurch haben wir jetzt so viel Kraftstoff verbraucht, wie noch auf keiner anderen Etappe. Eigentlich wollten wir in Puerto Eden, einer kleinen Station südlich Puerto Montt, bunkern, aber bis dahin haben wir, wenn es so weitergeht, längst keinen Tropfen Saft mehr. Wieder mal heißt es umdisponieren. Wir steuern also Punta Arenas an, die Provinzhauptstadt an der Magellanstraße.

Es ist ganz saumäßig kalt. Umso wärmer fällt dafür der Empfang aus. Denn neue Freunde von der chilenischen Marine stehen gleich wieder Spalier – von wegen nur bunkern und dann gleich wieder abdampfen, daraus wird nichts! So unhöflich darf man als Gast nicht sein. Es ist ja auch richtig nett hier. Eine neuseeländische Yacht hat sich ebenfalls hierher verirrt, fünf wetterfeste Typen, mit denen wir schnell eine feuchtfröhliche Clique bilden, gemeinschaftlich verwöhnt von der chilenischen Marine.

Ja, und dann – ich glaub', ich seh' nicht richtig – läuft doch plötzlich ein ganz vertrauter Dampfer ein, dessen Anblick sofort heimische Gefühle in mir auslöst. Die BADENSTEIN von Hapag Lloyd, meinem früheren Brötchengeber, macht für drei Tage in Punta Arenas fest! Von Stund' an sind wir „in Deutschland“.

Meine Güte, geht's uns gut! Zwischen Offiziers- und Mannschaftsmesse hin und her gereicht, können wir uns vor lauter Feiern gar nicht retten. Wie gut, daß wir drei sind, so kann sich die Crew gleichmäßig auf die Einladungen verteilen. Aus irgendeinem Grund hat jeder das Bedürfnis, uns eine Freude zu machen. Es ist wie Ostern und Pfingsten an einem Tag.

Mit dem Bootsmann darf ich das Kabelgatt „inspizieren“. Tauwerk und Farben, Schmierseife und Klopapier – von allem hat die BADENSTEIN etwas übrig. Der Koch der BADENSTEIN fordert eine Proviant-Wunschliste von uns an und ergänzt sie großzügig. Frischobst und Konserven, Knäckebrot und schönes deutsches Schwarzbrot, eine gaumenkitzelnde, dicke Mettwurst und obendrauf eine Nußsahnetorte – alles wandert in unsere Pantry.

Luggi wird von den Maschineningenieuren entführt und taucht strahlend mit Lagerfett, Niro- Schweißelektroden, Ersatzschrauben und ähnlichen Reichtümern wieder auf. Zu guter Letzt stapelt sich noch ein Berg Zeitungen in unserem Salon, damit wir aufarbeiten können, was der Rest der Welt in den letzten Monaten getrieben hat.

Daß die Leute in Patagonien derb und wortkarg sind, passend zu der sie umgebenden Landschaft, halte ich für ein Gerücht. Im Gegenteil, hier in Punta Arenas mangelt es nicht an aufgeschlossenen, munteren Besuchern für SHANGRI-LA. Ein älterer Herr mit schlohweißem Haar rennt auf der Pier aufgeregt hin und her, nachdem er unsere deutsche Flagge entdeckt hat. Die Überraschung auf unserer Seite sollte allerdings noch größer sein, als sich der Charakterkopf vorstellt: Josef Schmidt, Mitglied der Feuerland-Expedition von 1927 unter Kapitän Günther von Plüschow, der als erster das Gebirgsmassiv Feuerlands mit seinem Silbercondor überflog und filmte. Josef kommt sofort in unsere ‚Verbannungscorner', den lassen wir vor Morgengrauen nicht mehr fort.

Eine solche Nacht bei Kerzenlicht, das Josefs wie geschnitztem, tiefgefurchtem Gesicht einen geheimnisvollen Ausdruck verleiht und die Geschichten wiederspiegelt, die er erzählt und mit knorrigen Händen ausmalt, eine solche Nacht bei Wein und Petroleumwärme, die allmählich durch die Pullover dringt, ist intensivstes Leben. Sie läßt meinen Vorsatz zur Gewißheit werden, daß ich immer wieder aufbrechen werde zu Regionen, die solche Charaktere formen.

Schwarzer Diesel, weißes Eis

Draußen pfeift es erneut durchs Rigg, die Flaggleine am Besanmast flappt ihr Warnsignal: Es brist auf.

Josef lacht. „Na ja, Punta Arenas ist schon ein windiger Ort. Man sagt, daß der Hafengrund mit Tausenden von Hüten übersät ist; und daß man bei uns sogar eiserne Drachen steigen lassen und nur in Gruppen untergehakt die Straße überqueren kann . . ."

Kein Zweifel, der südliche Winter hat bereits eingesetzt. Grimmige Kälte und steifer Wind, nachdem wir Kap Froward gerundet haben – stetig von Norden und damit unbrauchbar für uns –, beginnen uns das Leben zu erschweren. Die frostigen Temperaturen sind dabei trotz fehlender Heizung noch das kleinere Übel, denn unsere Faserpelze unter dem Ölzeug bieten eine recht gute Isolierung. Aber Wind und Regen sind unsere Feinde. Wieder einmal gilt es, gegen ruppige See und lästigen Strom anzuknüppeln. Ich ertappe mich bei der Überlegung, ob die Rechnung für die leichte Kap-Umsegelung denn noch nicht beglichen ist? Die Natur scheint uns aufstacheln zu wollen: Nun zeigt, was ihr könnt! Als staatlich anerkannte Kap-Hoorn-Fahrer, die ihr seid (nämlich vom Hafenkapitän in Punta Arenas mit einer eindrucksvollen Urkunde bestätigt), darf euch das nicht mehr erschrecken!

Mit viel Geduld hatten wir tagelang auf einigermaßen akzeptables Ausreisewetter gewartet und uns noch königlich amüsiert über eine versprengte Gruppe von Abenteuer-Touristen, die ungeachtet des Schlechtwetters partout die neuseeländische Yacht chartern wollten, um eine der Robbeninseln zu besuchen. Die fünf Yachties ließen sich überreden, denn ein warmer Regen für die Bordkasse ist schließlich nie zu verachten; mit dem Erfolg, daß die erlebnishungrigen Passagiere viel zu intensiv mit ihrer Seekrankheit beschäftigt waren, als daß sie noch ein

Auge für die subantarktische Tierwelt übrig gehabt hätten. Wenigstens die Robben werden zu ihrem Spaß gekommen sein.

Aber jetzt sind wir es, die nach allen Regeln der Kunst gebeutelt werden. Im Vertrauen auf unsere beiden Maschinen sind wir dann doch ausgelaufen, als der böige Nordwind eine Atempause einzulegen schien. Zuvor hatte das chilenische Versorgungsboot COLO-COLO uns noch die Tanks randvoll mit Diesel gepumpt – und eine Bezahlung natürlich prompt zurückgewiesen. Dieses Gastgeschenk sollte Folgen haben, lange, schlimme Folgen. Alles unsere Schuld, keine Frage. Ein Segler muß Nachlässigkeiten, Versäumnisse und Fehler immer büßen, meist zu unpassendster Zeit.

Was da in unsere Tanks gluckerte, war schon Diesel, Marinediesel. Aber eine pechschwarze Brühe, vergleichbar mit Sirup oder Teer, wie wir an unseren verstopften Filtern sahen. Hätten wir bloß noch am Cap Froward den großen Rückzieher gemacht! Doch jetzt mühen wir uns, nein, quälen, ringen, ackern wir um Meilen nach Norden. Wie mit irrsinnigen Kreuzstichen nähen wir die schmalen Kanäle zu. Und das in einer Landschaft, die so dramatisch und kontrastreich ist, daß sie zum stummen Staunen herausfordert. So viele Flüche wie von der SHANGRI-LA-Crew haben diese majestätischen Kulissen noch nicht gehört.

Der launische Wind, mal flauer, mal orkanartig aus den Trichtern und Schläuchen der verschlungenen Wasserstraßen blasend, zwingt uns jede Stunde zum Segelwechsel, oder wir beginnen den Tag gleich gerefft. Das geht ganz schön in die Knochen und knabbert oft an den Reserven unserer Selbstbeherrschung. Nach fünf Tagen sind wir ganze sechzig Meilen vorangekommen! Selbst wenn man berücksichtigt, daß wir in den Nächten vor Anker bleiben und uns nur bei Tageslicht durch den Irrgarten der tausend Inseln wagen, sind sechzig Meilen in fünf Tagen kein Erfolg, den man herzeigen kann. Diese Strecke schaffen wir doch sonst an einem halben Tag! Die Navigation hat in den unübersichtlichen, engen Schären ihre besonderen Tücken. Beim Studium der Seekarten hatten uns schon die an den Rändern verzeichneten Ansichten von Küstenprofilen (zu viele und alle so ähnlich) zu der Einsicht gebracht, daß sicheres Segeln hier nur tagsüber möglich ist. Zwar weisen die Karten für die nächtliche Orientierung manches Leuchtfeuer aus, das auch brennt, doch die zahlreichen bizarren Wracks, die die Wasserstraße nach Norden säumen, sprechen eine lautlose, aber deutliche Sprache.

Bei Tag lassen sich wenigstens die Kelpteppiche gut erkennen – eine Wasserpflanze mit dicken braunen Stengeln und großen breiten Blättern an der Oberfläche –, die untrüglich eine Untiefe anzeigen: Wegweiser der Natur, zuverlässiger als alle Angaben auf dem Papier. Dennoch ist das Kreuzen gegen den Nordwind inmitten steiler Felseninseln eine heikle Sache.

Ich mache mir nichts vor: Für dieses Manövrieren würde sich eine Kielyacht besser eignen. Bei jeder Wende, wenn der Kat durch den Wind geht, ist die Fahrt raus; da steht er. Dann schwingt er mit backgehaltener Fock auf den neuen Bug, ratsch, kommt das Vorsegel über, wird dichtgeholt, und schon nimmt er wieder Fahrt auf. Doch kaum in Schwung, stehen wir erneut vor Felsen – abermals Wende – verdammt! Das ist doch kein Segeln! Bei dem zusätzlichen Gegenstrom können wir die gewonnene Strecke mit dem Zollstock messen. Abends starten wir kurz die Maschinen, die aber nach zwanzig Minuten an Teerklumpen ersticken werden. Trotzdem, wir müssen in dieser Frist eine der kleinen Buchten oder Caletas erreicht haben, die auf den Seekarten mit einem kleinen Anker markiert sind.

Ein Abenteuer für sich, das tägliche Ankern. So viel Sorgfalt haben wir dafür noch nirgends aufwenden müssen. Kein Reedeplatz, keine Mooring, und immer liegt ein zweiter Anker klar zum Fieren an Deck. Manchmal reicht die Kette für die Wassertiefe nicht aus – wir messen einmal 65 Meter! Dann wird das Ende der Kette an eine große Plastikkugel geschäkelt, wie Fischer sie für ihre Netze verwenden, und mit der Ankerleine verbunden. So kann sie auch nicht am Boden schamfilen und ist vor Felskanten und scharfen Muscheln sicher.

Die besten Ankerplätze lassen sich immer wieder in den Flußmündungen oder in der Nähe von Wasserfällen ausfindig machen, wo durch Aufspülung guter Ankergrund entstanden ist. Gerade dort aber kann es vorkommen, daß die Buchten zu schmal sind, um dem Schiff bei umschlagendem Wind einen genügend großen Schwojkreis zu lassen. In solchen Fällen pullen wir mit dem Dingi an Land und machen SHANGRI-LA in Wildwestmanier einfach an dicken Baumstämmen in Ufernähe fest. Derart vertäut, erinnert unser braves Schiff manchmal an eine dicke Spinne, die aus ihrem total verstrickten Netz selbst nicht mehr herausfindet.

In einer dieser Nächte, in denen der Wind mit disharmonischem Kreischen an SHANGRI-LA zerrt, höre ich mit dem einen Ohr, das sowieso immer wach bleibt, am Heck irgendeinen wilden Lärm. Aufgeschreckt in die Dunkelheit spähend, erkenne ich meinen leitenden Ingenieur bei dem Versuch, auf allen Vieren kriechend das sich überschlagende, flatternde Dingi an Bord zu ziehen! Aber gerade da fällt eine Bö mit Sinn für Komik ein und hebt das störrische Gummitier an der Leine hoch in die Lüfte! Ich kann mir nicht helfen, das sieht lustig aus.

„He!“ rufe ich in die tosende Dunkelheit, „mitten in der Nacht Drachen steigen lassen – seit wann trainierst du das?“

„Faß an, Alter!“ brüllt Bayern. „Faß endlich mit an, Mensch!“

Immer wieder entschädigt uns die herbe, ungezähmte Schönheit der Natur für ihre schlechten Launen. Trotz aller Schwierigkeiten bleibt unsere Begeisterung ungebrochen. Der Feuerland-Bazillus hat auch uns voll infiziert. Dies ist keine Landschaft von lieblicher Anmut. Ihr Reiz liegt in der urgewaltigen Kraft, mit der sie uns Eindringlinge in die Schranken weist.

Wo möglich, steigen wir auf Anhöhen, um einen Überblick zu gewinnen. Unbeschreiblich das imposante Bild von schneebedeckten Gipfeln, kahlen Felskuppen und den weiß-blau schimmernden Gletschern, die ihre eisigen Finger in die grünen Täler strecken, um dort zu vergehen. Junge, übermütige Flüsse stürzen ins Meer und teilen mit ihren Silberstreifen die tiefgrüne Uferzone. Von geheimnisvoller Unnahbarkeit sind die Wälder an diesen Wasserwegen und ihr wild wucherndes Unterholz, durchdrungen von Farnen und bambusartigen Gräsern. Jeder Versuch, in diesem Urwald aus dicken, mit Moos und Schlingpflanzen überzogenen Stämmen einen Fuß vor den anderen zu setzen, scheitert.

Los Canales – das ist eine leise Landschaft mit Windstille, Sonne und friedlicher Natur. Los Canales – das ist viel häufiger eine laute Landschaft aus Sturm, Regen und Gewalt. Die Region kommt mir vor wie ein Bild, das zunächst in zarten, lieblichen Farben gemalt, doch plötzlich vom Künstler im Jähzorn mit wilden, harten, dunklen Pinselhieben verschandelt wurde.

Bei solchem Wetter sind wir in unseren abgelegenen Buchten gefangen. Unsere Welt ist mit endlosen Regenstäben vergittert. Wolken, in die Fjorde gepreßt, bilden mit dem Grau des Wassers eine einzige dunkle Nässe. Nichts als Regen, Regen, Regen – stundenlang, tagelang. Doch in Minutenschnelle kann es heller werden, dann leuchten die Wolken perlmuttfarben, dicht übereinandergeschichtet. Schon reißt der Wind blaßblaue Gucklöcher auf, und die Sonne weckt die mißmutige, apathische SHANGRI-LA-Besatzung zu neuem Leben. Bleich kriechen wir aus unserer muffigen Höhle, mißtrauische Blicke zum Himmel werfend. Dann schlurft Luggi zum Ankerspill, um Bewegung in seine steifen Glieder zu bringen. Ich muß noch meine Netze einholen, während Helga im Salon wütet.

Neugierig werden unsere Aufbruchsaktivitäten von zahlreichen Tieren beäugt. Ohne Angst vor Zweibeinern tummeln sich Robben in greifbarer Nähe, und die Magellan-Pinguine kaspern herum, daß man ihrer Vorstellung stundenlang zuschauen kann. Die Artenvielfalt der Meeresvögel ist erstaunlich. Es schreit und schwirrt und segelt, und die Tauchmanöver, die wir beobachten können, lassen uns vor Neid erblassen. Besonders die pato de vapor, die Dampfente, hat es mir angetan. Dieser flugunfähige Vogel schlägt bei der Flucht mit seinen verkümmerten Flügeln aufs Wasser und rauscht wie ein Tragflächenboot, eine Gischtfahne nachschleppend, über die See. Ein paar dieser schmackhaften Wasservögel beenden ihre Reise in SHANGRI-LAS Backröhre, doch meist sind Fisch und Centoillas unsere Hauptgerichte, abwechselnd mit Meeresfrüchten, wenn ich mal wieder ganz mutig bin und zum Tauchgang in den Neoprenanzug schlüpfe. Dann gibt's Erisos (Seeigel), Picorocos (große Seepocken), verschiedene Muscheln wie: Cholgas, Almejas, Choritos oder auch Locos (Schnecken). Der Mittagstisch ist überreich gedeckt, aber unter Wasser; wer an ihm Platz nehmen will, muß ganz schön zittern.

Zahllos sind die Buchten, namenlos und unberührt, die wir in der harten Zeit besuchen. Die schönste taufen wir auf den Namen „Bahia SHANGRI-LA“. Wie Eroberer fühlen wir uns, wenn wir vom Hauptschifffahrtsweg abweichen und auf Wasserarmen segeln, die in unseren Karten weiß sind – ohne Tiefenangaben, also nicht vermessen. Manchmal zwingt uns Treibeis zu kuriosen Zickzack-Kursen, ein sicheres Zeichen, daß in der Nähe Gletscher ihre „Kälber“ auf die Reise schicken. Einmal ankern wir dicht vor einer weiß- silbrigen Gletscherwand; in der Nacht überzieht sich SHANGRI-LA mit einem Eispanzer, während wir, in Dekken und Schlafsäcken vermummt, selig schlummern.

Wir müssen uns sputen, in den wärmeren Norden zu kommen. Die Tage zu zählen, haben wir aufgegeben; sie sind längst zu Wochen geworden. Die Einsamkeit scheint ohne Ende zu sein. Da deutet Helga eines Morgens in die Wildnis und haucht ungläubig erstaunt: „Seht mal, da...“

Rauch! Aus den Wäldern steigt eine Rauchfahne! Das kann nur bedeuten, daß wir doch nicht die einzigen Menschen auf der Welt sind. Und materialistisch, wie ich bin, ist mein nächster Gedanke: Diesel! Wer immer da an einem Ufer mit Feuer kokelt, der wird nicht ohne Diesel hingelangt sein.

Leider doch. Die vier armseligen Muschelfischer, die wir an ihrem Lagerplatz aufstöbern, kommen gänzlich ohne die Segnungen der Zivilisation aus. Die nächste Ansiedlung sei aber, so versichern sie, „nicht mehr weit von hier". Was immer das heißen mag in einem Land von solchen Dimensionen. Drei Tage lang leisten wir den wettergegerbten Indios Gesellschaft und studieren dabei mit Betroffenheit das „einfache Leben", das diese Menschen hier, der blanken Not gehorchend, in einer Form praktizieren, die so manchen unserer selbsternannten Alternativen zum Konsumjünger bekehren würde. In den offenen, geklinkerten Booten sind die Fischer in vier Tagesreisen hierhergerudert. Nur mit der Axt, ihrem Mehrzweckwerkzeug, sind die Planken der Boote behauen: Bootsbaukunst im wahrsten Sinne des Wortes. Aus Baumstämmen, Zweigen und Blättern ist ihre Hütte gefertigt, durch die es allerdings tröpfelt. In dieser Behausung stehen zwei Feldbetten, ein paar Behälter mit Lebensnotwendigem, brennt ein offenes Feuer, über dem ein schwarzglänzender Kessel baumelt. Von der Decke hängen an langen Schnüren gekochte Muscheln, die tagelang im beißenden Qualm geräuchert werden. Geräuchert sehen auch die Indio-Gesichter aus, sie glänzen wie Speckschwarten, und ich halte es zunächst nie länger als ein paar Minuten in ihrer Hütte aus, die durch eine Petroleumlampe, bestehend aus Konservendose mit abgeklemmten Docht, schummrig beleuchtet wird. Noch dürftiger kann man sein Dasein wirklich nicht fristen! Gleichwohl zeigen die kernigen Maaten stets fröhlich ihre Zahnstummel. Während der Wochen, die sie abgeschlossen hier in der Wildnis verbringen, um im eiskalten Wasser mit langen Harken nach Cholgas (Miesmuscheln) zu fischen, haben sie nicht einmal das Minimum, das unsereiner für lebensnotwendig hält, nicht mal ein vernünftiges Dach über dem Kopf.

Wir durchwühlen SHANGRI-LA nach Dingen, die für uns entbehrlich sind. Oft genug auf dieser Reise waren wir die Beschenkten, jetzt ist es an uns, zu teilen. Beschämend, ihre überschwengliche Freude über einige Meter Tauwerk und ein paar Quadratmeter Plastikplane, die noch von der BADENSTEIN stammen und ihre Hütten regensicher machen. Die wenigen Sachen lösen bei den vier Burschen die reinste Heiligabendstimmung aus. Und wir glauben, unbedingt Diesel zur Seligkeit zu brauchen?

Wenig später taucht in einer Bucht das versprochene Dorf auf. „Dorf" grenzt zwar leicht an Hochstapelei, aber immerhin, hier gibt's wirklich Kraftstoff, ein halbes Fäßchen, zu bunkern! Hellen, dünnflüssigen, kostbaren Diesel!

Vierzig Alakalufe-Indios treten zu unserer Begrüßung an, darunter der Kollege Dorflehrer mit einer Schar köstlicher Zwerge. Der herbe

Geruch von Jahrhunderten geht von der ganzen Sippe aus. Da kostet es schon ein wenig Überwindung, das selbstgebackene Brot mit scheinbarem Appetit entgegenzunehmen. Da die Fladen aber sowieso wie Vorrat für das 21. Jahrhundert aussehen, versprechen wir, sie für eine besondere Festlichkeit aufzuheben. Wir kommen nicht wieder weg, ehe nicht auch die allerletzte Behausung besichtigt ist, und dann tritt nochmals die Gesamtschule an und kräht zu Ehren der Navigantes die chilenische Nationalhymne. Uns ist es fast unmöglich, hierbei den nötigen Ernst zu wahren.

Dann hat SHANGRI-LA die Nase wieder im Wind, und nun bemächtigt sich unterschwellige Spannung der ganzen Crew. Denn voraus liegt das erste freie Stück Pazifik, der Golfo de penas. Hier klafft eine große Lücke zwischen den Inseln, ein Küstenabschnitt, an dem die vorgelagerten Schären fehlen. Dieser „Golf der Leiden“ hat den Ruf, die chilenische Biskaya zu sein. Eine berüchtigte Windecke, vor der wir vielfach gewarnt worden sind.

Havarie im Golf der Leiden

Einen Tag lang geht es auffallend gut. Der Pazifische Ozean gibt sich ganz so friedlich, wie sein Name unterstellt. Aber es ist ein trügerischer Friede, denn jäh geht die Schonzeit für uns Neulinge vorbei, und der Pazifik zeigt sein zweites Gesicht! Ein Bilderbuchsturm heult aus Nord. Mühsam müssen wir um Seeraum kämpfen.

Eben schicken wir uns an, die Segel zu wechseln, da teilt eine Bö unsere Fock 1 mit schneidendem Geräusch akkurat in zwei gleichgroße Teile! Damit sind wir in den Besitz zweier neuer Segel gelangt („Fock 4 und 5“), für die wir eigentlich keine Verwendung haben. Doch das war nur der Auftakt, ein Warnschuß sozusagen. Bald zeigt der Sturm, was er draufhat. Aber Bangemachen gilt nicht, schließlich ist dies nicht unsere erste Schlechtwettererfahrung. Gelassen und noch keineswegs beunruhigt begegnen wir der Misere in bewährter Manier: Beigedreht, mit doppelt gerefftem Besan, mittschiffs dichtgeholt, überlassen wir getrost SHANGRI-LA selbst die Entscheidung, hat sie doch oft genug bewiesen, daß sie im Sturm ihr Schicksal allein am besten zu meistern versteht.

Diesmal aber ist die Lage anders, mit einer tückischen Unbekannten behaftet, wie wir bald erkennen müssen. Gegen die hohe See, die der Nordsturm aufwirft, läuft noch eine alte Dünung aus West. Damit tritt das ein, was wir immer am allermeisten fürchten: eine gefährliche Kreuzsee, ein Gegner, gegen den wir weitgehend machtlos sind.

Diese unheilvolle Nacht, in der die aufeinanderstoßenden Seen unser armes Schiff erbarmungslos prügeln, wird zu einem einzigen Alptraum. Niemand tut ein Auge zu. Zusammengedrängt hocken wir verängstigt im Salon, zu nervtötender Tatenlosigkeit verurteilt. Jeden Schlag, den SHANGRI-LA einstecken muß, spüren wir bis in die Zehen. In solch einer Nacht wird der Schiffsrumpf zu einem lebenden Körper aus Knochen, Gewebe und Nerven, werden Stagen und Masten zu sich wehrenden Gliedmaßen, wird Material zu lebender, denkender, empfindsamer Substanz. Für mich ist SHANGRI-LA dann nicht nur mein Schiff, sondern mein Partner, meine Vertraute, mit der ich in Bedrängnis stumme Zwiesprache halte – Dialoge, die mir aufgeschrieben sicher kindisch erscheinen würden. Aber wer selbst ähnliches erlebt hat, wird wissen, daß ihm in so einer Lage ein Gefährt zum Gefährten wird und daß er vielleicht gedacht oder beschwörend geflüstert hat: „Halte durch, altes Mädchen, wir schaffen es, halt' nur durch, es geht vorbei." Kein Wunder, daß man eine so treue Verbündete immer verteidigen wird ... Wer einmal mit seinem Schiff durch eine solche Sturmnacht gegangen ist, wird verstehen, warum ich immer so heftig reagiere, wenn einer SHANGRI-LA oder einen Katamaran schlechtmacht.

Mit angespannten Sinnen lauschen wir auf das unerträgliche Heulen im Rigg, registrieren beklommen jede Erschütterung. Nach einigen Stunden ändert sich die Tonart, das hohe Pfeifen in den Wanten weicht einem tiefen Summen – erstes Anzeichen, daß der Sturm seinen Höhepunkt überwunden hat. Allmählich flaut es ab, und damit beginnt sich auch die Stimmung im Salon zu lockern. Zu früh. Denn nur der Sturm hat nachgelassen, die tobenden Kreuzseen aber beruhigen sich nicht so schnell. Ohne Vorwarnung trifft uns mit dröhnendem Krachen ein furchtbarer Schlag – Holz splittert, irgend etwas zerspringt klirrend am Boden. Dann Totenstille.

Schreckensbleich lösen sich drei verstörte Gestalten aus der Erstarrung. Zitternd tasten wir uns durch das Schiff. Was ist passiert? Eine riesige Sturzsee, stärker als alle bisherigen, muß sich jäh unglaublich hoch aufgebäumt und mit ganzer Wucht auf Kajütaufbau und Bordwand geworfen haben. Das Steuerbordschott ist gebrochen. Der Kleiderschrank, der daran verschraubt ist, steht zwanzig Zentimeter weiter im Raum. Das Toilettenschränkchen samt Spiegel liegt zertrümmert am Boden, Regale sind aus den Halterungen gebrochen. Stumm registrieren wir die Zerstörungen. Der Schreck sitzt uns tief in den Knochen und beginnt sich erst zu lösen, als wir langsam begreifen, daß der Rumpf unversehrt geblieben ist. Die Elastizität des Materials Polyester hat ihn vor Schaden bewahrt. SHANGRI-LA hat sich sogar im Unglück bewährt – sie konnte gar nicht anders, als den schlimmen Hieb hinnehmen wie ein bereits angeschlagener Boxer, nicht mehr fähig, so federnd wie sonst auszuweichen, wenn sie, einem Schwimmkorken gleich, vom Wind getrieben wird. Wieder haben wir Fehler gemacht. Lernen wir eigentlich nie aus? Längst hätten wir Segel setzen müssen, als der Sturm seine Kraft eingebüßt hatte. So war ihr die Möglichkeit genommen, Lee zu machen, und so mußte sie sich dem kochenden Element ohne Fahrt, bewegungsunfähig, stellen.

Beim Aufräumen des Trümmerfeldes gelingen uns schon wieder die ersten lockeren Sprüche. In den nächsten Tagen stehen also Bastelarbeiten auf dem Stundenplan. Im stillen aber denke ich mit leichtem Herzklopfen daran, daß wir diesen Pazifik ja noch überqueren wollen, daß er für die nächsten Jahre so etwas wie unser Heimatrevier werden soll... Ob er sich damit zufriedengeben wird, daß er uns gleich zu Anfang so ein Ding verpaßt hat? Wir wissen ja nun, wer hier das Feld beherrscht, an Ehrfurcht und Respekt mangelt es bestimmt nicht mehr!

Erleichtert sehen wir nach diesem Abenteuer den kleinen Fischerhafen Ancud auf der Insel Chiloe auftauchen. Mit vier Leinen und ausgebrachtem Heckanker klammern wir uns an einer wackeligen Pier fest, froh, andere Leute und Boote zu sehen, froh, die wichtigsten Reparaturen vornehmen zu können.

Ein Seemann im Sattel

Was für ein Land! Viertausend Kilometer weit in Nord-Süd-Richtung verlaufende Küstenlinie beschert Chile mehrere völlig unterschiedliche Klimazonen und damit eine Vielfalt gänzlich voneinander abweichender Landschaftsbilder. Das gibt diesem Unikum auf der Landkarte eine Faszination, der man sich nicht entziehen kann. Das Reich des Ewigen Eises und der Pinguine ist für SHANGRI-LA nun Vergangenheit. Wir sind in Puerto Montt angelangt, dem nördlichen Endpunkt des Schärengürtels, einer Stadt mit heimatlich anmutendem, grünem Hinterland. Hier scheint auf einmal Mitteleuropa zu beginnen.

Vor dem kleinen Yachtklub zunächst eine Szene, wie wir sie ähnlich schon aus anderen Häfen dieses Kontinents kennen. Wir sind nicht die einzigen Fremden, zwei weitere Yachten haben hier festgemacht – darunter ein knuffiger Typ aus Belgien, Jan Swerts, der als Einhandsegler um den Globus kreuzt. Einer von der ganz harten Sorte. Während wir dicke Pullover tragen, hüpft Jan im T-Shirt an Deck herum. Beim

Händeschütteln habe ich das Gefühl, an ein Stück aus dem Tiefkühlfach geraten zu sein. Luggi raunt mir zu: „Der knutscht bestimmt mit Eisbären."

In Jans Vorsegel entdecke ich große dunkelbraune Flecken. „Was ist denn da passiert? Hast du einen Hammel geschlachtet?" – „Nee", meint Jan in seinem kernigen Deutsch, „nee, keine Probleme, hab' mich nur ein bißchen verletzt. Ich mach' mir nicht viel aus Schmerzen und all diesen Sachen." Spricht's und stiehlt sich scheu und etwas linkisch von dannen. Zwischen SHANGRI-LA und seiner TEHANI entsteht sogleich freundschaftlicher Kontakt, aber niemand von uns ahnt, daß diese Verbindung noch nach Tausenden von Seemeilen Bestand haben soll.

„Bienvenidos, aquí queremos mucho a la gente." (Willkommen, hier haben wir jedermann sehr gern). Dank der uns vorauseilenden Popularität ist auch Puerto Montt schon auf den deutschen Katamaran eingestimmt. Die Presse würdigt unseren „freundlichen Besuch" mit einem wohlwollenden Bericht, durch den wir gut eingeführt werden. Infolgedessen brauchen wir uns um „Anschluß" wieder nicht zu bemühen...

Im Restaurant steht am Nebentisch ein Herr auf. „Ihr müßt die drei Kap-Hoorn-Segler sein!" Daß jemand fließend deutsch spricht, wundert uns in Südamerika kaum noch, am wenigsten in Chile.

„Das sind wir."

Hermann Ludwig, wuchtige Kleiderschrankstatur, Schlapphut und lustige Augen, ist zweifellos ein echtes Holsteiner Original – aber eines, das Deutschland, geschweige denn Holstein, nie gesehen hat. Ein sympathisches Beispiel dafür, daß niemand seine Herkunft verleugnen kann. Zwar ist sein Gutshof, von dem er erzählt, original chilenisch ein Fundo, doch wir können uns bald davon überzeugen, daß dort die Landwirtschaft nach urdeutschen Grundsätzen und mit ebensolcher Gründlichkeit betrieben wird. Eine halbe Stunde ist unsere Bekanntschaft alt, da quetschen wir uns schon alle zusammen in Hermann Ludwigs Lkw und rumpeln Richtung Osorno.

„Wenn ihr Lust habt, kommt doch mit", hat Hermann uns aufgefordert. „Morgen muß ich sowieso wieder in die Stadt und kann euch dann, falls ihr etwas anderes vorhabt, mit zurücknehmen."

Aber auf Pedernal, dem Landsitz der Familie Ludwig, angekommen, haben wir eigentlich gar nichts anderes mehr vor. Denn man tritt ein und ist daheim.

Weitläufige Stallungen umgeben ein großes, ganz aus Holz gebautes Gutshaus, einen Hort der Behaglichkeit und anheimelnden Nestwärme, die von der Einrichtung ebenso ausgeht wie von den Menschen darin.

Frau Ludwig („Ich bin Ruth, fühlt euch wie zu Hause“) ist von gleicher Aufgeschlossenheit wie ihr Mann. Ohne Zaudern nimmt sie uns unter die Fittiche, als kämen alle Tage wildfremde Piraten, gleich drei an der Zahl, in ihr Wohnzimmer gesegelt.

„Bleibt doch hier, so lange ihr wollt!“

Wer könnte einer solchen Einladung, gemütlich beim Wein, im Flakkerschein eines knisternden Kaminfeuers ausgesprochen, schon widerstehen? Kuschelige Felle und Ruhe ausstrahlende Bücherwände schaffen eine Atmosphäre gediegenen Wohlbehagens; nach Försterhausart hängen Geweihe an der Wand. Genießerisch strecken wir die Seebärenbeine in hirschlederbespannten Sesseln von uns. SHANGRI-LA – wir scheinen ihn gefunden zu haben, diesen geheimen Ort des Friedens und der Freundschaft. Was nur ein kurzer, neugieriger Abstecher nach Osorno werden sollte, entwickelt sich zu einem herrlichen, zehntägigen Landurlaub.

Zehn Tage auf Pedernal – das wäre wohl nicht denkbar ohne mindestens einen Ausritt täglich. Denn neben den beiden Haupterwerbszweigen der Ludwigs, der Viehwirtschaft und einem Sägewerk, hat auf Pedernal die Pferdezucht Tradition. Ruth, die auch als Reitlehrerin fungiert, erzählt stolz von den Turniersiegen der Pedernalzöglinge. Alle hier sind große Reiter, die Söhne der Familie haben schon manchen Preis eingeheimst. Und da einer, der nicht reiten, sondern bloß segeln kann, kein ernstzunehmender Mensch ist, finde ich mich unversehens im Sattel wieder.

Die Trainerin tut ihr Bestes. Einen Tag lang werde ich im Schnellkurs energisch gezwiebelt, gedrillt und immer wieder korrigiert. Dann soll ich reif sein fürs Gelände, aber mir schwant eher, morgen früh werden das Pferd und ich krankenhausreif sein ... Ich weiß nicht, bei Luggi und Helga sieht das viel besser aus.

Anderntags steht Surpresa, meine Stute, schon in aller Frühe mit den anderen gesattelt auf dem Hof und blickt mir mit gesenktem Kopf ziemlich skeptisch entgegen. Mir fällt ein, daß ihr Name ‚Überraschung‘ bedeutet. Ich begrüße sie sehr freundlich, in der Hoffnung, daß sie mich nicht mit einem Racheakt überrascht. Doch siehe da, auch wenn ich mit meinem blau-grün gemusterten Hinterteil kaum kriechen kann, irgendwie habe ich's geschafft! Über Nacht muß ich die Lektionen von gestern wohl verarbeitet haben. Nach weiteren drei Tagen hat sich auch mein Sitzfleisch an die neue Gangart gewöhnt, und von nun an ist das Landleben ein Traum! Allmorgendlich geht es mit den Hühnern aus dem Bett, frisch und muskelkaterfrei zum Stall hinüber, elastisch in den Sattel – und ab in die grüne Natur!

Drei Navigantes auf Abwegen. Wir traben auf einsamen Waldpfaden, würzigen Pinienduft in der Nase, durchqueren seichte, gurgelnde Bäche und galoppieren über saftige Weiden. Reiten ist ein solcher Hochgenuß, daß ich nicht mehr sicher bin, ob aus mir ein Segler geworden wäre, hätte mir schon früher mal irgendjemand einen Sattel untergeschoben.

Hermann Ludwigs besondere Passion ist die Jagd, davon künden die Geweihe über dem Kamin. Diese Vorliebe fürs Wild hat dazu geführt, daß er sich „nebenbei“ (wann bloß?) auch noch mit der Aufzucht von Hirschen befaßt, denn der Jäger ist auch ein leidenschaftlicher Heger, mit viel Liebe und Toleranz gegenüber der Kreatur. Lebender Beweis dafür ist Tommy, der zahme Hirsch, der auf Pedernal Narrenfreiheit hat und mich eines Tages im Gang zur Küche fast zu Tode erschreckt. Nicht, daß er sich mit mir anlegen will – ich bin es bloß nicht gewohnt, daß zu Hause ein Hirsch majestätisch an mir vorbeitrabt. Aber auf Pedernal ist eben alles anders: Katzen, Hunde und Hühner fressen einträchtig aus einem Napf und nehmen es gelassen hin, daß sich auch noch Querida, das Ferkel, dazwischen drängelt. „Leider“, sagt Ruth, „ist unser Papagei vor ein paar Wochen gestorben.“

Kein Wunder, daß sich in diesem Paradies der Tiere auch die Menschen wohlfühlen. Die deutschstämmigen Ludwigs zeigen typisch chilenischen Familiensinn. Die Menschen leben innerhalb einer Gemeinschaft miteinander, nicht nebeneinander her, und zwar auf besonders liebe, herzliche Art. So kommen auch die Nachbarn und Freunde von den umliegenden Höfen gern nach Pedernal, als die Ludwigs zum gemeinsamen Plausch trommeln. Die größte Überraschung für uns: es sind ohne Ausnahme Deutsche! Der Abend wird wie ein Familienfest. Wir sind zu Hause.

Sind wir das? Irgendwann dämmert uns, daß ja vor dem Yachtklub von Puerto Montt noch eine treue alte Freundin auf uns wartet. Ob dort alles in Ordnung ist? Es hilft nichts, wir müssen uns mal wieder um sie kümmern. Schweren Herzens entschließen wir uns, diesen gastlichen Ort zu verlassen. Doch Ruth hat bereits weitergedacht und -geplant. „Also, hört mal zu“, klärt sie uns auf, „Helga bleibt bei mir! Ich bin froh, weibliche Verstärkung zu haben. Kümmert ihr Männer euch um das Schiff und fahrt schon voraus. Wir bringen euch Helga nach Valdivia nach. Abgemacht?“

Was der Chef sagt, wird getan; und so rumpelt Hermanns Lkw nur Luggi und mich zum Hafen zurück.

Des ‚Kommandanten' beraubt, tuckert SHANGRI-LA mit zwei etwas mißmutigen Matrosen weiter die felsige Küste entlang. Argwöhnisch das Barometer im Auge, tasten wir uns von Leuchtfeuer zu Leuchtfeuer nordwärts. Etwas wehmütig trösten wir uns mit den kulinarischen Souvenirs aus Pedernal: Kisten voll knackiger Äpfel, Kartoffeln säckeweise und saftig zarten Räucherschinken. Doch erst, als Valdivia in Sicht kommt, hellen sich unsere Mienen wieder auf.

Als wir flußaufwärts zum Yachthafen schippern, prescht uns ein schneller Motorflitzer entgegen und stoppt die SHANGRI-LA. Also – das hat es noch nie gegeben: Der Yachtklub Valdivia, wie alle Stationen über unsere Bewegungen stets informiert, schickt ein Empfangskomitee! Und im Klubrestaurant ist auch schon ein Festmahl vorbereitet, mit Spießbraten und Wein in Hülle und Fülle. Und ein bekanntes Gesicht ist auch schon da: Jan, der Belgier aus Puerto Montt. Erschöpft sinken wir beim ersten Morgenlicht in die Kojen. Doch kaum zweimal geschnarcht – angeblich sollen wir stundenlang geschlafen haben –, werden wir schon wieder geweckt: Helga und die Ludwigs sind eingetroffen, die Familie ist wieder vereint.

Eigentlich sollte es jetzt in großen Sprüngen nach Norden bis Arica gehen, aber die Freunde vom Yachtklub sind anderer Meinung. „Wenn ihr etwas Einmaliges sehen wollt, dann dürft ihr Juan Fernandez nicht auslassen", raten sie, und wir taten gut daran, ihrem Rat zu folgen.

Da, wo die Witwe heult

Rund dreihundert Seemeilen westlich von Valparaiso, unter 33° Süd und 79° West, liegt die Inselgruppe Juan Fernandez. Den Namen hat sie von ihrem spanischen Entdecker, der sie 1572 als erster betrat. Dann träumte sie weiter in weltvergessener Einsamkeit, bis sie englische und holländische Freibeuter aus dem Dornröschenschlaf rissen. Hier reparierten sie ihre bei der Jagd auf spanische Silberkaravellen angeschlagenen Schiffe, ergänzten die Vorräte und vergruben, wenn's brenzlig wurde, die erbeuteten Schätze. Jedenfalls erzählt man sich das.

Mehr als ein Geheimtip in Piratenkreisen wurden die Inseln aber erst durch das Abenteuerbuch von Daniel Defoe ‚Das Leben und die seltsamen Abenteuer des Robinson Crusoe', das in alle Weltsprachen übersetzt und oft verfilmt worden ist. Der echte Robinson hieß Alexander Selkirk und war ein schottischer Seemann. Ein Querulant muß er wohl auch gewesen sein, denn er legte sich so heftig mit seinem Piratenkapitän an, daß der kurzen Prozeß machte und ihn aussetzte.

Mit einem Gewehr, einem Pfund Schießpulver, einem Messer, einer zerfledderten Bibel und dem Zeug, das er am Leib trug, mußte Alexander Selkirk die Bark CINQUE PORTS verlassen. Sein großes Naturgefängnis, in dem er vier Jahre verbrachte, war nicht das Sonnenparadies des Romanhelden Robinson Crusoe, sondern eine herbe, sturmumtoste Insel, und Selkirk erlebte auch keineswegs die tollen Abenteuer, die ihm Daniel Defoe in den Mund legte.

Nach vier Tagen ruppiger Segelei taucht im Morgengrauen die Hauptinsel auf: ein Riesenklumpen, grau verhangen, hingeworfen in die Wasserwüste des Pazifiks. Endlich, nach Stunden, erkennen wir Einzelheiten; bizzare Felsformationen und erstarrte Lavaschichten wechseln mit weichen, sanften Tälern von sattem Grün, auf dem kleine weiße Tupfen leuchten. Diese punktförmigen hellen Einsprengsel entpuppen sich später als Schafe. Rotbraune, kahle Flächen, von Wind und Regen leergefegt, werden abgelöst von leuchtend grünen Eukalyptuswäldern. Dazwischen ragen hier und da hellgraue Steilhänge auf. Als plötzlich die Sonne durch die Wolkendecke bricht und damit die schroffen Konturen markant hervorhebt, sind wir sprachlos. Welch ein grandioser Anblick! Die harte Küstenstruktur verliert sich in der Ferne in weiche Kuppen, und über allem thront der Yunque, der „Ambos“, von dem Robinson sehnsüchtig nach einem erlösenden Schiff Ausschau hielt.

Unser Anker fällt wenig später auf dem geschichtsträchtigen Grund der Cumberland Bay mit ihrer einzigen Ansiedlung, malerisch vor die Berghänge gestreut. Hier, in der einzigen größeren Bucht der Insel, müssen die Korsarenschiffe gelegen haben und später dann, etwa ab 1750, die spanischen Karavellen, die dem Seeräuberspuk ein Ende bereiten wollten.

Auf dem Plateau erkennen wir unschwer die Ruinen eines Forts. Dieses heißumkämpfte Bollwerk fiel nicht den Kugeln der Piraten, sondern einem Erdbeben zum Opfer: danach verließen alle Bewohner die Insel wieder, die erneut in einen hundertjährigen Schlaf versank.

Ein kleines Fischerboot stampft uns entgegen, an Bord der Hafenkapitän. Er ist die Freundlichkeit in Person. Beim Glas Wein, an dem er genießerisch nippt, gibt er bereitwillig Auskunft: „Schaut dort“, erklärt er und zeigt auf eine weiße Tonne unweit achteraus von unserem Liegeplatz, „dort unten, in etwa fünfzig Meter Tiefe, liegt das Wrack des deutschen Kreuzers SMS DRESDEN, der sich im Ersten Weltkrieg in dieser neutralen Bucht in Sicherheit brachte, aber trotzdem von einem britischen Geschwader angegriffen und versenkt wurde.“

„Lohnt sich ein Tauchgang?“ will ich wissen.

„Nicht sehr, ihr dürft zwar hinunter, aber Souvenirsammeln ist streng verboten."

Zunächst wollen wir sowieso an Land. Der erste Eindruck, als wir nach nasser Strandung mit dem Dingi ans Ufer stapfen: freundliche Menschen, doch viel reservierter als auf dem Festland. Sauberkeit und Stille. Alles strahlt Ruhe und einen beeindruckenden Frieden aus, der uns nahe geht.

Ein Schild bei den Fischerbooten am Ufer mahnt: „Nationalpark – das Abreißen von Pflanzen, das Beschädigen von . . ." Also werden wir auch hier wieder Touristen treffen mit Fragen, mit den Komfortansprüchen des Festlandes, denen wir hier zu entgehen hofften. In einem kleinen Restaurant erfahren wir Näheres: „Nein, jetzt im Winter haben wir nie Gäste, nur den Sommer über kommen so an die dreihundert Fremde. Doch in den letzten Jahren ist es eher weniger geworden." Der Wirt erzählt weiter: „Drüben auf der anderen Seite haben wir einen kleinen Flugplatz, aber nur selten landet eine Maschine hier. Wenn Langustenzeit ist, also von Oktober bis Mai, kommt jede Woche ein Kutter, der den Fang abholt. Er bringt manchmal Touristen mit, trotzdem hoffen wir, daß er jetzt bald eintrifft, denn wir haben schon seit Wochen keinen Wein mehr, und der Händler verkauft nur noch einzelne Zigaretten."

„Können wir nicht mal Langusten probieren? Sie sollen doch die besten Südamerikas sein, nach Größe und Geschmack."

„Nein, das geht nicht, jetzt ist Schonzeit. Wenn ihr aber tauchen könnt, dann sollten ein paar Langusten kein Problem sein", meint der Wirt augenzwinkernd.

In den ersten Tagen erobern wir die Insel auf fast endlosen Wanderungen. Da gibt es die sieben Patriotenhöhlen zu entdecken, in denen die spanischen Machthaber chilenische Freiheitskämpfer gefangen hielten, als diese zu Beginn des 19. Jahrhunderts die Unabhängigkeit erstrebten. Am Rande der Ansiedlung liegt der Friedhof, und hier befindet sich auch das Denkmal für die Gefallenen der SMS DRESDEN. Doch die wirkliche Attraktion der Insel ist ihre Flora. Unzählige Baum- und Pflanzenarten gibt es zu bewundern, einige, z. B. Farne, einzig hier auf der Welt. Der Aufstieg zum Yunque ist beschwerlich, doch dann, welch eine Aussicht: zerfurchte Felsgruppierungen, die durch Licht- und Schattenspiele exotisch wirken, und immer wieder das helle Grün, auf dem Schafe und Rinder, vereinzelt auch Maultiere, weiden. Spätestens jetzt wird uns klar, daß Alexander Selkirk wohl recht viel Garn gesponnen haben muß, denn diese Insel hat mit derjenigen in Daniel Defoes Roman wenig gemeinsam.

Als wir gegen Abend vom Mirador Selkirk, also von Robinsons Ausblick, zurückkehren, hat der Wind gedreht. Er drückt jetzt voll in die Bucht hinein, und wir lichten schleunigst den Anker, verkriechen uns in eine kleine geschützte Bucht ganz in der Nähe. Ein einziges langgestrecktes Holzhaus steht hier. Auf der Terrasse sehen wir einen Mann aufgeregt hin- und herlaufen und uns zuwinken. Am Strand werden wir von ihm erwartet. Hocherfreut begrüßt uns Sergio: „Willkommen! Das ist ein Ereignis! Ihr müßt unbedingt bleiben, schnell ins Haus, das Abendessen ist fertig."

Wenig später erzählt uns Sergio seine Geschichte: „Ich habe in den USA studiert, bin Chemiker, aber in Chile, meiner Heimat, gab es keine Arbeit für mich. So wurde ich Hotelmanager, und eines Tages mußte ich kurzfristig dieses einzige Hotel hier übernehmen. Seit einem halben Jahr bin ich auf der Insel, aber noch nie ist ein Gast gekommen. Ich habe keine Bücher, keine Unterhaltung, denn auf Robinson Crusoe gibt's natürlich auch kein Fernsehen und Strom nur von 19 bis 22 Uhr; aber manchmal vergessen sie auch, den Generator anzuwerfen. Die Leute hier sind prächtig, aber sonst gibt's nichts, rein gar nichts, außer Sport", schimpft er.

„Stellt euch vor: Bei 450 Einwohnern haben wir vier Fußballmannschaften, mehrere Basketball- und Volleyballmannschaften. Fußball wird ganz groß geschrieben." Und dann wird Sergio romantisch: „Wart ihr schon oben in den Bergen, habt ihr die Wälder gesehen, habt ihr gehört, wie der Wind durch die Schluchten pfeift?" Er gerät ins Schwärmen: „Nein, natürlich will ich nie mehr fort, niemals, denn diese Insel ist so unsagbar schön. Hier bleibe ich. Bloß den langweiligen Hoteljob möchte ich loswerden, damit ich einen kleinen Laden aufmachen kann. Uns fehlt ja so vieles hier."

Und zu vorgerückter Stunde: „Seht euch dieses Stückchen Holz an, das ist Sandelholz. Nirgendwo sonst auf der Welt wächst es in dieser fast pechschwarzen Art." Wie einen Schatz nimmt Sergio das Stückchen wieder an sich. „Dafür bekommt man viel Geld, und es gibt noch mehr davon, ich weiß es." Doch alle Bewohner verneinen das, denn der letzte Sandelholzbaum wurde vor dreißig Jahren entdeckt, sofort gefällt und verkauft. „Aber ich werde einen finden, denn oben in den Bergen hab' ich ihn gerochen, diesen typischen, einmaligen Geruch von Sandelholz."

Sergio ist der Robinson-Insel verfallen, er wird bestimmt bleiben. „Einmal hab' ich sie gehört. Aber ihr glaubt mir ja doch nicht, genausowenig wie ich den Leuten hier zunächst glaubte."

„Wie, was denn?“ fragen wir erstaunt.

„Na, das mit der Witwe. Es passierte, als ich oben in den Bergen war und erst spät nachts heimkam. Plötzlich erklang es klar und deutlich, dieses Klagen, Wimmern, Heulen. Ich hab' sie gehört, wirklich, ich hab' die Witwe heulen gehört!“

Am nächsten Morgen kommt ein kleines Ruderboot längsseits, und ein braungebranntes, schelmisches Gesicht schaut in den Salon: Carlos, der Langustenfischer. Mit ihm fahre ich tauchen, denn keiner kennt angeblich die Tauchgründe besser als er; und nach dem ersten Tauchgang bei den Untiefen, über die die Pazifikdünung brandet, muß ich ihm recht geben. Carlos hat eher untertrieben. Hier gibt es Fische in Hülle und Fülle, und als ich unter einen Felsüberhang tauche, erkenne ich sie: prächtige Langusten, so zahlreich, daß man damit einen ganzen Yachthafen versorgen könnte.

Als wir mit überreicher Beute zur SHANGRI-LA zurückrudern und Carlos lachend von seinen Schafen erzählt, die oben am Hang weiden, frage ich ihn: „Sag mal, Carlos, wie ist das mit der Witwe?“

Da wird Carlos plötzlich ernst: „Ja, das stimmt, ich hab' sie zweimal gehört. Sie weint, kann ich dir sagen . . . Sie klagt ganz schrecklich.“

„Ach, das kommt, wenn der Wind um die Bergzinnen heult und durch die Höhlen pfeift. Das sind die Geräusche.“

„Aber nein, es war absolut windstill“, erwidert Carlos unwirsch und zeigt, daß er zu diesem Thema nichts mehr sagen möchte. Robinson Crusoe, Insel der Hirngespinste, denke ich. Dieser Lavabrocken ist für Träumer, Spintisierer und Fabulierer erschaffen.

In Puerto Inglés, einer anderen Bucht, steht die Höhle von Robinson. Hier kann man gut ankern, der Strand besteht aus faustgroßen, rundgeschliffenen Steinen. Ein flaches Tal endet hier. Das macht die Faszination dieser Insel aus: Man kann sie von allen Seiten ansteuern, immer wird man eine andere Küstenstruktur entdecken.

Ein Schafhirte, der neugierig angeritten kommt, zeigt uns den Weg. „Dort hat er gelebt“, versichert er mit Überzeugung und weist uns die Richtung. Schon sind wir drin, es ist recht geräumig, und geschützt liegt diese Naturbehausung. In einer Ecke finden wir ein paar leere, verrostete Konservendosen, ein Stück Fahrradschlauch, eine Geschirrspülmittelflasche aus Plastik. Ach, Robinson, wenn du wüßtest . . .

Am Sonntag (wir erkennen ihn daran, daß auf dem Sportplatz mitten im Ort ein paar Fähnchen wehen) versammelt sich alles gegen Nachmittag am Spielfeldrand. „Es sind wichtige Spiele“, versichert mir Carlos.

„Wir wollen uns heute in der Tabelle verbessern." Auch die Crew der SHANGRI-LA hat sich an der Seitenlinie postiert, lautstark die Mannschaften unterstützend. Wir kommen ins Gespräch. Ein zwölfjähriges Mädchen neben mir versichert, daß es am Flugplatz ein Auto gäbe. Sie wäre zwar noch nie dort gewesen, in der Schule hätten sie aber davon gesprochen. Als ich ihr erkläre, daß es in Santiago Züge gibt, die unter der Erde fahren, schüttelt sie sich vor Lachen. Klar, Züge gibt es, aber unter der Erde kann man doch nicht fahren! „Die spinnen, die Gringos", meint sie. „Aber ich werde meinen Lehrer fragen."

Montag ist unser vorgesehener Abreisetag, doch der Wind steht nicht günstig. Immer wieder ertappen wir uns, wie wir unter den fadenscheinigsten Gründen die Abfahrt herausschieben. Sind wir der Insel schon genauso verfallen wie Sergio? Ein ungemütlicher, feuchtkalter Tag macht es uns schließlich etwas leichter, und ein starker Südostwind vertreibt uns schnell von Juan Fernandez. Bald ist die Insel nur noch eine schemenhafte graue Masse Fels am Horizont.

„Es muß doch furchtbar gewesen sein, da draußen", sorgt sich der Offizier in der Comandancía Marítima in Valparaiso. „Hier hat es so gestürmt, daß ein Fischerboot mit fünf Leuten verlorenging. Habt ihr was gesehen?"

Nein, unsere Heimreise verlief zwar recht ungemütlich, aber einen Sturm hatten wir nicht. Aber so ist die Segelei an der chilenischen Küste: Ganz plötzlich kann Schwerwetter auftreten, das aber regional begrenzt bleibt. Wir jedenfalls sind froh, den sicheren Hafen erreicht zu haben. Auch wenn die Segelei nicht die angenehmste war, die Reise nach Juan Fernandez hat sich gelohnt. Vielleicht kommen wir eines Tages wieder, aber dann wollen wir es genau wissen, das mit der Witwe . . .

Die Freunde von Imasi

Lange läßt sich das Problem nicht mehr verdrängen. Langsam aber sicher geht an unserer alten SHANGRI-LA wirklich alles zum Teufel. Ihre Blessuren und Defekte, in einer schon bedenklich langen Schwarzen Liste protokolliert, machen eine Totalüberholung unaufschiebbar. Die Verschleißerscheinungen – Andenken an die Le-Maire-Straße, an Kap Hoorn und die Patagonischen Kanäle – sind gravierend. Wir haben ja auch einiges einstecken müssen! In Sturm und Eis des unwirtlichen antarktischen Reviers hat die Feuchtigkeit noch ein übriges getan und der Bordelektronik weitgehend den Rest gegeben. Nahezu sämtliches elektrisches Gerät ist ihr zum Opfer gefallen, nacheinander haben sich

Shangri-la

nach dem Umbau in Chile

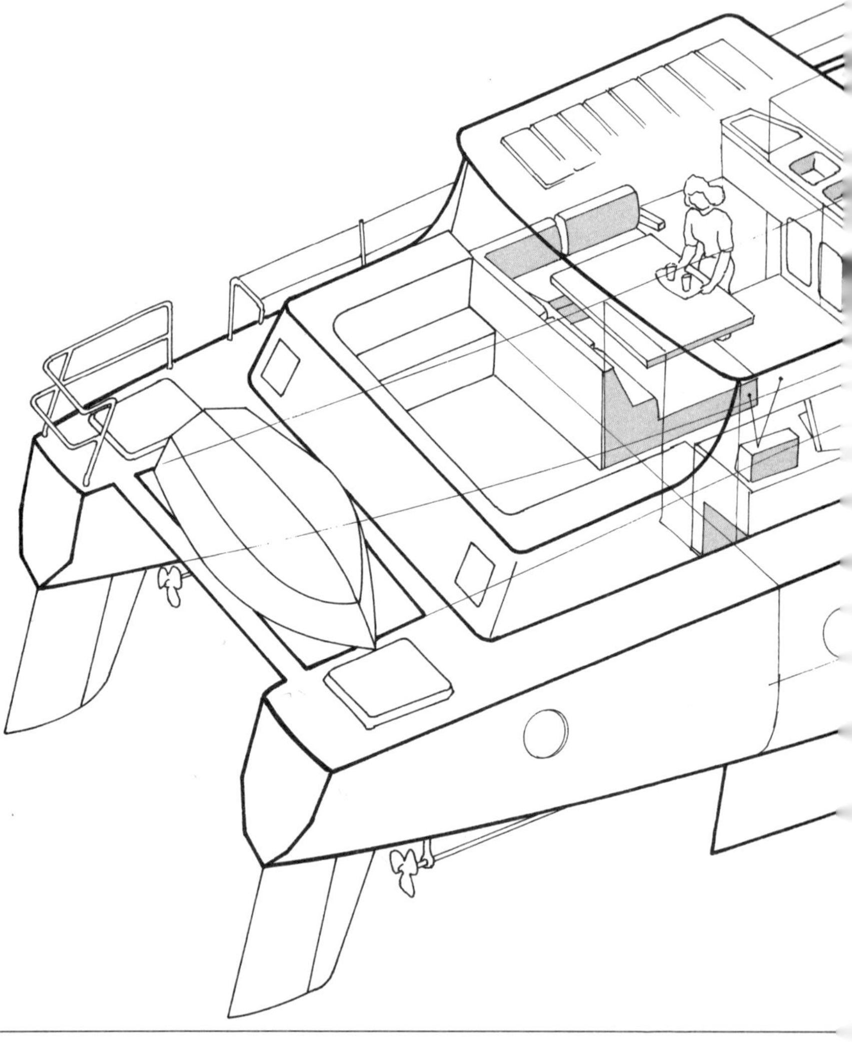

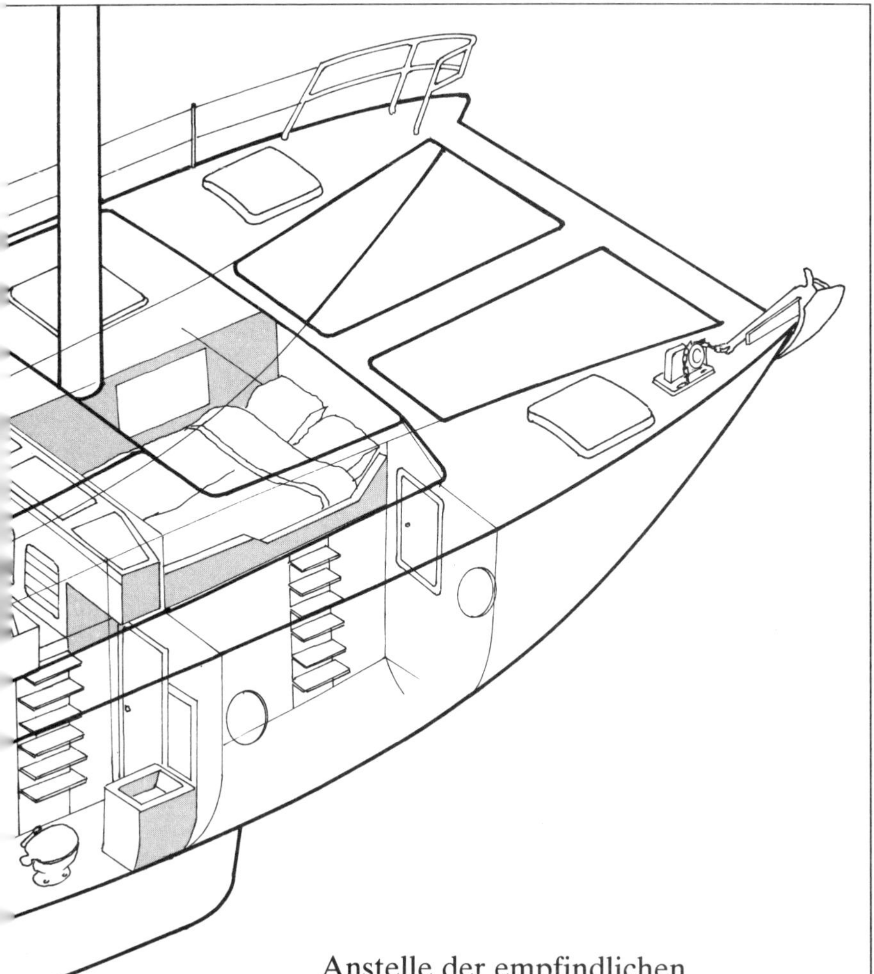

Anstelle der empfindlichen
Schwerter wurden flache
Kiele anlaminiert, und die
Ruder bekamen Skegs. Später
entfiel auch der Besanmast.

Radio, Funkpeiler, Echolot und sogar das Log verabschiedet. Unverdrossen, dem Himmel sei Dank, arbeitet allein die elektrische Selbststeueranlage! ‚El Ferro', das vierte Besatzungsmitglied, ist uns treu geblieben – so heult der Wellengenerator, unser zweitbestes Stück, wenigstens nicht ganz umsonst.

An sein ständiges Gejaule in der Bilge, das selbst bei ruhigster Fahrt Sturmstärke vortäuscht, haben wir uns längst gewöhnt. Beim Segeln treibt ein mitlaufender Propeller eine Keilriemenscheibe an, die mit einer Drehstromlichtmaschine verbunden ist. Bei sieben bis acht Knoten versorgt uns diese denkbar einfache Energiequelle mit siebzehn Ampère. An Strom also mangelt es nicht – wir haben nur fast nichts mehr, was man damit speisen könnte.

Auch diverse Testobjekte, von einigen mutigen Bootsausrüstern zur Verfügung gestellt, haben längst das Zeitliche gesegnet und sich damit für den Dauergebrauch auf See als untauglich erwiesen (das erklärt wohl auch nachträglich, warum kaum eine der angesprochenen Firmen das Unternehmen SHANGRI-LA als besonders werbeträchtig für ihre Produkte einschätzte). Um so mehr Anlaß, die bravouröse Zuverlässigkeit des Liros-Tauwerks hervorzuheben! Unsere Schoten – made in Bavaria – werden die 70 000 Meilen ohne nennenswerte Qualitätseinbuße überstehen.

Wohin also schicken wir unsere Patientin zur Wiederbelebung? Der Ort muß nicht nur über ein gutsortiertes Warenlager verfügen, die erforderlichen Polyesterarbeiten an der Außenhaut setzen auch ein möglichst trockenes Klima voraus. Denn viele tiefe Schrammen in der Feinschicht sind zu beseitigen: eingeritzte Wunden, Spuren der ‚Gletscherkälber', mit denen wir in Kontakt geraten sind.

‚Imasi-Werft, Arica' – diesen Tip chilenischer Freunde habe ich irgendwann mit drei Ausrufungszeichen ins Notizbuch gekritzelt. Die Grenzstadt im Norden scheint auch aus klimatischen Gründen ein annehmbarer Platz zu sein. So folgen wir dem eisigen Humboldtstrom, der seine antarktische Herkunft nicht verleugnen kann, nordwärts an der chilenischen Küste entlang, stets unter starkem Land- und Seewind und häufig von Nebel überrascht. Unermeßlich ist der Fischreichtum des Humboldtstroms, aus dem wir uns wieder üppig bedienen. Und Seevögel bevölkern diesen Meeresstrich in selten beobachteter Vielzahl. Zu riesigen, wogenden Flächen verdichtet, treiben Kormoranschwärme auf dem Wasser. Durch unsere Annäherung aufgeschreckt, erheben sie sich in gewaltigen schwarzen Schleiern, die selbst das Sonnenlicht merklich verdunkeln.

Am Wege liegen Valparaiso, Antofagasta, Iquique – Hafenstädte am Rande der leblos kahlen Atacama-Wüste. Der Hafen von Valparaiso, größter Chiles, ist bei unserer Stippvisite gerade von einer Ölpest heimgesucht. Als Souvenir nehmen wir schwarze Schmiere an sämtlichen Kleidern mit – sowie ein total versautes Dingi.

Auch Arica ist auf den ersten Blick kein Ort von umwerfender Attraktivität: Ein Fleck in ebenso kahler Landschaft wie die anderen Städte. Doch hier erleben wir einen echten Empfang à la Südamerika und Menschen, die uns die Reizlosigkeit der Umgebung vergessen lassen.

Das Dock der Imasi-Werft ist besetzt. Ob wir vielleicht Zeit hätten und uns eine Woche gedulden könnten? Ach, wenn's weiter nichts ist. Was sonst haben wir so reichlich wie Zeit? Werftboß Don Ricardo und seine Mannen sind reizend und vertrauenswürdig. Keine Frage, daß wir SHANGRI-LA unbesorgt ihrer Obhut überlassen und die Gelegenheit zu einem ausgedehnten Überlandtrip nutzen können. Denn greifbar nahe liegen die Stätten des alten Inkareiches.

So fliegen bald drei Seeleute als Sehleute mit Rucksack und Schnürschuhen hinüber nach La Paz und machen von dort aus den bolivianischen Dschungel unsicher. Wir schippern über den Titicacasee, den die Grenze zwischen Bolivien und Peru durchzieht, und folgen dem uralten Inkapfad durch das peruanische Hochland bis nach Cuzco, der Inkastätte auf dem Dach der Anden, dreieinhalbtausend Meter über dem Meeresspiegel. Saxahuaman, Macchu Picchu – verfallene, einst uneinnehmbare Siedlungen mit mythischer Bedeutung, den Göttern näher als der Welt, geheimnisvolle Namen aus einer versunkenen Epoche und Heiligtümer eines Kulturvolkes, dessen Rätsel man noch auf den Gesichtern seiner Nachfahren vergeblich zu ergründen sucht. Es ist eine Welt hörbarer Stille, deren große Vergangenheit vom durchdringenden Klang der Hirtenflöte beschworen wird.

Voll ihres unwiderstehlichen Zaubers, kehren wir zurück in die Gegenwart.

Arica, den 17. 11. 78

Ihr Lieben,
nun hab' ich diesen Brief wieder bis zur letzten Minute hinausgezögert. Denn morgen früh geht's los, endgültig. Jetzt finden wir keine weiteren Ausflüchte, um die Reise nochmals zu verschieben.

Wir drei stehen noch ganz unter dem Eindruck des gestrigen Abends. Das war eine Nacht! Wir erlebten noch einmal konzentriert all das, was diese sieben Monate in Chile geprägt hat: Gastfreundschaft, Wärme,

Herzlichkeit. Ich weiß, ich wiederhole mich. Vielleicht wird es für Euch schon langweilig, immer nur Friede, Freude, Eierkuchen. Es war aber so. Und nun, hier in Arica, der absolute Clou! Was wir hier erlebt haben, setzt all dem Positiven der letzten Zeit wirklich die Krone auf. Wie ich schon schrieb, sind wir von Valdivia mit dem Bus hierhergefahren, um eine gute Slipmöglichkeit für SHANGRI-LA zu suchen. Wir brauchten einen sonnigen, trockenen Platz für Laminierarbeiten.

Man hatte uns unter anderem die Werft Imasi genannt. Dort zeigte uns der Chef, Don Ricardo, erst mal stolz seinen Betrieb (die bauen da Fischkutter). Er ist selber begeisterter Segler und war daher ganz angetan von unserer Story. Mit einem genauen Preis für das Slippen wollte er nicht recht herausrücken, versicherte aber, daß er uns schon nicht übervorteilen werden; er könne alle anderen Werften unterbieten, wir sollten nur kommen, sie wären alle ganz scharf darauf, mal einen Katamaran zu sehen. Normalerweise hätte ich das nie gewagt, so ohne bindende Preisabsprache. Aber Don Ricardo machte einen guten Eindruck, und wir sind dann auch nicht enttäuscht worden. Im Gegenteil!

Der Mann verstand sofort unsere technischen Probleme und auf welche Punkte es uns besonders ankam. Imasi war eine Werft mit allen Einrichtungen, wie wir sie auch in Deutschland gewohnt sind, also der ideale Ort, uns von einigen Sorgen zu befreien.

Nun liegen sechs arbeitsreiche Wochen hinter uns. SHANGRI-LA schaukelt wieder vor dem Yachtklub, ist tipptopp ausgerüstet, und zu Eurer Beruhigung kann ich sagen: In so perfektem Zustand war der Kat beim Auslaufen in Wewelsfleth mit Sicherheit nicht! Beide Maschinen sind überholt und lackiert, die Propellerwellen stellenweise geschweißt (hatten viele Elektrolyseschäden), dann sind die neuen Kiele anlaminiert und die Schwerter verschrottet worden. Der Klapperatismus nervte nur, hat sich in der Form nicht bewährt. Aber ich will Euch jetzt nicht mit technischem Kram langweilen.

Luggi hat dann sogar noch ein neues Dingi aus Polyester gebaut, die Werft besaß eine Form dafür! Solch eine Chance kann man sich ja nicht entgehen lassen, zumal unser Schlauchboot mit seinem Flickenmuster wirklich nicht mehr vertrauenserweckend aussieht.

Da wir viele Maschinen – ja, fast den ganzen Apparat – der Werft benutzten und auch Schweißer, Dreher usw. viele Stunden an unseren Wellen und Beschlägen arbeiteten, war ich auf eine Rechnung zwischen fünf- und sechstausend Mark gefaßt, je nach Höhe der Slippgebühren. Und dann kam unser Don Ricardo letzte Woche mit dem Wisch, ganz verlegen, er entschuldigte sich fünfmal für die Summe ... Und was las ich? Sage und schreibe DM 480,–! Berechnet waren nur Glasmatten und Polyesterharz. „Das muß ein Irrtum sein, da fehlt 'ne Null!" meinte ich. Doch unser Freund (wochenlang kam er jeden Tag zur Vesper an Bord) strahlt mich nur kopfschüttelnd an: „No, amigos, todo claro, ihr seid unsere Gäste, die paar Arbeitsstunden und das Aufslippen – nicht der Rede wert! Wenn wir mal nach Deutschland kommen, wird es uns bestimmt ähnlich ergehen, Segler müssen sich doch helfen!"

Ich dachte im stillen nur: Lieber Don Ricardo, hoffentlich kommst du nie nach Deutschland! Aber konnten wir so etwas überhaupt annehmen? Gingen einige Tausender nicht weit über den Rahmen bloßer Gastfreundschaft hinaus? Wir waren natürlich völlig sprachlos. Unsere erste Reaktion war, daß wir zum soundsovielten Mal den Abfahrtstermin verschoben. Helga hatte die blendende Idee, zum Dank eine große Dinnerparty für alle Freunde der Werft und den Yachtklub zu geben.

Es wurde eine rauschende Nacht. Über fünfzig Personen saßen an der festlich gedeckten Tafel im Klubrestaurant, und bis auf einige zu lang geratene Reden war es ein rundum gelungenes Fest. Die Werftarbeiter strahlten um die Wette. Die Damen waren alle in Lang, der Kommodore des Klubs in Gala, und sogar der Bürgermeister erschien und überreichte uns mit viel „corazon" (Herz) die chilenische Flagge, auf daß wir sie „über die Weltmeere mitführen und eines Tages wieder hierher nach Arica zurückbringen sollten!"

Gegen Morgen ging die Feier langsam zu Ende, und Rührung kam auf, als auch noch haufenweise Abschiedsgeschenke überreicht wurden, als „Dank für das großartige Essen und den Wein". Aber nun haltet Euch fest – jetzt kommt nämlich das Tollste! Ich schleiche mich mit der Geldkatze unterm Arm zum Wirt, um die Rechnung über rund tausend Mark zu begleichen, da winkt der entrüstet ab: Alles schon bezahlt! Listo! Ich verstehe zunächst gar nichts, trabe verwirrt zurück zu Helga und Luggi, weil ich denke, daß einer von den beiden schon . . .

Aber wieder hatten die Chilenen zugeschlagen! Ob Don Ricardo und der Comodoro oder ob alle zusammengelegt haben? Wir werden es nie erfahren. Mir war es gerade noch möglich, dem Kellner trotz aller Proteste ein Scheinchen zuzustecken.

Könnt Ihr Euch vorstellen, wie uns nun zumute ist, so kurz vor dem Abschied von Chile, nach diesen herrlichen Monaten? Ich kann's nicht schildern. Nur eines weiß ich genau: Die Flagge bringe ich wieder hierher zurück! Adios, Südamerika. Wenn nicht die Südseesehnsucht wäre – man könnte sich glatt hier niederlassen.

Bis bald aus Tahiti. Grüße von uns Dreien an alle!

HAUPTVERKEHRS-STRASSE DER SÜDSEE

Pazifisches Tagebuch

2. Tag auf See

Wir sind allein. Die chilenische Küste verschwand vor wenigen Stunden. Rundum Pazifik pur – gut viereinhalbtausend Meilen Wasser. Noch sind unsere Gedanken an Land, drehen sich unsere Gespräche um die Freunde in Chile. Ihr Abschiedsgeschenk, selbstgebackenen Kuchen, essen wir genußvoll zum Kaffee. SHANGRI-LA schaukelt bei leichter achterlicher Brise unter Passatbesegelung, Kurs West. Wir wollen uns nicht auf dem Großkreis Arica-Tahiti halten, obwohl das die kürzeste Distanz wäre, sondern auf Westkurs im Passatgebiet bleiben. Laut Pilot Charts weht im November der Wind für unseren Törn zunächst aus Südost und dreht dann häufiger auf Ost. Das wären ideale Bedingungen. Die Stimmung an Bord ist gut.

6. Tag auf See

Ich kann die Dinger nicht mehr sehen! Wenn ich das neulich geahnt hätte, als der kleine Lkw vom Mercado vorfuhr und Helga mit den zwei Amigos ausstieg... Gebieterisch hatte sie auf die SHANGRI-LA gedeutet, die hoch auf dem Slip lag, und die beiden Typen hatten gehorsam Kiste um Kiste an Bord gebuckelt. Helga muß irgendwann eine grauenvolle Geschichte über Skorbut gelesen haben, von Seeleuten, die aus Vitaminmangel mit ausgefallenen Zähnen, Haaren und Nägeln dahinsiechten. Was im Bauch der wehrlosen SHANGRI-LA verschwand, hätte jedenfalls gereicht, die gesamte Kon-Tiki-Expedition auszurüsten. Nun riecht es seit einer Woche in den beiden unbewohnten Achterkabinen wie rund um einen Marktstand; eigentlich habe ich gar nichts gegen frisches Obst und Gemüse, aber allmählich kann ich die Dinger wirklich nicht mehr... Vorgestern war es soweit: Die Marktfrau inspizierte ihre Vitaminschätze – sie macht das täglich – und schob eine Kiste mit herrlich saftigen, roten...

Also, die Tomaten waren reif. Alle. Über Nacht, wie Helga beiläufig bemerkte. Nicht viele, nur lächerliche zwölf Kilo. Kein Problem, Helga hat es genau ausgerechnet: Wir brauchen bloß pro Mann und Tag sieben Tomaten zu vertilgen, dann sind wir schneller als die Fäulnisbakterien. Die erste Etappe haben wir auch spielend geschafft. Aber heute (es gab Spaghetti mit – na ja... Und vorweg, wie abwechslungsreich, ein Tomatensüppchen), heute trete ich in den Warnstreik. Denn ein Blick in Helgas verbotenen Zaubergarten hat mir klar gemacht, was uns noch bevorsteht. Wir werden gegen drei Kisten Apfelsinen zu kämpfen haben, desgleichen gegen Auberginen, Kohl, Äpfel, Zwiebeln und Avocados. Und eine dicke Bananenstaude, die sich in Arica noch in frischem Dunkelgrün zeigte, hat sich bereits auffallend ins Hellgrüne verändert. Ich mache mir keine Illusionen.

Welch' herrliche Zeiten müssen das gewesen sein, als Seeleute sich von Pökelfleisch und Schiffszwieback ernähren durften!

8. Tag auf See

Ich liege ausgestreckt an meinem Lieblingsplatz auf dem Achterdeck, zwischen Besanmast und Beiboot. Die Pfeife zwischen meinen Zähnen ist längst kalt. Ich träume. Ich liebe diese einsamen Nachtwachen, wenn unser stolzes Schiff unter sternklarem Himmel stetig seinen Kurs nach Westen hält, gezogen von den zwei weißen Kutschpferden, den Passatsegeln, die unermüdlich Meile für Meile an den Schoten zerren. Wasser und Himmel verschmelzen zu einer dunklen Hülle, werden zu einem unendlichen Raum, durch den meine Gedanken schweifen. Bilder aus meiner Kindheit erscheinen darin, ich spreche mit Freunden, spiele Situationen aus vergangenen Zeiten neu durch. Manchmal tauchen die Abenteuer früherer Reisen auf, als ich noch als Matrose auf Handelsschiffen die Meere befuhr, dann wieder sehe ich mich vor meiner Klasse, die ich vier Jahre lang unterrichtete.

Der Mond wirft sein Licht in unzähligen Silberplättchen aufs Wasser, und das Rauschen der Bugwelle hat etwas Beruhigendes. Nächte wie diese sind geschaffen für Traumbilder und Erinnerungen. Unweigerlich kommen dabei auch Gedanken an Versäumnisse, an Irrtümer und Fehler, und ich gehe mit mir ins Gericht, erkläre Menschen, die mir nahestehen, warum ich dieses tat und jenes unterließ. Hier, in den stillen Stunden lauer Pazifiknächte, arbeite ich auf, was in der Hektik des Alltags unterging. Ich finde den Frieden, den ich auch manch anderem Menschen wünschen würde. Wie viele sehen keinen Ausweg aus dem Gefängnis ihrer Probleme und wissen nicht, daß schon ein anderer Standort die Relationen verändert. Die Endlosigkeit des Pazifiks rückt das Maß zurecht. Sie macht den Menschen so klein, wie er ist, und läßt seine Probleme zur Bedeutungslosigkeit schrumpfen.

„Na, mal wieder die Zeit verpennt?“ Luggi, dieser Gewaltmensch, reißt mich zurück an Bord. Tatsächlich, eine Stunde über die Zeit bin ich Wache gegangen, ohne es zu merken ...

10. Tag auf See

Die obligatorische Klönstunde auf dem Trampolindeck. Hier tagen wir jeden Nachmittag – zum Meinungsaustausch, zum Pläneschmieden, manchmal zum Wortgefecht, betreiben „Gedankenhygiene“. Es wird Dampf abgelassen, gesagt, was raus muß.

Es gibt so viele Erlebnisse des vergangenen Jahres zu verarbeiten, Gesehenes, Gehörtes, Erfahrenes zu verdauen. Ohne diese Phasen der Ruhe wäre das gar nicht möglich. Man kann nicht ununterbrochen nur in sich aufnehmen, dann wird Erleben zum Streß, der abgebaut werden muß. Südamerika ist jetzt Vergangenheit, Ereignisse werden Erinnerungen, immer wieder aufgefrischt, analysiert, durchdacht. Und schon verbinden sich damit Gedanken an die Zukunft, schwenkt der Blick langsam vom Zurückliegenden nach vorne.

Ich wäre am liebsten noch ein Jahr geblieben, einen weiteren Sommer in Patagonien gesegelt. Luggi dazu: „Hör auf! Wir sind sowieso schon hinter unserem Zeitplan.“

Ich: „Na und? Welchen Sinn hat denn der Begriff Zeit überhaupt noch für uns? Was treibt uns, warum sollen wir hetzen?“

Luggi: „Was wir machen, hat mit Hetzen nichts zu tun. Alles kann man ja doch nicht sehen. Wenn du ganz genaue Maßstäbe anlegen willst, brauchst du das ganze Leben, um ein einziges Land kennenzulernen.“

Ich: „Aber mir geht's ja gar nicht um das letzte Detail eines Landes oder einer Region. Ich sehe bloß nicht, was mich zum Weiterreisen zwingt – ein Plan, den man mal irgendwann gefaßt hat, als man in einer ganz anderen Situation war? Wenn mir gefällt, wo ich bin und was ich tue, und keine äußeren Umstände mich zwingen ...

Luggi: „Du bist gut. Die äußeren Umstände sind unsere Finanzen! Und die reichen eben nur, wenn wir uns in Zukunft an unser Programm halten!“

Helga: „Ach, ich glaube schon, daß wir in Neuseeland oder Australien Arbeit finden werden.“

Mir wird klar: Luggi steht voll auf dem Gaspedal, ich ebenso nachdrücklich auf der Bremse. Helga und ich würden die Reise ausdehnen, so weit ausdehnen, wie es sich eben ergibt.

13. Tag auf See

Gerade habe ich mich zum Nachmittagssonnenbad behaglich auf dem Trampolindeck ausgebreitet, ganz auf Dösen und Faulenzen programmiert, da läuft SHANGRI-LA aus dem Ruder, geht mit killenden Segeln in den Wind.

„El Ferro spinnt!“ ruft Helga aus der Plicht.

Unser eiserner Rudergänger, resepektvoll auf den Namen „El Ferro“ getauft, war bisher ausgesprochen zuverlässig. Die elektrische Selbststeueranlage arbeitet Tag und Nacht, ob wir unter Segel oder unter Motor fahren. Daß die Automatik uns nun im Stich läßt, ist neu. Nach kurzer Untersuchung lokalisieren wir den Schaden am Elektromotor, der die Druckpumpe betreibt. Dafür haben wir keine Ersatzteile an Bord.

Luggi hat das Innenleben des Motors auf der Werkbank im Backbordrumpf gleichmäßig verteilt, und während wir davor stehen und es andächtig betrachten, dämmert uns, wie unser Alltag in den nächsten Wochen aussehen könnte. Das Ding läuft doch nie wieder! Bequemlichkeit, ade... Wir werden also bis Tahiti abwechselnd steuern, es sind ja nur 2700 Seemeilen.

Die erste davon sitze ich mit düsteren Gedanken hinter dem Ruderrad ab. Gott, ist die See langweilig, grau und deprimierend. Wieso ist mir das bis heute noch nie aufgefallen?

Von unten aus dem Rumpf ertönen bayerische Kraftausdrücke. „Der Motor war völlig geschützt! Kannst du mir mal erklären, wie da Salzwasser eindringen und das Lager zerstören konnte?“

„Ach, laß mich bloß in Ruhe, ich bin genauso sauer.“

14. Tag auf See

Hurra, er tut’s wieder! Der Motor läuft! Nicht zu fassen, noch lauschen wir ungläubig. El Ferro läßt sein altvertrautes Summen hören, korrigiert und hält akkurat Kurs nach Westen.

Auf dem Vordeck sitzen – nein, thronen wir und trinken, dem Anlaß geziemend, Sekt auf Luggi, den Supertechniker, der das Unmögliche geschafft hat. Die Götter mögen wissen, wie er mit Hilfe einer elektrischen Lenzpumpe und diversen Schrauben und Drähten El Ferro kuriert hat! Wie blau leuchtet der Pazifik! Und wie schön ist es, den fliegenden Fischen zuzusehen, die in Schwärmen den vorpreschenden Rümpfen ausweichen...

20. Tag auf See

Wir können es selbst kaum glauben: Noch immer, seit dem Segelsetzen in Arica, haben wir die beiden Vorsegel stehen! Das ist Passatsegeln wie im Bilderbuch. So stellt es sich die Landratte vor, der Fahrtensegler aber wird es für Seemannsgarn halten. Etmale zwischen 150 und 180 Seemeilen machen wir spielend.

Den täglichen Mittagsort nehmen, kurze Kontrolle von Segeln, Kurs und Instrumenten, dann die Tagebucheintragung – das ist der ganze Arbeitstag, jedenfalls soweit es das Segeln betrifft. Was macht man mit so viel freier Zeit? Bootsarbeiten und zum Beispiel Schleppangeln! Auch das erledigt sich allerdings fast von alleine.

Während wir gerade über die ausgebaumten Doppelfocks fachsimpeln, die uns bei achterlichem Wind Kurskorrekturen von 40° erlauben, wirft Luggi plötzlich die Schoten los. „Biß! Biß!“

Ich stürze an die Angel und hole die gespannte Leine ein. Muß ein kapitaler Bursche sein, denn er wehrt sich mit kräftigen Bewegungen. Luggi wartet schon mit dem Gaff, dem starken Eisenhaken, um den Fisch an Bord zu hieven, und gleich darauf zappelt ein Bonito, eine Thunfischart, in der Plicht. Luggi wird ihn fachkundig sezieren, und dann gibt es heute Thunfischsteak und morgen Thunfischsteak und übermorgen Thunfischsteak und... Für die nächste Zeit ist jedenfalls ausgesorgt. Einige Teile kann man auch gut konservieren, indem man sie auf eine Leine spannt und in der Sonne trocknen läßt. So halten sie sich über Wochen.

Wir haben schon einige Übung mit der Schleppangelei; man braucht eine etwa fünfzig Meter lange, sehr kräftige Nylonleine, an deren Ende ein Wirbel mit Stahlvorfach befestigt ist. Als Köder kann alles Mögliche dienen. Auch ein gelbes Stück Plastik, Hühnerfedern oder Streifen aus einer alten Flagge haben sich bewährt. In fischreichen Gewässern sind fliegende Fische die besten Köder. Man muß sie nur sorgfältig auf den Haken ziehen und ihnen am besten das Maul zunähen, weil sie sonst vom Fahrtstrom zerrissen werden. Kurz vor der Befestigung an Deck haben wir in die Leine einen Expandergummi eingespannt, der den Ruck beim Anbeißen auffängt. Und wenn es soweit ist, sofort Fahrt aus dem Schiff und an Bord mit der Beute!

Falls man nach fünf abgebissenen Ködern und zwei zerrissenen Leinen noch nicht die Geduld verloren hat, kann man sich immer wieder über Abwechslung im Konservenalltag freuen.

Heute habe ich unfreiwillig zur Erheiterung von Helga und Luggi beigetragen, und die Schadenfreude steht immer noch auf ihren amüsierten Gesichtern.

Nachdem uns gestern der erste große Regenschauer überrascht hatte und ungenutzt heruntergeprasselt war, baute sich heute wieder eine schwarze Wolkenmasse auf und bewegte sich mit ihrem grauen Regenschleier, der bis zur Wasseroberfläche reichte, direkt auf uns zu.

In Vorfreude auf die zu erwartende Süßwasserdusche seife ich mich von Kopf bis Fuß mit Haarshampoo und allem, was sonst noch schäumt und duftet, ein. So stehe ich, von Seifenschaum bedeckt, auf dem Vordeck bereit – da wird die Wolkenwand wie von unsichtbarer Hand beiseitegeschoben und fortgetragen. Einer von den beiden hat den Kurs geändert, denke ich wütend. Aber Helga und Luggi beobachten das Naturschauspiel selber mit unschuldigen Gesichtern. Als meine Dusche sich dann recht achteraus ins Meer ergießt, ist es mit der Beherrschung der beiden vorbei. „Mehlwurm nach der Sauna!“ oder: „Indianer mit Kriegsbemalung, aber der Maler war hackevoll!“ Das sind noch die harmlosesten Kommentare, die ich mir anhören darf.

Angetrocknet ist Seife wirklich etwas Scheußliches. Also muß ich sie wie üblich mit Seewasser abspülen.

24. Tag auf See

00.05 Uhr: Der Tag ist genau fünf Minuten alt, und ich schicke mich an, in die Koje zu kriechen. „Gute Wache!“
„Gute Ruh!“ brummt Luggi und übernimmt für die nächsten zwei Stunden das Cockpit. Danach wird er an Helga übergeben.

04.00 Uhr: Längst vor Helgas Weckruf bin ich wieder auf den Beinen, denn die innere Uhr ist auf den Vier-Stunden-Rhythmus eingestellt. Noch ehe es von oben tönt: „Komm hoch, es ist soweit“, habe ich in Shorts und T-Shirt meine Tasse Tee genossen. Dann folgt der „kleine Rundblick“: Kompaß, Schalttafel, automatischer Pilot. Alles in Ordnung. Draußen der „große Rundblick“: Bewölkung? Windrichtung? Irgendein Licht zu sehen? Die Nacht ist schön und klar.

06.00 Uhr: Pünktlich taucht Luggi aus seiner Klause im Backbordrumpf auf. Er ist der Mann der Morgenröte, die ich in meiner Versenkung an Steuerbord friedlich verpennen werde.

09.00 Uhr: Kaffeeduft schwebt durch die Kabine und verkündet, daß es Zeit zum Anziehen ist: Shorts können, T-Shirt muß nicht, Latschen sind überflüssig. Das Frühstücksbüffet bietet Müsli mit angerührter Trockenmilch, gekochtes Ei (ist heute Sonntag?) und eine Dose Ananas. Das Ei ist nicht mehr das jüngste.

10.00 Uhr: Als ich die erste Sonnenstandlinie mit dem Sextanten nehme, ist Luggi schon voll in Aktion. Bei ihm steht heute Schmirgeln und Lackieren des Teakholzschotts am Eingang auf dem Programm. Von Helgas Aktivität kündet ein vernehmliches Klappern der Konservendosen im Schapp unter dem Tisch.
Ich tue zur Zeit gar nichts, aber das mit Hingabe.

11.00 Uhr: Ich nehme die zweite Standlinie. Da Helga und Luggi so dynamisch herumwirbeln, bemühe ich mich, einen geschäftigen Eindruck zu vermitteln. Die Kimm ist scharf und klar, der Himmel fast wolkenlos. Ein Wetter zum Segeln!

12.17 Uhr: Die Mittagsbreite genommen. Helga rechnet, Luggi waltet am Herd.

13.00 Uhr: Es ist angerichtet! Gemüsesuppe à la Maggi eröffnet das Menu, als Hauptgang kriegen wir Königsberger Klopse mit Nudeln. Zum Nachtisch reicht noch die restliche Ananas von heute morgen.
Etmal: 162 Seemeilen. Nicht schlecht!

13.40 Uhr: Laut Küchendienstplan muß ich heute das Geschirr spülen. Mit Pazifikwasser. Luggi entschwindet zum Verdauungsschläfchen auf dem Trampolindeck.

16.00 Uhr: Tea-time auf dem Vordeck! Darauf warte ich schon seit dem Frühstück, denn jetzt wird's gemütlich. Die schönste Stunde des Tages ist angebrochen. Helga schleppt das Tablett mit Geschirr und Keksen nach vorn. Luggi hat sein Tagewerk vollbracht, das Eingangsschott strahlt in neuem Glanz. Nur die Kekse schmecken muffig.
Thema der heutigen Tagungsrunde: der Besanmast. Helga will ihn behalten, die Mehrzahl ist für Verschrotten.

17.00 Uhr: Die Diskussion um den Besanmast eskaliert. Der Tee ist kalt, die Köpfe sind heiß.
19.00 Uhr: Beim Abendbrot wird der Besanmast vertagt. Waffenruhe.
19.30 Uhr: Die Würfelrunde beginnt, wie jeden Abend um diese Zeit. Kniffeln ist angesagt!
20.00 Uhr: Helga tritt die erste Wache an. Es war ein Tag wie jeder andere.

30. Tag auf See

Genau 3 971 Seemeilen seit Arica.

Nach dem Mittagsbesteck stehen wir noch achtzehn Seemeilen vom Atoll Tatakoto entfernt. In Abständen von zwanzig Minuten turne ich in den Mast und schaue angestrengt voraus. Nach einer Weile weiß ich nicht mehr, was ich sehe oder nicht sehe. Schmale, graugrüne Streifen tanzen auf der Kimm, zerissene Linien – oder? Das müssen sie sein, die Motus des Atolls! Doch beim nächsten Hinsehen sind sie verschwunden ... Und ich sehe in der Ferne nichts als Wogenkämme, die mir etwas vorgaukelten.

Endlich aber gibt es keinen Zweifel mehr. Ich sitze auf der Saling des Großmastes und schreie: „Land in Sicht, Backbord!" Stehenden Fußes lassen Luggi und Helga alles fallen und klettern auf die Mastsprossen. Drei Augenpaare starren voraus, bis sie rote Ränder kriegen.

Land. Bäume und grüne Palmen! Das erste Grün seit Wochen. Wir haben es geschafft, die Südsee ist erreicht! Vor uns liegt Polynesien.

Helga findet als erste von uns dreien die Sprache wieder: „It's Whisky-time!"

Als die Inseln von Tatakoto schließlich querab liegen, befindet sich die Besatzung der SHANGRI-LA in einem seligen, aber nicht mehr ganz zurechnungsfähigen Zustand.

34. Tag auf See

4 596 Seemeilen seit Arica.

Ganz unwirklich scheint uns das Ziel jetzt, da es nach fünf Wochen erreicht ist. Grün und bizarr, in entrückter Schönheit, ragen die berühmten Bergformationen Tahitis vor uns auf, höher als erwartet und fremdartiger.

Noch können wir uns nicht freuen, der Überschwang stellt sich nicht ein. Was die Augen sehen, dringt noch nicht in unser Bewußtsein. Eingefangen in den Rhythmus der See, getragen vom Passat, sind wir noch auf dem Pazifik, der unser Element geworden ist. Er war freundlich zu uns, bei herrlichstem Wetter hat er seine grandiose Weite, seine Pracht und Farbigkeit vor uns entfaltet, in klaren, sternglitzernden Nächten und sonnigen Tagen.

Worte von Ernst Jürgen Koch gehen mir durch den Sinn, die er im ‚Logbuch der Kairos' niederschrieb: „Die Strophen im Lied des Passats sind Schönheit, Erkenntnis und Freude ... Seine Zeilen sind Mühsal, Schinderei und Angst." Uns dagegen hat das Meer weder Mühsal abverlangt noch Schinderei, und es hat keine Angst in uns geweckt. Die Zeilen unseres Liedes sind Heiterkeit, Genuß und Geborgenheit. Noch haben wir die vertraute Melodie im Ohr, das sanfte Knarren der Schoten in den Blöcken und das stetige Rauschen der Bugwelle. Und unser Lied heißt SHANGRI-LA.

Bittersüßes Tahiti

Wie viele Träume mögen uns hierher begleitet haben? Wie oft haben wir in verklärte Gesichter gesehen, wenn wir die Frage nach dem nächsten Etappenziel beantworteten: Tahiti. Noch immer Inbegriff aller Südseeromantik, ist es Synonym für ungetrübte Lebensfreude, freie Liebe, unverfälschte Freundlichkeit. In Millionen Menschen beschwört dieser Name Phantasien von wogenden Palmen im Passat herauf, von Strohhütten am Korallenstrand und Brandungsrauschen zum Ukuleleklang, von braunen Schönheiten, die den ankommenden Besucher mit Blumenkränzen schmücken: Traumbilder in den Farben Gauguins.

Nicht viel anders waren unsere eigenen Erwartungen an die „Königin der Südsee", mit 1.042 Quadratkilometern die größte Insel von Französisch-Polynesien, Hauptstadt Papeete.

Nach vierunddreißig Tagen und vierzehn Stunden Pazifikeinsamkeit gleitet SHANGRI-LA durch die Riffpassage in die Lagune von Papeete. Wir sind innerlich gelöst, froh und erwartungsvoll, geprägt von den vergangenen Wochen unter Segeln. Neugierig drehen wir eine erste Erkundungsrunde – da bleibt uns die Spucke weg. Unglaublich, diese Unmenge von Schiffen, die in der Bucht vor Anker dümpeln oder an der Pier vertäut liegen. Was unter der Bezeichnung ‚Yacht' auf den Weltmeeren unterwegs ist, scheint sich hier und heute verabredet zu haben. Sie kommen aus aller Herren Länder, auffallend viele tragen jedoch das Sternenbanner.

An Land wogt eine beängstigende Masse Mensch, und es riecht nach Benzin. Der Anblick der Stadtkulisse, der in ihrer Eintönigkeit vertrauten Betonpaläste und der weltweit austauschbaren Touristen-Bollwerke löst vollends Bestürzung in uns aus. Wir schauen in die Runde, herausgerissen nicht nur aus der Hochsee-Einsamkeit, sondern jäh abgestürzt aus romantischen Südseeträumen.

„Bist du sicher", fragt Helga, „bist du wirklich sicher, daß das hier nicht Mallorca ist?"

Ich bin nicht sicher.

An der Pier legt gerade einer ab und macht uns den Platz frei. SHANGRI-LA schiebt sich in die Parklücke zwischen lauter Millionärspalästen. Wir machen fest. Erst mal an das Nächstliegende denken: Post! Vor allem nach Post fragen, zuvor natürlich Einklarieren, dann Einkaufen. Wie immer.

Ich begebe mich ins Hafenbüro, um die üblichen Formalitäten zu erledigen. In Papeete bemühen sich die Hüter der Ordnung ausnahmsweise nicht an Bord.

Der Gesichtsausdruck des Beamten ist so weltweit auswechselbar wie die Hotelburgen draußen vor der Tür: Ich störe. Es tut mir wirklich leid. Ich werde Tahiti, die Insel der Fröhlichkeit, der immer freundlichen Menschen, jetzt anlächeln, denke ich, und knipse mein sympathisches Landgangsstrahlen an. Aber Tahiti lächelt nicht zurück, sondern weist mich mürrisch in Warteposition. Macht nichts, ich habe schließlich Zeit und viel Verständnis für die Eigenarten anderer Menschen. Doch nach einer reichlichen halben Stunde interessiert sich der Kerl immer noch nicht für mich, sondern blättert in seinen Heftchen; ich möchte wetten, es ist Asterix. Allmählich reicht es mir.

Endlich steht er auf, und ich präsentiere hoffnungsvoll unsere Papiere. „Kommen Sie in zwei Stunden wieder." Klar, jetzt ist Mittagszeit, das weiß doch jedes Kind. Freundliches, liebenswürdiges Tahiti, ich werde dich mögen, das weiß ich genau, denn jeder hat mal einen schlechten Tag. Aber in der Folgezeit sollen wir uns noch daran gewöhnen, daß Yachties nur noch in wenigen Häfen des Südpazifiks bei den Behörden willkommen sind, in einigen nur geduldet und in anderen schlicht unerwünscht.

Der Port Captain wird mich später darüber aufklären, daß die Behörden ihre Probleme mit den Seglern haben. Innerhalb eines Jahres kam es zu sechsundzwanzig Zwischenfällen. Ein Teil der Boote erlitt Schiffbruch, auf anderen gab es Ärger beim Crew-Wechsel, drei Segler wurden wegen Drogenschmuggels verhaftet, andere hatten ihre Waffen nicht deklariert. So ist es auch nicht verwunderlich, daß jede ausländische Yacht, die sich länger in Französisch-Polynesien aufhalten will, einen bestimmten Betrag bei der Bank von Papeete hinterlegen muß, wovon im Notfall die Rückflugkosten der Crewmitglieder zu decken sind. Für uns beträgt das „Kopfgeld“ tausend US-Dollar.

Überhaupt erweist sich Tahiti als ziemlich teures Pflaster. Doch der Bequemlichkeit wegen nehmen wir den Platz für Finanzstarke zunächst in Anspruch, bis wir unsere wichtigsten Besorgungen erledigt haben. Leicht deplaziert wirkt unsere SHANGRI-LA schon zwischen all den Prestigeschiffen zur Rechten und zur Linken. Wie ein VW-Käfer, der sich dreist zwischen Cadillac und Rolls Royce einreiht. Wir sind umzingelt von der Sonnenöl-Schickeria, die ihren Weg auch in diesen Winkel der Erde gefunden hat und hier, wie überall, unter sich bleibt. Nomaden wie wir und andere Gaukler werden geflissentlich übersehen. Festmacherleinen nimmt keiner wahr.

SEA WITCH, San Diego, steht in noblen Schnörkeln am Heck unseres Nachbarn an Steuerbord. Es soll sich allerdings bald herausstellen, daß auch auf Nobelkähnen höchst irdische Probleme bekannt sind.

Der Skipper der SEA WITCH zeigt sich am nächsten Morgen auf dem Vordeck. Er schrubbt. Nicht etwa das Deck, sondern seine dritten Zähne. Mein Respekt bröckelt unmerklich. Und dann passiert es: Über das makellose Deck schliddert mit eleganter Rasanz ein Oberkiefer-ersatzteil und verabschiedet sich wortkarg mit einem einzigen Gluckser.

Der Beraubte steht ungläubig an der Reling, ebenso zahn- wie fassungslos, denn das Hafenwasser zeigt sich in Papeete nicht viel anders als in den meisten Häfen: dunkel und trüb.

Dank meiner Erfahrung erkenne ich sofort eine vortreffliche Gelegenheit zu menschlicher Kontaktaufnahme. „Kein Problem“, verkünde ich kollegial von Deck zu Deck, „das haben wir gleich.“ Der Rolls-Royce-Skipper soll doch mal sehen, wozu unsereiner gut ist. Seinem zweifelnden Gesicht erkläre ich, daß ich spezialisiert bin auf das Einfangen von Sonnenbrillen, Suppenlöffeln oder abgerissenen Ankern in dunklen Hafengründen. „Und zwar ohne Tauchflasche“, ergänze ich lässig.

Schon folgt die Tat, und ich lerne die SEA WITCH von unten kennen. Das Gebiß ist nicht da. Ich finde Bierdosen und andere Zeugnisse der Kultur des zwanzigsten Jahrhunderts. Der Hafengrund erweist sich als üppige Müllhalde, doch Zähne scheinen gerade vergriffen zu sein.

Meine Tauchversuche mehren sich, während der Oberkieferinhaber oben die Leine mit dem Dingianker als Markierung wie eine Angel hält. Mir bleibt nichts anderes übrig, als meine Unterwasserausflüge auf die weitere Umgebung der SEA WITCH auszudehnen. Während der nötigen Atempausen muß ich mit Entsetzen feststellen, daß sich auf der Pier bereits ein interessiertes, scheinbar fachkundiges Publikum versammelt hat. Dem Skipper ist die Sache noch peinlicher als mir; als ich einige Bootslängen entfernt prustend und abermals erfolglos auftauche, winkt er mich heran: Ich bin entlassen. Sein Nachbar zur anderen Seite hat sich erboten, die Suche mit Tauchflaschen und perfekter Ausrüstung zu übernehmen und unter den bewundernden Blicken des Volkes bereits umfangreiche Vorbereitungen getroffen. Auch der Skipper ist sichtlich beeindruckt und umschwirrt ihn wie ein Oberkellner.

Der Anblick dieser blöden Tauchgeräte-Show steigert meinen Ehrgeiz ungemein. Das wäre ja gelacht. Immerhin habe ich wirklich schon Sonnenbrillen, Suppenlöffel... Also, normalerweise ist das nämlich ganz einfach. Als Hilfsgerät dient mir ein Bleigewicht, an das eine zwanzig Meter lange Leine geknotet ist. Die wiederum weist in Abständen von jeweils einem Meter eine Markierung auf. Ich schwimme in konzentrischen Kreisen um das Bleilot herum und greife nach jeder Runde die nächste Markierung. So bleibt im Umkreis von zwanzig Metern kein Quadratmeter unbeachtet.

Wieder und wieder suche ich die in Frage kommende Fläche ab. Den flachen Stein, der wie ein Balkon geformt ist, habe ich vorhin zwar schon bemerkt, aber erst jetzt sehe ich darunter das, was da bestimmt nicht hingehört... Ich hab's! Tatsächlich.

Den Triumphschrei schon im Hals, tauche ich auf und sehe den Profi eben auf der Badeleiter, klar zum Abtauchen. Was mich auch dazu treibt – ich bleibe jedenfalls stumm und lasse die Zähne vorn in der Badehose verschwinden. Erst als von dem anderen nur noch Blasen künden, koste ich meinen Erfolg voll aus. Ich bringe die Zähne zum Vorschein, ehe sie größeren Schaden anrichten können; immerhin haben sie sich schon mal selbständig gemacht.

Wie ich hörte, war der Gerätetaucher noch eine ganze Weile im Einsatz.

Das Mekka der Seezigeuner

An der Pier von Papeete werden wir nicht heimisch. Schon am zweiten Tag beschließen wir einträchtig, unseren Platz wieder aufzugeben; nicht nur weil ein längeres Verweilen unseren Etat zu sehr belasten würde, viel mehr strapazieren die drangvolle Enge und der Lärm unser Gemüt. So verkrümeln wir uns nach draußen zu den Ankerplätzen, weg vom Partytrubel der Nachbarschaft, weg von den Verhören durch neugierige

Touristen. In der Bucht erwartet uns eine völlig andere Atmosphäre. Beschaulich liegt es da, das schaukelnde Dorf der Blauwasseryachten: Boote in abenteuerlich dekorativer Ansammlung, so schillernd und gegensätzlich wie die Individuen, für die sie Wohnsitz und Lebensraum darstellen. Das sind Boote und Menschen von eigenem Schlag.

Die meisten Yachties kommen nur nach Papeete, um Besorgungen zu machen, sonst trifft man sie an den stillen Ankerplätzen hinter dem Außenriff und in den Buchten von Tahiti und Moorea. Unter ihnen kann man noch jene Solidarität finden, die typische Stegsegler nur allzu oft vermissen lassen.

Jede Yacht in unserer Kolonie hat ihr Gesicht. Da liegen die liebenswert verlotterten, die schwimmenden Zigeunerkarren genauso wie die akkurat-sachlichen, die nicht eben schön sind, aber funktionell bis ins Detail. Daß die mit dem wildesten Durcheinander an Deck immer die französischen sein sollen, die am artigsten aufgeräumten die deutschen und die häßlichen Entlein die englischen, erweist sich aber wieder als unhaltbares Gerücht.

Wollte man solchem Schubladendenken folgen, dann müßte zum Beispiel TAGEDIEB zweifellos ein Franzose sein. Fast versteckt hinter Einhandsegler Tom Blackwells ISLANDER entdecken wir die Yacht mit ihrem Eigner Hugo Wehner. Vom Mast des TAGEDIEB weht die deutsche Flagge, und zwar in dreifacher Zerrissenheit: ein schwarzer, ein roter und ein goldener Fetzen sind Symbole für ein dreigeteiltes Land. Aber wer Hugo kennt, wird das weniger als politische Demonstration werten, sondern einfach als Zeichen seiner Easy-going-Mentalität. Es scheint ihn wenig zu stören, daß an seinem Boot der Zahn der Zeit schon deutlich genagt hat.

Hugo aus Hannover entpuppt sich als munterer Hippie, seine Yacht als Heimstatt von vier liebenswürdigen Gesellen. Denn neben Hugo sind da noch Freundin Patricia, die nun zufällig wirklich Französin ist, Bordhund Trudi und Taugenichts, der quirlige Honigbär mit dem sanftmütigen Gesicht, dessen ganz persönliche Note darin besteht, jeden zur Begrüßung erst einmal freundlich anzupinkeln.

Es führte zu weit, noch viele der zum Teil skurrilen Typen vorzustellen, mit deren Geschichten allein sich ein Buch füllen ließe. Einige aber dürfen nicht unerwähnt bleiben – wie Webb Chiles, von Beruf Schriftsteller. Ihm gelingt es immer wieder, seine Zeitgenossen, vor allem die der Seglerszene, in ungläubige Verwirrung zu stürzen. Von allen Yachties ist Webb mit Sicherheit der einzige ohne Yacht. Alles, was er besitzt, ist sozusagen nur das Zubehör, nämlich ein Dingi. Ein ganz normales, offenes Dingi. Als Webb in Papeete eintrifft, kommt er in diesem Fingerhütchen gerade nonstop von den Marquesas.

Als Kontrast zu Webb Chiles bietet sich das unscheinbare amerikanische Ehepaar geradezu an. Die zwei biederen Farmertypen aus dem Mittleren Westen sind im gesetzten Mittelalter und führen ein ganz und gar unauffälliges Dasein im Kreis der Aussteiger. Daß ausgerechnet ihre Yacht eines schönen Tages von der Polizei angesteuert wird, ist denn auch eine Sensation. Wer hätte gedacht, daß der bordeigene Gemüsegarten, den Madam allmorgentlich so gewissenhaft begießt, zur Aufzucht von Marihuana gedient hat? Alle Unschuldsbeteuerungen stoßen auf taube Ohren, die drei Blumentöpfe sind augenblicklich „verstaatlicht", und der Pegelstand der Bordkasse sinkt um fünftausend US-Dollar.

Auch ein alter Bekannter kreuzt in Papeete wieder unseren Weg: Jan Swerts, der bärtige Einhandsegler aus Belgien mit seiner TEHANI. Wir haben ihn noch lebhaft in Erinnerung aus Valdivia, wo wir zusammen bierselig deutsches Liedgut schmetterten. Mit ihm sollte es in Fidschi ein erneutes Wiedersehen geben, ein trauriges allerdings.

Jan sucht eine Frau. Die sucht auch Einzelgänger „Keule". Seinen richtigen Namen kennt kaum einer, weil jeder Pazifiksegler eben nur „Keule" sagt. Mit diesem Namen ist nicht nur eine Person, sondern auch eine spezielle Motivation und Einstellung zur Weltensegelei gemeint. Keule ist Jäger und Sammler, denn seit über zehn Jahren kreuzt er um die Welt, auf der Suche nach der Spezies Weib und ihren exotischen Unterformen.

„Wie willst du denn über einen Staat urteilen, wenn du nicht mal mit den Töchtern des Landes . . .!" Oder: „Tiefe menschliche Begegnungen und innige Auseinandersetzungen mit den Frauen dieser Welt und ihren Problemen machen erst den Wert einer Reise aus", sind häufige Eröffnungsfloskeln, wenn Keule zum Thema kommen will.

Wer Keule einlädt, hört stundenlange Fachvorträge zu seinem Thema Nr. 1 und darf je nach Stunde und Stimmung Einblick nehmen in seine Sammlung, den Höhepunkt der „Keulereien". Der Jäger hat nämlich von allen seinen „Damen" (er sagt immer Dame zu einer, die sich überwand, in seine enge Koje zu kriechen) eine Trophäe in Gestalt eines Haares gesammelt, das er von einer ganz bestimmten Körperstelle rupft. Das Resultat, eine farbenfrohe Löckchenpracht, verwahrt er in einem selbstgenähten Brustbeutel, weist aber darauf hin, daß er immer nur die Ernte des letzten Jahres mit sich herumschleppe. Aus Gewichtsgründen, versteht sich.

Ich wende mich also an einen wirklichen Experten, als ich frage: „Nun mal ehrlich, Keule, was läuft hier mit den Damen?“

Keule schmeißt sich in Positur wie ein frischgebackener Studienrat auf der Elternversammlung. Doch dann verfinstert sich seine Miene. „Asche, sag' ich dir, absolut Asche. Bin fünfhundert Meilen von den Marquesas hier runtergeknüppelt, kannst dir ja denken, in welchem Zustand ich ankam. Gleich Lage gepeilt, nächste Kneipe war meine. Wie im Altersheim von Istanbul, sag' ich dir, dicke, fette, feiste Kaulquappen, aber lieb, charmant, gutes Herz, das war gleich zu sehen.“ Nun werden Qualität und Preis in Tahiti mit den Angeboten in aller Welt verglichen. „Ich also ran an so einen Fleischklops, atme ranziges Kokosfett in den Haaren, versenke meine Blicke in das ausdrucksstarke Antlitz eines Pfannkuchens und versuche verzweifelt, die Dame nicht zum Lachen zu bringen, denn dann muß ich den Anblick ihrer drei verbliebenen Zähne ertragen, was mich an ein gähnendes Nilpferd

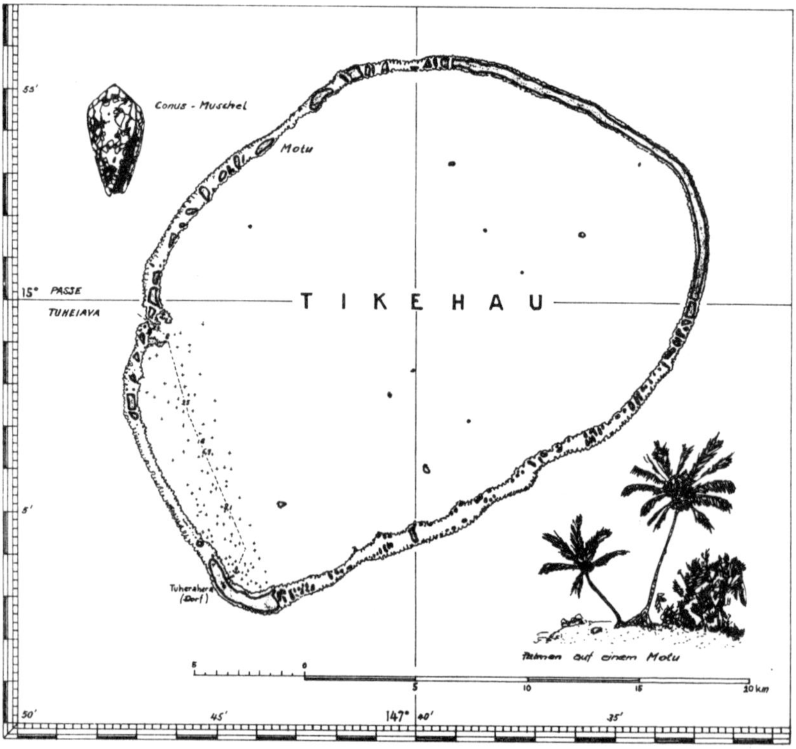

erinnert. Vor lauter Horror und Mitleid kippe ich mir mehrere Bierchen hinter die Kiemen, und sie hält tapfer mit. So wandert das kostbare Naß von einem Faß ins andere, was mich ein mittleres Vermögen kostet. Aber ohne Investition kein Geschäft.

Nach etlichen Stunden flötet meine durstige Nachbarin mir artige Schmeicheleien ins Ohr und wird immer schlanker und schöner. Und bei der letzten Runde sitzt tatsächlich eine Dame edelster polynesischer Rasse neben mir: lange schwarze Haare, eine duftende Tiare-Blüte im Haar, Perlen im knallroten Zuckermund. Mit meiner Gazelle, die die Hüften so verführerisch schwenkt, wanke ich durch die süße Tropennacht zu meinem Schiff, das sie sich unbedingt ansehen will." Was sich nun an Bord abspielt, übergeht Keule mit dem Grinsen des selbstbewußten Siegers.

„Als ich am nächsten Morgen aufwache, kann ich einen Entsetzensschrei nicht unterdrücken. Das, was neben mir in der Koje liegt, ist nicht mein kleines Hula-Mädchen mit dem sanften Bambi-Blick, sondern ihre Urgroßmutter. Vor Schreck über die betagte Dame, die durch ihre schiefen Zahnstummel rhythmische Schnarcher ausstößt, springe ich über die Kante und vergesse in diesem einen Fall das Trophäensammeln."

Natürlich hat Keule in Tahiti seiner Sammlung mit dem Eifer des Fanatikers weitere Exemplare hinzugefügt. Sein Brustbeutel wölbt vorn provozierend das T-Shirt. Ich wiederhole, daß ich keine Einzelstory will, sondern das Resümee seiner pikanten Abenteuer. „Ach", wehrt er wegwerfend ab, „die Damen in Tahiti entwickeln beim Sex die Leidenschaft einer gestrandeten Qualle."

Es versteht sich von selbst, daß Keule zu keinem anderen Ergebnis kommen konnte, denn die Zeiten von Captain Bligh und James Cook, als sich die Matrosen für den Gegenwert eines Nagels eine Liebesnacht mit den polynesischen Schönheiten erkauften, sind dahin. Die käufliche Liebe hat ihren Dollarpreis, den man in Nägeln nicht mehr ausdrücken kann, es sei denn, sie wären aus Gold. Viele Segler und Touristen aber denken beim Wort Tahiti nicht so sehr an die käufliche, sondern eher an die freie Liebe auf den „erotischen" Inseln. Sie vergessen, daß dieses Klischee geprägt wurde in einer Zeit, als sich Sexualität in Europa in bestimmten Normen abzuspielen hatte und mit vielen Tabus und Zwängen behaftet war. Wer meint, daß allein weiße Haut und Blondhaar die polynesischen Mädchen schwach werden lassen, liegt mit Sicherheit falsch. Wie überall in der Welt muß der kontaktsuchende Einhandsegler gewisse Spielregeln einhalten, will er mehr erreichen als Damenjäger und Löckchensammler Keule.

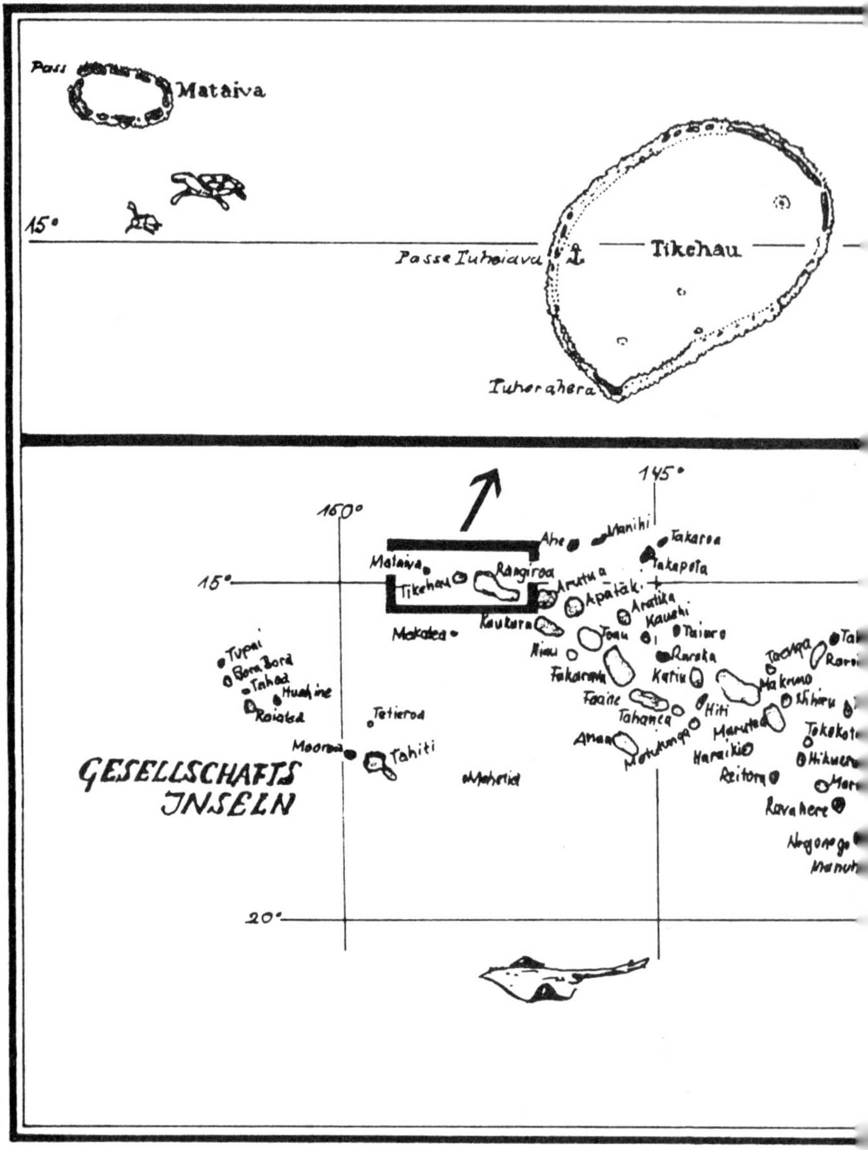
Pass
Mataiva
15°
Passe Tuheiava
Tikehau
Tuherahera
145°
150°
15°
Ahe
Manihi
Takaroa
Takapoto
Mataiva
Tikehau
Rangiroa
Arutua
Apataki
Aratika
Kauehi
Kaukura
Makatea
Niau
Toau
Taiaro
Raraka
Fakarava
Katiu
Faaite
Tahanea
Hiti
Makemo
Nihiru
Tepoto
Tupai
Bora Bora
Tahaa
Huahine
Raiatea
Tetiaroa
Moorea
Tahiti
Mehetia
Anaa
Motutunga
Marutea
Haraiki
Reitoru
Tekokota
Hikueru
Ravahere
Nengonengo
GESELLSCHAFTS INSELN
20°

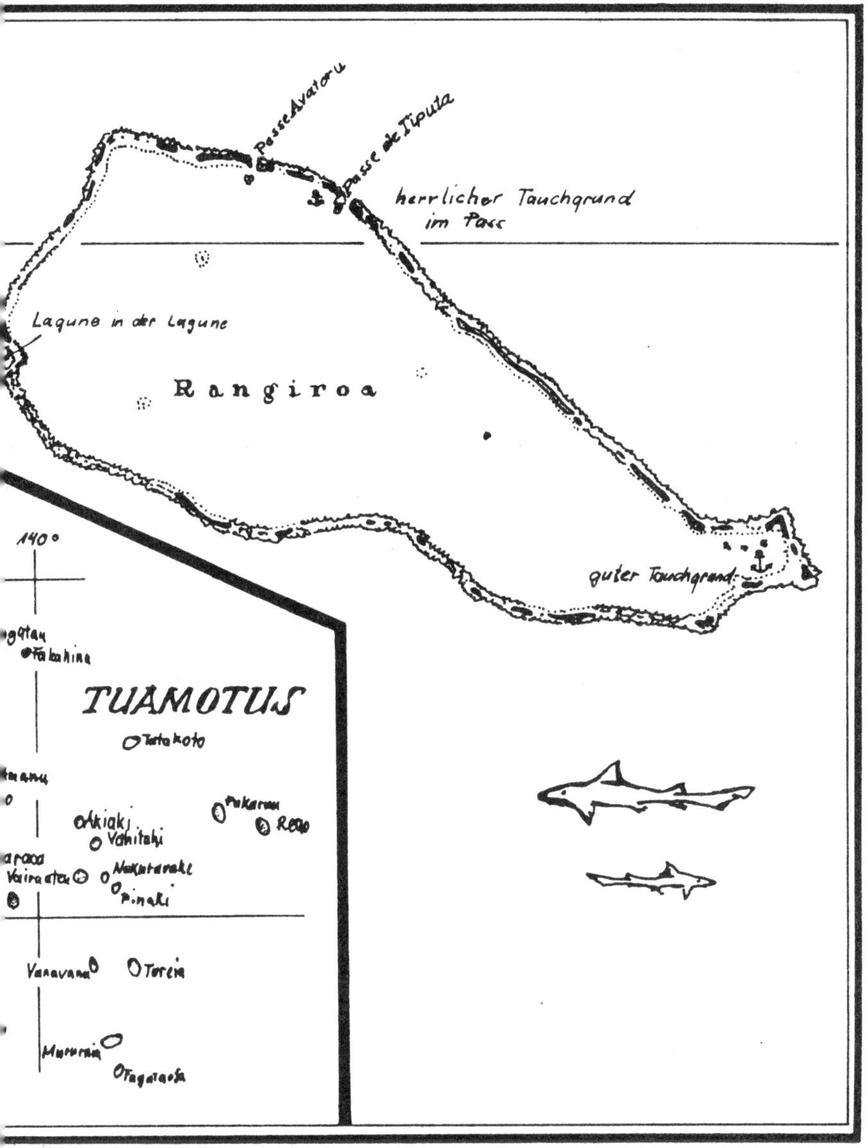

Passe Avatoru
Passe de Tiputa
herrlicher Tauchgrund
im Pass
Lagune in der Lagune
Rangiroa
guter Tauchgrund
140°
TUAMOTUS
Tatakoto
Akiaki
Vahitahi
Pukarua
Reao
Nukutavake
Pinaki
Vanavana
Tureia
Mururoa

In den Tuamotus

Eines Tages stehen vier winkende Weihnachtsmänner am Ufer. Sie sind zwar nicht für jedermann als solche zu erkennen, denn sie tragen keine roten Mäntel, und zwei sind obendrein weiblichen Geschlechts, aber für die Crew der SHANGRI-LA signalisiert das Auftauchen von Peter, Ingrid, Ingeborg und Osmar: Es weihnachtet sehr.

Vor einem Jahr haben wir mit Peter in Rio gefeiert, und diesmal erscheint er zu unserer Freude gleich mit Gefolge – darunter Luggis Freundin Ingrid –, um bei uns unter der Tropensonne Tahitis den Weihnachtsurlaub zu verbringen.

Bei Marzipan, Bohnenkaffee, selbstgebackenem Kuchen, mit Kerzenlicht und Liedern von der Kassette gelingt es uns, einen Hauch norddeutscher Weihnacht zu verbreiten. Auch das Wetter spielt mit, denn es regnet in Strömen.

Bald nach dem Fest verlassen wir unsere Bucht, um dem Silvesterrummel zu entgehen. Statt dessen suchen wir den vielgepriesenen Zauber Polynesiens, der uns bislang verborgen geblieben ist, in den Atollen, den Tuamotus. Hier in Tahiti ist der sprichwörtliche Liebreiz der Insel und ihrer Bewohner durch die Vergnügungsindustrie verlorengegangen.

Schon nach zwei Tagen Am-Wind-Segelei tauchen in der Kimm Kokospalmen auf: eines der unzähligen Atolle der Tuamotus. Einige Stunden später fällt unser Anker in seichtes Wasser von unglaublichem Türkisblau, wir liegen in einer Traumlagune, deren Kulisse aus schlanken Palmen und bunten, am Strand verstreuten Hütten besteht: ein Bild tiefsten Friedens und schöner, als ein Reiseprospekt es je wiedergeben könnte.

Erst nach einer Weile nehmen wir Einzelheiten wahr, und die sind nicht ohne Überraschung. Nicht Palmstrohhütten schauen da vom Ufer herüber, sondern blitzsaubere Häuschen aus Holz, Zement und Glas. Und was da die Lagune durchpflügt und gleich darauf längsseits kommt, ist ein modernes Motorboot, ein schneller Flitzer mit starker Maschine.

„Ia ora na – Willkommen!“

So lernen wir Iva kennen, den Fischer des Atolls Tikehau.

Wenn es zutrifft, daß den Polynesiern ein ungezwungenes, fröhliches Naturell eigen ist, daß sie stets offen sind und ohne anerzogene Scheu, dann treffen wir in Iva einen typischen Vertreter seines Volkes. Er kommt an Bord, schüttelt allen die Hand und wirft als erstes mal so viele

ben: In den Tuamotus

nten: Und langsam versinkt die Sonne hinter Moorea

Oben links: Ganze Inseln und Strände haben wir für uns allein

Mitte links: In unserem „Wohnzimmer“ ist reichlich Raum für Navigationszentrale, Küche und Eßplatz

Oben rechts: Spinnakerfliegen: In der großen Schaukel vor dem Winde

Unten, von links: Hinauf zu den „grünen Kühen“, den Kokosnüssen

Dieser Bursche fiel auf die Unterhose herein

Schneckentauchen, unser Hobby

Wir lernen, wie die Polynesier zu leben

Auf dem Außenriff

Hühner für Suvarov

Oben: Die Südseeschönheiten haben wir uns anders vorgestellt

Fische in die Plicht, daß wir sie auch mit doppelter Besatzung und unbändigem Appetit unmöglich alle verzehren könnten.

Die SHANGRI-LA interessiert Iva mächtig. Wir müssen alles erklären, was sich mit unserem zusammengekratzten Französisch als ziemlich mühsam erweist. Den größten Erfolg haben unsere beiden Klappfahrräder, die in der Achterkabine verstaut sind. Iva könnte sich vor Lachen glatt ausschütteln, und weil es so ansteckend ist, so frei und unverbogen wie das Lachen von Kindern, herrscht gleich allgemeine Heiterkeit auf der SHANGRI-LA. In dem Fischer haben wir einen Freund und Fremdenführer gefunden. Mit ihm erkunden wir die farbigen Tauchgründe, inspizieren seine Netze, und wenn es uns gelingt, die Namen der schmackhaftesten Fische auf tahitianisch aufzusagen, entblößt er strahlend seine nicht mehr ganz vollständigen Zahnreihen.

Zu Silvester verholen wir uns sechs Seemeilen östlich zu einer Nachbarinsel, wo es eine größere Ansiedlung von immerhin hundertachtzig Einwohnern geben soll. Dort findet sich SHANGRI-LA wieder in der Rolle der Attraktion des Monats.

Beim ersten Flanieren durch das Dorf gibt es für uns ahnungslose Mitteleuropäer viel zu staunen. Der Zustand peinlicher Sauberkeit fällt ins Auge, vor allem aber, daß man selbst in diesem Winkel der Erde, wo wir zivilisationsmüden Nomaden nach paradiesischer Ursprünglichkeit suchen, offenbar um westlichen Lebensstil bemüht ist. Wenn sich auch die Dosenbutter als ranzig erweist, so zeigen die beiden kleinen Läden doch ein ansehnliches Angebot von Produkten der Überseeländer. Ähnlich wie bei uns sprechen Kühlschränke, Waschmaschinen und andere elektrische Geräte für einen bescheidenen Wohlstand. Es scheint, daß die vier großen Stromaggregate der Insel voll genutzt werden.

Als uns auf diesem Südseeatoll auch noch einige Autos begegnen, sind wir wirklich platt. Die einzige Straße dürfte ziemlich genau zwei Kilometer lang sein.

Für die munteren Scharen brauner, quirliger Kinder sind wir die bunten Hunde vom Dienst. *Wir* sind hier die Exoten, deren Anblick eine spaßige Abwechslung bedeutet. Als sich die Haustüren öffnen und die Erwachsenen hinzukommen, uns mit Handschlag begrüßen, vergessen auch die Kleinen ihre Scheu vor den Fremden. Artig bauen sie sich zu einer Reihe auf, reichen uns die Händchen und flitzen ganz schnell wieder zum Ende der Schlange, um die aufregende Zeremonie zu wiederholen.

Von jetzt ab sind wir in Beschlag genommen. Auf einer luftigen Terrasse werden kühle Erfrischungen gereicht, und die sprachlichen

Mißverständnisse tun der Stimmung keinen Abbruch, sondern sind im Gegenteil Anlaß zu herzlichem Gelächter; das verbindet.

Südsee 1978 – vertraut scheint uns die Gemeinschaft der Menschen, die hier wohnen, vertraut auch ihr Lebensstil, die Ausstattung ihrer Häuser, aber fremd und exotisch der Botanische Garten, der dies alles mit betörenden Düften umgibt: Tiare, Franchipani, Hibiskus. Die Natur hat ihren Reichtum hier verschwenderisch ausgestreut, es gedeihen Bananen, Papayas, Brotbaum und Zitrusfrüchte.

Schon jetzt ahnen wir, daß es schwer sein wird, diesen einladenden Schlupfwinkel wieder zu verlassen.

Nachmittags treffen wir an Bord gerade unsere Vorbereitungen für den Silvesterabend, als drüben auf der Pier ein mittlerer Aufruhr ausbricht, der offenbar uns gilt. Ein Knäuel junger Leute macht durch Rufen und Winken auf sich aufmerksam, und was unser Dingi dann herüberbefördert, scheint eine Fracht aus Armen, Beinen und Gitarrenhälsen zu sein.

„Claude's Ukuleleorchester“ entert SHANGRI-LA. Bevor die Exklusivvorstellung losgeht, werden wir jeder feierlich mit Blumenkranz und einer Tiareblüte hinterm Ohr dekoriert. Dann greift Claude zur Gitarre, und drei Ukuleles fallen in den Rhythmus ein, nehmen die Melodie auf, und ein harmonischer Gesang weht über die Lagune. Die Landschaft, die uns umgibt, und das Lied werden eins, vermischen sich zu einer Atmosphäre, die uns gefangennimmt.

„Ihr seid herzlich eingeladen zum Gottesdienst heute abend, läßt der Pastor sagen. Um 19 Uhr im Gemeindehaus!“ Damit verabschieden sich Claude und seine Mannen und lassen uns in Vorfreude zurück. Der Saal ist gefüllt, als die erweiterte Besatzung der SHANGRI-LA eintrifft. Es tut gut, Gesichtern zu begegnen, die man schon kennt. „E aha te hura?“ Wie geht's? Man nimmt uns auf, als gehörten wir dazu. Ganz selbstverständlich werden wir einbezogen in die große, zwanglose Runde, und bald wissen wir nicht mehr, ob wir hier einem Gottesdienst beiwohnen oder einem Sängerwettstreit. Diese Menschen preisen ihren Schöpfer auf die denkbar natürlichste Weise, mit fröhlichem Gesang. Später geht man nahtlos zum gemütlichen Teil über, es wird geschwatzt und gelacht.

Eine milchkaffeebraune Inselschöne hat inzwischen unseren Peter aufs Korn genommen und geht auf Tuchfühlung. Sie spricht fließend englisch, denn ihr Papa ist Amerikaner. Durch Anita bekommen wir Informationen, die uns sonst vielleicht entgangen wären. „Bei uns“, sagt sie, „wird kein Hotel gebaut. Darüber sind sich alle drei Gemeinden –

die Katholiken, die Protestanten und wir Sanito – einig. Was könnten Touristen uns auch bringen? Wir haben doch alles."

Wie recht sie hat. Die Lagune ist voller Fische, genügend Früchte gedeihen, und der wesentlichste Wirtschaftszweig, die Kopraproduktion, wird von Frankreich subventioniert. Damit ist der Wohlstand auch auf diesem Atoll eingekehrt. Aber die Gabe, sich begnügen zu können mit dem, was man hat, muß schon vorher dagewesen sein. Sie ist das Geheimnis dieser kleinen Welt. Die Lieder verstummen nicht, während wir die Ehre genießen, mit den Gemeindeältesten die Kaffeetafel zu teilen. Ein junges Mädchen hängt uns Muschelketten um den Hals. Von draußen schallen die Stimmen spielender Kinder herein, der süße Duft der Tiareblüten strömt durch die offenen Fenster, die Ukuleleklänge verlieren sich in der weichen Tropennacht, der pralle Mond gießt sein kühles Licht auf die schlafende Lagune, deren silberne Decke sanft funkelt. Ich spüre den ganzen Zauber dieser Südseenacht und weiß: Wir sind angekommen, wir sind wirklich angekommen in Polynesien.

Vierundzwanzig Uhr: Die Gemeinde hat sich erhoben und bildet einen großen Kreis. Das Jahr 1979 hat begonnen. Jeder beglückwünscht jeden. Wir gehen die ganze große Runde ab, Umarmung, Küßchen links, Küßchen rechts.

„Ein gutes neues Jahr!"

„Der SHANGRI-LA einen glücklichen Kurs."

Als wir bei der Gruppe junger Mädchen ankommen, gerät das Glückwünschen ins Stocken, denn Peter muß natürlich gleich übertreiben. Mit unseren Muschelketten geschmückt, gehen wir heim.

Ein seltsamer Gedanke: Vielleicht haben wir unsere weite Reise angetreten für diesen Tag, diesen Abend, diese Nacht. Wir haben in eine Welt geschaut voll heiterer Gelassenheit, die im Einklang steht mit einer noch unbeschädigten Natur.

Eine Vision, die uns die ganze Zeit begleitete, hat sich erfüllt.

Marion heuert an

Fünf Monate lang ist Papeete so etwas wie unser Heimathafen. Hierher kommen wir immer wieder zurück, wenn Einkäufe unumgänglich sind, von hier aus durchstreifen wir auf unvergeßlichen Segeltörns den Tuamotu-Archipel. Wir erfreuen uns der Gastfreundschaft der Inselbewohner, genießen das Fischen in glasklarem Lagunenwasser und lernen den Umgang mit allem, was die Natur so reichlich anbietet. Die Kokosnuß wird ein wichtiger Bestandteil unserer Ernährung. Dem Tauchen sind wir wie viele Segler hier mit Haut und Haaren verfallen. Die Unterwasserwelt, ein Kosmos von unbeschreiblicher Vielfalt der Formen und Farben, hat uns völlig in ihren Bann gezogen. Kein Tag vergeht, an dem man sich nicht auf dem Meeresboden die Flossen vertritt. Als Neuling, der in diesen verwunschenen Garten eindringt, sieht man zunächst den Wald vor lauter Bäumen nicht, aber mit der Zeit stellt sich der richtige Beuteblick ein. Allmählich gewöhnt man sich dabei auch an die unmittelbare Nachbarschaft dieser besonders eleganten Schwimmer mit der Flosse auf dem Rücken: der Haie.

Als besonders nachhaltige Erfahrung wird uns die Bekanntschaft mit Makatea im Gedächtnis bleiben. Yachten steuern Makatea kaum an, weil die Ankermöglichkeiten dort katastrophal sind. Aber wir kommen bei Flaute vorbeimotort und riskieren das Festmachen an der vergammelten Mooringtonne dicht am Riff. Bis 1964 wurde hier Phosphat abgebaut, was über dreitausend Menschen anzog, die auf der Insel lebten und arbeiteten.

Verantwortunglos ließen sie eine Geisterstadt in zerstörter Umgebung zurück, ähnlich einer Mondlandschaft. Der Sinnlosigkeit preisgegeben, liegen Verladeanlagen und Straßen da, verwaiste Fabrikgebäude gähnen mit leblosen Fensterhöhlen. Wir wandern durch lange Hallen, in denen nur noch der Wind heult und Maschinenskelette vor sich hinrosten. Diese Insel wurde geplündert, beraubt, mißhandelt, und die Folterwerkzeuge ließ man achtlos am Tatort zurück.

In den verlassenen Arbeiterhäuschen brechen wir durch die morschen Holzfußböden. Das ist nicht schaurig-romantisch wie im Wildwestfilm, nein, Geisterstädte haben etwas Deprimierendes. Nichts wie raus... Wir stolpern über Geleise und folgen einem überwucherten Schienenstrang, an dessen Ende – verloren und verlassen – vier kleine Dampfloks stehen, die Kohle noch auf dem Tender und Asche im Feuerloch. Und dort – steht da nicht etwas auf deutsch auf dem verrosteten Schildchen? Wir kratzen ein bißchen daran herum, und zum Vorschein kommt: „Orenstein & Koppel“, und: „Lübecker Maschinenbau Aktiengesellschaft, Werk Dorstfeld“. Seltsam berührt stehen wir davor. Die Heimat hat uns eingeholt, und das am anderen Ende der Welt, auf einer Südseeinsel, die nur ein Pünktchen auf der Landkarte ist.

Die vier pensionierten Loks werden wohl bis in alle Ewigkeit darauf warten, daß ihnen jemand wieder Dampf macht. Denn die restlichen vierundzwanzig Menschen, die wir auf der Ruinen-Insel noch vorfinden, haben keine Verwendung für sie; man lebt auf Makatea wie auf den anderen Inseln auch, nur daß hier der Natur deutliche Wunden geschlagen wurden.

Ehe wir das merkwürdige Eiland wieder verlassen, fallen wir noch dem Sohn eines ehemaligen Lokführers in die Hände, der es sich nicht nehmen läßt, den seltenen Besuchern zu zeigen, daß Makatea auch Vorzüge aufzuweisen hat. So lernen wir eine Spezialität kennen, an die wir uns später genauso deutlich erinnern werden wie an die einsamen Lokomotiven: das köstliche Fleisch der riesigen Kokoskrabben.

Es ist Mitte April, und die Taifunsaison im westlichen Teil des Südpazifiks geht ihrem Ende entgegen. Der große Aufbruch von Papeete, dem Knotenpunkt der Weltumsegler-Routen, hat begonnen und kündigt sich, wohin man schaut, durch um sich greifenden Frühjahrsputz an. Emsiges Basteln, Werkeln und Packen breitet sich aus, und auf der Pier sieht man die Yachties riesige Proviantpakete zu den Booten balancieren.

„See you in Samoa!" – „Au revoir en Fidji."

Irgendwo wird man sich schon wiederbegegnen, ob man will oder nicht, denn fast alle nehmen Westkurs: zu den Cook-Inseln, nach Samoa, Tonga und Fidschi. Wir machen zunächst nur einen kleinen Sprung – hinüber nach Moorea. Die berühmte Oponuhu-Bay, deren eindrucksvolle Kulisse sozusagen zum Pflichtprogramm der Weltumsegler gehört, wollen wir unbedingt noch sehen. Hier schuf die Natur ein pompöses Amphitheater, in dem die Vorstellung allmorgendlich beginnt, wenn die Sonne die langen Schatten der Bergzinnen in die oberen Ränge wirft.

In dieser Bucht kreuzt Marion unseren Weg, eine muntere Weltenbummlerin, die es aus Reutlingen in die Südsee verschlagen hat. Das aktive, vor Unternehmungslust sprühende Mädchen will als nächstes die Fidschi-Inseln unsicher machen, die auch auf unserer Route liegen. Da Marion uns allen gefällt, wird sie spontan „eingemeindet". Als neues Crew-Mitglied bleibt sie bis Fidschi auf der SHANGRI-LA.

Hühner für Suworow

In der Cook's Bay von Moorea liegt in unserer Nachbarschaft eine Yacht, die gemeinsam mit ihrem Eigner zu Ruhm gelangt ist: die JOSHUA. Skipper Bernard Moitessier gilt als der große Fahrtensegler Frankreichs und zeichnet als Verfasser dreier erfolgreicher Bücher. Fast täglich sieht man ihn in seinem Dingi vom Hotel zur JOSHUA rudern. Eines Abends stellt er sich mit einigen anderen Yachties zum Klönschnack und Erfahrungsaustausch auf der SHANGRI-LA ein. Und in dieser Nacht hören wir die faszinierende Geschichte von Suworow, „seinem“ Atoll. Suworow – das soll von nun an ein magisches Wort für uns bleiben.

„Kein Jahr, in dem ich nicht mehrere Wochen dort bin“, schwärmt Bernard. „Suworow hat einen Zauber für mich. Es ist jene Insel, die sich Tom Neale für seine Robinsonade gewählt hat. Er machte das bis dahin unbewohnte Atoll zu einem Heim für sich und zur Anlaufstation für weltumsegelnde Yachten. Ich kannte ihn gut, und seit er tot ist, bemühe ich mich, sein Haus und seinen Garten vor dem Zugriff der Natur zu bewahren. Aber ohne Mithilfe der vielen Yachties, die Suworow ansteuern, wäre alle Mühe vergeblich. Leider gibt es darunter auch einige Rowdies, die Toms Erbe nicht zu schätzen wissen. Some bloody yachtsmen killed all the chickens! (Haben doch so’n paar Ignoranten sämtliche Hühner abgemurkst!) Solltet ihr also mal dorthin kommen – frische Eier gibt’s nicht mehr. Leider.“

Seit diesem Vortrag zu nächtlicher Stunde denken wir an Suworow, das Paradies Tom Neales. Zwar werden wir im Anschluß an Moorea noch manche Insel mit klangvollem Namen – wie Raiatea, Huahiné und Bora Bora – besuchen, aber es steht fest: an Bernards Traumatoll führt uns kein Weg vorbei. Dieser Entschluß wird noch bekräftigt, als wir kurze Zeit später einen deutlichen Wink des Schicksals erhalten ...

Tahaa heißt die Insel, vor der wir Anker geworfen haben. Durch die Bucht, die wir für einsam und menschenleer hielten, motort eine Piroge und kommt längsseits. Der Eingeborene stellt sich vor: „Tach. Ich bin der Hermann aus Köln.“

„Wie, zum Teufel, kommst du hierher?“

„Aus der Legion entlassen.“

Als Hermann, der Ex-Fremdenlegionär, dann noch ganz arglos erwähnt, er betreibe eine Hühnerfarm, tauschen die Vier von der SHANGRI-LA einen bedeutsamen Blick. Bleibt eigentlich nur noch zu erwähnen, daß zwischen Hermanns Erscheinen und dem munteren Gackern auf unserem Achterdeck zwei Flaschen Bacardi und eine kurzweilige Nacht liegen.

Marion will sterben.

Bis jetzt hat sie allerdings noch alle Anwandlungen dieser Art mit knapper Not überstanden, und darum hoffen wir drei anderen, das sie auch diesmal mit dem Leben davonkommt. Wenn sie erst einen Fuß an Land gesetzt hat, wird Marion wieder das fröhliche Mädchen, das wir auf Moorea kennengelernt haben, voller Schwung und mit gesundem Appetit. Sobald sich aber SHANGRI-LA aufmacht in ihr Element, nimmt

Marion die Farbe verschimmelten Käses an. Nur selten kriecht ‚Ihre Grünlichkeit' aus den Katakomben hervor, um mit Hilfe eines Hafersüppchens das Schlimmste zu verhindern.

Bald wird sie wie Phönix aus der Asche steigen, denn wir sind nach Bora Bora unterwegs – mit einer um drei Köpfe verstärkten Mannschaft. Hahn Adalbert und seine beiden gefiederten Damen, die die Reise in standesgemäßer Behausung an einem luftigen Plätzchen genießen, scheinen mit der Seefahrt vertraut zu sein.

Schon länger ging das Gerücht um in den Buchten von Moorea und Tahiti, daß Starregisseur Dino de Laurentis auf Bora Bora einen neuen Film dreht. Das klingt verheißungsvoll nach Statistenjobs, was alle Yachten mit schwindsüchtiger Bordkasse veranlaßt, unverzüglich zum Arbeitsmarkt zu rauschen. Die Sache klappt tatsächlich: Wir sind beim Film! Zwei Wochen lang darf die Viererbande von SHANGRI-LA sich allabendlich ins Maraa-Hotel kutschieren lassen, wo die Dreharbeiten stattfinden. Als Touristen getarnt lümmeln wir an der Bar herum und geben den Background für polynesische Tanzszenen ab. Der Streifen scheint ein Spitzenprodukt an Kitsch zu werden, aber das kann uns piepegal sein. Fünfundzwanzig Dollar pro Nacht für jeden sind nicht zu verachten, und man kann nicht sagen, daß wir uns totarbeiten. Es handelt sich eher um eine Anwesenheitsprämie. Die Arbeitszeit besteht jedenfalls überwiegend aus nervtötenden Pausen und Warten auf die nächste Einstellung. Bikinis und Tischdecken werden zwischen Scheinwerfern und Kabelgewirr fertiggehäkelt, nur bei: „Attention, please!" verschwinden Näh- und Häkelbüdel schnell hinterm Rücken. So hauen wir uns die Nächte um die Ohren, und morgens gegen zwei rumpelt uns der Bus zurück zur kleinen Pier, wo sich die Dingis dicht gedrängt aneinanderscheuern, angeleint wie Cowboypferde vor dem Saloon. Mit knatternden Außenbordern und müden Gesichtern verschwindet die Flotte dann hinaus in die Dunkelheit, zur verdienten Nachtruhe.

Aber keiner hat mit Adalbert gerechnet . . .

Was ein wohlgeratener Hahn ist, der weiß, daß es sich für ihn gehört, beim ersten Lichtschimmer des anbrechenden Tages den Weckdienst zu versehen. Adalbert ist da sehr gewissenhaft und macht sogar den Vorsänger für die Hähne drüben im Dorf, die prompt auf sein geschmettertes Signal hin reagieren.

Na ja, drei Stunden Schlaf sind immerhin etwas . . .

Da sich das Zeremoniell im Morgengrauen aber mit konstanter Regelmäßigkeit wiederholt, schwebt Adalbert nach einer Woche in akuter Lebensgefahr. Im Umkreis der SHANGRI-LA werden Flüche und Verwünschungen laut, die sich zu konkreten Drohungen steigern. Um uns nicht ganz unbeliebt zu machen und der Sippenhaft anheimzufallen, entfernen wir uns rücksichtsvoll von den filmgestreßten Yachties und ankern einsam und ausgestoßen außerhalb der Gemeinschaft. Um des lieben Friedens willen nehmen wir auch die längere Ruderstrecke mit dem Dingi in Kauf. Doch kann ich nicht sagen, daß Adalbert mir dadurch sympathischer würde. Wenn der Kerl nicht samt seinem gackernden Harem unter Helgas persönlichem Schutz stünde, hätte er bei mir schon ausgekräht. Vielleicht kann man Helga ja überlisten ... Ich bin mir nur noch nicht schlüssig: Harpune oder Rasiermesser?

Auch an Chefkoch Luggi meine ich seit Tagen einen hinterhältigen Blick zu bemerken, wenn er am Herd seine Schlachtinstrumente wetzt und dabei etwas von Brühe, Curryhuhn und Hühnerfrikassee faselt. Ich glaube, ohne Helga wäre für Adalbert und Anhang schon auf Bora Bora Ultimo gewesen. Wie eine Glucke – um beim Bilde zu bleiben – hat sie sich des Federviehs angenommen, jedes mit Vornamen angesprochen und unter persönlichem Verzicht gemästet. Jetzt aber naht die Erlösung für uns alle. Adalbert weiß es noch nicht: diese kaum wahrnehmbare Unebenheit in der Kimm voraus, nach der ich mir schon die Augen ausschaue, das ist Suworow, sein Exil.

Unter Maschine tuckern wir durch den Paß und sind wenig später in der Lagune. Dort wird SHANGRI-LA bereits erwartet. Von der LEMON BUTT kommt Patrick zur Begrüßung angerudert. Und: „Habt ihr die Hühner?" tönt es von der amerikanischen Yacht ENTROPY herüber.

Das hätten wir uns denken können: Jede Yacht zwischen Tahiti und Fidschi weiß mittlerweile, daß SHANGRI-LA neue Hühner für Suworow an Bord hat! Der Nachrichtendienst im Südpazifik funktioniert perfekt. O Gott, und ich hätte das Entwicklungsprojekt fast durch eine Bluttat vereitelt. Wie würde ich jetzt dastehen ...

Also ab in die Freiheit mit Adalbert und seinem Gefolge!

Während wir den Käfig den gepflegten Weg zu Tom Neales Hütte hinaufschleppen, läßt uns schon der erste Eindruck staunen darüber, was dieser Mann hier geschaffen hat. Neben dem Wohnhaus gibt es einen Geräteschuppen und ein Backhäuschen, am Strand einen offenbar gern genutzten Barbecue-Platz, alles denkbar einfach, aber praktisch und in gutem Zustand. Nur die Mole, mit viel Geduld in unzähligen Stunden aus Korallenblöcken errichtet, ist leider durch einen Hurrikan zerstört worden.

An den zwei kleinen Gärten, die schon merklich vom Urwald zurückerobert wurden, zeigt sich sofort, daß es unermüdlicher Pflege bedarf, das kleine Paradies zu erhalten. Man kann nur den Hut ziehen vor einem Mann, der auf sich allein gestellt dieses Refugium der Natur abgerungen und mit seinen Händen gestaltet hat. Offiziell stand Tom Neale in Diensten der neuseeländischen Regierung, die ihn auf dem zu den Cooks gehörenden Atoll als Vogelwart eingesetzt hatte.

Nach wenigen Tagen ist nicht nur das Hühnervolk auf Toms Insel heimisch, sondern auch die Restbesatzung der SHANGRI-LA. Wir spielen nicht Robinson – wir leben einen lang gehegten Kindheitstraum, dem Raum und Gestalt gegeben worden ist durch einen Mann, den wir nicht kannten, der aber denselben Traum gehabt haben muß.

Vollpension zum Nulltarif

Unsere Kenntnisse, die wir während der Lehrzeit auf den polynesischen Atollen erworben haben, nämlich mit der Natur zu leben und ausschließlich aus ihr unsere Nahrung zu beziehen, kommen uns jetzt zugute. Wir genießen Vollpension, und das zum Nulltarif! Der Tisch könnte gar nicht reichlicher gedeckt sein. In der Lagune, aber auch am Außenriff, wimmelt es nur so von schmackhaften Delikatessen, etwa den köstlichen Perlmuscheln.

Steht Fisch auf der Tageskarte, geselle ich mich als Assistent zu Luggi, dem Küchenchef. Während der Meister bereits am Herd fungiert und Öl in der Pfanne erhitzt, greife ich zur Angelleine, ziehe das Schwanzende eines Einsiedlerkrebses auf den Haken, zähle bis drei – und kann dem Koch irgendein zappelndes Exemplar unter die Nase halten.

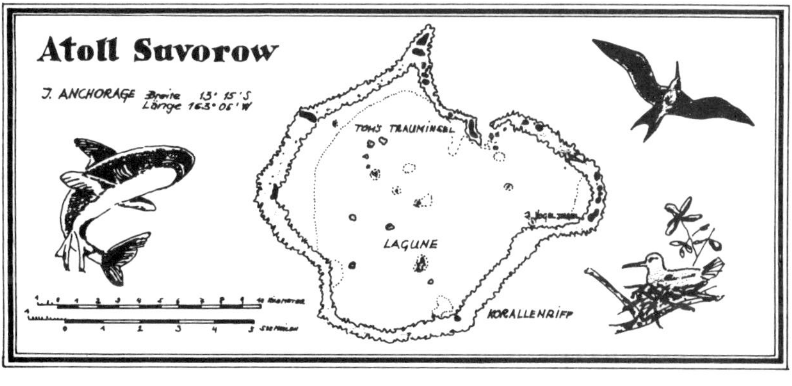

„Den nicht“, urteilt Luggi streng. „Haste nicht was Besseres?“

Der Kandidat geht wieder über Bord, und nach ein paar Sekunden fliegt der nächste Außenbordskamerad ins Cockpit. Diesmal ist der Maître zufrieden. „Davon noch zwei“, lautet die Order und wird prompt ausgeführt.

In der Regel aber essen wir an Land mit unseren Freunden von den zwei anderen Yachten. Dann wird in einer flachen Erdmulde ein kräftiges Feuer entfacht, bis ausreichend Glut entsteht. In Ermangelung von Lavasteinen, die es auf Suworow nicht gibt, lassen wir flache Korallenblöcke darin heiß werden. Darauf kommen Fische, Brotfrüchte, Kokoskrabben oder Langustenschwänze. Mit Blättern gut abgedeckt, ist das Ganze in ein bis zwei Stunden saftig gar. Täglich wächst unsere Kunst im Umgang mit dem praktischen Erdofen.

Nachts wandern wir bei Ebbe mit starken Petromaxlampen übers Außenriff und fangen Langusten mit Lederhandschuhen. Auch die mehr als faustgroßen Kaurimuscheln sind nur nachts zu finden. Oder wir streifen mit Taschenlampen durchs Dickicht der Palmenschößlinge, auf der Suche nach Kokoskrabben. Dabei kommt uns bald die Erleuchtung, daß wir uns diese etwas mühsame Fahndung wesentlich erleichtern können, wenn wir abends einfach geöffnete Kokosnüsse auslegen. Bei Dunkelheit braucht man dann nur noch zum Sammelplatz zu gehen und die Krabben zu greifen, allerdings unter großer Vorsicht. Die Burschen können die Statur eines Hummers erreichen, und ihren starken Scheren sollte man besser nicht in die Quere kommen, das könnte glatt einen Finger kosten.

Als vielseitigste Nahrungsquelle aber erweist sich die Kokospalme. Selbst von einmaliger Anspruchslosigkeit, schenkt sie dem Menschen in jedem Wachstums- und Reifestadium überreichlich Nahrung und Material; sie ist wahrhaftig die ‚Mutter Teresa‘ unter den Pflanzen. Hier, auf dem unbesiedelten Atoll, dürfen wir uns ihrer ohne weiteres bedienen, während sich sonst in Französisch-Polynesien alles Land und damit jeder Halm in Privatbesitz befindet, was man unbedingt respektieren sollte!

In Toms Geräteschuppen gibt es eine lange Hakenstange, mit der man an grüne Kokosnüsse herankommt, die zum Trinken bestimmt sind. Wer etwas für seine Linie tun will, kann natürlich auch eine Kletterpartie riskieren. Die braunen Nüsse, wie wir sie auch in Deutschland kennen, liegen zu Hunderten unter den Palmen am Boden. Bevor man sie mit dem Beil knackt, müssen sie erst von der harten Faserhülle befreit werden. Das Kokosfleisch kann man einfach so essen oder auch geraspelt verwenden. In einem Tuch ausgedrückt, ergibt es die herrliche Kokosmilch, die wiederum auf die unterschiedlichste Weise Verwertung findet. Für einige Fischgerichte, die wir uns angeeignet haben, ist sie unentbehrlich, etwa für Poisson Cru: rohe Fischstücke, mariniert in Zitronensaft, Zwiebeln, Tomaten und Kokosmilch.

Auch wenn die Nuß gekeimt hat, ist sie zu genießen, sie enthält dann eine schaumige Masse, die als Dessert bestens geeignet ist. Ein zweijähriger Kokoskeimling ist etwa drei Meter hoch. Wenn man ihn mit der Machete flach über dem Boden abhackt und die Blätter entfernt, gibt er das Palmherz frei, ein frisches Gemüse, das roh oder gekocht gut schmeckt.

Chefkoch Luggi kann also sein Repertoire um eine ganze Reihe neuer, interessanter Rezepte erweitern. Ich aber darf eines wiedergeben, das sogar mir leicht von der Hand geht: die Gewinnung von Palmwein! Dazu erklettere man eine möglichst junge Palme, biege einen frischen Fruchtstand vorsichtig nach unten und binde ihn fest. Dasselbe wiederhole man an zwei Tagen, bis der Stiel ganz nach unten zeigt. Nun schneide man die untere Spitze ab und befestige am Stielende eine Zweiliterflasche. Nach einem Tag ist sie annähernd gefüllt und der Inhalt sofort und auch später genießbar. Dann schneide man von dem vernarbten Stiel einen Zentimeter ab und befestige eine neue Flasche. Wie oft die Palme das Spiel mit sich machen läßt, vermag ich nicht zu sagen, und da ich kein Chemiker bin, kann ich auch nicht erklären, wie die ungeheure Wirkung des Getränks zustandekommt. Verbindlich teile ich nur folgendes mit: Nachdem der Durst gestillt ist, kann man getrost zwei Tage aus dem Kalender streichen.

Ich will aber nicht den Eindruck erwecken, unsere Zeit auf Suworow verginge in einem Zustand ständiger Benebelung; dafür sind wir viel zu beschäftigt. Die Nahrungsbeschaffung und -zubereitung beansprucht einen Großteil des Tages. Helga und Marion nehmen das Backhaus in Betrieb und versorgen uns nicht nur mit Brot, sondern servieren auch der ganzen Gemeinde täglich frischen Kuchen! Die Mannsbilder machen sich derweil nützlich bei der Wartung von Gebäuden und Gärten, denn das Paradies will gepflegt sein, wenn es nicht verkommen soll. Die Tanks, die das Regenwasser speichern, sind von anderen Yachties frisch gestrichen worden, auch Wohnhaus und Barbecueplatz sind okay. In den beiden Gärten aber wüten Luggi und ich einige Tage mit Axt und Machete, um dem Urwald wieder zu entreißen, was er sich genommen hat. Wir restaurieren den Hühnerstall, versorgen das Backhaus mit Brennmaterial und setzen die Gartengeräte instand.

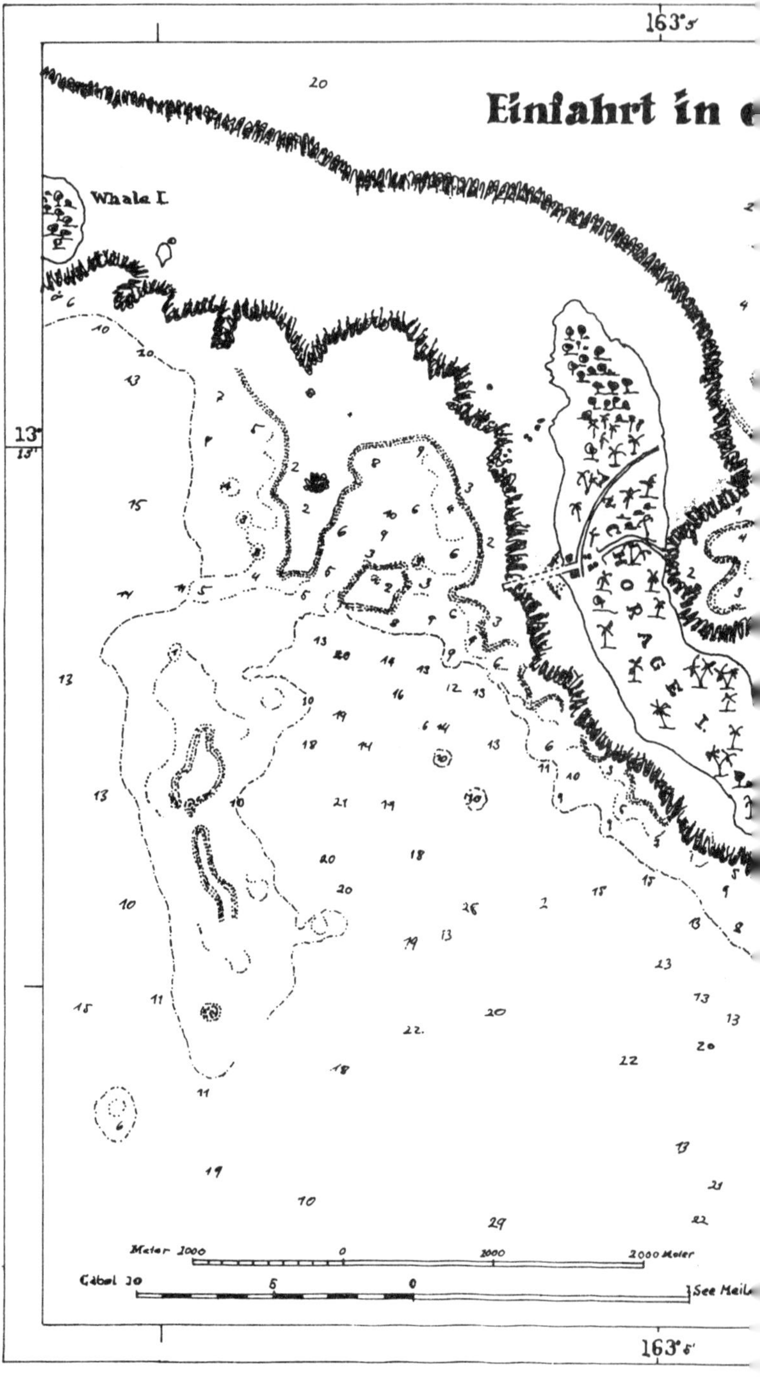
Einfahrt in
163°5'
Whale I.
13°
13'
Meter 2000 0 2000 2000 Meter
Gâbel 10 5 0
163°5'

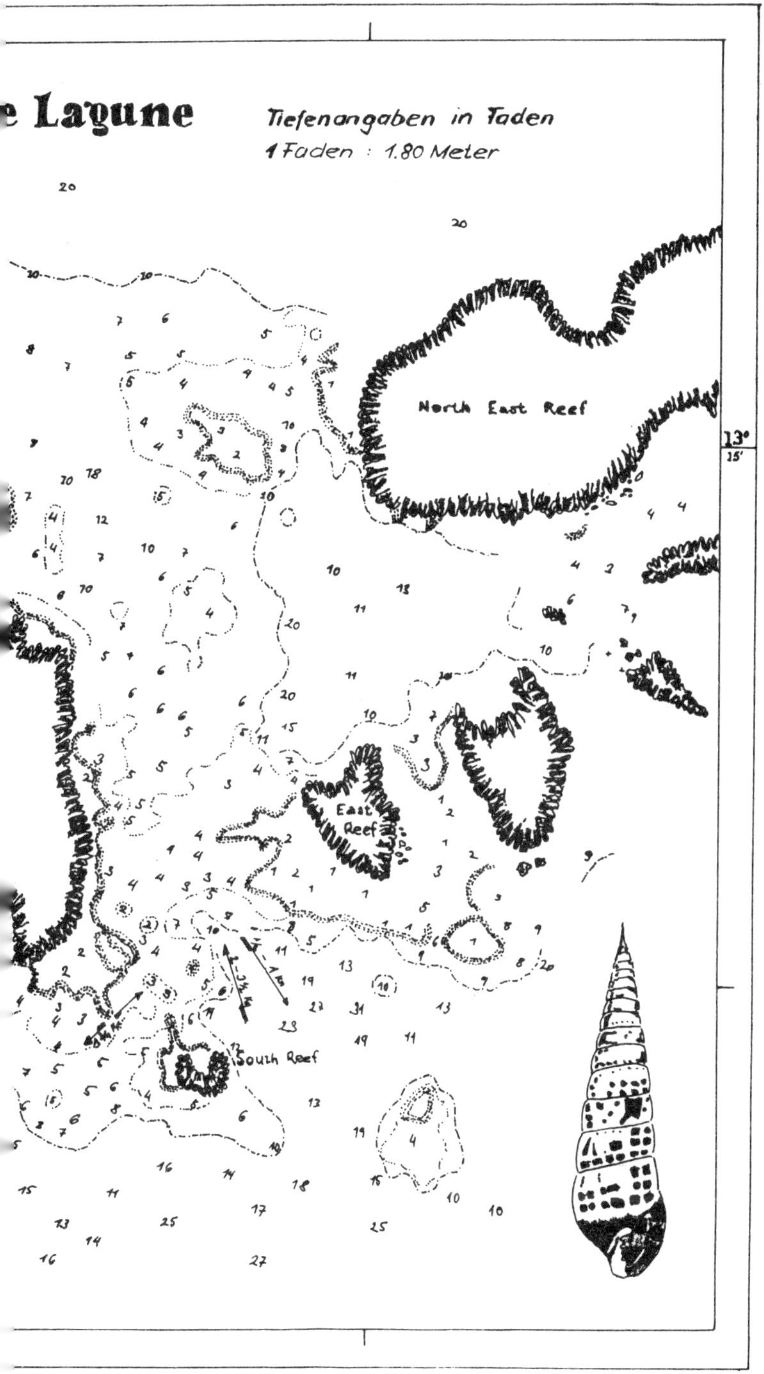
e Lagune
Tiefenangaben in Faden
1 Faden : 1.80 Meter
North East Reef
East Reef
South Reef
13°
15'

Claude von der ENTROPY schüttelt den Kopf ob so viel fanatischen Eifers: „Jetzt weiß ich, wie das deutsche Wirtschaftswunder entstanden ist.“ Doch der erste Muskelkater versetzt der Aktivität auf Suworow einen spürbaren Dämpfer.

„Nur eine Schachtel Streichhölzer“

Auch auf Suworow steht das Tauchen auf unserem Veranstaltungsplan, wie könnte es anders sein. Dabei sollen wir allerdings unvermutet die Bekanntschaft eines recht unfreundlichen Unterwasserkameraden machen.

An diesem Tag ziehen Patrick und ich, mit Harpune und Schnorchel bewaffnet, zum Außenriff, um eine Bestellung der Küche auszuführen. An die Gegenwart der relativ harmlosen Riffhaie sind wir gewöhnt. Bei unzähligen Tauchgängen haben sie sich als zurückhaltende Zuschauer gezeigt, uns kurz begutachtet oder völlig ignoriert. Nur wenn Fischblut von unserer harpunierten Beute im Wasser ist, werden sie unruhig und trommeln ihren Verwandten- und Bekanntenkreis zusammen. Wir kennen das schon und wissen, daß sie nicht zu den aggressiven Vertretern ihrer Art gehören – anders als die Tiefseehaie, die an der Abbruchkante des Außenriffs ihr Revier haben. Mit ihnen läßt man sich besser nicht ein.

Manchmal kommt man überhaupt nicht durch die Riffbrandung, aber heute finden wir eine Lücke, und hier tummelt sich nun alles, was einem das Wasser im Mund zusammenlaufen läßt. Die von Luggi gewünschte Sorte Fisch ist auch dabei, und schnell haben wir die georderte Stückzahl zur Strecke gebracht. Bißchen dumm, daß ich mir dabei an einem Korallenblock das Knie aufreiße, aber nicht weiter tragisch. Gute Überlebenschancen. Wir treten den Rückzug an.

Kurz vor Erreichen des flachen Wassers fühlen wir uns beobachtet. Ein Grauhai zieht interessiert seine Kreise um uns. Immer enger werdende Kreise. So viel Aufdringlichkeit verheißt nichts Gutes, unser eineinhalb Meter langer Freund scheint tatsächlich ernstere Absichten zu haben. Schon startet er so etwas wie einen Scheinangriff, ohne zuzuschnappen. Er will wohl erst mal maßnehmen. Wir stoßen mit den Harpunenpfeilen zu, aber das beeindruckt ihn nicht, immer häufiger kommt er in Körpernähe. Inzwischen haben wir uns schon von unserem gerade erbeuteten Abendbrot getrennt, in der Hoffnung, ihn mit diesem Opfer zu besänftigen. Aber er zeigt an den Fischen kein Interesse, mein holdes Knie ist es, das ihn reizt! Menschenblut ist doch mal was anderes als immer nur Fisch. Sekunden später haben wir flaches Wasser erreicht, doch der hartnäckige Kerl ist sich nicht zu schade, uns selbst hierher zu folgen! Nun aber können wir uns stehend wehren und sind damit in der besseren Position. Als ihm die Harpunenknäufe aufs Haupt sausen, gibt er endlich auf und zieht sich gemächlich ins tiefblaue Wasser zurück ... Luggi muß sich für heute abend ein anderes Menü einfallen lassen.

Ich will nun nicht die weit verbreitete Angst vor Haien schüren, die viele Yachties veranlaßt, ganz aufs Tauchen zu verzichten. Wer niemals zu Schnorchel und Taucherbrille greift, um sich in die Zauberwelt der Unterwasserlandschaft zu begeben, versäumt einmalige Eindrücke. Dabei wachsam zu bleiben, versteht sich eigentlich von selbst. Wir werden uns die Freude an bizarren Korallenformationen, an den bunt schillernden Bewohnern dieses nassen Traumreichs bestimmt nicht verderben lassen.

Die Tage fliegen dahin.

Wir verholen SHANGRI-LA quer über die Lagune nach Birds Island, wo das Wrack eines alten Kopraschoners vor sich hin rostet. Das ohrenbetäubende Geschrei der Seeschwalben verkündet, daß hier Abertausende von Seevögeln ihren Nistplatz haben. Wir freuen uns an dem leuchtend weißen Gefieder der jungen Tölpel und beobachten den majestätischen Flug der Fregattvögel. Mehrere Filme ist uns die Vogelinsel wert. Bald jedoch müssen wir uns darauf besinnen, daß wir ja eigentlich noch weiter wollen und daß es heißt, Abschied zu nehmen von Suworow. Wir haben das Gefühl, Tom Neale nähergekommen zu sein, und fangen an zu begreifen, wieso er auf seinem Atoll, fernab aller Zivilisation, ein erfülltes Leben führen konnte.

In seinem Holzhaus blättern wir noch einmal in dem Logbuch, das er für die besuchenden Yachten zurückließ. Es enthält Bemerkungen zur Pflege des Gartens und Anweisungen zur Versorgung der Hühner. Als eine Yacht ihn 1977 mitnahm, um ihn nach Rarotonga ins Krankenhaus zu bringen, ahnte er nicht, daß es für ihn keine Rückkehr auf seine Insel geben würde. Er starb, ohne Suworow wiedergesehen zu haben. Toms Logbuch aber hilft weiterhin, sein Erbe zu erhalten. Wir finden darin auch Eintragungen von Yachties, die vor uns hier waren: was sie pflanzten, welche Arbeiten sie ausführten und welche Gegenstände sie zum weiteren Gebrauch daließen.

Wir haben vieles gelernt in diesen vierzehn Tagen, haben deutlicher als jemals sonst erfahren, daß wir selber ein Teil der Natur sind. „Weißt du", sagt Luggi," daß wir nicht eine einzige Konservendose geöffnet haben?"

Auslauftag von Suworow. Das bedeutet letzte Körperpflege mit Süßwasser, noch einmal Toms genial einfache Dusche benutzen. Als Wasserbehälter dient ein ausrangiertes Ölfaß auf einem Holzgestell. Daran hängt ein Schlauch, der in einer durchlöcherten Konservenbüchse endet. Die simpelste Brause der Welt, aber welch ein Luxus!

Wir gehen mit Wehmut und Zuversicht. Mögen Adalbert und seine Damen für zahlreiche Nachkommenschaft sorgen. Mögen die Hochseesegler nicht nur die Romantik Suworows erhalten, sondern diese wichtige Anlaufstation zwischen Tahiti und Fidschi weiterhin aktiv gestalten. Möge jeder, dessen Weg hierher führt, in Tom Neales Logbuch die Worte lesen und beherzigen, die er als Vermächtnis hinterließ:

„Verbrennt keine Pflanzen und Palmblätter. Wann werden manche Menschen begreifen, daß der Unterschied zwischen Schaffen und Zerstören oft nur in einer Schachtel Streichhölzer besteht?“

Zweimal Samoa

Pago Pago ist kein Ort, an dem man eventuell begraben sein möchte.

Der Haupthafen der amerikanischen Samoa-Inseln beeindruckt auf den ersten Blick vor allem durch drei Eigenheiten: Dreck, Gestank und Krach. Bis weit hinaus in die Bucht breitet sich die trübe Hafenbrühe aus, und der Wind trägt markige Gerüche übers Wasser, deren Hauptverursacher die koreanischen Fischerboote an ihrer Pier sind. Das nahe Kraftwerk vermag anscheinend nur unter erheblichem Geräuschaufwand zu arbeiten, und das Gehupe in den chaotisch verstopften Straßen steigert die Lärmkulisse zu einem nervtötenden Spektakel.

Südseezauber? Dafür ist Pago Pago eindeutig die falsche Adresse.

Erst mit dem zweiten Blick hinter die greuliche Fassade entdeckt der Weltumsegler jene versöhnlichen Vorzüge, die sich unter den Yachties mittlerweile herumgesprochen haben: der bemerkenswerte Umfang des Warenangebots (fraglos der US-Verwaltung zu verdanken) und die für pazifische Verhältnisse sehr günstigen Preise – beides läßt es geraten sein, in Pago Pago unbedingt für länger Proviant zu bunkern.

Andere Yachties berichten, daß dies auch der am besten geeignete Ort weit und breit sei, um das eine oder andere Wehwehchen zu kurieren. Von der recht ordentlichen Versorgung im Hospital von Pago Pago kann auch der Besucher profitieren – und das ebenfalls zu Discountpreisen. Der Internist beispielsweise ist mit ganzen sieben Dollar fünfzig für das Durchchecken zufrieden, und für zwei Dollar fünfzig kann der gepeinigte Weltumsegler einen lästigen Zahn loswerden.

Wir ersparen uns jedoch den Arztbesuch und veranschlagen statt dessen etwa eine Woche für Bummelei und die systematische Bewältigung der Proviantlisten. Bald trödeln wir im Kielwasser der gestrengen Zahlmeisterin Helga geduldig durch alle Supermärkte am Ort, die natürlich zwecks Preisvergleichs heimgesucht werden müssen (eine Mühe, die sich allerdings bezahlt macht). Dann trifft die kluge Bordfrau ihre Wahl: überwiegend „feste" Konserven (und ich habe angesichts der zollfreien Spirituosen gerade in Erwägung gezogen, künftig auf Flüssigkeit umzusteigen. In der ganzen Südsee sind geistige Getränke nicht so verlockend billig wie hier).

In diese Woche fällt Luggis Geburtstag.

Wie begehen wir gebührlich den bedeutenden Tag? Unsere Betriebsnudel Marion (Pago Pago kann sie nicht erschrecken, Hauptsache: Land!), die seit dem Einlaufen wieder auferstanden und zu jeder Schandtat bereit ist, weiß Rat: „Wir feiern in der Stadt! Heute am Sonnabend ist garantiert irgendwo Schwoof!"

Also trollt sich die landfein gemachte, vergnügungshungrige SHANGRI-LA-Crew mit dem Geburtstagskind ins Nachtleben von Pago Pago, immer dem lautesten Getöse und dem Menschenstrom nach. Denn in Hafenstädten braucht man nach Tanzschuppen und ähnlichen Kommunikationstempeln bekanntlich nicht lange zu suchen.

Vor einem Eckgebäude tummelt sich jede Menge Volk. Heiße Rock-Rhythmen dröhnen bis auf die Straße. „Hier sind wir richtig! Leute, hier wackelt die Wand!" Und schon purzeln wir hinterher, um Marion nicht aus den Augen zu verlieren, fädeln uns ein ins schwüle Gedränge. Scheint äußerst beliebt zu sein, der Laden. Er ist randvoll, und zwar nicht nur mit jungem Volk. In Samoa ist man für die Disco offenbar nie zu alt – und zu beleibt erst recht nicht. Drahtige Typen sind die Polynesier nie gewesen – aber was hier an Übergewicht wogt, an Speckmassen aneinanderdrängt, das kann einem buchstäblich die Luft nehmen. Beim Anblick von so viel ausladender Südseeschönheit ist man richtig froh, in der Obhut vertrauter, zarter Weiblichkeit zu sein.

Doch kaum haben wir uns ein Plätzchen am Tresen zurechtgeschubst, da werden unsere exotisch zierlichen Damen aus Übersee schon in das Knäuel auf der Tanzfläche gezerrt. Wir sitzengelassene Matrosen bestellen erst mal Bier (gibt's nur in Literflaschen!) und peilen die Lage. Wir scheinen die einzigen „Paalangis" (Weißen) in dieser Nahkampfdiele zu sein. Aber wir suchen ja immer den Kontakt zu den Einheimischen . . . So werte ich es denn auch als eine nette Geste der Völkerverständigung, daß mein Nebenmann an der Theke mir sein Bier anbietet, noch ehe mein eigenes kommt. „Da, Freund, trink!" Dazu habe ich mich noch selten nötigen lassen, auch kann man so viel Höflichkeit schlecht zurückweisen ... Soweit bin ich mit der samoanischen Gastfreundschaft also ganz einverstanden. Dann aber steht dieser Jüngling auf einmal neben mir und fordert mich zum Tanzen auf.

Das muß ich falsch verstanden haben. Oder?

Aber nein. Der Typ will mit mir tanzen! Mit mir! Also, das kann doch gar nicht ... Das darf ja nicht wahr sein ...

Entgeistert wehre ich ab. Mein Gott, Luggi, wo sind wir denn hier?

Erst jetzt, beim genaueren Studium der Gesellschaft, nehme ich die ungewöhnlichen Konstellationen der Tanzenden wahr: Da gibt es – nicht nur, aber auch – rein weibliche ebenso wie rein männliche Paare, und zwar in jeder Menge! Frauen tanzen mit Frauen, Männer schmiegen sich an Männer. In echt pazifischer Unbekümmertheit vergnügt sich jeder, mit wem er gerade mag. Darauf muß ich erst einen kräftigen Schluck nehmen. Kaum habe ich das Bier abgesetzt, steht der Knabe von eben schon wieder an meiner Seite und nimmt unverdrossen den zweiten Anlauf. Ich soll doch mit ihm tanzen, bitte schön!

„Hör mal, Freundchen, du läßt mich jetzt in Ruhe, ja? Verschwinde!" Unwirsch versuche ich, den lästigen Verehrer zu verscheuchen, ohne zu ahnen, daß ich damit meinem Tresennachbarn eine besondere Freude bereite. Mit verführerischem Augenaufschlag drückt der mir eine neue Pulle Bier in die Hand, um mich gleichzeitig liebevoll zu betätscheln ... Der Tänzer nimmt es wütend zur Kenntnis, drängt sich, Eigentumsrecht demonstrierend, von links an mich heran und wirft dem Rivalen mörderische Blicke zu. Derart eingekeilt zwischen zwei Freiern, erstarre ich zur Salzsäule.

„Einmal noch, und du hast ein blaues Auge!" schnarre ich den Bierspender mit den Grabschfingern an und halte mit wachsendem Unbehagen nach meinem Anhang Ausschau. Wo sind denn bloß unsere Frauen geblieben? Wenn man mal wirklich in Not ist, sind sie nicht da. Und Luggi? Der war doch eben noch hier! Im Gewühl erwische ich seinen Ärmel und zerre ihn hilfesuchend heran.

„Bleib hier, Alter! Um Himmels willen, bleib bloß bei mir! Verstehst du das? So viel Erfolg bei Männern hatte ich noch nie!"

Luggi hat *den* Geburtstagsspaß seines Lebens. Auf den Gesichtern meiner beiden Fans aber zeigt sich nun, da wir zwei bärtigen Affen die ganze Umwelt ignorieren, so etwas wie Begreifen ... Ist mir auch egal, sollen sie doch Luggi für meine Braut halten. Wenn sie mich nur in Ruhe lassen!

Im Lauf des Abends kommt es dann doch noch zu einer wilden Eifersuchtsszene zwischen dem Tanzknaben und dem vom Tresen. Da reicht es mir endgültig. Ich will hier raus! Nach Hause. Und zwar mit meiner Bordfrau! Während ich entnervt zur SHANGRI-LA strebe, halten Marion, Helga und Luggi sich vor Lachen das Zwerchfell. Tagelang geben „ich und meine Liebhaber" unerschöpflichen Gesprächsstoff ab.

Mir stinkt Pago Pago. Ich dränge zum Aufbruch nach Apia, denn dort wartet ein Freund aus der Heimat auf uns: Christian, Studienkollege aus Lübeck, arbeitet als Entwicklungshelfer an der neu gegründeten Seekadettenschule von Apia.

Zum Abschied gondeln wir noch mit der Schwebebahn, der Attraktion von Pago Pago, über den Hafen. Die Vogelperspektive entzieht den Blicken die gröbsten Schönheitsfehler, und so nehmen wir den positivsten Eindruck mit, den Pago Pago zu bieten hat.

Für die Überfahrt nach Apia, der Hauptstadt von Western Samoa, hat sich uns eine nette Familie aus Neuseeland angeschlossen, und so wird es ein recht unterhaltsamer Törn, eine gemütliche Party zur See. Eine sanfte Brise beschert uns drei bis vier Knoten Fahrt; wir sitzen geruhsam beim Teeplausch auf dem Trampolindeck und lassen uns von der Sonne bescheinen. Während Mama und Papa die Klöntour mit uns genießen, quengelt und nörgelt Harald, der zehnjährige Sprößling, ausdauernd herum. Der Knabe will beschäftigt werden. Und da es einen Bord-Kindergarten auf SHANGRI-LA noch nicht gibt, muß sich der Skipper persönlich um die Unterhaltung des jüngsten Fahrgastes kümmern.

„Na, was möchtest du denn spielen?"

„Weiß nicht."

„Vielleicht Fischchen angeln?"

Ich habe den bösen Hintergedanken, daß er an der Schleppangel lange sitzen und „aufpassen" muß. Harald ist begeistert über die verantwortungsvolle Aufgabe und kann's kaum erwarten. Aber ich habe gar keinen Köder mehr zur Hand! Unter dem Sammelsurium in meiner Angelkiste würde sich wohl noch die getrocknete Haut einer Goldmakrele finden lassen, aber die müßte ich erst zurechtschneiden. Viel zuviel Aufwand. Im Cockpit liegt ein vergessener Wischlappen herum. Unauffällig reiße ich den Fetzen in zwei Teile und binde eine halbe Unterhose am oberen Ende des Angelhakens fest. Vielleicht gelingt es Harald, einen Fisch zu angeln, der sich über den Köder totgelacht hat. Hauptsache, der Knirps ist abgelenkt, und wir haben auf dem Trampolindeck unseren Frieden.

Ich bin noch nicht ganz wieder in Ruheposition zurückgekehrt, da krakeelt der Bengel von achtern: „Fish, fish, fish!“

Die Teaparty springt auseinander wie von einer Bombe getroffen, alles ist mit einem Satz an der Schleppangel. Die Leine beschreibt eine scharfe Linie und wird am Ende hart hin und her gezerrt. So stark ist der Zug auf die Nylonschnur, daß ich mir Handschuhe überziehen muß, um sie einzuholen. Es sieht gefährlich aus, als ob sie reißen würde. Harald zappelt vor Aufregung selber wie ein Fisch. Der Knirps wird uns doch nicht etwa einen Hai... Die Leine reißt nicht, und in fünf Meter Entfernung zeigt sich der Kämpfer: ein Barracuda!

Es bedarf des vollen körperlichen Einsatzes mehrerer ausgeruhter Mitsegler, um die Beute an dem starken Gaff ins Cockpit zu zerren. Wild um sich schlagend, entblößt der Bursche Zähne, mit denen man nichts zu tun haben möchte.

Harald und die Unterhose haben alle Rekorde gebrochen. Noch nie ist uns der Fang eines so großen und so schweren Exemplars gelungen! Fast fünfzig Kilo wiegt der Barracuda und nimmt mit anderthalb Meter Länge einen Haufen Platz weg. Fische von diesem Kaliber reißen normalerweise einfach die Leine durch oder beißen den Köder ab. Aber Harald hatte seinen großen Tag, das ist mal sicher.

Wohin nun mit dem Berg Fisch? Irgendwer hat die rettende Idee: Wir nehmen ihn als Gastgeschenk für die Kadettenschule mit!

Westsamoa ist ein junger Staat, und das in mehrfacher Hinsicht. Erst 1962 wurde das Land in die Unabhängigkeit entlassen, als Neuseeland sein Mandat über das Inselreich aufgab. Der Reichtum Samoas sind Kinder. Ein Großteil dieses Reichtums sitzt im vorgerückten Alter gammelnd herum und ist arbeitslos. Um diesen Mißstand ein wenig zu mildern, ist in Apia mit Hilfe der GTZ (Gesellschaft für technische Zusammenarbeit) das Marine Training Center mit dem Ziel gegründet worden, so viele Jungen wie möglich von der Straße zu holen und an der neuen Seefahrtschule auszubilden. Denn es werden qualifizierte Arbeitskräfte für die noch im Aufbau befindliche Handelsflotte gebraucht.

Ein Mann der ersten Stunde war dabei unser Freund Christian, Lehrer aus dem altehrwürdigen Lübeck, der in diesem Winkel der Südsee sein Dorado gefunden hat. Wäre er an einer heimatlichen Schule nur einer unter vielen in der Hierarchie des Lehrerkollegiums, so kann er sich in Westsamoa getrost als die rechte Hand des Erziehungsministers betrachten. Vergißt man mal die europäischen Maßstäbe, dann ist Christian nicht nur ein angesehener, sondern auch ein reicher Mann. Er hat ein Häuschen am Pazifik, ein Boot, das milde Klima der Südsee – was könnte ihn noch heimwärts ziehen?

Dicht bei der Fähre nach Savai finden wir das Schulgebäude. Christian bastelt mit seiner Klasse draußen auf dem Platz an den Rettungsbooten. Von fünfzehn Schülern aufmerksam begafft, spielt sich unter großem Hallo und Palaver unser Wiedersehen ab. Wir präsentieren auch gleich voller Stolz unseren Barracuda. Christian schleppt ihn und uns in die Schulküche, wo der samoanische Koch verspricht, unseren Rekordfang anderntags auf die Speisekarte zu setzen, „vorausgesetzt, der Fisch ist in Ordnung!"

Zu unserer größten Verwunderung wird zunächst die Katze mit einem Probestück gefüttert. Falls sie sich morgen noch guter Gesundheit erfreut, bekommt Christians fünfzehnköpfige Klasse den Barracuda auf den Mittagstisch. Ein wenig indigniert sehen wir der Katze beim Kauen zu. So oft wir uns schon von Fisch oder Schalentieren ernährt haben – derartige Vorsichtsmaßnahmen sind uns noch nie in den Sinn gekommen (wen hätten wir auch dazu benutzen sollen?). Unser Superfisch nicht genießbar? Das wäre doch gelacht!

Aber wer zuletzt lacht... Der einheimische Koch ist kein Anfänger. Wir dagegen haben keine Ahnung, welch schlimme Folgen es für die fünfzehn Jungen hätte haben können, ihnen den Riesenfisch vorbehaltlos zu verabreichen. Und wir wissen zu diesem Zeitpunkt auch nicht, daß wir wenig später Grund haben sollen, uns dieser Begebenheit händeringend zu erinnern...

Der Barracuda aber macht uns keine Schande und ergibt ein bekömmliches Festmahl für die ganze Klasse.

Anders als das amerikanische Pago Pago hat Apia ein gewisses Flair, es gefällt uns hier viel besser als in US-Samoa. Schön natürlich auch, an diesem Ort einem bekannten und vertrauten Gesicht zu begegnen.

In aufgeräumter Stimmung, nach vielen durchklönten Stunden, lassen wir vier Shangri-laner Christian, die Kadettenschule und neu gewonnene Freunde zurück, nicht ohne zuvor eine Inselrundfahrt absolviert zu haben. Alles hat sich eingefunden, uns mit großem Bahnhof zu verabschieden. Mit herrlich leichtem, achterlichem Wind laufen wir von Apia aus und können dabei alles zeigen, was wir an Segeltuch zu bieten haben. Das Leben und der Pazifik geben sich an diesem Tag von der freundlichsten Seite. Alle Umstände lassen eine gemütliche zweitägige Kaffeefahrt erwarten. Nur dreihundert Seemeilen sind es bis zur Vavau-Gruppe, den Nordinseln von Tonga – das machen wir bei dem Wetter mit links. Pustekuchen. Wenn man schon glaubt, man denkt...

Ciguatera, das Gift aus dem Meer

Unversehens weitet sich die gemächliche Schipperei zu einem handfesten Acht-Tage-Törn aus, einem knochenharten, der die Belastungsfähigkeit von Schiff und Crew reichlich strapaziert. Schon am zweiten Tag frischt der Wind auf, der anfängliche Ostpassat dreht auf Süd und kommt damit leider für uns aus der völlig falschen Ecke. Zwei Tage lang bolzen wir unverdrossen gegenan, in der dritten Nacht messen wir Beaufort acht. Der Wind bläht sich zum Sturm auf, so daß wir für einige Stunden beidrehen müssen.

Daß es am nächsten Morgen etwas besser aussieht, kann uns nicht sonderlich trösten, denn noch immer müssen wir voll gegenhalten. Dumm ist vor allem, daß wir nicht mal einen genauen Ort nehmen können. Tag und Nacht hält sich der Himmel diskret bedeckt und läßt uns raten, wo wir wohl sein mögen. Und die vor uns liegenden Inseln haben keine Befeuerung, dafür aber eine unsichtbar lauernde Riffkette. Sehr ermutigend. Zum erstenmal überlegen wir, ob uns ein gestecktes Ziel nicht besser gestohlen bleiben kann.

Der Wind macht keine Anstalten, sich zu beruhigen, und die Wolkendecke gibt die Gestirne nicht frei. Es mögen noch vierzig Seemeilen bis zu den ersten Inseln Tongas sein, aber die Sache wird uns zu mulmig. Was, wenn wir mit unserem Standortraten falsch liegen? Knapp daneben ist auch vorbei. Die Vorstellung, unser Schiff nachts an einem Riff zu verlieren, zwingt uns zur Kapitulation. Tonga wird uns ja nicht weglaufen. Jetzt bleibt nur, Kurs auf Fidschi zu nehmen. Aber diesmal haben wir es mit dem Himmel anscheinend gründlich verdorben! Vor der Lau-Gruppe, die den bedenklichen Ruf hat, von höllisch gefährlichen Riffen umgeben zu sein, erwartet uns schon das nächste Schwerwetter.

Was nun? Weiter gegenan? Oder doch zurück Richtung Tonga?

Der Wind hat etwas gedreht, jetzt wäre Tonga wieder günstiger, aber auch weiter. Wir stellen einmütig fest, daß uns die Lust auf Tonga vergangen ist, überhaupt hat sich der Unternehmungsgeist bei Null eingependelt. Die Crew der SHANGRI-LA ist rechtschaffen müde, einträchtig kaputt und ausgepumpt. Ausschlafen wäre mal wieder schön!

Wer Land sehen will, der hebe die Hand. Keine Gegenstimme.

Gegen eine ruppige Kreuzsee kämpfen wir uns durch das Reed Reef in der Annahme, dahinter eine ruhige Verschnaufecke für Schiff und Mannschaft zu finden. Der Ankerplatz in der Lagune scheint jedoch mehr für Schaukelpferde gedacht zu sein: in kurzer Stolpersee tanzt

SHANGRI-LA Rock'n Roll, sehr zum Leidwesen von Marion, die ihr gequältes Dasein sowieso überwiegend in der Horizontalen verbringt und lebensüberdrüssig mit dem Schicksal hadert.

Zum Glück aber entspannt sich die Lage bei eintretender Ebbe. Der hufeisenförmige Korallenwall fällt trocken und bietet ausreichend Schutz vor dem Ostschwell. Auch entschädigt uns die bizarre Schönheit des unbewachsenen Korallengürtels für alle Unbequemlichkeiten. Tolle Motive kommen mir vor die Linse, und ich fotografiere begeistert drauflos. Beim Baden, Tauchen und Angeln schütteln wir die Anstrengungen der harten Segeltage ab. Zu meiner Freude erweist sich der Platz als herrlicher Tauchgrund! Wahre Prachtexemplare der großen Kaurimuscheln sind hier zu finden.

Am Abend gibt es frischen Fisch, von Luggi fachmännisch zubereitet.

Bald nach dem Essen wird mir ein bißchen übel.

Dieser Zustand dauert jedoch nicht allzu lange – dann wird mir sehr übel. Und ehe ich überlegen kann, was das wohl sein mag, gehen Fisch und Zutaten wieder über Bord. Die drei Gesichter, die mich zuerst noch fassungslos angestarrt haben, sind kurze Zeit später mit denselben Symptomen beschäftigt . . .

Die Nacht wird furchtbar. Sie dauert ungefähr zweiundsiebzig Stunden, jedenfalls für mich. Abwechselnd von Schweißausbrüchen und Schüttelfrost gebeutelt, nehme ich meine Umwelt nur noch verschwommen wahr; Magen und Darm machen mit mir, was sie wollen. Ich weiß nicht, ob es hell ist oder dunkel. Der Begriff Zeit kommt mir abhanden. Zwischen den Spurts zum Lokus, die meine Schaumgummibeine auf mir unerklärliche Weise reflexartig bewältigen, tauche ich immer wieder in bodenlose, vernebelte Abgründe. Mal begegnet mir dort die Versuchskatze aus der Kadettenküche und lacht mich hämisch aus, dann erlebe ich in allen Einzelheiten das Ritual einer Seemannsbestattung. Zwischendurch erscheinen mir schemenhaft zwei Nixen, die sich gekrümmt auf dem Achterdeck übergeben. Kenn' ich die? Und irgendwann dringt Luggis Stimme an mein Ohr, er habe Schmerzen in den Gelenken, außerdem sei ihm ein bißchen schlecht. Dabei sehe ich ihn dosenweise Corned beef vertilgen, was meinen Magen erneut von unten nach oben kehrt.

Ich könnte nicht mit Sicherheit sagen, wer ich bin und wie ich heiße, nur daß ich mich mit einem Bein in einer anderen Welt befinde, das weiß ich genau. Denn als es mir nicht mehr gelingen will, den Kühlcontainer auf meiner Brust hochzuatmen, habe ich das bestimmte Gefühl, neben mir selbst zu stehen. Die Luftpumpe in meiner Kehle scheint ihre

Tätigkeit aufzugeben, denn lauter kleine Seekadetten haben meinen Hals in Schifferknoten gelegt . . .

Jemand flößt mir Haferschleim ein. Ich schlucke, ich atme – also lebe ich noch. Zum erstenmal behält der Magen seinen Inhalt.

„Wird auch langsam Zeit", sagt Helga. „Heute ist der vierte Tag. Du bist noch mal von der Schippe gesprungen."

Aus irgendeinem Grund sind die drei anderen glimpflicher davongekommen. Bald schon haben sie sich genügend erholt, um sich über ihren Pflegefall lustig zu machen: „So alt wie sein Gesicht wird der nie."

Als ich völlig entkräftet auf allen Vieren über Deck krieche, argwöhne ich immer noch, daß das stimmen könnte.

Es war der Fisch, daran kann kein Zweifel bestehen. In unserer Einfalt fehlt uns aber die Erkenntnis, wieso gerade dieser so ungenießbar war, haben wir doch schon etliche derselben Sorte ohne Reue verspeist und auch auf den Märkten gesehen.

Später – für mich beinahe zu spät – werden wir über das Geheimnis aufgeklärt. Ciguatera heißt des Rätsels Lösung, ein stark wirksames, wasserlösliches Nervengift. Es kommt in manchen frei schwimmenden Einzellern vor, winzigen Algen, die in den warmen Gewässern der Riffe leben. Ohne selber Schaden zu nehmen, ernähren sich kleinere Fische von dem Plankton, speichern aber das Gift und geben es weiter, wenn sie ihrerseits den Barracudas, Schnapperfischen oder Stachelmakrelen als Mahlzeit dienen. Am Ende der Nahrungskette steht, wenn er Pech hat, ein ahnungsloser Skipper. Je größer der Fisch, um so verseuchter kann er sein. Kein Wunder also, daß der Koch in Apia unserem stolzen Barracuda mit so viel Mißtrauen begegnete! Die Insulaner kennen sich aus und überprüfen die Bekömmlichkeit ihrer Fischgerichte auf eben die Weise, die uns in der Küche der Kadettenschule vorgeführt wurde; eine andere Methode gibt es nicht.

Ein und dieselbe Fischart kann also, je nachdem, wo sie gefangen wird, für den menschlichen Verzehr geeignet, ein andermal jedoch lebensgefährlich sein. Eigentlich ist es nur erstaunlich, daß wir in unserer Unbedarftheit nicht schon früher mit dem Ciguatera Bekanntschaft gemacht haben. In Zukunft werden wir entschieden mehr Skepsis walten lassen, wenn möglich Einheimische befragen oder die verdächtigen Fische ganz meiden. Denn selbst stundenlanges Kochen kann dem Gift nichts anhaben, es ist absolut hitzebeständig. Zusätzliche medizinische Informationen durch unseren Freund Klaus lassen uns noch nachträglich die Haare zu Berge stehen. Wäre zu den mir nun bekannten Symptomen wie Magen- und Darmkrämpfen, extremer Kältempfindlichkeit und Verlangsamung der Herztätigkeit noch die totale Lähmung der Atmungsorgane hinzugekommen, meine Vision von der Seemannsbestattung hätte sich verteufelt schnell bewahrheitet.

Die Verwirrung der Nervenenden, die kaltes Wasser als brennend heiß signalisierten, machte Helga besonders zu schaffen. Luggi war schon am zweiten Tag über das Schlimmste hinweg, hatte nur noch Hautkribbeln und Gelenkbeschwerden. War es die bayerische Kraftnatur, die mir fehlte? Wahrscheinlicher ist, daß ich bei Tisch einfach zu unverschämt zugelangt habe.

Fidschi

„Vier Tage gefastet, aber seit acht Tagen bedient er sich nun schon für drei!"

„Wenn wir nicht aufpassen, frißt er uns noch die Haare vom Kopf."

Keiner hat mich richtig lieb. Aber die Meinung meiner uneinsichtigen Mitsegler über ihren hart geprüften Skipper läßt mich kalt! Ich bin es nämlich meinen geschundenen Innereien schuldig, den beängstigenden Substanzverlust wieder auszugleichen. Zu erschreckend war die Erfahrung. Auf dem Törn nach Suva fange ich an, mich wieder zu erholen, und ich glaube, der Restbesatzung geht es ebenso.

Die Hauptstadt des Fidschi-Archipels, Suva, im Südosten der Insel Viti Levu, ist neben Papeete der zweite große Yachttreff im südlichen Pazifik. Man kann sich darauf verlassen, hier werden sie alle nacheinander wieder eintrudeln – die Boote, deren Silhouetten einem schon von weitem bekannt vorkommen, Gesichter, die man nüchtern kennt oder auch beschwipst, Namen vielleicht auch, von denen man bisher nur durch Hörensagen weiß.

Der erste alte Bekannte taucht schon vor unserem Einlaufen in Suva auf. Draußen vor der Hafeneinfahrt kreuzt eine Yacht, deren deutsche Flagge auf vertraute Weise in drei Streifen zerfällt: kein anderer als unser Freund Hugo mit seinem Tagedieb. Hugo hat Schwierigkeiten, durch den Zickzack-Paß zu gelangen, den er am Tag zuvor bei eintretender Dunkelheit erreichte. Im Verband laufen wir ein und werfen bald darauf Anker vor dem würdigen Royal Suva Yacht Club. Von gegenüber droht mit Stacheldraht und abweisendem Gemäuer das Gefängnis. Man ahnt, daß die hiesigen Methoden bei uns eine Bürgerinitiative für humaneren Strafvollzug auf den Plan rufen würden.

„Royal": einer von vielen Hinweisen darauf, daß noch immer die Königin von England offizielles Staatsoberhaupt des zum Commonwealth gehörenden Inselreichs ist. Zu Fidschi zählen 322 Einzelinseln, und ihre Metropole präsentiert sich als eine der geschäftigsten Städte im pazifischen Raum. Für Segler ist Suva vor allem attraktiv wegen der guten Einkaufsmöglichkeiten bei Ersatzteilen für die Bootstechnik. Und es gibt ausgezeichnete Werkstätten für Motoren, Kühltechnik oder anderes, was am Schiff sanierungsbedürftig ist.

Gleich beim ersten Landgang offenbart sich uns die Stadt quirlig und ausgeschlafen. Papeete war mehr etwas für sonnenanbetende Langweiler, das wird uns erst jetzt klar. Dagegen ist in Suva der Tiger los.

Der knallige Markt zieht uns an. Wie vieler Farben das Auge doch entwöhnt ist durch die See! Und die Pyramiden von Melonen, Orangen, Ananas und Bananen erscheinen uns üppiger, als wir sie je zu Hause gesehen haben. Cumming Street: kein Kitsch, der nicht zu haben wäre!

Zwischen den einladenden Reihen der Duty-free-shops wogt ein menschlicher Ameisenhaufen. Ein kunterbuntes Völkerallerlei gibt der architektonisch eher gesichtslosen Stadt ein überaus fröhliches Gepräge. Viele junge Leute, meist Studenten, aus den weit verstreuten Staaten des Südpazifiks, Fidschianer im traditionellen knielangen Rock, Inder, Chinesen – und jede nur denkbare Schattierung dazwischen. Aus den schönen weißen Dampfern ergießen sich, angelockt von zollfreien Radios, Uhren und Fotoapparaten, Ströme von Touristen als grelle Farbtupfer unter das gelb-braun-schwarze Gewimmel: Jeans und „Lava Lava“, das Fidschi-Röckchen, Hot-pants und seidig-bauschige Saris.

Die Geschäfte sind für die Belagerung gerüstet. Wir halten uns lange genug in Suva auf, um herauszufinden, daß die Ankunft eines Passagierschiffes und der damit verbundene Wettlauf auf die Läden gründlich die Preise verdirbt. Wohin man sieht, nur noch „Sonderangebote“, was man verstehen darf, wie man will, nur nicht so, daß es irgendetwas besonders günstig gebe. Die Welt will betrogen werden, jeder nimmt, was er kriegen kann. Und wenn diese exotischen Sonnenbrillen-Typen in den neckischen Bermudas und mit dem Weitwinkelobjektiv vor dem Bauch so wild aufs Geldausgeben sind, dann sollen sie doch ihren Spaß haben!

Nach einer Weile fassen wir Mut und machen uns beim Einkaufen die ortsüblichen Spielregeln zu eigen, das heißt, wir feilschen wie die Levantiner. Stur bleiben. Nur damit läßt sich der Respekt des Händlers erringen. Mit einiger Übung und Ausdauer können wir die Preise so auf das normale Niveau zurückdrücken.

Neben den Fidschianern mit ihrem prägnanten Afro-look – sie verdanken es dem melanesischen Einschlag, daß sie um einige Nuancen dunkler sind als die Polynesier – fällt vor allem die Vielzahl der Inder auf. In den Vororten bestimmen Kastenzeichen und Sari das Bild. Nachdem das Land 1874 an die britische Krone gefallen war, verfrachteten die Kolonialherren Arbeitskräfte aus den indischen Provinzen auf die Zuckerrohrpflanzungen Fidschis. An der Arbeit dort zeigten sich die eher phlegmatischen Ureinwohner wohl wenig interessiert. Obwohl die Nachkommen jener sicher nicht ganz freiwillig umquartierten Inder heute die Mehrzahl der Einwohner stellen, sind sie für die Fidschis Eindringlinge geblieben, mit fremder Sprache, fremder Kultur und fremden Religionen. Dank mancher überlegenen Begabung befinden sich Handel und Geschäftsleben, Verwaltung und Behörden fest in indischer Hand. Dennoch, auch nach Generationen kann kein Inder in Fidschi Land erwerben. Der Boden gehört den angestammten Fidschis. Ihrer heiteren, gelassenen Mentalität entspricht das ländliche Leben mehr als das städtische, und auf den vielen kleinen Inseln, die wir im Verlauf von drei Monaten besuchen, finden wir die traditionelle Lebensweise noch ungebrochen, das hierarchische System der melanesischen Großfamilie noch intakt. Der Häuptling ist allgegenwärtig, die Behörde sehr weit weg.

In welchem Land der Welt aber wäre die Jugend nicht im Aufbruch, um die eingefahrenen Geleise zu verlassen? Und die Jugend von Fidschi – das sind fünfzig Prozent der Bevölkerung! Schon gibt es eine in Zahlen erfaßte Landflucht, deren Folgen das pazifische Paradies bedrohen könnten: Arbeitslosigkeit, Alkoholismus, Kriminalität. Am Stadtrand von Suva wuchern die ersten Slums: ein trostloser Tausch gegen ein beschauliches Inseldorf.

Noch träumt Fidschi seinen Traum von einer heilen Südseewelt, aber Politiker und Entwicklungshelfer haben begonnen, laut darüber nachzudenken, was den programmierten Konflikt abwenden könnte. Was hat ihn bisher verhindert? Vielleicht die angeborene Fröhlichkeit, die überaus liebenswürdige Sorglosigkeit der dunkelbraunen Afro-Look-Gestalten.

Für uns Besucher bleiben die Schattenseiten des Inseldorados nur schemenhaft. In den Lagunen, auf den Atollen begegnen uns Charme und Herzlichkeit.

Auf der Terrasse des Tradewinds-Hotels sitzt ein Blonder mit Gelehrtenbrille und viel Bart. Ist er's? Oder ist er's nicht?

Nach einem ersten neugierigen Beschnuppern von Suva ankern wir vor dem bekannten Hotel, das außerhalb des Stadtbetriebes an der Bay of Islands liegt. Die Pflichtübung des Einklarierens mitsamt dem staatlich verordneten Begrüßungstrunk („Ni sa bula!") haben wir schon in Levuka, einem der drei Ports of Entry, hinter uns gebracht.

Malerisch ist die Bucht: von drei Inseln abgeschirmt, bietet sie Yachten reichlich Platz. Viel Mudd, darunter aber recht guter Ankergrund. Erst mal die Lage peilen ... Aha, Dingis dürfen am Schwimmponton liegen, der für die Ausflugsboote reserviert ist. Wie praktisch: Yachties, die das Tradewinds halb verschmachtet erreichen, können im Bedarfsfall mit Heckanker gleich vor der Bar festmachen. Für dreißig Fidschi-Dollars hat man dann Strom, Wasser, Dusche und Pool mitgepachtet, dazu Musikbeschuß aus allen Rohren an sechs Tagen in der Woche. Gemäßigtere Temperamente, die mit weniger Phon zufrieden sind, verziehen sich auf die Plätze beim Swimming-pool, wo das Gedudel nur noch gedämpft ankommt. Für fünfzehn Dollar wird die Mooring angeboten, für zehn dümpelt man bescheiden am eigenen Anker, Dusche und solche kulturellen Einrichtungen inklusive.

Und er ist es doch! Der mit dem Bart. Jan Swerts aus Antwerpen, seines Zeichens Einhandsegler. Zuletzt war Papeete unser gemeinsamer „Heimathafen". Man kann sich auch kaum verfehlen auf den Hauptverkehrsstraßen der Südsee, deren Relaisstationen von allen Seglern genutzt werden, bedingt doch der Wechsel der Jahreszeiten für alle die gleiche Route. Aus sämtlichen Teilen der östlichen Inseln treffen die Yachten ein, um dann im Lauf des Oktobers, vor Beginn der Hurrikansaison, nach Süden zu entkommen.

Die SHANGRI-LA-Crew bricht in stürmisches Indianergeheul aus. Im ersten Überschwang entgeht uns fast, daß Jan mit ziemlich gebremster Freude reagiert. Auf unsere Fragen versucht Jan ein schiefes Lächeln, das aber mißlingt.

„Ihr könnt es nicht wissen, aber vor euch steht so was wie ein Reiter ohne Roß. Meine TEHANI – ich hab' sie verloren. Mein Schiff existiert nicht mehr."

Wie abgeschnitten verstummt die Begrüßungsfreude.

Es wird eine lange Nacht, in der wir eine lange Geschichte hören. Eine Geschichte, die für jeden Segler Wirklichkeit werden kann, wie versiert er auch sein mag. Die Statistik behauptet sogar, daß nicht weniger als zehn von hundert Yachten, die zwischen den Fidschi-Inseln segeln, dasselbe Schicksal erleiden wie Jan Swerts und seine Sloop vom Typ Westhinder. Es war der Sturm, durch den wir uns zum Reed-Riff kämpften, der Jan zum Verhängnis wurde. Am Ongea-Riff scheiterte die einst so schöne TEHANI. Aber lassen wir Jan selbst berichten ...

Der Schiffbruch der TEHANI

„Ich setze Segel am Morgen des 20. Juni 1979 in Tongatapu, der Hauptstadt von Tonga, und nehme Kurs auf Suva/Fidschi. Der Wind kommt unverändert stark aus Süd; als ich die Abdeckung der Insel verlasse, steht eine ruppige See. So wechsle ich Fock I gegen Fock II, binde zwei Reffs ins Groß und überlasse der Selbststeueranlage die Pinne. Einer unruhigen Nacht, in der die TEHANI heftig rollt, folgt ein ebensolcher Tag. Rechtzeitig für mein Mittagsbesteck klart der Himmel auf, ich schieße die Sonne und setze den Kurs auf die Mitte der etwa dreißig Seemeilen breiten Passage zwischen Vatoa und Ongea Levu ab. Nichts ist ungewöhnlich an diesem Mittwoch, es ist ein Routinetag wie so viele auf meiner nun zweijährigen Alleinreise um die Welt. Um 18.00 Uhr, nach Kopplung muß ich genau nördlich von Vatoa stehen, ändere ich den Kurs um 15° nach Süd, um gut von Ongea Levu und Fulanga freizukommen. Wiederholt spähe ich angestrengt nach dem Feuer von Vatoa aus, aber nichts ist zu sehen in dieser Finsternis, auch der Mond bleibt hinter der Wolkendecke. Unverändert heult der Wind mit 38 bis 40 Stundenmeilen, und ich bin hundemüde, als ich gegen 21.30 Uhr in die Koje gehe. Das Ausbleiben des Feuers beunruhigt mich nicht weiter, wie oft habe ich im Südpazifik vergeblich nach den (an sich) verzeichneten Feuern gesucht.

Wie lange ich fest geschlafen habe, weiß ich nicht. Als ich jäh aufwache, liege ich quer in der Koje. Dann höre ich ein Geräusch, nicht laut, aber es fährt mir in die Knochen. Nie werde ich dieses Geräusch vergessen: ein dumpfes Schurren, Schaben, Knacken. Plötzlich hellwach, registriere ich: Grundberührung! Mit zwei Sätzen bin ich an Deck, finde Brandungslärm und steil aufgerichtete, schwarze Seen dicht neben mir. Ich erkenne das backstehende Großsegel, reiße die Pinne herum, ohne Erfolg, hole die Großschot durch, da der Baum außenbords hängt und aufs Riff zu schlagen beginnt. Immer heftiger werden die Stöße, unbarmherzig schlagen, schubsen und hämmern die Brecher meine „Geliebte“, wie TEHANI auf polynesisch heißt, aufs Außenriff. Mein braves Schiff liegt stark gekrängt auf der Seite.

Ich klettere in den unteren Teil des Mastes und spähe, zwischen den Wanten hängend, angestrengt voraus, erkenne aber nichts, da ich meine Brille nicht aufgesetzt habe. Mein Gott, das ist doch nicht möglich! Das passiert doch immer nur den anderen, niemals mir, denke ich, als ich fieberhaft zwischen herausgestürzten Büchern, Karten und einem ausgelaufenen Marmeladenglas nach meiner Brille suche. Ich finde sie

Der Schiffbruch der Tehani

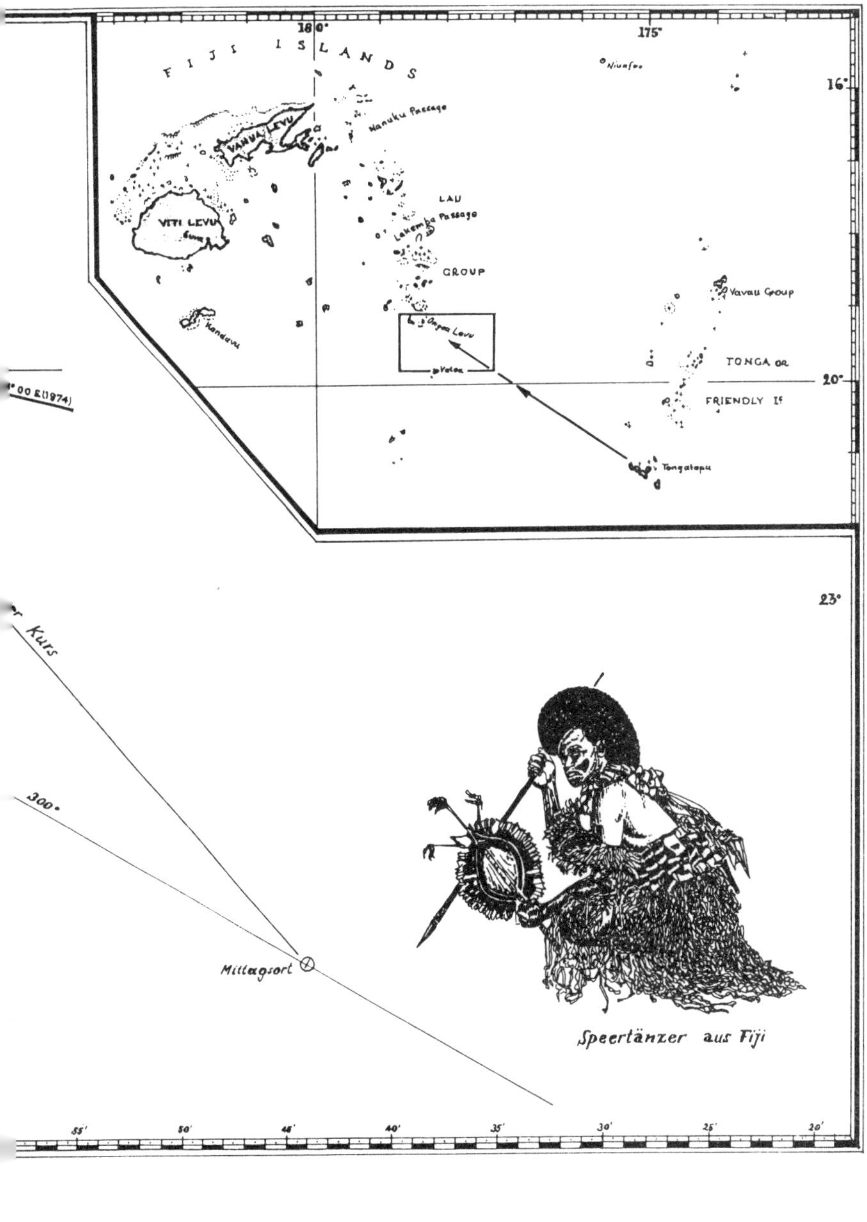
FIJI ISLANDS
180°
175°
16°
20°
23°
VANUA LEVU
VITI LEVU
Nanuku Passage
LAU
Lakemba Passage
GROUP
Kandavu
Ongea Levu
Vatoa
Niuafoo
Vavau Group
TONGA OR
FRIENDLY Iˢ
Tongatapu
Kurs
300°
Mittagsort
Speertänzer aus Fiji
55'
50'
45'
40'
35'
30'
25'
20'

nicht. Und immer diese furchtbaren Schläge, die ich als körperliche Schmerzen spüre, wie von gemeinen Fausthieben. Dazu das eklige Geräusch außenbords, als würde ein Laie mit stumpfem Hobel ein Stück Hartholz bearbeiten. Mit der Reservebrille erkenne ich bald Genaueres: Nur wenige Meter neben mir ragt ein großer Klumpen aus dem Wasser, ein Korallenblock, an dem sich die Seen krachend brechen. Am Horizont wird die Silhouette zweier Bergprofile deutlich. Das muß Ongea-Levu sein. Du bist nach Norden versetzt worden, du hast den Strom nicht berechnet, schießt es mir durch den Kopf. Aber jetzt ist keine Zeit zum Nachdenken, denn im Schiff muß das Chaos aus herausgerissenen Utensilien, aus Schubladen und Borden klariert werden. Das dumpfe Hämmern außenbords wird seltener, die TEHANI bewegt sich auf der Stelle und bäumt sich nur unregelmäßig wieder auf, wenn ein größerer Brecher vom Außenriff heranrollt. Es ist Ebbe. In nur knöcheltiefem Wasser wate ich in Seestiefeln um das Boot, inspiziere den Rumpf. Er scheint kaum Schaden genommen zu haben, nur am Kiel sind größere Polyesterteile aufgebrochen. Das Ruder federt, als ich versuche, es zu drehen. Der Schaft muß also verbogen sein. Doch in mir wächst die Hoffnung und wird zur festen Zuversicht, daß ich mein Schiff retten kann, wenn wir die nächsten hundert Meter bewältigen. Nur so viel trennt uns von der schützenden Lagune.

Mit Taschenlampe und schwerem Hammer laufe ich den vermeintlichen Weg der TEHANI voraus, den sie nehmen muß, wenn die Flut und damit die fürchterlichen Seen erneut einsetzen. Wie häufig bin ich doch mit Petroleumlampe und Handspeer in mondhellen Nächten bei Ebbe auf solch einem Riff gewesen, auf der Suche nach Langusten und farbig glänzenden Muscheln. Vertraut ist mir der würzig frische Geruch von Algen und Korallenstöcken, vertraut auch die Geräusche der herantosenden Brandung, das Glucksen des versickernden Wassers, das Knispeln von Schalentieren und Krebsen. Doch heute ist alles anders: Ich zertrümmere mit meinem Hammer größere Korallenklumpen, die meiner TEHANI den Weg versperren. Dann, mitten in meinen Anstrengungen, erkenne ich mit einem Mal die Sinnlosigkeit meines Tuns. Wie ich dieses Riff hasse!

Es ist drei Uhr morgens, und die Flut hat eingesetzt. Ich verstaue die abgebaute Selbststeuerungsanlage. Ich fühle, wie sich mein Schiff bewegt, wie es erneut unaufhaltsam über die spitzen Korallen gedroschen wird. Das Martyrium meiner TEHANI nimmt seinen Fortgang. Nicht das Wasser, das leise, fast unmerklich zwischen Bodenbrettern und Außenverschalung hervorquillt, sondern der widerliche Geruch nach Polyester

Oben: In Whangarei liegen wir neben dem Nachbau
er Bounty

echts: Nach der Ziegenjagd geht die Arbeit mit
inwecken und Pökeln erst richtig los

Oben: Die Bagwa sind Halbnomaden, die mit ihren Einbäumen in dem unendlich erscheinenden Sumpfgebiet als Jäger und Sammler umherziehen

Unten: von links:
Festival in Port Moresby
Helga auf der Jagd
Die Straße der Monster
Unser Führer Sale

Neu-Guinea: Noch bis vor 50 Jahren waren die Stämme am Fly River gefürchtete Kopfjäger und Kannibalen

ist das erste, das ich wahrnehme. Dann steigt das Wasser rasend schnell, umspielt meine Waden. Ich habe Angst, furchtbare Angst um mein gutes Schiff. In den nächsten fünfzehn Minuten stehe ich bis zu den Hüften im Wasser am Niedergang und pütze wie besessen mit einem Eimer, doch ohne Erfolg. Mit steigender Flut steigt auch das Wasser gleichmäßig in der Kajüte. Ich muß Vorkehrungen treffen, um das Boot zu verlassen, das zu sinken droht.

Normalerweise bringe ich in einer knappen Minute das Schlauchboot zu Wasser. Doch jetzt arbeite ich kniend, liegend, mal auf dem Großbaum, dann auf der Seereling. Ich zerre und reiße, ich schreie, fluche und heule. Die Zeit verrinnt, kostbare Zeit. Endlich ist das letzte Haltetau, schon unter Wasser, durchtrennt, da hebt der Wind das Boot und klemmt es zwischen Dirk und Großsegel ein. Erst nach einer Ewigkeit tanzt es neben der TEHANI. In der Kajüte reiße ich die schwarze Mappe mit den Papieren und dem Geld aus dem Bord, hole Sextant, Fotoapparat, Wasserkanister und den Beutel mit Seenotraketen. Erst jetzt wird mir bewußt, daß ich die ganze Zeit nackt herumgelaufen bin; mehr durch Zufall finde ich Jeans und ein T-Shirt.

Über eine Stunde verbringe ich durchnäßt und frierend neben der TEHANI im Dingi. Noch nie war ich so einsam, fühlte ich mich so hilflos, verlassen und erschöpft. Sonst hatte mir die Einsamkeit nie zu schaffen gemacht, TEHANI war mir Gesellschaft genug. Die Nacht zum 21. Juni ist die schrecklichste meines Lebens. Tatenlos muß ich zusehen, wie kurze, gemeine Hackseen meine tapfere TEHANI prügeln. Sie liegt mittlerweile bis zum Kajütaufbau im Wasser, kurze Wellen knallen schon darüber hinweg, verlaufen sich in den Segeln. Wie ein waidwundes Tier im Todeskampf bewegt sich mein Schiff, wenn eine besonders große See es geißelt.

Auf einmal wird TEHANI wie von unsichtbarer Hand von mir fortgezogen. Ich begreife nichts; erst als mir bewußt wird, daß das gewohnte Klatschen des Wassers am Dingi ausbleibt, erkenne ich die Situation. Nicht die TEHANI, das Dingi treibt, es muß sich losgerissen haben. Die messerscharfen Korallen haben den Ankertampen durchgescheuert. Ich rudere aus Leibeskräften gegen Strom und Wellen an, verharre nur, um Spritzwasser auszuschöpfen, und rudere erneut. Einmal meine ich, die Umrisse meines Schiffes zu erkennen, rudere wie besessen auf das Phantombild zu, resigniere dann und lasse mich treiben. Das Bild ist verschwunden. Im Osten erscheint bereits der erste Schimmer des anbrechenden Tages. Die Insel Ongea Levu ist deutlich auszumachen, sie liegt ja nur fünf Seemeilen vom Riff entfernt. Strom und Wind setzen mich direkt aufs Land, gegen 7.30 Uhr ziehe ich mein Dingi in einer kleinen malerischen Bucht auf den Strand. Das alles wird mir später niemand glauben, es ist wie im Film, wie bei Robinson, denke ich zermürbt. Ich wringe meine Kleidung aus und lege mich ins Dingi zum Schlafen.

Nur kurz will ich die Erschöpfung bekämpfen, der Gedanke an die TEHANI draußen am Riff läßt mich nicht ruhen. Bald bin ich im Dorf, von einer Schar freudig kreischender Kinder begrüßt. In der Krankenstation schaufle ich ein Riesenfrühstück in mich hinein. Das ganze Dorf ist auf den Beinen, jede meiner Bewegungen wird von unzähligen dunklen Augenpaaren registriert. Ich bin die Sensation des Tages. Frisch gestärkt erkläre ich meinen neuen Freunden die Lage der TEHANI, erläutere meine Pläne zu ihrer Rettung. Wie gut, daß man auf Fidschi englisch spricht. Es gibt für mich keinen Zweifel, daß ich die TEHANI wieder flottbekommen werde, daß ich nach Abdichtung des Lecks und anschließender Reparatur meine Reise fortsetzen kann. Mit fünf Auslegerkanus kreuzen wir am frühen Nachmittag zum Außenriff auf. Nur nebenbei fällt mir auf, welch hervorragend schnelle Segler diese Fahrzeuge sind.

Meine Augen werden magisch von dem dunklen Punkt angezogen, der die TEHANI sein muß. Das Wasser läuft bereits ab, die letzten Meter legen wir schwimmend zurück, hetzen übers Riff. Welch' ein Anblick: Zerfetzt hängen die Segel herunter, Oberwant und Vorstag sind gebrochen, das Ruder baumelt an den Beschlägen, als hätte es nie zum Bootskörper gehört. An Bord stockt mir der Atem: Eingeklemmt in den Niedergang steckt ein großes Stück Polyester, es ist ein Teil der Außenhaut mit anlaminierten Holzteilen. Wir zerren mit vereinten Kräften, schlagen mit der Machete den Niedergang frei. In der Kajüte selbst sieht es aus wie nach einer Explosion. Zertrümmerte Einbauteile, Konserven, Wäsche und Geräte liegen in wüstem Durcheinander. An der Backbordseite, die den Korallen ausgesetzt war, klafft ein Riesenloch, gut vier Quadratmeter groß. Ein Korallenstock, der wie ein Prellbock gewirkt haben muß, steht mitten im Raum, unerschütterlich. Er wird die TEHANI nie mehr hergeben. Aus, Schluß – Ende der Reise!

Wie in Trance wanke ich zurück zum Cockpit, nehme das Geschehen um mich herum nur unbewußt wahr. Dumpf höre ich die Jubelschreie der braunen Gestalten in bunten Gewändern, die den Leidensweg der TEHANI übers Riff zurückverfolgen und beim Anblick meiner verstreuten Habe in spontane Freude ausbrechen, wie Kinder beim Ostereiersuchen! Ich fühle mich leer, ausgebrannt und unfähig, in den Prozeß der Demontage einzugreifen, den meine Begleiter mit Wonne vollziehen. Andererseits, sage ich mir, wenn du vor hundertfünfzig Jahren hier gestrandet wärest, dann würdest du jetzt im Suppentopf sitzen, und die kernigen Gesellen würden mit gleicher Begeisterung das Feuerholz für dich zusammensuchen. Während ich diesen Gedanken weiterspinne, fühle ich, daß so etwas wie ein Glückshauch mich streift. Ich bin davongekommen und lebe!"

Klar, daß Jan für die nächsten Wochen unser neues Crewmitglied wird. Unser Ziel ist Neuseeland und Jans eine neue TEHANI.

SHANGRI-LAS Ahnen

Am Mahagoni-Riff stranden sie alle. Wir zwangsläufig auch, aber ohne Gefahr für SHANGRI-LA. Schiffe gehen eigentlich nicht zu Bruch am Tresen des RSYC, höchstens mal ein paar Gin-Tonic-Gläser, wenn in mancher Nacht die Wellen hochschlagen. Wer da abends als Havarist klebenbleibt, hat aber möglicherweise anderntags mit einem Taifun im Schädel zu kämpfen.

Die skurrilsten Typen kann man aufgereiht beisammen sehen. Webb Chiles ist wieder aufgetaucht, der schnurrige Amerikaner, der in seinem Dingi von Los Angeles nach Papeete gereist war. Hier in Fidschi, wundert er sich, sei das Einklarieren für ihn etwas verzwickt gewesen. Bei den Behörden hatte man ihn offenbar freundlich aufgefordert, doch bitte seine Yacht vorzuführen, das Beiboot interessiere eigentlich keinen.

„Die wollten einfach nicht kapieren, daß das Dingi meine Yacht ist." Kopfschütteln in der Runde. Kann man denn so begriffsstutzig sein? Letztlich ist der Sachverhalt aber wohl geklärt und auf die allseitige Verwirrung ein Kava gehoben worden oder zwei. Oder drei. Wer weiß das hinterher noch so genau? An das milchige Gesöff muß man sich in der Südsee gewöhnen, ob man will oder nicht. Keine mehr oder weniger offizielle Handlung, bei der man um das Zeug herumkäme. In Fidschi nennen sie es auch Yaqona, nach der Pflanze, aus deren Wurzel es gebraut wird.

John ist der schweigsame Mann, der sich mit Rücksicht auf sein Budget die ganze Nacht an einem Bier festhält, aber kalt muß es sein, am besten halbgefroren. Zu John gehört ein blonder Zwerg, der als erklärter Liebling der ganzen Gemeinde nach Strich und Faden verwöhnt wird. Nur während der Sommerferien darf der Sprößling aus Johns

Tevake

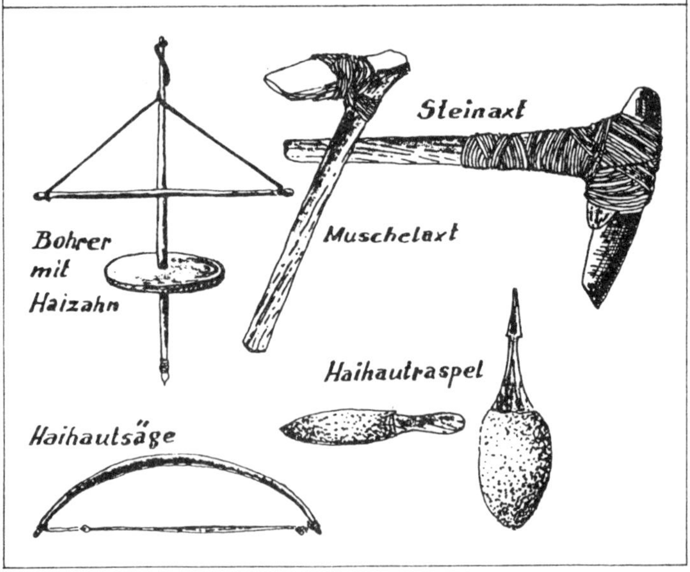
Steinaxt
Bohrer
mit
Haizahn
Muschelaxt
Haihautraspel
Haihautsäge

geschiedener Ehe mit Daddy segeln. Insider wissen schon von der Tragödie, die sich abspielt, wenn die schöne Zeit für Vater und Sohn zu Ende geht. In der Fahrtenseglerszene ist das Ausgefallene das Normale, aber wenn John, sein Stammhalter und LITTLE BOAT irgendwo aufkreuzen, gucken die Yachties zweimal hin.

„Was ist *das* denn?“

Das ist ein Doppelender von der Form eines portugiesischen Fischerdorys, ein Schiff von archaischer Einfachheit, scheinbar aus grauer Vorzeit in die Gegenwart gesegelt und im Vergleich zu allem, was sich Yacht nennt, geradezu primitiv. Für John aber ist es das Boot, das er wollte, ein schlichtes Gefährt für einen bescheidenen Mann, der bewußt auf den Komfort des zwanzigsten Jahrhunderts verzichtet.

Gewiß, das ist nicht jedermanns Sache. Wer unter den Yachties wäre noch bereit, sogar auf ein Mindestmaß an Annehmlichkeit zu verzichten? Wer aber kann auch von sich behaupten, er habe sein Schiff mit eigener Hand geschaffen? Bei John war eben schon der Anfang anders als bei uns: „Ich fand eine wunderbare Pinie und sagte zu dem Förster: ‚Den Baum kaufe ich.‘“ Aus der Pinie wurde LITTLE BOAT, Zeugnis der tiefen Naturverbundenheit eines ungewöhnlichen Menschen. Vor welcher Küste John auch aufkreuzen mag, immer und überall wird LITTLE BOAT mehr Ähnlichkeit mit den Booten der Einheimischen haben als mit den besuchenden Yachten. Was zur Folge hat, daß er nach einer halben Stunde mit Menschen bei Tisch sitzt, die ihn ohne weiteres als ihresgleichen betrachten.

Weshalb sind wir so stolz darauf, mit Niro und Polyester angeschippert zu kommen? Unsere Schiffe weisen uns für die Südsee-Insulaner als eine fremde Kategorie Leute aus; es ist weniger unsere Farbe, weniger unsere Sprache, sondern eher der Aufputz, in dem wir daherkommen. So anpassungsfähig können wir uns gar nicht geben, um nicht doch Gäste aus einer anderen Welt zu bleiben. John aber erfährt und erlebt, wovon die Barriere unserer Fortschrittshörigkeit uns immer trennen wird.

„Häuptling Udre Udre verspeiste in seinem Leben 999 Menschen. Man weiß das so genau, weil Udre Udre nach einem jeden dieser Festmahle einen Stein neben seine Hütte legte.“

Das geht denn doch über unsere Vorstellungskraft. Unwillkürlich schluckt man trocken.

„Ist ihm der letzte nicht bekommen?“ Diese Frage ist nun wieder typisch Luggi.

Mr. Clunie, der Direktor des Fidschi-Museums, lacht herzlich. „Das, Mr. Bareuther, ist leider nicht überliefert."

Unser Besuch bei Mr. Clunie ist kein Zufall. Wir sind mit der Gewißheit gekommen, daß das Fidschi-Museum uns interessante Einblicke vermitteln kann – nicht nur in die Frühzeit der Südsee-Besiedelung, sondern vor allem in die Vorgeschichte der Katamarane. Denn Doppelrumpfboote waren im Südpazifik schon vor Christi Geburt gebräuchlich. Wir stehen hier also sozusagen an der Wiege der SHANGRI-LA. Eine ihrer Ahnen, eine Drua, ist im Modell aufgebaut, und wir kommen aus dem Staunen nicht heraus, wie weit die Schiffsbaukunst in der Südsee damals schon entwickelt war. Es gab hochseetüchtige Doppelkanus, mit denen Tausende von Meilen zurückgelegt wurden. Manche Drua war über dreißig Meter lang und wurde von einer vierzigköpfigen Besatzung gesteuert. Rinder konnten in den Rümpfen transportiert werden, und wenn's darauf ankam, fanden auch zweihundert Krieger darin Platz. Die brauchten auf längeren Reisen nicht zu darben, man hatte offene Feuerstellen an Bord, groß genug, um unterwegs Schweine am Spieß zu braten! Bis zu sieben Jahre waren die Altvorderen mit dem Bau eines solchen Großseglers beschäftigt, und die ganze Dorfgemeinschaft beteiligte sich daran. Was nicht heißt, daß alle am Boot herumwerkelten, viele hatten ausschließlich die Funktion, die zahlreichen Feste zu organisieren, von denen die Entstehung einer Drua unbedingt begleitet sein mußte. Ohne Feierlichkeiten, bei denen man die Gunst der Götter beschwor, konnte kein Bootsbau gelingen. Na ja, und bei so einer Fete kamen eben jede Menge Feinde auf den Tisch . . .

Muß ein geselliger Typ gewesen sein, der Udre Udre.

Uns eingefleischte Doppelrumpf-Fans interessiert natürlich die Konstruktion und Beschaffenheit der Riesenkatamarane. Mögen die Frühzeit-Fidschis auch Kannibalen gewesen sein, vor ihren handwerklichen Fähigkeiten kann man nur Respekt haben, vor allem, wenn man berücksichtigt, womit sie ihre Boote zusammenzimmerten.

„Geräte und Werkzeuge aus Eisen", erläutert der freundliche Herr Clunie, „waren bis zu den ersten Kontakten mit Europäern im Südpazifik unbekannt." Man verstand es, mit Muschel- und Steinäxten Holzstämme zu sauberen Planken zu verarbeiten, denn Einbäume eigneten sich ja nicht für die großen Druas. Bohrwerkzeuge, mit Haifischzähnen bestückt, Sägen aus einem Holzbügel und gedrehter Haihaut, Feilen, ebenfalls mit Haihaut umwickelt – das war das Rüstzeug, mit dem die Werftarbeiter des Altertums Spanten, Träger und Decksbalken schufen. Alle Teile eines Katamarans wurden mit Kokostauwerk fest zusammen-

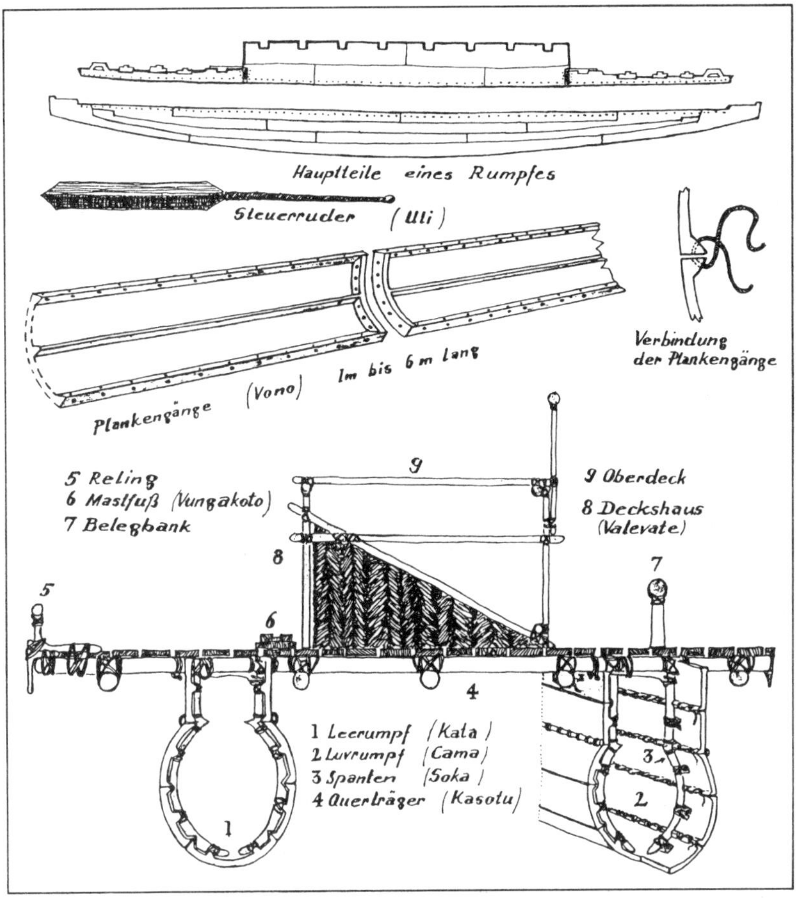

genäht, und als Kalfaterung stopften sie eine Mischung aus Kokosfasern und gekautem Brotfruchtfleisch zwischen die Planken. Für die Segel waren die Frauen zuständig, sie verflochten dazu die Blätter der Pandanuspflanze, die auch für Matten und Fischnetze Verwendung fanden. Muschelornamente kamen als Schmuck an die fertigen Rümpfe, Steven und Aufbau wurden mit religiösen Schnitzereien verziert.

Schließlich war denn auch der Stapellauf einer Drua eine feierliche Kulthandlung (vermutlich wieder mit Galadiner), bei der Schiff und

Besatzung dem Schutz der Götter anbefohlen wurden. Doch allein auf ihr Wohlwollen mochte man sich offensichtlich auch nicht verlassen, das beweisen die Exponate uralter Navigationskarten, die das Museum verwahrt. Leider lebt niemand mehr, der eine solche Karte lesen könnte. „Ich weiß nur", bedauert Mr. Clunie, „daß die Striche und Linien die Bahnen bekannter Gestirne bedeuten, was der nächtlichen Orientierung diente. Und die Kaurimuscheln an den Schnittpunkten kennzeichnen die Inseln."

Nichteingeweihte können daraus nicht schlau werden.

„1972 starb Tevake von den Banks Inseln", fährt der Museumsdirektor fort, „der letzte der alten Seefahrer, die das Geheimnis der Karten noch kannten. Tevake wollte im hohen Alter seinen Verwandten nicht zur Last fallen, deshalb verabschiedete er sich eines Tages von allen und segelte mit seinem Katamaran zur letzten großen Reise hinaus. Die Wissenschaft von der traditionellen Fidschi-Navigation nahm er mit in sein nasses Grab."

Bleibt die Frage, wie man denn überhaupt bei Tag navigieren konnte?

„Da werden Sie sich wundern. Die frühen Pazifikfahrer hatten genaue Kenntnisse von bestimmten Naturgegebenheiten, die sie für die Navigation nutzten. So wußten sie typische Wolkenformationen zu deuten, die sich nur über Land bilden, auch der Flug der Vögel wies ihnen die Richtung, und selbst veränderte Wellenmuster gaben ihnen Auskunft über die Lage der Inseln. Wie die Chronik berichtet, konnte ein guter Navigator bis zu vier verschiedene Wellenbewegungen unterscheiden und auswerten. Sehen Sie sich mal diese Zeichnung an."

Drei heiße Köpfe beugen sich tief über den Tisch. Längst sind wir eingetaucht in eine farbige Vergangenheit, die so fremd gar nicht mehr anmutet. Das Bild zeigt den Kapitän einer Drua, der seine Hand ins Wasser hält, um festzustellen, ob er sich in den Gewässern von Fidschi befindet! Unser Experte übersetzt den erläuternden Text: „Für eine noch genauere Prüfung des Standorts setzte sich der Navigator bis zu den Hüften ins Wasser und ließ die Bewegung des Ozeans zwischen seine Beine fließen, weil er dort am empfindlichsten wahrnehmen konnte . . . Tja", freut sich Herr Clunie über unsere Gesichter, „das muß man der Chronik wohl glauben."

Unsere Horrorvision vom menschenfressenden Udre Udre verblaßt, und immer mehr Mosaiksteinchen fügen sich zu einem beeindruckenden Bild der frühen Pazifikvölker zusammen. Vor Hunderten von Jahren hatten sie die Nautik weiter entwickelt als die europäischen Seefahrer zur selben Zeit. Und sie sahen kaum anders aus als ihre Urenkel, die freundlichen braunen Gestalten, denen wir hier in den Dörfern und auf den Straßen begegnen. Sie segelten schon vor der Zeitenwende zwischen Neuseeland, Hawaii und der Osterinsel hin und her, einem Seegebiet, so groß wie der Nordatlantik: Tausende von Seemeilen mit Doppelrumpfbooten, den Ahnen unserer SHANGRI-LA!

Bewaffnet mit einer Handvoll neuer Argumente für die häufigen Diskussionen um das Für und Wider der Katamarane, verlassen wir das Fidschi-Museum.

Olympia im Pazifik

Marion ist glücklich. „Ihr glaubt es nicht, aber ich hab' einen Job gefunden! Ich kann tatsächlich in Suva bleiben!"

Strahlend ist sie aus der Stadt zurückgekommen und wird nun von allen Seiten beglückwünscht: „Tolle Sache! Wie hast du das geschafft?"

Na, Kunststück. Marions Englisch ist perfekt, das haben wir schon oft bewundert, und damit kann man eben überall etwas anfangen. Nun packt sie ihre Siebensachen, um als Sekretärin in irgendeinem Büro der Fidschi-Hauptstadt zu arbeiten. Bestimmt vergißt sie die Monate auf SHANGRI-LA genausowenig wie wir. Vielleicht ist sie aber sogar froh, der Enge an Bord entfliehen zu können, denn es herrscht Gedrängel auf der geduldigen SHANGRI-LA, seit Jan Swerts, der traurige Robinson, bei uns eingezogen ist. Ehrensache, daß wir ihn in die südlichen Gefilde mitnehmen. Jan hofft auf seine Bootsversicherung und daß das Geld reicht, damit er sich in Neuseeland nach einer neuen TEHANI umsehen kann. Sein von den Korallen zerrupftes T-Shirt, Souvenir seines Mißgeschicks, ist zur Attraktion geworden und wird allseits mit wohligem Schaudern bewundert.

Vor dem Klub ist die Flotte der Fahrtenyachten inzwischen auf über dreißig Boote angewachsen. Die Reihen füllen sich, allen sitzt die Taifunzeit im Nacken, die die Segler von den Südseeinseln vertreibt. Man ist gut beraten, die kommenden Monate auf dem Fünften Kontinent oder in Neuseeland zu verbringen. Aber noch einmal versammelt sich die internationale Armada in Suva, und zwar zum großen Hibiskusfestival, dem jährlich wiederkehrenden Karneval. Diesen Klamauk will jeder noch mitnehmen, vor allem, weil er diesmal mit den South Pacific Games zusammenfällt, der regionalen „Olympiade". Olympia in Fidschi, wer weiß das überhaupt in Europa?

Einem Ameisenhaufen glich Suva ja vorher schon, aber diese vierzehn Tage übertreffen den sonst üblichen Wirbel noch um einiges.

Rambazamba, wohin man die Nase steckt. Ein Hauch der großen weiten Welt weht durch die farbenfrohen, überquellenden Straßenzeilen.

Den Olympischen Spielen sind die „Games" zwar nachempfunden, aber es gibt doch Unterschiede, wohltuende Unterschiede. Unbürokratisch hat man eine Reihe von Disziplinen ins Programm aufgenommen, die in den Pazifikstaaten besonders populär sind, nämlich Squash, Golf, Bowling, Rugby und Kricket. Die Segelwettbewerbe beschränken sich dagegen nur auf die Hobie-Cat-Regatten. Sympathisch, daß das hier nicht die überorganisierte Supershow ist, keine Bühne für den Selbstdarstellungsdrang der Funktionäre, sondern ein Fest für Sportler. Der sonst im Zeichen der fünf Ringe um sich greifende Gigantismus fehlt. Oft bleibt die Organisation auf der Strecke, nichts klappt so richtig, aber das macht das Ganze erst anrührend menschlich. In beinahe familiärer Atmosphäre werden die Wettkämpfe ausgetragen, und wenn es den vielstrapazierten olympischen Geist überhaupt gibt – hier ist er noch am ehesten zu spüren. Teilnehmen ist alles! Von Abgeklärtheit keine Spur. Da sieht man keine psychologisch gedrillten Roboter an den Start gehen, denen der Instrukteur nicht von der Seite weicht. Lampenfieber ist erlaubt, und Tränen dürfen fließen, was denn auch ausgiebig geschieht, mit Medaille oder ohne, auf dem Siegertreppchen und daneben.

Von der Weltspitze sind sie weit entfernt, die Aktiven von den entlegenen Südseeatollen, wo sonst also könnten sie sich international messen? Die South Pacific Games sind das ganz große Ereignis ihres Lebens.

Und für uns ist es erfrischend, dabei zu sein.

„Die deutsche Flotte ist da!" ruft uns die Sekretärin des Yachtklubs entgegen; gerade kommen wir nach Hause gebummelt, heim zur SHANGRI-LA. Ein paar schöne Tage über Land, auf Inseltrip, waren eine willkommene Abwechslung nach dem Olympia- und Hibiskustrubel.

Tatsächlich, während unserer Abwesenheit ist eine deutsche Invasion gelandet. Der Katamaran BUMMLER 10, die FRAM, die MERO, die ORPLID, die CANIS MINOR und MIKADO liegen in trauter Runde vor Anker. Oft haben wir die Namen gehört, wenn andere Yachties erzählten, nun endlich ist die Gelegenheit gekommen, die deutschen Weltumsegler persönlich kennenzulernen. Was für ein Meeting, wir sind völlig aus dem Häuschen!

Es werden feuchtfröhliche Tage, die letzten in Suva, denn lange läßt sich der Aufbruch nicht mehr hinausschieben. Tage der Begegnung, der Herzlichkeit. Schade, daß die muntere Clique nicht früher gekommen ist. Axel mit der FRAM und Klaus von der MERO sind Einhandsegler aus Berlin und Hamburg, aber gemeinsam unterwegs, seit sie sich in irgendeinem Hafen kennengelernt und festgestellt haben, daß sie dieselbe Route segeln wollen. Seitdem bleiben die beiden Boote stets in Sichtweite. Bei Flaute kommt es dann auch vor, daß MERO und FRAM irgendwo auf dem Ozean im Verband vor sich hindösen, abwechselnd wird hüben oder drüben das Essen gebrutzelt und in Gemeinschaft gespeist.

„Dr. Klaus“, Skipper der MERO, hat seinen Wirkungskreis als Internist am Altonaer Krankenhaus verlassen, Axel, Elektroingenieur und Gewerbelehrer, wartet weltumsegelnd auf eine Anstellung. Passionierte Taucher sind sie, das trifft sich gut. Endlich habe ich zwei Gesinnungsgenossen, die meine große Leidenschaft für Unterwasserspaziergänge teilen. Wie sich bald herausstellt, sind die beiden sympathischen Typen sogar ganz ausgebuffte Experten, sie tauchen frei an die zwanzig Meter tief! Leider sind Axel und Klaus auf dem Sprung nach Australien, deshalb werden sich unsere Wege bald wieder trennen. Aber wie wär's, wenn wir vor dem Törn nach Süden noch ein paar Tage zusammen auf Tauch- und Angeltour gingen? Abgemacht! Am besten in die Kandavu-Gruppe, sie liegt sowieso am Weg.

Die Zeit ist gekommen, wir müssen von Suva Abschied nehmen. Nach und nach wird nun die deutsche Seglerkolonie abbröckeln und jeder sich auf seine Route begeben. „Isa lei, Fiji!“ Auf Wiedersehen, es waren herrliche Monate, und die Trennung fällt jetzt, in der netten Runde, besonders schwer. Natürlich sehen wir uns bald wieder, ganz bestimmt! Umarmungen, Verabredungen – aber wird man sie einhalten können? Verstohlen wischt man sich das Salzige von der Wange, dann ist es soweit.

Kurs: Neuseeland. Aber noch begleiten uns MERO und FRAM.

Meli, von weiblicher Gattung wie die meisten Wirbelstürme (damit muß es doch eine Bewandtnis haben), fegte am 27. März 1979 über Fidschis südliche und östliche Inseln und zerfetzte mit vernichtender Gewalt alles, was nicht stabil genug war. Mit anderen Worten: Es blieb kein Stein auf dem anderen. Am Tag danach boten die verwüsteten Inseln den Anblick einer Kriegsregion nach schwerer Bombardierung. Einstürzende Häuser und herumfliegende Trümmer hatten Mensch und Tier erschlagen, allein die morschen Gemäuer einer Kirche begruben neunzehn Menschen, die darin Schutz gesucht hatten; die Überlebenden mußten sich evakuieren lassen, zurück blieben nur die zerfledderten Überreste einer weitgehend zerstörten Vegetation. Auch zwei Yachten fielen dem Hurrikan zum Opfer; entweder hatten sich die Skipper nicht für den Wetterbericht interessiert, oder sie waren zu weit draußen gewesen, um sich in die Mangroven der Flußmündungen retten zu können.

Wir ankern vor Ndravuni, einer dieser Inseln, deren Namen man bestenfalls schreiben, aber kaum aussprechen kann. Noch immer ist die Insel, wie die meisten der Kandavu-Gruppe, von den Spuren gezeichnet, die Meli vor mehr als einem halben Jahr hinterlassen hat. Doch die Menschen sind inzwischen zurückgekehrt – in Dörfer, die keine mehr sind, sondern nur eine dürftige Ansammlung zugiger Armeezelte, gestiftet von Uncle Sam.

„O je", murmelt Helga, kaum daß wir die Szene in Augenschein genommen haben, „ich seh' schon, das ist wieder eine Aufgabe für unser pazifisches Sozialprogramm."

Trotz ihrer trüben Situation kommen die tabakbraunen Einheimischen zu einer ausgelassenen Begrüßung angestürmt. Vielleicht weckt der Anblick unseres segelnden Knallbonbons schon Hoffnungen auf Zigaretten und abgelegte T-Shirts. Sie werden auch nicht enttäuscht, was wir entbehren können, wandert an Land.

Abends treten die Damen dann in Helgas hervorgekramten Klamotten auf, und aus Dankbarkeit werden wir, wie könnte es anders sein, mit Kava bewirtet. An dem Zeug scheint es nie Mangel zu geben. Schon gut, Leute, nett gemeint, ist aber wirklich nicht nötig . . . Leider darf man das nur denken.

Am nächsten Tag hat Dr. Klaus Sprechstunde, von morgens bis Sonnenuntergang. Reihenweise treten die Patienten an: Tropengeschwüre aufschneiden, Antibiotika verteilen . . . Schneiden, Pillen . . . Schneiden, Pillen . . .

Am Sonnabend geht's endlich zum Fischen!

Die gesamte männliche Dorfjugend entert SHANGRI-LA und will mit zum Außenriff, denn die Beute soll fürs Wochenende reichen – für alle. So heißt es also „Feuer frei!" für die Harpunierer, und die Beute kann sich sehen lassen. Fasziniert bestaunen die Fidschis, daß wir doppelt so viel anlanden wie sie. Na ja, ohne Schwimmflossen wären auch wir nicht so erfolgreich. Und ihre Harpunen, frei abgeschossen wie Katapulte, sind wohl nicht ganz effektiv.

Seit dem Reed-Riff beäugen wir jeden Fisch mit Mißtrauen und sind sehr pingelig geworden mit dem, was wir in die Pfanne geben. Auch Klaus und Axel haben ihre Erfahrung mit Ciguatera gemacht, sie hat es in Moorea erwischt und zwar noch schlimmer als uns. Sollen wir wirklich . . .? Oder vielleicht doch lieber Langusten? Großmütig stiften wir den ganzen Fang der Dorfgemeinschaft, dafür kriegen wir heute abend sicher wieder Kava. Drei dicke Langusten legen wir für den eigenen Bedarf zurück: sicher ist sicher.

Die Tage fließen dahin, und wir wissen, daß sie gezählt sind. Die Stunde des Abschieds kommt auch für Axel, Klaus und uns.

Also, dann macht's mal gut, ihr beiden. Es war eine schöne Zeit, und daß wir uns wiedertreffen irgendwann – gar keine Frage!

AUF NEUEN KURSEN

Mit dem Kran nach Raoul Island

Wenige Tage nach Verlassen Ndravunis ist uns klar, daß der Trip nach Neuseeland keine Kaffeefahrt wird. Der Wind läßt keine Richtung der Kompaßrose aus, und durch einen länger anhaltenden stürmischen Südwest stehen wir bald so weit östlich unserer Kurslinie, daß die Inselgruppe der Kermadecs einen Stopp geradezu herausfordert. Bei herrlichstem Wetter runden wir nach sechs Tagen Raoul Island, auf dem eine mit Neuseeländern besetzte Wetterstation sein soll.

Erinnerungen an die Robinson-Crusoe-Insel werden wach, denn auch Raoul Island, dieser grüne Klotz, ist vulkanischen Ursprungs und bietet noch schlechtere Ankermöglichkeiten als Juan Fernandez. Der Pazifikschwell brandet ungehemmt an grauschwarze Klippen. Wie soll man da bloß an Land kommen? Auf einem Felsvorsprung thront ein Ladebaum, dahinter steht eine Bude mit der verwitterten Aufschrift: Welcome to Raoul Island. Das also muß der Landeplatz sein – genauso wie es unser Wahrsager, das Pilotbuch, beschrieb.

Am Berghang schaukelt ein kleiner rostiger Lkw in halsbrecherischen Kurven zur Landestelle. Vier Gestalten springen heraus, winken und machen sich am Kran zu schaffen. Man erwartet uns. Was jetzt folgt, ist eher etwas für Artisten. Der Kran schwenkt aus, eine Leiter senkt sich herab zu unserem Dingi, schnell greifen wir in die Sprossen, gerade dann, wenn das Dingi von einem Wellenberg angehoben wird, und ab geht die Luftreise. Luggi als letzter knotet den Tampen des Dingis mit an die Sprossen, nachdem die Riemen festgebändselt sind, und schon schwingt die Last Richtung Land, über brechende Gischt und zerrissene Lava.

SHANGRI-LA dümpelt währenddessen aufgeregt an ihrem offenen Ankerplatz. Raoul Island wird für uns zu einem Zwischenstopp, den wir nicht sorglos genießen können, denn Inseln mit solchen Ankerplätzen halten einen in ständiger Bereitschaft: Was wird, wenn der Wind dreht? Ist der Schwell stärker geworden? Hält der Anker? Helga ist zwar als Ankerwache zurückgeblieben, doch bei plötzlich aufkommendem Sturm muß die Zirkusnummer „Zwei Segler mit Dingi am Trapez“ zu einem kaum kalkulierbaren Risiko werden.

Doch für die Wetterprognosen sind wir in Expertenhand. Auf Raoul leben neun Wetterfrösche. Sie haben Ein-Jahres-Verträge, langweilen sich nach Kräften, aber nehmen ihre Verbannung dennoch in Kauf, weil es doppelten Lohn gibt. Hier wird man zwar Zwangssparer, aber so ganz ohne Reiz ist das Leben auf der Insel bestimmt nicht, besonders wenn viele Besucher durchs Gebüsch kriechen. Da sind z. B. zwei Vulkanologen, die ihre Meßgeräte unten am giftgrünen Kratersee ausbringen; dann eine Abordnung vom neuseeländischen National Park Board, die gleich zwei Jäger mitgebracht hat, um die schädlichen Ziegen abzuknallen. Denn die Kermadecs sind neuerdings Nationalpark, wo alle Tiere und Pflanzen unter Schutz stehen, nicht aber die verwilderten Ziegen, die von einer aufgegebenen Farm stammen.

Auf Raoul Island ist in diesen Tagen der Teufel los: Es gibt keinen Abend ohne Party, und die Wetterstation scheint direkt über einer Bierquelle errichtet zu sein. Wir machen Bekanntschaft mit neuseeländischen Trinkgewohnheiten und stellen fest, daß man das Land der Kiwis nicht ohne Reserveleber betreten sollte. Später, in mondloser Nacht, erneut die Zirkusnummer am Landeplatz. Bei ausreichend Zuschauern wäre der Auftritt der SHANGRI-LA-Artisten der große Lacher geworden. Jedenfalls klettern zwei triefende Biervernichter zurück an Bord, nachdem sie ihr Dingi in gekentertem Zustand vertäut haben.

In den frühen Morgenstunden des nächsten Tages ist wieder Aktion am Kran: Die Meteorologen schwingen das Ruderboot aus. Es geht zum Angeln und Tauchen. Da dürfen wir natürlich nicht fehlen. Vor zwei kleinen Felsinseln, nur fünfhundert Meter von Raoul entfernt, verankern wir die Dingis in respektvollem Abstand von der Brandung. Der Sprung über Bord – mit Flossen, Schnorchel, Brille und Harpune – läßt sofort die Bierdünste der vergangenen Nacht verdampfen. Es ist merklich kälter geworden, die Warmwassertemperaturen der Südsee liegen viel weiter nördlich. Aber das Schnorcheln an den Klippen läßt uns die Kälte vergessen, denn hier gibt's Fisch: Schwärme, silbrig flimmernd, die in der Brandung auf- und abwogen, Fisch in Form von schnellen Räubern, die diese Schwärme durchteilen und sich ihr Frühstück schnappen, Fisch, Fisch, so weit das Auge reicht.

Hier dauert das Angeln nicht länger als das Einkaufen im Fischgeschäft. Schon fliegen die ersten um ihre Filetstücke beraubten Fische zurück in ihr Element, liegen als makabre Fragmente auf dem Grund. Fischschlachten in dieser Form ist die beste Methode, Haie und andere Räuber anzulocken. Den Haien der Kermadecs geht der Ruf voraus, daß sie besonders aggressiv und von unglaublicher Größe seien. Ein Taucher auf den Fidschi-Inseln erzählte wahre Schauermärchen über sie. Aber ich muß lange warten, ehe ich den ersten Hai überhaupt zu Gesicht bekomme. Ganz gemächlich, mit weit ausholenden Flossenschlägen, kommt ein Blauhai von wirklich respektabler Größe daher, scheint sich aber für die herumliegenden amputierten Fische kaum zu interessieren. Von Freßgier und Raserei keine Spur. Schließlich schnappt er sich doch den größten Brocken und nimmt ihn quer ins Maul, so daß Schwanz und Kopf der Beute zu beiden Seiten herausragen.

Mit gemütlichen Schlägen paddelt der Hai von dannen, so langsam, daß ich ihm ohne Mühe mit meinen Flossen an der Oberfläche folgen kann. Als er einen größeren Felsen passiert, beobachte ich, wie ein riesiger Zackenbarsch aus seiner Höhle lugt, plötzlich beschleunigt und direkt auf den Hai lossaust. Vor Schreck läßt der Hai seine Beute fahren, beschleunigt aus dem Stand mit unglaublicher Geschwindigkeit und ist wie von einer Sehne geschnellt verschwunden. Bruchteile von Sekunden hat dieser Vorfall gedauert. Jetzt verharrt der Riesenbarsch vor dem toten Fisch, er scheint nun kein Interesse mehr daran zu haben. Endlich öffnet sich das riesige Maul, wie ein übergroßer Staubsauger zieht der Zackenbarsch die Nahrung ein, macht zwei lässige Schwanzschläge und verschwindet wieder in seiner Höhle.

Was ist also dran an den aggressiven Haien von Kermadec? Dieser jedenfalls verhielt sich ähnlich wie die Riffhaie, die eher feige, schreckhaft und furchtsam sind. Haie liefern uns auch bei der abendlichen Bierrunde Gesprächsstoff. „Nein, das war nicht typisch", sagt der eine Meteorologe. „Häufig ziehen wir beim Angeln nur noch Haken mit dem Fischkopf hoch, die Haie beißen wahnsinnig schnell die Beute ab. Beim Tauchen ist aber noch keiner von uns belästigt worden. Doch frag' mal Kevin, das ist unser Haiexperte, er kann dir von den aggressiven Kermadec-Haien erzählen."

Kevin, das ist der Typ mit der Riesennarbe auf dem Handrücken, derjenige, der wirklich von einem Hai angegriffen wurde. Folgendes passierte: Die Meteorologen angelten mal wieder, wenn auch von Land aus. Ein prächtiger Hai biß an und konnte herausgezogen werden. Mit einer großen Axt trennte man den Kopf vom Rumpf, und als Kevin dann dem Haikopf ins Maul faßte, um den Haken herauszuziehen, biß der Hai noch einmal kräftig zu. Ergebnis: die lange Narbe auf dem Handrücken, und auch in der Innenhand mußte mit groben Stichen genäht werden.

Auf Raoul könnten wir wochenlang bleiben, auch wenn die Stories der Bewohner genauso zur Neige gehen wie unsere eigenen. Aber die Natur ist von einer Üppigkeit, die zum Entdecken herausfordert. Jedoch bestimmt der Ankerplatz auch hier unsere Verweildauer, und so geht's bald wieder fort, auf zur letzten Etappe nach Neuseeland.

Fast zwei Jahre ist es jetzt her, daß SHANGRI-LA sich aus der Elbmündung hinaus in die Nordsee trollte und ihre Reise über die Weltmeere antrat. Zwei Jahre oder vierundzwanzig Monate oder hundert Wochen. Zwei Winter, zwei Sommer – Zeit genug, um die Träume von der großen Freiheit auf ihren Realitätsgehalt zu prüfen und ihren wahren Wert festzustellen. Zeit genug, um Weltumsegelei zum Alltag zu machen. Und die Frage stellt sich wie bei jeder anderen Beschäftigung auch: Ist dies der Alltag, wie ich ihn mir gewünscht habe?

Unwillkürlich treten bei uns in letzter Zeit immer deutlicher Anzeichen von Unzufriedenheit an den Tag. In einem schleichenden Prozeß scheint unser Elan in Müdigkeit zu versanden. Was ist los mit den drei von der SHANGRI-LA?

Im Grunde ist es dasselbe, was auch den Alltag an Land vergiftet: die Mühle der Wiederholung. Immer wieder spielt sich dasselbe ab, ohne daß man eingreift und das Geschehen in eine neue Richtung lenkt. In immer neue Richtungen steuern wir zwar unser Schiff, so daß die Schauplätze ständig wechseln, doch – ganz gleich, wo wir sind: in tropischen Inselparadiesen, kargen Wüstenländern, rauhen Gebirgen oder hektischen Großstädten – die Situationen sind austauschbar. Der Ort der Handlung ist immer ein anderer, ihr Ablauf aber stets derselbe ...

Wir kommen als Gäste. Man freut sich über unsere Stories, unsere Mitbringsel, über einen Segeltag auf der SHANGRI-LA. Man bewirtet uns großzügig und kutschiert uns mit dem Wagen durch eine schöne, nie gesehene Gegend. Wir interpretieren das Erfahrene, konsumieren es und reisen voll neuer Eindrücke ab. Und dann? Wieder sind wir nur die Gaffer gewesen, nichts weiter als passive Teilnehmer des Geschehens. Wir speichern dabei mehr visuelle Eindrücke, als wir verarbeiten können, platzen förmlich vor angesammelten Bildern, die sich irgendwann zu verwischen beginnen . . .

Und wie ist das bei den anderen, die wie wir um die Welt schippern?

An den Treffpunkten der Weltumsegler war immer wieder zu studieren, daß sich das Volk der Yachties deutlich in zwei Gruppen spaltet, die wenig miteinander verbindet: einmal diejenigen, die mit dem prallen Sparstrumpf unterm Kojenkissen herumziehen und noch lange keine Sorgenfalten bekommen, wenn die Lebenshaltungskosten in astronomische Höhen schnellen. Sie konsumieren an Eindrücken, was das Geld hergibt. Auf der anderen Seite stehen die „Zigeuner", die Seenomaden. Auch sie sind natürlich nicht losgesegelt, ohne zuvor ein bißchen Startkapital zusammengekratzt zu haben, aber nun sind sie darauf angewiesen, ihren Beruf auszuüben oder zu jobben, oft am Rande des Existenzminimums.

Immer öfter stellt sich uns die Frage: Wo stehen eigentlich wir? Wahrscheinlich irgendwo zwischen den Gruppen. Im Grunde aber haben wir uns bisher kaum anders verhalten als eben jene Touristen zur See. Was tun wir schließlich, außer zu segeln und uns die Welt anzusehen? Nicht viel. Dennoch möchten wir uns nicht zu dieser Gruppe zählen. Auch sportliche Ambitionen charakterisieren unser Unternehmen nicht; in einer bestimmten Zeit so und so viele Meilen abzureißen, einen Rekord aufzustellen oder die Welt auf einer Erstlingsroute zu umrunden, das ist nicht unsere Sache.

Wir müssen erkennen, daß unsere Lebensweise in eine Sackgasse führt. Das Ziel, das wir uns einmal gesetzt hatten, droht dabei verlorenzugehen, nämlich Situationen und Verhältnisse, in denen Menschen anderer Länder leben, wirklich zu begreifen und daran teilzuhaben. Wir haben manche Yachties kennengelernt, die diesem Ziel sehr viel näher gekommen sind als wir, es sogar erreicht haben. Sie gehören ausnahmslos zu der Gruppe der Seezigeuner, sind alles Menschen, die anders gar nicht um die Welt segeln können, als dabei ständig aktiv für ihren Lebensunterhalt zu arbeiten, meist sogar sehr kreativ. Wir treffen die Handicraft-Leute, die selbstgefertigten Schmuck, Bilder oder gehäkelte Bikinis an die Touristen in den Häfen verkaufen. Manche sind nicht selbst produktiv, sondern treiben Handel mit kunstgewerblichen Gegenständen, die sie in Billigländern erwerben und in den USA oder in der Karibik wieder zu Geld machen. Natürlich kann man das auch Schmuggel nennen, aber wer benutzt schon so häßliche Worte? Und es gibt auch die weltumsegelnden Journalisten, Dokumentarfilmer, Forscher und Künstler, die ihre Themen und Motive unterwegs nicht suchen, sondern nur noch aussuchen müssen.

Den wohl idealsten Beruf haben die beiden von der MAGIC. Hagen und Waltraud Tremmel aus Österreich sind, worauf schon der Name ihres Bootes hinweist, Magier, Zauberer, deren Yacht vollgestopft ist mit Requisiten. Wo immer sie wollen, können sie ihre Trickkiste öffnen und eine Vorstellung geben. Der größte Vorteil dabei: Komödianten und Magier haben niemals Verständigungsschwierigkeiten. Sie brauchen keine Worte, damit sich ihnen alle Türen öffnen. Das fängt schon bei den unerläßlichen Behördengängen an, wenn Hagen einem mißmutigen Beamten haufenweise Zigaretten aus den Uniformfalten fingert. Ob die „Magics" nun auf einer abgelegenen Insel vor Eingeborenen auftreten und sich dafür in Naturalien bezahlen lassen oder ob sie ihre Show an den Brennpunkten des Tourismus' in Schulen, Hotels oder gar im Fernsehen veranstalten – sie kommen immer über die Runden. Statt des sonst üblichen Kaninchens zaubert Hagen übrigens Meerschweinchen aus dem Zylinder – denen bekommt, wie die Artbezeichnung schon sagt, die Seefahrt besser.

Von uns dreien versteht sich keiner auf Zylinder und Magie, und mit den Malern und Kunsthandwerkern wollen wir uns auch nicht messen. Aber Tatsache ist, daß nicht nur unsere heimliche Verdrossenheit, sondern auch der allmählich eingetretene Niedrigstand in der Bordkasse uns zu irgendwelchen Aktivitäten zwingt – und damit in den Zirkel der Seenomaden drängt. Das ist für uns ganz und gar keine Horrorvision. Im Gegenteil, diese Problematik bringt neuen Schwung, nicht nur in die mittel- und langfristige Haushaltsdebatte.

Wenn wir mit unserer Buchführung nicht gemogelt haben, dann sind wir bis jetzt mit 480,– DM im Monat ausgekommen. Eigentlich wenig, aber auch das will erwirtschaftet sein, weshalb wir bisher sehr sparsam gelebt haben. Doch selbst dann geht das Vorhandene irgendwann zur Neige. Dieser Fall steht nun bevor. Wir müssen etwas tun. Und seltsam – der Zwang beflügelt, gibt neue Impulse! Wir werden uns endlich in jene Gruppe der Weltumsegler einreihen, zu der wir immer gehören wollten: zu denen, die einem fremden Land und seinen Menschen tatsächlich nahekommen, durch Arbeit.

Voraus liegt Neuseeland. Was man dort tun kann, um Geld zu verdienen, das wissen wir noch nicht. Aber mit zwei gesunden Händen und der Bereitschaft zu körperlicher Betätigung müßte sich eigentlich Weltumsegeln und Broterwerb in ein harmonisches Verhältnis bringen lassen.

Vielleicht wird es ein neuer Anfang für uns . . .

Neuseeland, God's Own Country

„Typisch schwedisch!“ ist mein erster Gedanke.

Es mutet schon seltsam an: Direkt von den exotischen, palmengesäumten Lagunenplätzen der Südseeinseln kommend, laufen wir nur eineinhalb Wochen später ein „skandinavisches“ Städtchen an. Mit drei verwunderten Gesichtern an Deck tuckert SHANGRI-LA in den Hafen von Whangarei, den Port of Entry, wo für uns Neuseeland beginnt.

Der allererste Eindruck, nämlich daß wir unversehens in Europa gelandet sind, soll sich in den kommenden Monaten noch oft wiederholen, wohin wir auch in diesem Land den Fuß setzen werden. ‚Das hab' ich doch schon irgendwo gesehen?‘ Diese Frage soll uns überall in diesem Inselstaat begleiten. Denn von allen Landschaftsformen Europas scheint sich das Land der Kiwis ein Stückchen abgeguckt zu haben. Wir werden nicht nur schwedische Küstenstädte finden, sondern auch die langgezogenen Strände von Sylt, eine typisch isländische Szene mit zischenden Geysiren und sogar den mediterranen Hauch einer malerischen Mittelmeerlandschaft.

Doch als SHANGRI-LA an der Zollpier von Whangarei festmacht, gehen unsere Informationen noch nicht sehr weit über allgemeine Lexikon-Weisheit hinaus: ein Land, nur wenig größer als die Bundesrepublik, darauf verteilt nur vier Millionen Einwohner – Weiße –, neben einer verschwindenden Minderheit polynesischer Ureinwohner, der Maori. Ein Land, das mehr von Schafen als von Menschen bevölkert wird. Und dann diese Attribute, die man irgendwo aufgeschnappt hat: „God's own country“ und „das Land, wo Milch und Honig fließen“. Wie mag Neuseeland wirklich sein?

Zuerst mal ist es bürokratisch. Und zwar in erzbritischer Manier. Denn daß uns beim Einklarieren der gesamte Bestand an frischen Lebensmitteln total zerrupft und selbst an den letzten Zwiebeln die (bakterienverseuchte?) Pelle abgezogen wird, daß die noch vorhandenen Eier alle aufgeschlagen und die Schalen requiriert werden – das ist wirklich mal etwas Neues! Dergleichen ist uns noch nicht passiert.

Neuseeland – das Land der unbegrenzten Reglementierung? In der Tat. Allerdings wird sich noch herausstellen, daß nur wenige Vorschriften so tierisch ernst genommen werden wie gerade die Einfuhrbestimmungen (weitaus mehr Gesetze scheinen dazu da zu sein, um nach Wunsch ausgelegt zu werden). Vielleicht ist diese Angst vor eingeschleppten Krankheitserregern auch verständlich in einem Agrarstaat, für den etwa eine Viehseuche unabsehbare wirtschaftliche Folgen hätte. Wir versichern den Ordnungshütern zwar, daß auf SHANGRI-LA bisher kein Fall von Maul- und Klauenseuche aufgetreten ist, aber auf unsere blauen Augen fallen sie nicht herein.

Okay, wir werden uns mit stubenreinen einheimischen Eiern und Zwiebeln eindecken – oder uns eben von „Milch und Honig“ ernähren; an dem Spruch ist etwas dran, wie schon der erste Einkaufsbummel offenbart: Diese Nahrungsmittel werden einem spottbillig nachgeworfen. Und die Milch kann sogar noch enge Verwandtschaft mit der Schlagsahne nachweisen – keine Flasche, in der sich nicht dicker Rahm oben abgesetzt hat.

Nachdem die Paragraphenhürden erst genommen sind, folgt eine überaus erfreuliche Überraschung: SHANGRI-LA wird stürmisch begrüßt!

Kaum daß wir unseren Platz im Town Basin inmitten der Stadt eingenommen haben, fallen lauter – unbekannte – Freunde über uns her: die ganze deutsche Kolonie von Whangarei, eine fröhliche Clique, die sich zum großen Teil aus hängengebliebenen Weltumseglern rekrutiert. Verschiedene Crews, ganze Familien, haben hier ihren Wahlheimathafen gefunden und sind endgültig vor Anker gegangen. Sie kümmern sich nun rührend um die ankommenden Yachties, helfen mit allerlei Tips und vermitteln den Neuen eine ungemein heimische Atmosphäre. So stellt sich auch bei uns gleich ein Zugehörigkeitsgefühl ein, das unschätzbar wertvoll ist in einem fremden Land.

Doch so freundlich der ganze Verein auch ist – wir wollen in Whangarei nicht für immer die Segel streichen. Viel zu sehr locken die beiden großen Inseln Neuseelands, die wir mit SHANGRI-LA auf einem Rundkurs erobern wollen. Von vielen Seiten wird uns zwar dringend davon abgeraten, die Südinsel zu umsegeln – die einheimischen Segler bleiben alle in den friedlicheren Gewässern nördlich der Cook-Straße –, aber als wir begreifen, daß alle diese wohlmeinenden Ratgeber den südlichen Törn noch nie gemacht haben, steht für uns erst recht fest, daß wir unsere Erfahrungen lieber selber sammeln wollen.

SHANGRI-LA geht auf Südkurs. Zunächst nur für einen kleinen Sprung, denn nach Auckland ist es nicht weit.

Im größten Dorf der Welt

Zigtausend Einzelhäuser, eine unübersehbare, flache Wucherung, die eine ausgedehnte Hügellandschaft bedeckt, ein Großdorf von gewaltigen Ausmaßen: Das ist Auckland mit seinen fünfhunderttausend Einwohnern.

Eine seltsamere Halbmillionen-Stadt kann es kaum geben, fehlt ihr doch alles, was nach unserem Verständnis eine Stadt ausmacht. Statt dessen hat sie unverkennbar das Flair einer ländlichen Gemeinde. Was sie von unseren Dörfern und Provinzstädtchen allerdings unterscheidet, sind ihre Abmessungen und eine trostlose architektonische Gesichtslosigkeit. Mit der an Schönheit so reichen Natur hat man baulich jedenfalls nicht gewetteifert. So entstand eine Stadt ohne Profil, von langweiliger Reizlosigkeit, wie sie leider für viele Orte Neuseelands charakteristisch ist: kleinbürgerliche Enge in einem weiten Land. Denn die Provinzialität beschränkt sich keineswegs auf das äußere Erscheinungsbild der Städte; auch in der Bevölkerung treibt die Spießbürgerlichkeit üppige Blüten, und bei aller Liebenswürdigkeit präsentiert sich unverfälschtes Hinterwäldlertum, eine Biederkeit, zu der aber auch bereitwillige Gastfreiheit gehört: Bist du da, dann gehörst du eben dazu. Allein schon aus der ihnen eigenen Neugier nehmen die „Kiwis" den Fremden freundlich auf, dankbar für neuen Gesprächsstoff. Außerdem: Daß jemand um die ganze Welt segelt, um Neuseeland aufzusuchen, beweist doch wieder einmal, daß es der Nabel der Welt ist! (Von dieser Tatsache ist hier jedermann felsenfest überzeugt.)

Party-time in Auckland, und die SHANGRI-LA-Besatzung ist herzlich eingeladen. Wir marschieren zur Tür herein und wissen nicht recht, ob wir auf der richtigen Veranstaltung sind. Leicht irritiert studiert der weitgereiste Segler die ungewohnten Spielregeln einer echten Neuseeland-Party: Männlein und Weiblein feiern nämlich säuberlich getrennt! Hier die Damen, in einen Erfahrungsaustausch über Küche und Kinder vertieft, und in angemessener Entfernung die Herren beim Bier. Und jeder wird den ganzen Abend brav in seiner Ecke bleiben, wo er von Natur aus hingehört! Helga, die Bordfrau aus dem unmoralischen Nordeuropa, wo sich bei derlei Anlässen die Geschlechter frivol zu mischen pflegen, flüstert mir noch zu: „Ist das 'ne arabische Hochzeit?" Dann müssen wir uns trennen.

Mich erinnert das Ganze an frühe Tanzstundenerfahrungen; aber damals durfte, nein, mußte man wenigstens aufeinander zugehen, was hier streng verpönt ist. „Bunte Reihe" ist nicht statthaft, das kriegt der

Freibeuter, der da übers Meer gekommen ist, bald zu spüren. In aller Unschuld, der Macht der Gewohnheit folgend, mache ich im Lauf des Abends meine Runde durch den Saal, wechsle dabei ins andere Revier und mache mich anscheinend einer Grenzverletzung schuldig. Die Blikke, die mich von allen Seiten treffen, wären einem überführten Triebtäter bekannt vorgekommen. Sie treiben mich eilig zurück zu Tabakqualm und Bierdunst, wo die Mannsbilder unter sich zu bleiben und gefälligst zu saufen haben!

Und wahrhaftig, trinken können sie, die Kiwis. Man mag ihnen ja manches nachsagen, aber bestimmt nicht, daß sie nicht trinkfest seien.

Erst gegen fünf Uhr früh stehe ich wieder auf der Straße. Die rauschende Nacht ist vorbei. Gewohnheitsmäßig bin ich mal wieder so lange geblieben, wie noch ein Zuhörer da war; und bei den Neuseeländern dauert es halt, bis auch der letzte Gast wirklich bis zum Kragen gefüllt ist. Die frische Morgenluft vertreibt mir die Nebel aus dem Gehirn. Es ist zu „früh", um ins Bett zu gehen.

Queen's Street, Hauptgeschäftsstraße im Zentrum von Auckland. Ich setze mich irgendwo nieder und beschließe, der Stadt beim Aufwachen zuzusehen. Aber sie wacht nicht auf. Wer einmal echte Großstädte zu dieser Stunde erlebt hat – das plötzliche Aufbrausen des Verkehrs, das Anknipsen des pulsierenden Lebens, das auch in der Nacht nie wirklich schläft, sondern auf Sparflamme weiterbrodelt –, der kann auf ein ähnliches Phänomen in Auckland lange warten. Erst mal kommt klappernd der Milchmann und liefert mit seinem Wägelchen gemächlich in jedem Hauseingang die Flaschen ab. Ihm folgt der Zeitungsverteiler. Und dann herrscht wieder Ruhe im Dorf. Nichts stört die ländliche Beschaulichkeit. Es dauert noch eine ganze Weile, bis das Großdorf sich ein Gähnen erlaubt, bis ein paar Figuren in den Türen erscheinen, um die Frühstücksmilch und das Morgenblatt von der Schwelle zu holen. Aber wirklich aufzustehen scheint Auckland den ganzen Tag nicht. Es gibt keinen Berufsverkehr, der schlagartig die Schleusen öffnet, keine Hektik – aber auch keine gehetzten Gesichter, die grau und verdrossen zur Arbeit eilen.

Angenehm besänftigt wandere ich heimwärts. Und lege mich doch noch aufs Ohr.

Unter Schneckentauchern und Goldwäschern

Ein frischer Nordwest fegt SHANGRI-LA vor sich her. So geht es von Auckland rasant um das Ostkap und gleich weiter bis Christchurch an der Ostküste der Südinsel.

Keine Frage, nach dem unbeschwerten Tropensegeln mit täglicher Sonnengarantie bedeutet das Schippern in den südlichen Gewässern Neuseelands eine Umstellung, entsprechen doch die Verhältnisse eher der Nordsee und dem Englischen Kanal. Wechselhafte, oft stürmisch auffrischende Winde, Tidenströme und rauhe Küsten erlauben keine Faulenzerei. Doch der Wetterdienst gibt zuverlässige Berichte durch, und Häfen und Ankerplätze sind an der Ostküste reichlich vorhanden, so daß wir den Törn notfalls in handliche Etappen aufteilen können.

Immerhin waren die Warnungen nicht ganz unberechtigt. Auch die Segler von Auckland (dort gibt es nicht weniger als fünftausend registrierte Boote!) hielten nicht viel von unserem Plan, rund um Neuseeland zu segeln, obwohl doch die Südinsel die landschaftlich reizvollere und daher für den Besucher besonders anziehend ist.

Aber vor allem die Cook-Straße ist für ihre Tücken bekannt. Durch diese Meeresenge, die Nord- und Südinsel voneinander trennt, wird der vorherrschende Westwind wie durch einen Tunnel gepreßt. Dabei erhöht sich seine Geschwindigkeit so, daß man der angekündigten „offiziellen“ Windstärke besser gleich ein paar Punkte hinzurechnet – wenn man's weiß. Wir aber müssen erst wieder Lehrgeld zahlen. Die „Preßluft“, die in Böen aus dem östlichen Kanaleingang jagt, zerrupft unsere Genua in mehrere staufreundliche Stücke, von denen sich einige wie Geister in der Nacht davonstehlen.

So führt unser erster Weg in Christchurch zum Segelmacher. Eigentlich ganz gut, daß uns das jetzt passiert ist. Denn es wird sich zeigen, daß es weiter südlich mit Yachtausrüstern ziemlich düster aussieht. Dort ist man auf Segler nicht mehr eingestellt, weil's keine gibt. Für uns ein Riesenvorteil. Hafengebühren beispielsweise sind ein absolutes Fremdwort, und die Herzlichkeit der Einheimischen, die noch nicht von Legionen Fremder strapaziert worden sind (wie auf Tahiti), ist einfach überwältigend. SHANGRI-LA wird aufgenommen wie ein endlich heimgekehrtes Boot nach langer Reise. Wir werden behandelt wie Freunde, auf die man schon gewartet hat, und herumgereicht wie ein Wanderpokal, den jeder mal leihweise haben möchte. Beim Auslaufen befindet sich an Bord das halbe Warenlager eines Supermarkts – alles Geschenke!

Diese natürliche, aufrichtige Zuwendung, mit der man uns hier ganz unkompliziert in die Gemeinschaft integriert, wird uns auf der Südinsel ständig begleiten.

Ein derbes, wetterhartes Volk sind sie, die Langustenfischer von Bluff, aber herzlich und ehrlich. Karg ist das Kaff, in dem sie leben, der südlichste Hafen des Landes. Nach einem wechselvollen Törn sind wir hier an die Pier getuckert. Wie ein exotischer Paradiesvogel schaukelt SHANGRI-LA nun zwischen den einfachen Fischerbooten und ist gleich wieder Mittelpunkt des Interesses, unsere Primadonna. Die rauhen Gesellen, die hier ihrem harten Job nachgehen, „adoptieren" uns vom Fleck weg.

Bluff ist für uns der ideale Ausgangspunkt für mehrere Trips zur Stewart Insel, jenem zerklüfteten Landfleck vor der Südküste Neuseelands. Von den Fischern, denen die Gewässer um Stewart Island täglicher Arbeitsplatz sind, werden wir mit allerhand Tips und Informationen versehen, die sich sämtlich als goldrichtig erweisen. So verdanken wir es nicht zuletzt ihnen, daß uns ein paar Segeltörns der Superlative gelingen.

Stewart Island scheint ein kleiner Ableger Patagoniens zu sein. Beim Anblick seines grandiosen Landschaftsbildes drängt sich sofort dieser Vergleich auf. Auch hier bietet sich eine großartige Szenerie unversehrter Natur, die dem Menschen weitgehend den Zutritt verwehrt. Einsame, nur von See zugängliche Buchten tun sich auf – ein Paradies zum Fischen und Jagen oder einfach nur zum Beobachten der vielfältigen Fauna. Im Osten der Insel eine große Seehundkolonie; in ihrer Nachbarschaft nisten Albatrosse und Muttonbirds. Andernorts klare, seichte Gewässer vor bewaldeten Uferkulissen, die erfüllt sind von Vogelgezwitscher. Hin und wieder zeigen sich Hirsche im undurchdringlichen grünen Dickicht.

Die Verproviantierung ist ohne weiteres aus dem Wasser möglich. Wer's mag, kann schon zum Frühstück Austern auf dem Tisch haben. Muscheln und schmackhafte Schnecken sind in schier unerschöpflichen Mengen vorhanden. Und die Fische beißen auf alles, was man ins Wasser hält, es dürfen auch gern Zigarettenkippen sein!

Die Fischer von Bluff behalten uns auf allen Törns im Auge. Über Funk wird SHANGRI-LA von einem zum anderen weitergereicht, verlorengehen können wir nicht. Häufig kommt an einem einsamen Ankerplatz plötzlich ein Fischerboot um die Ecke getuckert. Dann klatscht ein Eimer Langusten an Deck, und das Bier folgt schön vorsichtig hinterher.

Peter ist einer von diesen Fischern. Auf seiner KOROMIKO sitzt die SHANGRI-LA-Crew eines Abends bei Hammel und Wein, als Peter einen interessanten Vorschlag macht. Er überlegt kurz; dann nennt er eine Summe, die umgerechnet knapp tausend Mark entspricht, und blickt uns der Reihe nach fragend an. Tausend Mark für eine Woche Tauchen, Pauas unter Wasser von den Felsen pflücken.

„Kein Spaziergang", gibt Peter zu, „sondern ein Job, für den du topfit sein mußt." Ich brauche nicht lange nachzudenken. Tausend die Woche sind eine wohltuende Spritze für unsere inzwischen bedenklich geschrumpfte Bordkasse. Und außerdem – was für eine Erfahrung: Paua-Tauchen mit den Fischern von Bluff!

Einige Tage später treten wir auf der KOROMIKO zum Dienst an, sind eine Woche lang Arbeitskräfte wie die anderen auf den Booten auch. Ohne Privilegien teilen wir ihren knochenharten Alltag, denn tausend Mark in der Woche kriegt man nicht geschenkt. Die Pauas, faustgroße Schnecken, sitzen in zwei bis sieben Meter Wassertiefe an den Steinen. Ihres Wohlgeschmacks wegen sind sie sehr gefragt, was die Regierung veranlaßt hat, sie durch erschwerte Fangbedingungen zu schützen. So ist es verboten, auf die bequeme Art mit Tauchgeräten zu arbeiten. Im Neoprenanzug, nur mit Schnorchel und Tauchermesser bewaffnet, stürzen wir uns in die eiskalten Fluten vor Stewart Island, um die Leckerbissen von den Felsen zu brechen. Es ist ein sauer verdientes Brot, denn gegen Abend scheint die Lunge den Brustkasten zu sprengen. Das Schnorchelmundstück hat das Zahnfleisch wundgescheuert, Augen und Nase sind durch den Abdruck der Taucherbrille mit einem tiefen roten Graben umgeben. Harte Arbeit gegen harte Dollars. Doch pfundige Kameradschaft ist ein zusätzlicher Lohn. Und als wir unser Budget unter die Lupe nehmen, wird uns klar, daß wir uns nach weiteren Jobs dieser Art umsehen müssen.

In Bluff rüsten wir SHANGRI-LA noch mit allem aus, was sich in diesem Erdenwinkel nur ergattern läßt, denn von nun an geht es in die Wildnis. Wir bereiten uns vor für den Teil der Round-New-Zealand-Tour, den wir mit der größten Spannung erwarten: das sagenumwobene, wilde Fjordland, die mit tiefen Einschnitten gekerbte Südwestküste. Es ist ein schwer zugängliches, von Menschenhand kaum berührtes Bergland, das Land der Naturwunder und des großen Wildvorkommens. Die Regierung hat das riesige Gebiet zum Nationalpark erklärt und damit unter Schutz gestellt.

Gewiß kein Segelrevier für Hobbysportler. Wer hierher kommt, sucht

Neuseeland
von den Fidschi-Is.
nach Kermadec
WHANGAREI
AUCKLAND
NORDINSEL
WELLINGTON
GREYMOUTH
SÜDINSEL
CRISTCHURCH
Milford Sound
DUNEDIN
BLUFF
STEWART-INSEL
= 150 km

das Abenteuer in der Natur und der Einsamkeit – und findet die Krönung, den absoluten Höhepunkt seiner Neuseelandreise!

Wir haben Glück, daß wenigstens am Anfang das Wetter mitspielt. Nachdem die Windecke Puysegur Point mit Anstand genommen ist, segeln wir mitten hinein in ein traumhaftes Panorama. Norwegische Fjorde und tiefgrüne Alpenseen verschmelzen zu einer phantastischen Einheit, gerahmt von einer idyllischen Schwarzwaldkulisse! Unwillkürlich denke ich wieder an Patagonien, zu dessen zerrissener Schärenwelt diese Meeresarme einige Parallelen aufweisen – wenn sich auch die Vegetation hier in anderen Variationen zeigt und die Berge viel stärker bewaldet sind. Aber auch hier sind viele der Fjorde nur von See aus erreichbar, kein Weg führt über Land durch die Wälder.

Oft müssen wir wie in Südchile mit Heckleine an Land festmachen, weil der Schwojkreis in den engen Buchten allzu beengt ist. Wir finden herrlichste Ankerplätze, von denen unsere sonst so schlauen Handbücher keine Ahnung haben. Überhaupt müssen wir beim täglichen Navigationsquiz einige unserer Karten dabei ertappen, daß sie mit dem Tatsächlichen wenig übereinstimmen. Zum Glück kann uns das nicht allzu sehr in Verlegenheit bringen, denn auch in dieser Einsamkeit trifft man immer wieder auf Fischer. Sie kennen jeden Quadratmeter und spielen bereitwillig den Lotsen.

Bald zeigt sich auch das Wetter ganz nach patagonischer Art. Ungeschützt ist die Küste der Westwindzone ausgesetzt. Haben sich die Wolken einmal an den Hängen festgebissen, dann regnen sie sich ab bis zum letzten Tropfen, und das kann Tage dauern. An unserem Ankerplatz festgenagelt, glauben wir dann, unter einen Wasserfall geraten zu sein.

Hört der Regen auf, dann beherrschen die Sandfliegen das Revier so übermächtig, daß unsere Moskitonetze und Insektenkanonen in Aktion treten müssen. Auch die Moskitos in Brasilien haben es nicht geschafft, uns zu erlegen. So nehmen wir mutig den Kampf gegen die kleinen Plagegeister auf, aber seltsamerweise wirkt unser Spray nur halb so lange wie auf der Dose angegeben. Die Sandfliegen sind eben ein robustes Insektenvolk, unverwüstlich wie alle Bewohner des Kiwilandes.

Beim Einlaufen in den Preservation Inlet wundern wir uns über zwei menschliche Gestalten, die am Ufer wie wild mit den Armen rudern. Verwöhnt wie wir sind, halten wir das natürlich für einen freundlichen Willkommensgruß. Aber in Wirklichkeit versuchen da nur zwei bedauernswerte Opfer, die Fliegen zu verscheuchen.

Die wenigen Menschen, denen wir im Fjordland begegnen, sind eingefleischte Individualisten: Bergwanderer, die auf einsamen Routen das Hochland durchqueren, Taucher, die in den klaren Buchten ein Paradies finden. Eine Reihe von Wracks liegt in den Gewässern der „Sounds“, vermoderte Zeugen, die von der geschichtsträchtigen Zeit des Fjordlandes künden. Im Pickersgill Harbour am Dusky Sound landete einst Captain Cook, um seine ENDEAVOUR zu überholen. Für Neuseeland, den jungen Staat, dem es an großer Vergangenheit ganz fehlt, ist das ein historisch bedeutsamer Ort. Tatsächlich treffen wir ein paar Kiwis an, die andächtig einige bemooste Baumstümpfe bewundern, die noch aus jener Zeit stammen (bei Gesprächen in Auckland erfahren wir, daß Neuseeland aus Mangel an historischer Vergangenheit neuerdings sogar offiziell damit begonnen hat, die dunkle Vorzeit der Maori zu durchleuchten und zu einer Nationalgeschichte aufzubauen).

Unweit des Dusky Sound, im Paterson Inlet, stoßen wir auf Spuren der jüngsten Geschichte: die verwitterten Überreste einer Goldgräbersiedlung. Etwa um die Jahrhundertwende erlebte Neuseelands Fjordland seinen Goldrausch, und noch heute kann man mit viel Glück fündig werden; reich wohl kaum. Immer wieder trifft man unentwegte Optimisten, exzentrische Gestalten, Süchtige, die dem glitzernden Staub verfallen sind, Abenteurer, die Monate, sogar Jahre ihres Lebens damit verbringen, unter härtesten Bedingungen Gold zu waschen.

Eine dieser Figuren ist Karin.

Niemand im ganzen Südland, der sie nicht kennt. Immer wieder ist uns bei den verschiedensten Gelegenheiten ihr Name zu Ohren gekommen: „Ihr kennt doch Karin, nicht?“ Oder: Ein Motorrad donnert auf einer staubigen Piste vorbei – „das war Karin.“ Ein andermal geht eine Neuigkeit von Mund zu Mund: „Wißt ihr schon, der Helikopter mußte sie ausfliegen, sie hatte einen vereiterten Backenzahn!“ Immer wieder Karin. Wer, zum Teufel, ist sie?

In einer der grünen Traumbuchten des Paterson Inlet dümpelt SHANGRI-LA geruhsam vor sich hin. Steile Hänge ringsum und Stille, nur das Rauschen eines Wasserfalls über der Felsenklippe. Da kommt aus dem Nichts ein Dingi angeplätschert, geht längsseits. Eine kleine, drahtige Person springt an Bord: Karin.

Ein Gesicht wie eine Landschaft; auch darin haben sich Fjorde eingegraben. Ein wilder, ungebändigter Wuschelkopf unter ramponiertem Schlapphut: Das ist Karin, die Trapperin, geboren, man glaubt es kaum, im fernen Hamburg, wo sie in einem „früheren Leben“ als Lehrerin arbeitete. Der Tag vor fünfzehn Jahren, an dem sie Neuseeland besuchte, veränderte alles für sie. Sie ging nie mehr fort. Die Deutsche aus der zivilisierten Welt verlor ihr Herz an die grandiose Landschaft der Südinsel. Ganz allein bezog sie ein Leuchtturmwärterhäuschen an der sturmumtobten Südwestecke Neuseelands und fing noch mal ganz von vorne an. Sie tat, wovon andere nur träumen.

Wovon lebt man in einem so rauhen Land? Von einem rauhen Job. Karin wurde Pelztierjägerin. Später erfaßte auch sie der Goldrausch, und sie betrieb das Waschen anscheinend mit bescheidenem Erfolg.

Mehrere Tage begleiten wir Karin zu ihrem Arbeitsplatz, schaufeln, schuften und schwitzen gemeinsam. Am Abend läßt sich das schmerzende Rückgrat nicht mehr geradebiegen, die Haut ist von Sandfliegen zerstochen, und die Füße sind eiskalt. Die Jagd nach dem Gold ist hart. Und der Lohn? Keine daumengroßen Nuggets, nur manchmal glitzert feinster Goldstaub in der Pfanne. Man muß schon ein geübtes Auge haben und verdammt genau hinschauen. Goldwäscherromantik? Wer Zentner um Zentner Flußsand gewaschen, gesiebt, gefiltert und verflucht hat, kann über so ein Wort nur böse lachen. Und doch ist diese Plage für manche so unwiderstehlich wie Roulette.

Karin wird den Weg zurück in die Welt, aus der sie gekommen ist, nie mehr finden. Wer sie sieht, weiß, daß sie hierher gehört. Kein geborener Kiwi könnte mehr mit dieser Landschaft verwachsen sein als die Frau, die eine Laune des Schicksals an diese Küste geweht hat.

Bulldogging im Fjordland

Müßte die Fortsetzung des Unternehmens SHANGRI-LA durch Goldwäscherei finanziert werden, dann würden wohl auch wir an einem dieser Fjorde alt werden. Es muß sich etwas anderes finden lassen. Ist der überaus lukrative Job, den George anzubieten hat, das Passende für uns?

Ein verwegener Typ, dieser George. Aber wer im Fjordland ist nicht verwegen? Ein Cowboy der Lüfte: Hubschrauberpilot. Eines Tages setzt er seine Maschine ganz in unserer Nähe auf. Er bringt Ersatzteile für ein Fischerboot, das mit einem Motorschaden festliegt.

„Burghard? Okay. Steig ein, Burghard, ich zeig' dir was von der Gegend."

Und schon hocke ich neben ihm in dem zweiten Sitz, krampfhaft festgekrallt, während George mir seine Flugkünste vorführt. Ich ringe um Gelassenheit, während George so munter drauflos plaudert, als säße er zu Hause auf dem Sofa. „You know, ein Job wie dieser heute – peanuts! Die Hirschjagd, das ist eigentlich mein Geschäft! Auf Hirsche mit dem Helikopter, verstehst du, das bringt was ein, sag' ich dir. Aber jetzt hat sich doch dieser bloody bastard die Knochen gebrochen. Was soll ich machen ohne zweiten Mann ... Schöne Scheiße, was?"

„Wer hat sich was gebrochen?"

Ach so, sein Partner ist ausgefallen. Wirklich Pech für George. Das mit den Hirschen hat sich schon zu uns herumgesprochen: das ganz große Geschäft auf der Südinsel. Dabei hatte es ursprünglich in Neuseeland weder Rot- noch Damwild gegeben. Mitte des neunzehnten Jahrhunderts führte man einige Exemplare aus England ein. Ohne natürliche Feinde konnten sie sich derart vermehren, daß schließlich nach einigen Generationen der Hirsch zum Staatsfeind Nummer eins wurde; 1930 erklärte man das Wild zur Landplage! Die Regierung zahlte Kopfprämien für jedes erlegte Stück, und so wurden bis 1968 eine Million Tiere abgeschossen. Irgendwann fiel dann jemandem ein, daß mit den Kadavern, die man einfach liegen ließ, bares Geld vermoderte. Fortan begann man, Wild nach Europa zu exportieren, wo es in den Supermärkten reißenden Absatz fand. Selbst die Geweihe waren in klingende Münze zu verwandeln – in den Arzneimittelküchen Asiens braut man daraus Drogen gegen Impotenz.

Nun schießen auf der Südinsel Wildfarmen wie Pilze aus dem Boden, denn auf einmal ist der natürliche Bestand des Fjordlandes der Nachfrage nicht mehr gewachsen. Und für die Zucht muß ständig Wild in freier Natur eingefangen werden. „Bulldogging" heißt das Zauberwort, wie man in kürzester Zeit reich werden kann ...

„Paß auf, ich zeig' dir, wie es geht." George drückt den Helikopter ohne Vorwarnung bis knapp über die Baumwipfel hinunter, um im nächsten Moment steil den Hang hochzujagen. Mein Gott ... Ich glaub's ja auch so! „You know, so jagen wir sie aus dem Wald, hinauf auf die Hochflächen, wo sie im Busch- und Grasland besser zu verfolgen sind. Wenn sie müde werden, kommt der Augenblick für den Bulldogger. Aus dem Helikopter springt er auf den flüchtenden Hirsch, reißt ihn zu Boden und fesselt ihm die Beine. Das Vieh kommt dann in einen großen Ledersack, den hängt der Bulldogger an den Hubschrauber, und ab geht's zum Sammelplatz!"

Dieser ungewöhnliche Beruf bringt Tausende von Dollars ein. Schon nach einem Jahr hat sich der Anschaffungspreis für den Helikopter amortisiert. Pro Hirsch werden zwischen 1.500 und 2.000 Dollar gezahlt, und zwanzig bis dreißig gefangene Tiere täglich sind der Durchschnitt! George hat mit seinem Partner schon einmal den Rekord von 71 Stück am Tag geschafft.

„Na ja“, grinst er achselzuckend, „aber dabei gibt's eben auch mal Verluste. Nicht an Tieren. Mehr bei den Bulldoggern.“

Wohl aus diesem Grund wurden auch alternative Fangmethoden entwickelt. Beim „Bleeper“-System wird das Rotwild mit einem Narkosegewehr beschossen. Der Pfeil mit dem Betäubungsmittel trägt außerdem einen kleinen Sender (Bleeper), so kann der Pilot das getroffene Tier im Dickicht orten. Bei dieser Hatz mit der Droge im Blut sterben jedoch manche Tiere den Herztod. Deshalb gibt es neuerdings ein Spezialgewehr: Zwei daraus abgefeuerte Patronen werfen ein feines Netz über das Tier, in dem es sich verfängt. Aber eine ernsthafte Konkurrenz für die echten Bulldogger scheint auch das nicht zu sein. Immer noch springen sie tollkühn aus dem Hubschrauber das fliehende Wild an, was für die Tiere noch die ungefährlichste Methode ist. Bulldogger und Pilot allerdings spielen vabanque. Im vergangenen Jahr stürzten zweiundfünfzig Helikopter an der Hirschfront ab.

„Normale Durchschnittsquote“, sagt George. „Wie ist es, willst du nicht mein neuer Partner werden? So viel kannst du doch sonst nirgendwo verdienen!“

Ich versuche, mir vorzustellen, wie es sich wohl mit gebrochenen Rippen segeln läßt. „Gut gemeint, George“, sage ich gerührt und lehne dankend ab.

Holprige Cook-Straße

Die Tasman-See ist eine teuflische Ecke. In diesem Gebiet toben sich die Westwinde gründlich aus. Fünfunddreißig Knoten hat der Wetterbericht im Radio versprochen, aber die Roaring Forties scheren sich einen Dreck darum. Das Lüftchen, das SHANGRI-LA das Leben schwermacht und uns beängstigend gegen die Küste drängt, ist um genau zehn Knoten stärker! Erinnerungen an Kap Hoorn werden wach. Doch dann ändert sich die Richtung gerade so weit, wie wir's brauchen können. Ein strammer Südwest jagt uns nordwärts. Nach drei Tagen, in denen man sich das Segeln glatt hätte abgewöhnen können, kreuzen wir glücklich vor der Cook-Straße auf, zwischen Nord- und Südinsel.

Hier, gegenüber von Wellington, liegen die Marlborough Sounds, ein Segelrevier, das wir einstimmig zum zweitschönsten nach dem Fjordland erklären. Nicht mehr ganz so ursprünglich und unerschlossen, bietet es zwischen den Inseln jedoch Hunderte von guten Ankerplätzen mit zauberhafter Umgebung. Eine dieser malerischen Inseln wird von Gerald bewohnt, und nur von ihm. Auch er ist einer dieser Einzelgänger, einzigartige Typen, wie es sie vielleicht nur in Neuseeland gibt. Ein männliches Gegenstück zur unvergessenen Karin, geht Gerald der Pelztierjagd nach. Mit Gift und Fallen erlegt er Opossums.

Zwei Wochen lang bleiben wir auf Geralds Insel, vertäuen SHANGRI-LA und wandern auf Geralds geheimen Pfaden, versuchen uns in seiner Art des Broterwerbs. Wir lernen von ihm, die Spuren der Opossums zu erkennen, und erfahren, wie und wo man die Fallen aufstellt.

Auch diese katzengroßen Beuteltiere wurden einst wie das Rotwild nach Neuseeland eingeführt. Die kleinen Vegetarier fanden hier ein Paradies vor. Man schätzt ihren heutigen Bestand auf über sechzig Millionen Stück! Längst sind sie eine Gefahr für die gesamte Flora des Landes geworden, an der sie deutlichen Schaden anrichten. Man versucht schon lange, sie gründlich zu dezimieren, aber erst seit der Preis für die hochwertigen Felle gestiegen ist, hat sich die Opossumjagd einträglich entwickelt. Für Gerald scheint es sich jedenfalls gelohnt zu haben, daß er seinen ursprünglichen Beruf als Mechaniker aufgab.

Jetzt ist er ein gewiefter Experte und bringt uns eine Menge bei über die Lebensweise der possierlichen Tiere, die nur nachts auf Nahrungssuche gehen und dabei in die Fallen tappen. Etwa vierzig Stück sammeln wir jeden Morgen ein, was noch der leichteste Teil dieses Jobs ist. Dann erst kommt die eigentliche Arbeit: den Tieren das Fell über die Ohren zu ziehen. Dazu braucht man nämlich Gorilla-Arme.

Drei gelernte Trapper holen nach vierzehn Tagen Inselaufenthalt den Anker auf und steuern SHANGRI-LA hinaus in die Cook Strait. Diese Meeresstraße, an deren östlichem Ausgang wir schon schlechte Erfahrungen gemacht haben, wird ihrem bedenklichen Ruf auch bei unserer zweiten Annäherung gerecht. Ein plötzlich raumender Wind drückt uns in die Enge hinein. Das ist zu riskant! Ein kurzer Blick in die Karten – in der nächsten Bucht muß ein Fischerdörfchen liegen. Nichts wie hin!

Paramata, Schlüssel zum Paradies

Das vermeintliche „Fischerdörfchen“ ist gar keines. Zu unserer grenzenlosen Überraschung steuern wir mit dem Glück des blinden Huhns geradewegs hinein in einen gepflegten Yachthafen! Auf einmal hat die Zivilisation uns wieder, wenn sie uns auch noch wie eine Fata Morgana erscheint. Wir sind völlig erledigt von dem Törn der vergangenen Tage, nehmen die nächstbeste Mooring in Beschlag, hauen uns erschöpft in die Kojen und träumen, wir wären in einem gepflegten Yachtklub gelandet...

Am nächsten Tag ist der Traum immer noch wahr.

Es klopft. Ein liebenswürdiger Kiwi wünscht guten Morgen; ob wir Lust hätten, mal rüberzukommen? Der Kommodore würde uns gern begrüßen. Ausgeruht und von den Spuren des Trapperlebens notdürftig befreit, nehmen wir die Umgebung in Augenschein: Der Paramata-Yachtklub entpuppt sich als Stammquartier der Bootseigner aus dem benachbarten Wellington. Eine beachtliche Anzahl Yachten liegt in der Bucht – doch nur eine aus Übersee: SHANGRI-LA, ein Katamaran, Mittelpunkt des allgemeinen Interesses.

„Wie habt ihr euch denn hierher verirrt? Eine Überseeyacht ist noch nie zu uns gekommen." Fragen über Fragen, Dutzende Hände, die geschüttelt werden müssen. Der Kommodore ist denn auch völlig überwältigt, seine Begrüßung von großer Herzlichkeit.

Dem Anlaß entsprechend, findet am Abend eine zünftige Party statt, wie sie uns schon in manchem Klub zuteil wurde. Wieder steht die SHANGRI-LA-Crew im Rampenlicht. Zu vorgerückter Stunde überreicht uns der Kommodore mit offensichtlicher Freude einen Schlüssel. „Danke", sage ich, „aber den Klubschlüssel haben wir bereits heute morgen bekommen."

Der Klubchef schüttelt den Kopf und klärt mich wohlwollend auf: „Der hier ist für eure Wohnung. Wir haben hier ein kleines Apartment – macht's euch darin bequem! Es steht zu eurer Verfügung. Wir hoffen, daß ihr euch wohlfühlt bei uns."

Umsorgt von Freunden, lassen wir uns also häuslich nieder. Der Paramata-Yachtklub soll für lange Zeit unser Domizil werden.

Eines der Klubmitglieder, ein Gebrauchtwagenhändler aus Wellington, überholt uns eines Tages auf der Straße, als wir mit Einkaufstüten beladen nach Hause pilgern. Am selben Abend steht er auf der Schwelle und drückt mir lässig einen Autoschlüssel in die Hand: „Hier, nimm. Damit seid ihr beweglicher. Ihr könnt mit der Karre ruhig ein paar Tage losfahren, seht euch die Gegend an."

Soll man da vielleicht nein sagen? Vierzehn Tage lang kurven wir durch das abwechslungsreiche Binnenland von einer Sehenswürdigkeit zur anderen. Wir staunen über zischende Geysire, wandern an einsamen, endlosen Stränden entlang und lassen die Augen über welliges Hügelland schweifen – saftig grüne Wiesen bis zum Horizont, auf denen das Kapital Neuseelands weidet: Millionen Schafe.

Immer mehr begeistert uns die Vielfalt der Landschaftsformen. Allmählich schlagen wir Wurzeln im Kiwiland.

Seppl, der Schweineschreck

In einem Supermarkt von Wellington trotte ich hinter dem Einkaufswagen her; Helga ist dabei, nach Liste Konserven und Lebensmittelpakkungen aus dem Regal zu greifen. Da kommt mir in dem schmalen Gang ein bekanntes Gesicht entgegen. Ist er's oder ist er's nicht? Bei meinem Gegenüber müssen sich ähnliche Gedankengänge abspielen, dann funkt es: Seppl, Schiffszimmermann der DUISBURG, eines Dampfers der Hapag, auf dem ich 1967 nach Zentralamerika und in die Karibik fuhr. Nach dreizehn Jahren treffe ich hier meinen alten Macker aus der Seefahrt wieder! Logisch, daß wir noch denselben Abend zu Hause bei viel Bier und flackerndem Kaminfeuer im Kreise von Seppls Familie verbringen.

Seppl stammt aus den bayerischen Alpen, und das ist seine Geschichte: Als Schiffszimmermann und Matrose machten wir wilde, herrliche Reisen zu einer Zeit, als die christliche Seefahrt noch von Abenteuern, langen Hafenliegezeiten, Kameradschaft, Flüchen und Schweiß geprägt war. Aber wie so häufig, verloren sich die Besatzungen nach einigen gemeinsamen Reisen aus den Augen, Seppl nahm eine neue Heuer an, fuhr lange Zeit auf der Route Australien – Neuseeland, wo er seine jetzige Frau kennenlernte, ihretwegen das Seefahrtsbuch wegschloß und seinen Anker in Neuseeland eingrub. Als tüchtiger Zimmermann wurde er bald Angestellter einer Möbelfirma, nennt jetzt ein Häuschen und zwei muntere Kinder sein eigen und fühlt sich wohl; seine wilden Seefahrtsjahre liegen weit zurück, was bleibt, sind die Erinnerungen. Und die werden jetzt lebendig. Von den vielen Geschichten, die uns einfallen, muß ich doch eine erzählen, weil alle, die dabei waren, sie nie vergessen werden.

Westindien, Puerto Limon, Oasis Bar: eine Bretterbude mit Schwingtür, dahinter die Musikbox, ein paar Tische, Tanzfläche und eine Treppe, die nach oben führt in die ‚Geschäftsräume'. An diesem Abend herrscht wie immer, wenn ein Dampfer im Hafen liegt, Hochbetrieb. Unsere Schiffsbesatzung, bis auf die Wachen vollständig, schüttet sich die Cuba libres rein, als gebe es dafür Medaillen. Taifun-Maria, Messer-Elli, Elefanta und alle anderen ‚Damen' haben Hochkonjunktur. Die pechschwarze Elefanta hat's auf den kleinen Seppl abgesehen, der ihr kaum über die schwappenden Hüftringe reicht, und zerrt ihn wie ein sich sträubendes Hündchen auf die Tanzfläche. „Das glaubt uns kein Mensch, der Bayer und der Kohlensack, das glaubt uns kein Mensch", gurgelt mein Nebenmann und schenkt uns randvoll ein.

Doch Seppl und die Überdimensionierte scheinen bereits handelseins zu sein, denn Elefanta deutet nach oben. Schon stampft sie die knarrende Treppe hinauf wie ein Schauermann, der zur dritten Schicht antritt. Oben am Ende der Hühnerleiter, wo der Trockenboden für die Reizwäsche beginnt, steht der untere Teil eines abgeschnittenen Ölfasses mitten im Weg, gefüllt mit Wasser, das angeblich wöchentlich erneuert wird. Darüber stellen sich die Mädchen, spielen mit beiden Händen ‚Schaufelraddampfer', und schon ist alles klar in Sachen Hygiene.

So auch Elefanta. Seppl ist schon vorausgegangen, hat sich's in der immer warmen Koje bequem gemacht. Doch als nun Elefanta zum Nahkampf ansetzt, bekommt der Seppl doch Platzangst, weicht zur Seite aus und plumpst gegen die aus Kistenbrettern und Reklametafeln gezimmerte Seitenwand. Ein Splittern, Krachen – und Seppl saust aus dem ersten Stock direkt in den Hinterhof. Wer die Hinterhöfe Westindiens kennt, weiß, daß Borsten- und Federvieh hier ihr stinkendes Reich haben. Da hinein haut's Seppl, nur durch Mist und Müll gebremst. Die Knochen halten, denn er hat als Schutzengel eine halbe Flasche Rum im Bauch, deshalb nimmt er nichts weiter wahr als hoch aufspritzenden Schlamm, hysterisches Schweinequieken und panisches Hühnergakkern. Sekunden später geht die Schwingtür zur Bar auf, und ein splitterfasernackter Blitz saust, üblen Geruch verbreitend, durch den Schankraum, über die Tanzfläche und zur rettenden Himmelsleiter, hin zur Hygienetonne und zu Elefanta, die nur lacht, kollert, röhrt, mit der ganzen urigen Kraft ihrer Rasse. Und das für den Rest der Nacht, wie Seppl bedauernd hinzufügt.

Von solchen Abenteuern ist Seppl jetzt weit entfernt, er lebt inzwischen gutsituiert und stellt mir Fragen, die mir schon häufig gestellt wurden: „Sag mal, wann wollt ihr wieder zu Hause sein?"

„Das wissen wir nicht genau. Aber so lange wir Arbeit finden und das Geld reicht, werden wir bestimmt segeln."

Seppl: „Willst du etwa so lange unterwegs sein, bis dir die Ruderpinne aus der Gichtkralle fällt? Segeln ist doch keine Zukunft. Du hast schließlich studiert, hast sogar zwei fertige Berufe. Willst du das alles hinwerfen?"

Ich: „Natürlich, das hab' ich doch längst getan. Was ich in ferner Zukunft machen werde, weiß ich nicht, will es auch gar nicht wissen. Segeln und Tauchen, das ist meine Gegenwart, und da ich mir nichts Schöneres vorstellen kann, bleibe ich dabei."

Seppl: „Das klingt ziemlich egoistisch."

Ich: „Ist es auch. Aber ich habe durch den Umgang mit der Natur herausgefunden, was ich allein mir schuldig bin. Die See, Landschaften, Begegnungen mit Menschen und der Unterwasserwelt – das alles hat für mich eine große Bedeutung bekommen. Ich will nicht und muß ja auch nicht aussteigen aus dieser neuen Beziehung."

Mit Poststempel Wellington

Hallo, daheim!

Höchste Zeit, daß wir uns mal wieder rühren. Nein, wir sind nicht verschollen, nur ungeheuer beschäftigt. Wie Ihr seht, ist unsere Adresse nach wie vor der Paramata-Yachtklub. Wir gehören schon bald zum Inventar.

So heimisch gefühlt wie hier haben wir uns noch in keinem Land. Klar, Südamerika war einfach Spitze, gar keine Frage. Der Unterschied ist aber der: Bisher waren wir überall, wohin wir kamen, Touristen – also genau das, was wir eigentlich von vornherein vermeiden wollten. Aus dieser Position ist aber furchtbar schwer herauszukommen. Du bist als Besucher gern gesehen, wirst freundlich aufgenommen – aber man bleibt eben immer der Gast oder besser der Zaungast, also im Grunde ein Außenstehender. Die wahren Verhältnisse in einem Land, seine Strukturen, erkennt man nur in Umrissen, sie sind nicht wirklich nachvollziehbar. Und ich muß sagen, an dieser Art zu reisen sind mir längst Zweifel gekommen. Wir sind doch mit anderen Ansprüchen losgefahren!

Aber hier in Neuseeland ist es zum erstenmal anders. Das liegt nicht nur an den Leuten, denn aufgeschlossene Zeitgenossen haben wir überall getroffen. Es ist eher dem Umstand zu verdanken, daß wir ernsthaft etwas zur Auffüllung unserer Bordkasse tun mußten. Geld muß rein, wir müssen arbeiten. Das ist der Schlüssel: Arbeite in einem fremden Land mindestens ein paar Monate, dann bist du auch wirklich mittendrin. Nur so lernt man das Wesen eines Landes, seine Eigenarten und die Probleme der Leute tatsächlich kennen.

Zustande gekommen ist das Ganze durch John, von dem ich schon berichtet habe, der uns gleich zu Anfang ein Auto zur Verfügung stellte. Er hat uns nämlich angeheuert. Wir sind jetzt Fahrer bei ihm, überführen seine Gebrauchtwagen in alle Teile des Landes. Ihr könnt Euch vorstellen, daß wir dadurch schon fast alle Gegenden und Städte zu sehen bekommen haben. Wir kutschieren ständig herum, freuen uns an diesem herrlichen Land und kriegen auch noch Geld dafür. Was Besseres konnte uns gar nicht passieren!

Von den meisten Leuten, denen wir einen Wagen bringen, werden wir auch gleich eingeladen und können dort übernachten (es sind ja immer ganz schöne Entfernungen). Mit dem Bus geht es dann zurück zum Ausgangspunkt, man kann sagen: nach Hause.

Die Kameradschaft im Klub ist sagenhaft, die Leute tun einfach alles für uns. Dafür wollte ich mich kürzlich ein bißchen revanchieren und bot dem Klub an, einen Dia-Vortrag über unsere Südseezeit zu halten. Der Vorschlag wurde sofort begeistert aufgenommen, und der Abend war ein voller Erfolg. Ich wurde gleich um eine Fortsetzung gebeten – ob ich nicht auch Material über Neuseeland hätte? Klar, hatte ich. Das nächste Mal brachte ich also alles, was wir über die Stewart-Insel und das Fjordland gesammelt hatten. Das hättet Ihr erleben sollen! An dem Abend überschlug sich die Begeisterung! Der Saal war zum Brechen voll, die Menge total aus dem Häuschen. So was habe ich überhaupt noch nicht erlebt. Sie löcherten uns mit Fragen, es nahm einfach kein Ende. Über ihr eigenes Land konnten sie gar nicht genug hören.

Das ist typisch für die Kiwis. Sie sind ja dufte Typen, aber von einer unglaublichen Selbstbesessenheit: Neuseeland geht ihnen über alles, den Rest der Welt nehmen sie mehr oder weniger höflich zur Kenntnis. Aber wirklich interessieren tut sie eigentlich nichts außer Neuseeland. Wir hatten uns schon zu Anfang gewundert, daß zum Beispiel in den Buchhandlungen fast ausschließlich Literatur über das eigene Land zu finden ist. Jetzt wird mir klar, wieso: anderes läßt sich hier gar nicht verkaufen. Kommt man mit einem Neuseeländer ins Gespräch, stellt er immer wieder die gleiche stereotype Frage: „What do you think of New Zealand?“ Die Sonne scheint sich nur um Neuseeland zu drehen.

Allerdings fragen sie uns auch ungeniert nach unseren persönlichen Verhältnissen, denn neugierig sind sie alle. Und harte Arbeit, das muß man sagen, haben nur wenige Kiwis erfunden. Mann o Mann – dieser Schlendrian! Aber auch das hat seine positiven Seiten, es geht überall höchst geruhsam und gemütlich zu. Jeder hat unheimlich viel Zeit und Geduld.

Neulich auf der Bank erlebte ich eine typische Situation. Da steht 'ne endlose Schlange von Kunden und wartet, aber die zwei Spezies hinterm Schalter erzählen sich in aller Ruhe erst mal ihre Wochenenderlebnisse. Und niemand wird sauer oder ungeduldig. Alles wartet friedlich, bis die beiden da vorn fertig sind mit ihrem Klönschnack. Als ich endlich an die Reihe komme, fragt der eine: ‚Du hast so'n komischen Akzent, wo kommst du denn her?‘ Ich kläre ihn also kurz auf, doch er läßt nicht locker, bis ich meine ganze Lebensgeschichte zum Besten gegeben habe.

Der zweite gesellt sich dazu – und das Ende der Schlange hinter mir verhält sich ganz brav, keiner unterbricht mich.

Mir war das schon peinlich, verlegen trat ich von einem Bein auf das andere, war viel ungeduldiger als die hinter mir. Schließlich begriff ich, daß ich der einzige war, den das Ganze störte. Also bin ich wohl doch noch kein richtiger Kiwi geworden.

Wirklich, die Neuseeländer haben schon einige positive Eigenschaften. Angeberei etwa ist ihnen völlig fremd. Keiner würde beispielsweise schuften, nur um sich ein größeres Auto leisten zu können als der Nachbar. Sie sind von einer angenehmen Genügsamkeit und Natürlichkeit. Man kann's aushalten in diesem Land!

Ich glaube allerdings, daß viele Europäer, vor allem Deutsche, bei denen es ja Mode ist, nach Neuseeland auswandern zu wollen, eine ziemlich schiefe Vorstellung haben von dem, was sie hier erwartet. Erst mal ist das bestimmt kein Land, in dem man „über Nacht sein Glück machen" kann. Reich werden wohl die wenigsten, denn arbeiten kann man nur in der Landwirtschaft. Das ganze Land ist so was wie eine riesige Musterfarm. Geistesarbeiter haben praktisch keine Chance, deshalb wandern ja auch viel mehr Neuseeländer aus als Fremde ein, vor allem solche mit akademischer Ausbildung. Was sollten sie hier auch anfangen – Schafe züchten oder Opossums fangen? Mir ist jetzt klar, warum man im ganzen Südseeraum überall auf ausgewanderte Neuseeländer trifft (-zigtausende sollen es sein).

Brain-drain ist das Schlagwort für etwas, das schon zu einem nationalen Problem wird: Abzug der Intelligenz, für die es im eigenen Land einfach keine Verwendung gibt. Ich glaube, das wissen die wenigsten Europäer, die in Neuseeland ihre Zukunft sehen. Auch daß hier kulturell sozusagen Niemandsland ist, dürfte manchen Ausländer auf die Dauer ziemlich frustrieren. Das Fernsehprogramm reicht an Dallas-Niveau kaum heran, Theater und Konzerte wirken mehr als bescheiden, sind eben tiefste Provinz, ohne Chic, ohne Flair. Einzig durch seine phantastische Natur besticht Neuseeland; man kann herrlich segeln, Kanu fahren, bergsteigen, skilaufen usw. Wem das genügt und wer meint, er kann in der Viehzucht arbeiten, der kann ja herkommen. Aber älter als vierzig darf er sowieso nicht sein, laut Einwanderungsgesetz. Ihr Lieben, wenn Ihr also noch unter dieser Grenze liegt, überlegt es Euch ganz schnell!

Wir drei SHANGRI-LAner werden uns noch eine Weile in der landesüblichen Easy-going-Mentalität üben, sie ist so wohltuend ansteckend. Und erst wenn der Kontostand es zuläßt, steuern wir SHANGRI-LA zu neuen

Ufern, damit sie uns nicht vergammelt. Macht's gut so lange, alle miteinander. Und arbeitet bloß nicht so viel, das ist ganz ungesund!

Nach Monaten erreichen wir voll unvergeßlicher Erlebnisse, Eindrücke und Erfahrungen wieder Whangarei, den Ort unserer ersten Begegnung mit Neuseeland. Wir richten uns noch auf mehrere Wochen Aufenthalt ein, denn unser braves Schiff hat nach dem langen Inseltörn eine Verjüngungskur verdient.

Wir nehmen es aus dem Wasser und beginnen eine Generalüberholung. Dabei wird endlich der Besanmast verschrottet, er war uns schon lange ein Dorn im Auge. Ich bin sicher, daß wir auf das Besansegel verzichten können (was sich bewahrheiten soll, denn wir werden ‚ohne' sogar schneller).

Die Jagd auf die erforderlichen Ersatzteile ist ein Kapitel für sich, ein Geduldspiel in original Kiwi-Gangart. In einem Geschäft treffe ich auf einen typisch zuvorkommenden, netten Vertreter dieses Volkes und erkläre ihm, daß ich die und die Seewasserpumpe für den Motor benötige. „O Mann, tut mir das aber leid!" strahlt der Kumpel hinter dem Tresen mich an. „Genau das Fabrikat haben wir nicht. Kann ich aber bestellen, kein Problem, wenn es nicht eilt?"

Mein Blick schweift geschult über die verschiedenen Kartons in den Borden. „Darf ich mal?" frage ich und greife mir, an seinem Ohr vorbei, die richtige Pumpe aus dem Regal.

„Mensch!" strahlt er unbeirrt. „Du bist gut! Könntest direkt bei mir anfangen!"

Ich aber denke zum hundertsten Mal, daß es mit der Bezeichnung „Kiwi" wirklich etwas auf sich hat. Handelt es sich doch bei diesem Wappentier um einen flugunfähigen Nachtvogel, der im Dunkeln durch die Büsche tappt.

Auch bei dem – vergeblichen – Versuch, schließlich auszulaufen und das gastliche Land zu verlassen, erleben wir noch einmal die neuseeländische Eigenart: Unsere Gasflaschen können nicht gefüllt werden, denn es herrscht Streik, was nicht etwa ein Ausnahme-, sondern ein Dauerzustand ist. Irgendwer streikt immer – ein britisches „Andenken" –, und diesmal sind es eben die Transportarbeiter. Mit Gas ist vorläufig nicht zu rechnen. Wir schippern extra nach Auckland, in der vagen Hoffnung, dort könnte noch ein Rest für uns vorhanden sein. Schließlich bleibt ohne Gas bei uns die Küche kalt! Natürlich gibt es auch in Auckland längst kein Gas mehr, aber wir haben Glück: Nach nur vier Tagen Wartezeit lockert sich die Streikfront, die Transportarbeiter gehen wieder ihrem Job nach. Da taucht ein neues Problem auf. „Tut mir leid", sagt wieder einer dieser freundlichen Nachtvögel, die im Dunkeln durch die Büsche tappen, „in ausländische Flaschen kann das Gas nicht abgefüllt werden, nur in neuseeländische." Es kostet eine Menge Überzeugungskraft, bis eben doch in deutsche Flaschen abgefüllt werden kann.

Alles in Neuseeland ist bloß eine Frage der Geduld, und die kann man lernen.

Die Südsee, unser Tauch- und Segeldorado, das Paradies, aus dem die Taifune uns vertrieben, ruft uns zurück. Zu viele Inseln liegen noch dort auf der Seekarte, unberührt von Helgas Bleistiftlinien, den eingezeichneten Kursen der SHANGRI-LA. Ein solches Gebiet, ein weißer Fleck auf unserer Karte, ist für uns auch Tonga, das Reich des gewichtigsten Königs der Welt. Ein Tage dauernder, heftiger Sturm machte die Inselgruppe damals für uns unerreichbar. So verlassen wir Neuseeland mit nordöstlichem Kurs auf unserem frischlackierten Kat, der in Neuseeland mit zwei weiteren wichtigen Ergänzungen versehen wurden: Heino Haase schickte uns seine neue Rollfock, und ein neues, faltbares Dingi, das Bananaboot, kam per Frachter von Hamburg; mit diesem Weltumseglerkomfort durchstreifen wir noch ein halbes Jahr die Inselwelt zwischen Tonga, Fidschi und Neukaledonien, bevor es endgültig hinübergeht nach Sydney – zur Erstürmung des Fünften Kontinents.

Wunder, Wracks und Widersprüche

„Was ist denn das für 'ne lustige Fahne, die ihr führt?" will der bärtige Typ oben auf der wackeligen Holzpier wissen.

„Die deutsche Nationalflagge!"

„Ah, verstehe. Und aus welchem Land kommt ihr?" grinst das Gesicht zurück.

In den folgenden Tagen sollten wir noch häufiger Begriffsstutzigkeit und mangelhaften Geographiekenntnissen begegnen. Wo waren wir hier bloß gelandet?

Schuld hatte eigentlich Philip, der Pilot aus Hobart, der Hauptstadt von Tasmanien. Während die SHANGRI-LA im schmutzigen Hafenwasser dümpelte, umgeben von den Regattaziegen des Sydney-Hobart-Rennens, sprang Philip an Bord: „Also, mein halbes Leben fliege ich nun schon zwischen Melbourne, den Furneaux-Inseln und Hobart hin und her. Die Furneaux-Inseln sind einmalig, super, gigantisch. Obwohl sie ihre Tücken haben, müßt ihr sie unbedingt anlaufen."

Natürlich hatten wir schon von den sturmzerzausten Inseln in der Bass Strait gehört, die das australische Festland von Tasmanien trennt. Bei jener Inselgruppe beginnen die Roaring Forties, die Brüllenden Vierziger, die sich in diesen Gewässern so verheerend auswirken: flaches Schelfgebiet, deshalb eine kurze, steile Hacksee, dazu starke Tidenströme, Treibsände, Felsenriffe, kurz, uns mußten die Furneaux-Inseln wie der Vorhof zur Hölle vorkommen. Wer wollte es uns da verübeln, daß wir bei der Anreise als inoffizielle Teilnehmer der Sydney-Hobart-Regatta respektvollen Abstand zu diesen Inseln hielten?

Doch Philips Schwärmerei reißt uns mit. Einen Tag später liegen Seekarten, Zeitschriften und Chroniken vor uns ausgebreitet. Und da lesen wir: Die Furneaux-Inseln wurden erst 1797 besiedelt und auch das mehr zufällig. Schiffbrüchige der SYDNEY COVE landeten auf einer Insel, die sie Preservation Island nannten. Schnell waren ihre Vorräte verbraucht, und man sah sich nach Verproviantierungsmöglichkeiten in der Natur um. Es gab Millionen von Mutton Birds, möwengroßen Seevögeln, außerdem Gänse, Robben und Fisch. Die Natur deckte den Tisch zwar tranig-salzig, dafür aber reichlich. Bald kamen die ersten Robbenschläger und Walfänger auf die Inseln, weitere Schiffbrüchige, dann entlaufene Sträflinge, Gesetzlose. 1830 brachte man die letzten Aborigines von Tasmanien auf die Hauptinsel, Flinders Island genannt. Schnell jedoch dezimierte man die Zahl dieser Ureinwohner Australiens, denn die seßhaften Piraten raubten die Frauen und versklavten den Rest.

Wie im Wilden Westen muß es zu Beginn des 19. Jahrhunderts auf diesen kargen Inseln zugegangen sein. Frauenmangel blieb das große Problem, aber Galgenvögel zog dieser sichere Zufluchtsort weiterhin an. Die Walfänger und Robbenschlächter brachten sich deshalb Mädchen von den Inseln der Südsee mit. Und man darf sicher sein, daß die zügellosen Gesellen dort die Brautwerbung mit Entermesser und Speckhaken vollzogen. So bildete sich schließlich eine eigene Mischrasse auf den Inseln, deren einen Vertreter wir nun oben auf der Holzpier begrüßen.

Im Dorf namens Lady Barron werden wir von Steve in die einzige Kneipe geschleppt, einen typisch australischen Pub mit der Atmosphäre eines Männerpissoirs: gekachelte Wände, ein meterlanger Tresen, vergilbte Reklameposter. Trotzdem gibt es genug zu sehen und zu erleben in solchen Tränken, wie Jack London sie beschrieb; markante Pionierköpfe und zweifelhafte Helden aus dem Wilden Westen, Doc Holliday, Billy the Kid, Jesse James, sie alle könnten in dieser Runde sitzen, ohne aufzufallen. Eine dunkle Gestalt in der Ecke – ich taufe ihn Mr. Fifty-

fifty –, erzählt mir in wenigen Sätzen seine Geschichte. Demnach stammte seine Urgroßmutter aus dem Königshaus von Tonga, und sein Urgroßvater hatte Landbesitz von ungeheurem Ausmaß in Schottland. Ich glaube ihm kein Wort und bin sicher, daß die Namen seiner Vorfahren eher in den Listen der Strafgefangenen stehen, die hierher deportiert wurden.

Aus dem Rahmen fallen auch drei verloren wirkende Touristen und zwei alternative Amerikaner, die eine kleine Farm betreiben. Nach dem zwölften Bier erkläre ich meinem Nachbarn, der einen dezenten Fischgeruch verbreitet, gestenreich, wie in Deutschland Fußball gespielt wird, wie man in der Südsee Fische speert und in Fidschi Kava trinkt. Zwei Augen fixieren mich teilnahmslos wie Weitwinkelobjektive. Schwatz ruhig weiter, scheint er zu denken. Ihn interessiert das alles nicht. Wichtig ist nur das Leben auf Flinders. Schon die Nachbarinsel Barren Island ist für diesen Fischer Ausland.

Ob es denn hier auch eine Zeitung gibt, will ich wissen. Da wird Steve, der Gorilla mit den glasigen Augen, hellwach und blubbert zwischen stinkenden Schluckaufs immer wieder etwas von „Cyclops".

Als ich gegen 22.00 Uhr die Tränke verlasse, bin ich fest davon überzeugt, in ein mittleres Erdbeben geraten zu sein. Mein Katzenjammer am nächsten Morgen ist gigantisch, mein Erinnerungsvermögen nahezu ausgelöscht. Es gelingt mir nicht, den Vorabend zu rekonstruieren. Nur ein Wort geht mir nicht mehr aus dem Sinn:

Cyclops!

Am nächsten Abend die gleiche Szene in derselben Kneipe. Wo soll man auch sonst hin in diesem trostlosen Kaff? Die Stammbesatzung ist vollzählig, und ich gehöre jetzt dazu, denn Steve hat gemeint: „Der bloody German ist in Ordnung", was auf Flinders mehr bedeutet als Staatsexamen, Verdienstkreuz oder polizeiliches Führungszeugnis. Steves Schädel ist der eines Neandertalers: tiefbraune, gegerbte Haut wie Büffelleder, plattgeschlagene Knollennase, fliehende Stirn und ausgeprägte Kiefer. Unter zusammengewachsenen Augenbrauen liegen in tiefen Höhlen kleine Schweinsaugen, von denen das linke ständig Blickkontakt mit dem rechten sucht. Eine Löwenmähne, bestehend aus Tausenden kleiner schwarzer Korkenzieher, umrahmt diese eindrucksvolle Urwüchsigkeit.

Steve ist Abalone-Taucher, er gehört daher zu den Reichen. Mit ihm war ich tagsüber tauchen, habe drei Stunden im Neoprenanzug, mit Tauchmesser bewaffnet, an den Klippen gehangen und die handgroßen Schnecken, die Abalones, abgegraben: eine schwere, aber lohnende

Arbeit. Auf den Furneaux-Inseln ist man entweder Farmer, Langustenfischer oder Abalone-Taucher. Wir bleiben mehrere Wochen, und ich werde in die letztere Berufsgruppe eingeordnet. Natürlich gibt es auch Lehrer, einige Kaufleute, den Pastor, einen Arzt und zwei Polizisten für die rund tausend Einwohner.

Einer von den beiden Gesetzeshütern wird ‚Haiauge' genannt, aber eigentlich heißt er Rod. Ich nenne ihn ‚Sheriff', und er wird mein bester Freund.

„Du, Sheriff", frage ich ihn, „was ist mit Cyclops?"

„Haha, Cyclops, hoho", lacht er schallend und holt ein zusammengefaltetes Bündel hektographierter Blätter hervor. „Hier lies, das ist unsere Zeitung, erscheint unregelmäßig, ist aber die freieste Presse der Welt. Draußen vor der Schule hängt ein großer Kasten, da werfen die Bürger alle möglichen Mitteilungen und Nachrichten hinein. Ein Lehrer sammelt sie und tippt sie als Beiträge runter; wie sie kommen, werden sie veröffentlicht."

So hat sich seit ungefähr einem Jahr ein Typ mit dem Pseudonym ‚Cyclops' in das Blatt geschlichen. Er nimmt in Leserbriefen zu allen möglichen Problemen Stellung, meistens aber verschaukelt er die Insulaner. Er (oder sie) muß an allen Klatsch und Tratsch herankommen. Ich lese: „Der Fischer John F. wurde am letzten Donnerstag von ‚Haiauge' zu zweihundert Dollar Geldstrafe verurteilt, weil er mit dreißig Körben gefischt hat, seine Lizenz aber nur auf zwanzig Körbe lautet. Ich finde es ungerecht, den armen John zu bestrafen, denn es ist allgemein bekannt, daß er nicht zählen kann. Und selbst wenn er zählen könnte, würde es noch nicht bedeuten, daß er seine Lizenz auch lesen kann. Es ist wahrhaftig leichter, einer Ziege das Gitarrenspielen beizubringen als John das Zählen und Lesen. Gezeichnet: Cyclops."

Von da an wundere ich mich über nichts mehr auf diesen seltsamen Inseln. Ich finde es bald selbstverständlich, daß ich mit dem Polizeijeep meine Rundfahrten unternehme, während ‚Sheriff' sein Mittagsschläfchen hält. Auch daß am Wochenende jeder Autofahrer volltrunken ist, halte ich für normal. „Warum soll ich da eingreifen?" fragt mein Freund. „Erstens bin ich am Wochenende selber hackevoll, und dann, was soll schon passieren?"

Mit meinem Leihwagen, Aufschrift „Police", durchstreife ich die Insel. Umzäuntes Farmland wird immer wieder durchbrochen von buschartigem Wald, und rötlicher Granit schimmert auf den Bergrücken. Nach einer durchrüttelten Geländewagenstunde ist man am Strand. Alle Inseln der Furneaux-Gruppe haben diese blendend weißen Strände, manche hohe Dünen und auch schroffe Klippen. Es ist eine Mischung aus Lüneburger Heide, Sylt und den schwedischen Schären. Die Tierwelt ist so exotisch wie auf dem australischen Festland. Da gibt es das Wallaby, eine Känguruh-Art, dann das Wombat, ein etwa einen Meter langes Beuteltier, das mich an einen Riesenhamster erinnert. Opossums, diese katzengroßen, possierlichen Pflanzenfresser, sind schon zur Plage geworden und werden wie das Wallaby stark bejagt.

„Bring uns 'ne Gans mit“, sagt ‚Sheriff‘ vor der Patrouillenfahrt, die ich für ihn unternehme, und drückt mir ein Gewehr und Patronen in die Hand.

„Aber die Gänse stehen doch unter Naturschutz“, protestiere ich.

„Richtig, deshalb sollst du ja auch nur eine bringen.“

Im Grunde glaube auch ich nicht, daß wegen eines gelegentlichen Gänsebratens die seltene Vogelart der Cape-Barren-Gänse ausstirbt, wohl aber durch die fortschreitende Kultivierung der Hauptinsel. Nur auf den vielen kleineren unbewohnten Felsinseln ringsum ist die Natur noch völlig unberührt. Zahlreiche Vogelarten haben hier ihre Nistplätze, vor allem die Mutton Birds. Dieser bemerkenswerte Seevogel wurde erst in den letzten Jahren wissenschaftlich untersucht. Er bewältigt alljährlich die große Wanderung von Neuseeland und Südaustralien zu den Nordregionen Sibiriens und Alaskas. Zur Brutzeit kehrt er in seine Höhle zurück und teilt diese dann häufig mit dem einzig gefährlichen Tier, der giftigen Tigerschlange.

Ende März ist Mutton-Bird-Saison. Farmer, Taucher und Fischer wechseln für drei Wochen ihren Beruf und werden Vogeljäger. Ganze Familien pilgern zu den Brutkolonien, wo die fast flügge gewordenen Mutton Birds wehrlos in den Höhlen sitzen. Das Familienoberhaupt kriecht dann auf allen Vieren von Erdloch zu Erdloch, zieht die flatternden Vögel heraus, eine kurze Drehung, und schon hängt das schwarzbraune Flauschknäuel auf dem Stock. Dann geht's zum Sammelplatz, wo Frauen und Kinder das Rupfen und Ausnehmen besorgen. Die in Fässern eingesalzenen Mutton Birds sind zu einem wichtigen Exportartikel geworden, denn in Neuseeland und Australien gilt das tranige Fleisch als Delikatesse. Auch wir müssen natürlich so ein gebackenes Möwenjunges probieren. Geschätzter Fettgehalt: 99,9 Prozent. Ein herzhafter Biß in eine Plastiktüte, gefüllt mit warmem Lebertran, beschreibt diesen Gaumenkitzel angemessen. Doch in Ölzeug, mit viel gutem Willen und noch mehr Aquavit kann man ein solches Festmahl durchaus überstehen.

Bleibt die Frage, ob diese Vogelart das jährliche Gemetzel überleben kann, denn ausschließlich Jungvögeln wird auf diese brutale Weise die Reiselust nach Sibirien genommen. Biologen aber versichern, daß der Mutton Bird eine der am häufigsten vorkommenden Vogelarten der Erde und sein Bestand in den letzten Jahren konstant geblieben ist. Ganz ungefährlich aber lebt auch der Vogeljäger nicht, denn fast in jeder Saison wird einer von der Tigerschlange gebissen. Erfahrene Jäger suchen deshalb erst nach Spuren, ob die Bruthöhle mit einer Tigerschlange besetzt ist.

Solch ein alter Hase ist Alex Ross, der immer ein hartes, risikoreiches Leben geführt hat. In seinen Erzählungen wird die Vergangenheit lebendig: Schiffbruch, Kannibalismus, Raub, Mord und Intrigen. Sein Haus quillt über von Relikten aus der alten Zeit, von Fundstücken aus zahlreichen Wracks: Holzteile, Flaschen, Gläser, Münzen, sogar Schiffskanonen.

Allein an der Westküste von Flinders liegen 62 Wracks, mehrere davon sind noch nicht identifiziert, behauptet er. Die Furneaux-Gruppe gilt neben dem Kap-Hoorn-Gebiet als größter Schiffsfriedhof der südlichen Hemisphäre. Australiens merkwürdigstes Wrack, die FARSUND, liegt an der Ostküste auf einer Sandbank, und Alex Ross ist Eigentümer dieses Wracks. „Die FARSUND hat damals mein Vater für nur fünf englische Pfund gekauft. Als kleiner Junge lebte ich vier Monate auf dem Wrack, um die Ausrüstung zu bergen, die mein Vater veräußerte." Und dann erzählt Alex die Tragödie der FARSUND, seine Lieblingsstory, eingewoben in die Familiengeschichte der Ross-Sippe. Die Strandung, die Alex mit Kindheitserlebnissen schmückt, ist so verworren und unergründlich wie so vieles auf diesen Inseln. Was geschah damals auf der FARSUND wirklich?

Ich beschließe, das Wrack zu besichtigen. „Unmöglich, viel zu gefährlich", weist mich Sheriff ab. „Seit Jahren war kein Besucher mehr auf dem Wrack."

Ich muß Sheriff überlisten, um zur FARSUND zu kommen, denn nur er hat das für Patrouillenfahrten vorgesehene flachgehende Speedboot. „Aber du hast es mir versprochen, wirklich", rede ich an einem Sonntagmorgen auf meinen von der durchzechten Nacht noch geschädigten Freund ein.

„Kann mich an nichts mehr erinnern. Aber wenn ich's versprochen habe?" mault Sheriff.

Bald rasen wir mit der Kraft von zwei 130-PS-Außenbordmotoren zur Ostküste. Unschwer ist weit draußen auf der Sandbank ein alter Segler zu erkennen, entmastet, doch scheinbar schwimmfähig. Aber nein, hier schwimmt nichts mehr, hier liegt das Gerippe eines einstmals stolzen Schiffes.

Ich habe auf unserer Weltumsegelung zahlreiche Wracks gesehen, manche bei Tauchgängen erforscht. Wracktauchen ist die sicherste Art, das Gruseln zu lernen. Nur bei Wracks wie der FARSUND, die hoch und trocken liegen, ist es anders, da beschleicht mich immer dieses Gefühl von Melancholie oder tiefer Traurigkeit. Sechs Jahre fuhr ich zur See, kenne das Leben auf Frachtschiffen. Vertraut sind mir die Menschen, die Arbeit und die Geräusche auf einem lebenden Schiff. Doch jetzt balanciere ich über zerbrochene Teakplanken, stoße gegen eine armdikke Relingstütze, die sofort zerbricht und krachend ins Wasser klatscht. Unter mir rauschen ungebrochen die Seen durchs Schiff, denn die Außenhaut ist zum größten Teil durchgerostet. Auch Spanten und Stringer werden die nächsten Jahre nicht mehr überstehen. In den Nischen der Laderäume haben Seeschwalben ihre Nistplätze. Bugspriet und zerbrochene Mastspieren sind weiß von Möwendreck.

Ich hocke mich vor die Überreste des Ruderhauses und lasse die Gedanken schweifen. „Mit der FARSUND stimmte etwas von vornherein nicht", erzählte Alex. „Als sie 1910 auf die Sände lief, hatte sie Vollzeug stehen, viel zu viel für das rauhe Wetter. Ein angeforderter Schlepper aber bekam sie frei, worauf sie weiter draußen vor Anker ging. Dann wurde Ladung über Bord geworfen, und am folgenden Tag saß sie erneut und endgültig fest, genau da, wo sie heute noch liegt. Unter der Besatzung kursierten damals die wildesten Gerüchte. Das Wetter war gut, und keiner fand eine Erklärung, warum der Anker nicht hielt. Fest steht nur, daß die FARSUND auf ihrer Reise von Buenos Aires keine Seetauglichkeitsbescheinigung hatte, aber hoch versichert war."

Das mysteriöse Ende der FARSUND wird wohl immer ein Geheimnis bleiben und mit ihrem völligen Zerfall auch in Vergessenheit geraten. Dem alten Segler ergeht es wie dem Skelett eines Spermwals, das ich oben am Nordstrand der Insel fand. Auch ihm hatte die See schon ein paar Rippen fortgewaschen.

Sheriff schimpft und flucht auf dem Achterdeck. Das Patrouillenboot ist mehrmals gegen das Heck gedrückt worden, Bugkorb und Scheuerleiste sind beschädigt. Mit schlechtem Gewissen haste ich zum Heck, hangle mich aufs Speedboot hinunter. Schon hat mein Freund die Leine losgeworfen, und wir driften achteraus. „*Ein* Wrack auf diesen verdammten Sänden genügt schließlich", meint Sheriff und drückt den Gashebel nach vorn.

Neben Mutton Birds, Abalones und Langusten sind die Killiecrankie-

Diamanten eine weitere Einnahmequelle der Inselbewohner. Doch es sind keine Diamanten, die hier mit etwas Glück am Strand gefunden werden, sondern Topase. Da die Bucht von Killiecrankie einen geschützten Ankerplatz bietet, der nur gegen nordwestliche Winde offen ist, segeln wir die fünfzig Meilen nach Norden. Uns bleibt keine Zeit, die verrückten Wochen in Lady Barron zu verdauen, denn kaum ist der Anker eingedampft, löst sich ein Dingi vom Strand mit Malcolm, dem König von Killiecrankie. Malcolm ist ein Unikum. Er redet, gestikuliert, redet, denn viele Besucher scheinen sich nicht in diese Ecke zu verlieren.

Malcolm ist Taucher, Fischer und Allroundmechaniker, wie alle hier in der Gegend. Er hat sich eine Waschanlage gebaut und schaufelt Sand aus der Bucht, aus dem dann die Topase herausgespült werden. Zur Zeit hat er wieder Motorprobleme, aber die scheinen seine Spezialität zu sein. Vor seiner Hütte liegen Außenborder, Fahrräder und die Überreste einer Kreissäge verstreut, sogar ein Wohnwagen wartet auf Vollendung. Und das Stilleben wird durch Flaschen, Dosen und Müll vervollständigt. Zwei Kinder, eines davon mit Rotznase und inhaltsschwerer Windel, kommen mit großen blanken Augen angerannt. „Wie schön“, sage ich. „Ein richtiger Abenteuerspielplatz für die ganze Familie.“

„Asoziale!“ bemerkt Helga trocken.

Malcolms Frau serviert uns klitschigen Kuchen, der sich schwer von den Fingern löst und noch schwerer im Magen liegt. Und Malcolm redet, gestikuliert, redet. Längst habe ich den Eindruck, daß wir gar nicht mehr seine Gesprächspartner sind, er ist Darsteller und sein Publikum zugleich. Ich habe abgeschaltet, versuche zu verdauen, lasse meine Augen über Chaos und Unrat wandern.

Sonderbar ist nur, wie Helga auf Malcolms Redefluß reagiert. Bei jeder seiner Kunstpausen richtet sie sich merklich auf, atmet auffallend flach, wird stocksteif, schüttelt sich kräftig und sackt dann zurück in ihre Ausgangsposition. Malcolm redet weiter. Lässig lümmelt er in der Sofaecke, das linke Bein angewinkelt. Seine Augen starren mit Geierblick die schwärzlich-braune linke Fußsohle an. Plötzlich verstummt er und konzentriert sich ganz auf die verhornte Lauffläche. Mit spitzem Daumen und Zeigefinger der rechten Hand fährt er dann in seinen „Fußakker“, bohrt, zwickt, baggert (Helga richtet sich merklich auf) und fördert schließlich mit Drehgriff einen größeren Klumpen Hornmasse zu Tage (Helga atmet auffallend flach). Dann hält er inne, unterzieht seine Beute einer genauen Kontrolle, indem er sie dicht vor die Augen führt (Helga wird stocksteif); sein prüfender Blick wird zufrieden, ja, das ganze Gesicht verklärt sich, und – schwupp – sitzt das Baggergut zwischen den Schneidezähnen (Helga schüttelt sich), wird mit kurzen schnellen Bissen vorgeformt und wandert weiter zur Abteilung Backenzahn, wo die Endverarbeitung stattfindet (Helga sackt unkontrolliert zusammen). „Malcolms Käseplatte“ heißt die Vorstellung von Killiecrankie seitdem in den Annalen der SHANGRI-LA. Sie löst bei Helga nach wie vor die gleiche Reaktion aus, nur bekommt der Erzähler auch noch ihren Ellenbogen zwischen die Rippen.

„Was willst du denn in Deutschland?“ hatte Steve mich gefragt, als ich auf die geplante Abreise von den Furneaux-Inseln zu sprechen kam.

„Hab’ noch ein paar Sachen dort.“

„Okay, Kumpel, dann hol sie, nächsten Monat gehen wir auf Langustenfang.“

Ich muß über Steves Weltbild lächeln. Dort hinter dem Horizont, wo Himmel und See eine klare Linie ziehen, liegen Deutschland, Australien, Rußland, China und – fucking hell – was sonst noch. Nach Steves Meinung kann man da mal schnell hinsegeln, um ein paar Sachen zu holen. Ich mag Steve. Seine Welt ist eben Flinders, sind die Furneaux-Inseln. Seine? Nein, meine auch. Unwillkürlich bin ich hineingerutscht ins Inselleben, habe die ersten Wurzeln geschlagen, so wie SHANGRI-LA Algen angesetzt hat. Wir müssen los, schnell, bevor es zu spät ist. Der Abschied schmerzt. Wie sind mir diese Typen ans Herz gewachsen: Steve, Alex, sogar Malcolm und natürlich Sheriff, dieser Gesetzesvertreter und Gesetzesbrecher, Wildhüter und Wilddieb in einer Person. Auch Cyclops’ Beleidigungen werde ich vermissen.

Dann ist es soweit. Ein strammer Südwest treibt uns unter Doppelfock nach Norden. Uns voraus hasten kurze Seen, Schaumwalzen platzen an der Bordwand, formieren sich neu und rollen davon in die Weite. Achteraus bleiben die Inseln zurück, die zusehends kleiner werden und im Kielwasser zu versinken scheinen. Nur die Mutton Birds begleiten uns, aber auch sie werden bald ebenso verschwunden sein wie die Furneaux-Inseln, als hätte es sie nie gegeben.

Wer schaltet heut’ den Leuchtturm ein?

Als der rötliche Leuchtturm von Gabo Island, einem markanten Punkt im Süden des australischen Festlandes, im Glas erkennbar wird, liegen wir mit Fock I und gerefftem Groß hart am Wind und kreuzen auf gegen eine See, die völlig „kopflos“ aus allen Richtungen kommt: Rumpelwasser. Der Schein des Leuchtfeuers streichelt rhythmisch Schiff und Segel, zieht uns magisch an und verheißt Geborgenheit und Ruhe, die laut Handbuch auf einem kleinen Ankerplatz hinter der Insel zu finden sind.

Daß wir schon am nächsten Tag oben auf dem Leuchtturm stehen würden, hätte ich mir in dieser Nacht nicht träumen lassen. Der wütende Nordost nimmt sogar noch zu, als wir Gabo Island in den frühen Morgenstunden runden, dann den Anker in den Sandgrund ziehen. Segel weg, Ölzeug weg, Luken auf, ab in die Koje.

„Wollt ihr 'ne Kuh?"

„Wie bitte?"

„Ach, ich muß unbedingt wieder schlachten, hab' zuviel Inzucht in meiner Herde. Erst wenn ein Fischer oder, was selten genug vorkommt, ein Segler hier ankert, lohnt es sich. Sonst verdirbt zu viel Fleisch", begrüßt uns am nächsten Morgen Bill, der Leuchtturmwärter mit dem gegerbten Gesicht.

Filetsteak mit Champignons und Kräuterbutter oder Rindsrouladen? Ich sehe schön gedeckte Tische, schnuppere Bratendüfte. Doch es soll leider nicht zum Schlachtfest kommen. Bill zeigt uns voller Stolz sofort seinen Leuchtturm, dessen Erklimmen für jeden Besucher Pflicht ist, denn er ist Leuchtturmwärter aus Leidenschaft. In seiner Freizeit sammelt er Ansichten von Leuchtfeuern aus aller Welt, korrespondiert mit Leuchtturmwärtern, baut Modelleuchttürme. Und sicherlich wird auf seiner letzten Ruhestätte einmal ein Leuchtturm anstelle des Grabsteins stehen.

Schon stapft er, einem Museumsführer gleich, keuchend die Wendeltreppe zu seinem Turm hinauf, muß zwischen Himmel und Meer einige Male verschnaufen. Oben weist er auf blankpolierte Messingtäfelchen mit Jahreszahlen, hustet in abgehackten Sätzen die Funktion der Lichtschleuder heraus, erzählt aber zum Glück nur das Wesentliche. Für Unwichtiges fehlt ihm die Puste. Auf der Galerie, die draußen um den Turm führt, drückt einem der Sturm den Atem zurück in den Hals, schiebt die Tränen waagerecht aus den Augen. Welch ein Bild: Graublaue See in der Weite, übersät mit zerfetzten Halbmonden, weißgrün schimmernd in wilder Verfolgungsjagd, und direkt unter uns leuchtet roter Granit, den die Seen als Punchingball hernehmen, boxen und dreschen. Jeder Schlag gleicht einer gedämpften Explosion, zittert zu uns herauf. An diesem Felsen, in einem solchen Sturm, wird in drei Jahren Chichesters letzte Yacht, die GIPSY MOTH V, stranden und verlorengehen.

Mit Herrn und Frau Leuchtturmwärter diskutieren wir bei Tee und Keksen den Ablauf des Schlachtfestes, dann geht's an die Fotoalben:

Gittermasten, Feuerschiffe, Leuchttürme. Am nächsten Tag nach wie vor Starkwind aus Nordost. Unsere Gegeneinladung nimmt Bills Frau Ellen deshalb nur unter großem Gezeter an. Sie hat Angst vor Schiffen. Mit unserem soliden Dingi schaufle ich meine ängstliche Fracht an Bord, die sich mit allen Vieren abstützt und ihre Krallen ins Dollbord schlägt. So geht alles gut – zunächst. Dem Nordost geht langsam die Luft aus, SHANGRI-LA beruhigt sich. In unserer guten Stube fühlen sich die beiden bei Sherry und Klönschnack sichtbar wohl.

Ein Fischerboot kommt längsseits: „Giddai, mait“, was soviel heißt wie: Good day, mate. „Southerly Buster's coming up.“

„Okay, mate, alles klar, und thanks a lot.“ Wir treffen Anstalten, unsere Gäste an Land zu schaffen. Für Bill wird's sowieso Zeit, er muß seine Leuchtschleuder anschmeißen.

Ellens beschwingte Sherrylaune vergeht augenblicklich, und Angsthasen ziehen ja bekanntlich das Unglück an. Auf halber Strecke trifft uns der Southerly Buster, der Südweststurm, wie ein Keulenschlag. Was tun? SHANGRI-LA liegt bei diesem Wind total ungeschützt. Helga ist mit dem schweren Ankergeschirr allein, und wir müssen verholen. Zwei Hände für dein Schiff, Seemann, der Rest für dich und die Gäste. Diese starren mit aufgerissenen Augen den Ruderknecht an, der blitzschnell gewendet hat, und protestieren schreiend. Doch mit einem Satz bin ich auf dem Achterdeck der SHANGRI-LA. Wir müssen schnell weg. Ellen will es mir nachmachen, nutzt dabei die Bordwand des Dingis als Stufe, und – schwapp – katapultiert sie ihren Bill und sich selbst von der Wippe. Ich biege mich vor Lachen und kann diese Stellung gleich beibehalten, um die beiden Freischwimmer aus dem Wasser zu zerren, während Helga aus der Abteilung „Schiffbruch“ Trockenes hervorholt.

Ich glaube die Situation bereinigt, als wir mit beiden Maschinen dichter unter Landschutz dampfen, aber schon jetzt hat sich eine ruppige See aufgebaut. Bills Frau, der Zitteraal, steht unter Schock. Bill selbst sitzt als Häufchen Elend daneben und murmelt etwas von nicht angeschalteter Automatik, denn längst müßte es lang-lang-kurz-lang vom Leuchtturm blinken. Wir geben uns die größte Mühe, die beiden an den Steg zu manövrieren. Das Absetzen ist aber ohne größere Schäden fürs Boot nicht mehr möglich, weil uns der Sturm direkt auf die rostigen Eisenpfähle drückt. Das sehen die beiden ein.

Bill meint: „Fahrt auf die andere Seite der Insel, die ist ruhiger, da könnt ihr uns gut an Land bringen.“ Das kann ich mir einfach nicht vorstellen, denn der Nordost ist noch lange nicht tot, aus der Richtung muß unverändert eine hohe See laufen. Aber Bill beharrt auf seinem

Vorschlag. Ellens Nerven vibrieren weiter, ihr geht's richtig elend. Helga holt aus der Abteilung „Medikamente“ ein Fläschen, dessen Inhalt sie ihr schlückchenweise verabreicht. Es riecht wieder verdächtig nach Sherry. Wie hat sie den bloß so schnell umgefüllt? Na ja, ich versteh' eben nichts von Medizin. Außerdem muß ich mich jetzt ganz auf das Steuern konzentrieren, denn draußen vor der Insel steht eine gewaltige Nordostsee, die mit frischen Schuppen aus Südwest gedeckt ist. Unsere Gäste spielen Chamäleon, passen ihre Gesichtsfarbe der See an, die auch an Bills empfohlenem Landeplatz unverändert gegen die Felsen donnert. In diesem Inferno aus Fels, Schaum und Gischtfetzen würde selbst ein Pinguin nur mit Knieschützern landen. Nichts wie weg hier, zurück zum alten Platz!

Schließlich kommt ein Fischerboot mit seinem Stahlpanzer längsseits, der Mann hat unsere Probleme, die ich ihm über Funk schilderte, begriffen. Mit seinem Blockadebrecher kann er an der Pier vielleicht kurz festmachen, um unsere Patienten in Sicherheit zu bringen. Denn der Southerly Buster soll laut Wetterbericht durchstehen.

Das ist unser Wind nach Sydney. So sagen wir kurzerhand das Schlachtfest ab, setzen Fock II und denken traurig an Filetsteaks und Rindsroulade. Bill und Ellen sind wieder okay, denn achteraus an Backbord blinkt Leuchtfeuer Gabo Island sein beruhigendes Lang-lang-kurz-lang.

Tagedieb und Taugenichts

Der rauhe Wind steht durch. Ohne einen einzigen Kreuzschlag zu machen, erreichen wir nach zwei Tagen ‚Heimatwasser‘, die Rushcutters Bay in Sydney. Bekannte Yachten, z. B. die Malou mit Peter, unserem Nachbarn vor dem Start zum Sydney-Hobart-Rennen, liegen nach wie vor hier. Verständlich, denn Sydney ist eine Stadt mit Flair, Aktion, Internationalität, wo man endlich auch einmal Kultur bunkern kann.

Freudenschreie, als plötzlich Hugo Wehner auftaucht und an Bord springt. Vor eineinhalb Jahren trennten sich unsere Wege, und zwar in Suva auf Fidschi. Die Hurrikansaison drängte. So gingen wir auf Südkurs nach Neuseeland, Hugo mit seinem ‚Sarg‘ hierher nach Sydney. Jetzt endlich sehen wir uns wieder. Die Überraschung ist groß, die Verwirrung komplett, denn der Mensch, der da erscheint, ist uniformiert, hat kurzgeschnittenes Haar, eine Pistole vorm Bauch, kurz, er ist das Musterbeispiel eines Law-and-order-Mannes. Wir lachen, bis uns die Tränen übers Gesicht laufen. Hugo, der Hippie, sonnverbrannt mit langen, verfilzten Locken und Stirnband, Jeans-Fragmente um die Hüften gewickelt und seinen Taugenichts, einen munteren Honigbären, auf der Schulter: so kannten wir ihn von vielen Inseln im Südpazifik.

Er erzählt seine Australien-Story – brüllendes Gelächter –, und als er sie beendet, ist die neue Uniform voller Bierflecken. „Als ich hier ankam", schließt er, „nahm man mir Taugenichts sofort weg und steckte ihn in den Zoo. TAGEDIEB war echt alle. Wir bekamen den Seegang nicht mehr aus dem Deck raus. Als er auf Slip lag, war alles weich und morsch." Aber es erbarmte sich ein Agent und zahlte noch ein paar tausend Dollar in bar, so daß Hugo sich eine Kawasaki zulegen konnte. Ab ging's durch den fünften Kontinent, ins Hinterland, das Outback. Hugos Erlebniskiste füllte sich ebenso schnell, wie die Dollarbox sich leerte.

„Aussie ist dufte", stellt er fest, „dufte Typen und duftes Klima." Hugo entschließt sich zu bleiben, aber sein erstes Gespräch bei der Einwanderungsbehörde wird das kürzeste seines Lebens. Da kommt er auf den Trick mit dem Heiraten, und seine Brautwerbung liefert noch lange Gesprächsstoff in Paddington, dem Vorort von Sydney, der gerade ‚in' ist: „Mensch, Alter, die Trainingsrunden mit den Aussie-Tanten verliefen immer so vielversprechend. Aber dann, vor der Tür zur Einwanderungsbehörde, verflog die Liebe, und die Braut verduftete."

Doch Hugo bekommt schließlich seinen „Trichinenstempel", weil die letzte Verlobte, ein Sonderangebot vom Grabbeltisch, ihren Spruch von der geplanten Ehe mit Hugo vor den Behörden mit treuem Augenaufschlag bringt. Zusätzlich hatte sich der Bräutigam beim Frisör trimmen lassen, und Freunde liehen ihm Hose, Jacke und Schlips. „Da war auch viel Mitleid im Spiel bei der Immigration", grinst Hugo.

Die Freuden des Großstadtlebens sind für ihn allerdings von kurzer Dauer, denn der Bazillus der See hat ihn unheilbar infiziert. Hugo will wieder los, zurück in die Yachtie-Szene, mit einem neuen Boot. Er braucht Geld, jobbt und schuftet, zur Zeit als Security Guard, als Nachtwächter vorm Supermarkt. „Ist was für Gehirnamputierte, so'n Hilfssheriffsjob", meint Hugo, aber die Kasse stimmt. Tagsüber gibt er noch Segelunterricht. Schlaf? „Hole ich nach, wenn ich wieder in der Südsee bin."

Zum Schluß schenkt Hugo mir noch sein Lieblingsfoto: als frisch vereidigter Sheriff in faltenfreier Uniform. Und wenn ich mal ganz schlechte Laune habe, dann schaue ich mir Hugo an, der mich mit artigem Konfirmandenblick aus unserem Gästebuch anlächelt.

In Cairns, oben am Barrier Reef, schickt Hugo mir sein Buchmanuskript: „Tagedieb und Taugenichts“ heißt der spannende Bericht über seine ungewöhnliche Reise. Er endet mit dem Satz: „Nach einer Zeit, in der ich nomadenhaft mit der Sonne durch den Kontinent ziehe, von einem Job zum anderen, unter freiem Himmel in der Wüste schlafe, unvergleichliche Schönheit erlebe und dennoch innerlich nicht ruhiger werde, ist mir die Zukunft klar: ein Segelboot zu bauen, Taugenichts zu klauen und einfach abzuhauen.“

Mit welchem Elan Hugo an die Verwirklichung dieses Ziels geht, erfahren wir aus seinem nächsten Brief, in dem ein großer Zeitungsartikel liegt. Schlagzeile: „Tierfreund klaut Honigbär aus Tauranga-Zoo.“ Hugo ist für Tage Gesprächsthema, Presse und Medien schlagen sich auf seine Seite, Bündel von Leserbriefen gehen ein. Tierschutzverbände machen sich für ihn stark, und ein Wunder geschieht: Hugo, der Einbrecher, darf seinen Taugenichts behalten.

Abschied von Luggi

Wiedersehensfreude und Abschiedsschmerz liegen in Sydney eng beieinander. Wir feiern Wiedersehen mit Hugo, nehmen Abschied von Luggi. Hartnäckig haben wir das Problem in den letzten Monaten verdrängt, sprachen immer wieder über neue gemeinsame Abenteuer und wußten doch unausgesprochen: Luggis Zeit, weit über drei Jahre, ist um. Seine Freundin Ingrid ist aus München gekommen und wird bald mit ihm zusammen heimfliegen. Die beiden haben sich einen Gebrauchtwagen zugelegt, wollen Australiens Südküste bereisen. Es wird gepackt und umgestaut.

Jetzt, in dieser hektischen Aufbruchphase, ist noch kein Platz für große Gefühle. Trauer kommt erst später auf, viel später. Sie ist lange Tage unser Begleiter an Bord, während wir an der Ostküste nonstop nach Norden segeln, am Barrier Reef entlang. Nach Landgang ist uns nicht zumute. Luggi fehlt uns überall, das Leben ist anders geworden. Nicht, daß wir die SHANGRI-LA zu zweit nicht beherrschen; das haben wir auf kürzeren Etappen schon häufiger praktiziert. Nein, es ist unser gutmütiger Bär, unser Chefkoch, unser Ästhet, der uns fehlt, der gemeinsamen Erlebnissen seine persönliche Prägung gab.

Seine Ordnungsliebe ist noch in vielen Borden und Schubladen gegenwärtig. „Pack die Ringschlüssel wieder ins Schapp, du weißt doch, daß Luggi . . . “ faucht mich Helga an. Doch Luggi ist nicht mehr da, kann sich über meine heillose Unordnung mit dem Werkzeug nicht mehr aufregen. Noch leben wir mit den Dingen, die Luggi gestaltet und mit

Leben erfüllt hat. Nur langsam, ganz allmählich tasten wir uns in den Freiraum vor, der seine Welt gewesen ist und den wir jetzt unter uns aufteilen.

Wir Hinterbliebenen sind durch Luggis Abschied zu einem völlig veränderten Tagesprogramm gezwungen, und spätestens jetzt würde auch dem ahnungslosesten Beobachter die Erkenntnis dämmern, daß der Kapitän auf diesem Dampfer Helga Seebeck heißt.

Obwohl schon vorher alle Fäden bei ihr zusammenliefen – ihre Umsicht, ihr Organisationstalent und ihre nahezu grenzenlose Belastbarkeit bewähren sich jetzt mehr denn je. Von Luggis Arbeitsdrittel – Technik und Kombüse – hat Helga den größten Teil ohne viel Umstände ihrem ohnhin nicht knappen Pensum hinzugefügt. Und alles läuft wie am Schnürchen, ohne daß ihre anderen Aufgaben darunter leiden. Die Hilfe des Skippers wäre dabei oft sinnlos, wenn nicht gar hinderlich, und ist deshalb überhaupt nicht gefragt.

An den Proviantstauraum etwa, Helgas Allerheiligstes, würde ich mich nie heranwagen. Wenn Käpt'n Seebeck, mit Filzschreiber bewaffnet und Proviantliste zwischen den Zähnen, im ‚Magazin' herumturnt, ist es für mich ratsam, meine zwei linken Daumen fernzuhalten. Das reinste Puzzle: Alles ist mit äußerster Präzision millimetergenau ineinandergefügt, kein Kubikzentimeter wurde verschenkt. Ich mache mir nichts vor: Allein würde ich da keinen Teebeutel finden. Helga dagegen hat jederzeit abrufbereit im Kopf, wie viele Meter Klopapier noch vorhanden sind und für wie viele Pfannkuchen das Milchpulver reicht.

Mit derselben Exaktheit wird das Logbuch geführt – wie sie auch die gesamte Navigation allein verantwortet. Niemand könnte mehr ‚Seemann' sein als Helga. Ob es das Blut ihres Großvaters ist, des alten Kap-Hoorniers? Jedenfalls scheint sie dazu geboren, ihr Leben auf Schiffsplanken zu verbringen. Erst wenn endlich, endlich wieder der letzte Rest Land unter der Kimm verschwindet, ist Helga rundum happy. Habe ich mich gerade so richtig daran gewöhnt, in irgendeinem Hafen von irgendwelchen lieben Leuten verwöhnt zu werden, dann ist es die Bordfrau, die zum Aufbruch drängt, hinaus in ihr Element. Und lassen wir SHANGRI-LA einmal für einige Tage oder Wochen außer Sichtweite, dann hat Mutter Helga nicht eher Ruhe, bis sie ihr ‚Kind' wieder unversehrt und bei guter Gesundheit vorfindet.

Das Schiff, das Meer und Helga – alles andere scheint außerhalb dieser Einheit zu stehen. Ans Phantastische grenzt das Gespür, das sie für Wind und Wetter entwickelt hat. Die See ist ihr Lebensraum, Segeln ihr Lebensausdruck. Ohne die Eigenständigkeit, mit der Helga dieses

Leben für sich gestaltet, wäre unsere ganze Unternehmung vielleicht undenkbar. Die Bordfrau nur als Anhängsel? Als Weibchen, das ‚ihm' zuliebe von einem Hafen zum nächsten zittert? Dann lieber ein weiblicher Kapitän!

Das Great Barrier Reef, das längste Riff der Welt, erstreckt sich von Rockhampton bis zur Torres-Straße im Norden Australiens. Es liegt wie ein Schutzwall vor einem herrlichen Segelgebiet, einer Mischung aus recht viel Südsee, etwas Karibik und einer Prise Mittelmeer. Der Weg nach Norden ist gut befeuert, und so wagen wir es sogar, nachts zwischen den Riffen herumzukreuzen. So ganz einsam ist es nicht mehr, denn hier liegt das Urlaubsgebiet schlechthin für den australischen Segler. Wenn man will, findet man jedoch reichlich Ruhe hinter Inseln, in Buchten und an Stränden, die für den Naturliebhaber von wilden Ziegen über Seeadler bis zu exotischen Fischen alles bieten.

Auf einer solchen Insel, Little Percy Island, lebt Andy ganz allein. Andy muß man besucht haben, wer ihn nicht kennt, war nie am Barrier Reef. 1956 gehörte Andy zur britischen Olympiamannschaft der Zehnkämpfer, blieb allerdings ohne Medaille. Seine athletische Gestalt verrät noch heute eine sportliche Vergangenheit. Auf Little Percy Island hat Andy nun sein alternatives Nest gefunden. Er ist der letzte einer Kommune, deren Mitglieder an der Wandlung vom Inselparadies zur persönlichen Hölle scheiterten.

Nur Andy lebt noch im Paradies, vielleicht weil er allein ist. Sein Haus liegt eine halbe Trampelpfadstunde von unserer Ankerbucht entfernt, inmitten einer bunten Blütenpracht. Das große Wohnhaus ist nicht nur Heimstatt für Andys viele Aktivitäten, sondern beherbergt auch Hunde, Katzen, Enten und Hühner, die durch die Stuben rennen. Vögel fliegen durchs Haus, als wäre es die Behausung von Pippi Langstrumpf. Andy stellt natürlich alles selber her: Er braut Bier, keltert Wein, backt Brot, schleudert Honig, gerbt Ziegenfelle. Die Behälter, Werkzeuge und Geräte für seine vielen Tätigkeiten sind im Haus, unter dem Haus, am Haus verteilt. Vor dem bunten Bild wird uns klar: Hier hat ein Mann von morgens bis abends zu tun.

Das fällt auf an Andy: strahlende, lustige Augen in einem Gesicht, das Energie verströmt. Die ruhige, überlegte Sprechweise eines Menschen, der weiß, wovon er redet, eines Mannes, der auch zuhören kann. Wenn er von seiner Vergangenheit spricht, ist es kein Blick zurück im Zorn; bei aller Kritik an dem Lebensstil in Europa ist er nie verbissen oder verschroben: ein durch und durch positiver Mensch. Wenn der nebulöse

Begriff Selbstfindung irgendwo verwirklicht wurde, dann von Andy auf Little Percy Island.

Die Straße der Monster

Im Royal Papua Yacht Club in Port Moresby finde ich in einem Stapel australischer Zeitschriften einen Artikel mit sagenhaften Tierfotos und eindrucksvollen Aufnahmen von den Dschungelnomaden am größten Fluß von Papua-Neuguinea. „Tierparadiese am Fly River“ heißt der Bericht, der uns derart fasziniert, daß wir beschließen, hinzusegeln.

„Was wollt ihr denn dort? Da ist doch nichts los“, meint der Barkeeper im Klub, und auch die anwesenden Segler schütteln verständnislos die Köpfe, als wir nach Informationen über das große Sumpf- und Dschungelgebiet im Süden des Landes fragen.

Fly River oder der Mächtige, wie er von den Eingeborenen ehrfurchtsvoll genannt wird, soll laut Handbuch über fünfhundert Meilen stromauf schiffbar sein. „Mit einer Yacht? Unmöglich, viel zu gefährlich“, wehrt Derrick Wolf ab, der mir am Hafen als Fly-River-Experte empfohlen wird.

„Okay, aber versuchen werden wir's trotzdem“, beharre ich.

Tage später – die Zwischenzeit haben wir mit intensiven Vorbereitungen genutzt – treffe ich Derrick im Yachtklub wieder und berichte von den vielen Behördengängen. „Yeah, ich kenne euch deutsche Dickschädel vom Krieg her“, sagt er. „Na gut, ein paar Tips kann ich euch geben, da ihr ja doch nicht von der Reise abzubringen seid.“

Bei uns an Bord wird Derrick dann recht gesprächig. Das Schiff scheint ihm zu gefallen. „Mit diesem Fahrzeug vielleicht“, läßt er verlauten und inspiziert besonders die zwei 50-PS-Dieselmotoren. Vor uns auf dem Tisch liegen über zehn Jahre alte Militärkarten ausgebreitet. Der Fly ist noch nicht vermessen, folglich gibt es keine Seekarten.

„Hier, diese Insel existiert nicht mehr“, informiert uns Derrick. „An dieser Kurve: Seitenwechsel. Ihr erkennt sie an dem großen Baum, der auf der Sandbank liegt. Sieht aus wie'n Krokodil.“ Immer wieder korrigiert Derrick den Flußlauf in der Karte. In nur zehn Jahren hat der Fly seinen Lauf völlig verändert, Inseln sind verschwunden, neue an anderer Stelle entstanden. Um es vorwegzunehmen: Ohne die Hilfe Derricks, der mit seinem kleinen, flachgehenden Landungsboot den Fly unzählige Male befuhr, hätten wir es nie geschafft.

Die navigatorischen Schwierigkeiten werden für uns nicht viel anders sein, als sie es 1845 für Captain Blackwood waren, der mit seiner HMS

Fly erstmals den Unterlauf des Flusses befuhr. Die Delta-Bewohner empfingen die Eindringlinge damals allerdings mit einem Pfeilhagel. Das wird uns erspart bleiben, denn wie heißt es doch so schön im Seehandbuch: „Der Kannibalismus der Stämme am Fly River ist ausgestorben." Mit dieser beruhigenden Gewißheit stürzen wir uns energisch in die weiteren Vorbereitungen. Malariatabletten, Moskitonetze, Reis, Zucker, Buschmesser und Äxte für die Eingeborenen werden verstaut. ‚German Fly River Expedition' hatte der Schiffshändler großspurig auf unser Zweihundert-Liter-Dieselfaß geschrieben. Expedition? Nun ja, so etwas wurde es dann auch wirklich, als wir Mitte Juni 1981 die Segel setzten.

Es weht konstant aus Südost. Der Passat ist zu dieser Jahreszeit ausgeprägt, bringt aber schwere Regenwolken mit, die sich in Küstennähe als Sturzbäche ergießen. Es wird eine nasse, triste Reise. Unmöglich, unsere Position astronomisch zu bestimmen. Wir spielen ‚Wo bin ich? Ein heiteres Standortraten' mit sichtbarem Erfolg, denn am Morgen des dritten Tages kündigen konfuse See und schmutzig braunes Wasser an, daß wir die Nähe des Flußdeltas erreicht haben. Die Richtigkeit unserer gegißten Orte wird zur Gewißheit, als genau zur angenommenen Zeit die ersten flachen Inseln im Delta auftauchen, das hundert Kilometer breit ist. Wo aber ist die Durchfahrt zwischen den von Derrick bezeichneten Inseln? Sie gleichen einander völlig.

Ein Auslegerkanu mit zerlumpten Segeln hält auf uns zu. Wir deuten auf eine Insel, fragen nach dem Namen. „Umogi, Umogi", lautet die Antwort. Der Name steht aber nicht in unserer Karte. Egal, Kurs Nordwest, während das Echolot beruhigende fünf Meter Tiefe anzeigt. Die Flut scheint eingesetzt zu haben, denn wir machen verdammt gute Fahrt. Die größte Entfernung zwischen zwei Inseln wählen wir als Ansteuerung und haben das Kabbelwasser der Küste bald verlassen. Voraus treibt ein merkwürdiger Gegenstand. Beim Näherkommen erkennen wir ihn. Da recken sich Baumwurzeln mit grotesken Verrenkungen in die Höhe, da ragen Äste mit braunem Laub gut dreißig Meter entfernt aus der dunklen Brühe. „Paßt auf die Stämme auf", hatte Derrick uns wiederholt gewarnt. Dies ist unser erster Urwaldriese, der gemächlich dahindriftet. Nun sind wir wirklich auf der Straße, der Straße der Monster.

Ein noch gefährlicheres Ungeheuer ist die Riesenflutwelle, die da entsteht, wo sich das Delta am stärksten verjüngt und in den Flußlauf übergeht. „Warning, Bore!" steht mit Rotstift an dieser Stelle in unserer Karte. Und wie zur Bestätigung liegt ein Landungsboot kieloben auf der ufernahen Sandbank. Die Bore hat es überrollt und als rostrotes Mahnmal unverrückbar verankert. Die Bore ist eine Wasserwand, die bei Vollmond oder Neumond auftritt und besonders gefährlich wird, wenn der Südost-Passat stürmisch weht und die brackigen Wassermassen in die trichterförmige Flußmündung preßt. Eine bis zu drei Meter hohe Wasserwalze jagt dann siebzig Seemeilen weit den Fluß hinauf, alles niedermachend, was sich nicht rechtzeitig hinter Inseln, Flußkrümmungen und in Nebenflüsse verkriechen kann.

Die Farbe des Fly wechselt von Hellbraun zu Dunkelgrau. Fast haben wir uns schon an die ständigen, furchterregenden Begleiter gewöhnt: treibende Bäume, Grasinseln, Bambusdickicht, Mangrovenwurzeln. Es sieht aus, als hätte einer den Dschungel ausgefegt und den Müll in den Fluß geschüttet. Braungrüne Barrieren dieses Dschungelmülls markieren die Stromkante, machen das Ankern und Anlandgehen problematisch, manchmal unmöglich.

Gegen Abend klatscht unser Anker hinter einer unbewohnten Insel ins Wasser. Es ist Ebbe. Die SHANGRI-LA liegt hoch und trocken wie eine müde Ente im grauschwarzen Schlamm. Die Luft riecht nach Moder und Verwesung. Plötzlich, wie auf ein unbekanntes Signal hin, erheben sich Milliarden von Moskitos aus den Sümpfen. Wir suchen schnell Zuflucht unter den Moskitonetzen, können aber nicht verhindern, daß einige Angreifer in die Schutzburg eindringen. Die Sumpfmücken von Papua-Neuguinea benehmen sich nicht wie ihre deutschen Kollegen, die, gemütlichen Propellermaschinen gleich, vorm Landeanflug erst mehrere Kreise ziehen. Nein, die Fly-River-Moskitos sind Kamikaze-Flieger, die sich in Millionenstaffeln unbarmherzig direkt aufs Opfer stürzen und es zu einer unförmigen Knolle zerstechen. Und als Erkennungszeichen tragen sie Ringelsocken ... Erst der Morgen befreit uns von den Plagegeistern, die mit dem ersten hellen Streifen am Himmel verschwinden. Ich sitze auf dem Vordeck und sehe gespannt dem Tagesanbruch zu. Nebelschleier schweben in die Höhe und geben den Blick auf grüne Kulissen frei. Unheimliches Wasser, trügerischer Friede, beklemmende Stille. Während die ersten Sonnenstrahlen durch die Baumkronen dringen, durchbricht das schrille Gezänk eines Kakadupärchens die Ruhe und eröffnet den Tag. Die Vorstellung kann beginnen.

Der Fluß ist unglaublich schön, jedenfalls von Bord einer segelnden Yacht aus. Seine kurzen Wellen leuchten in der Sonne wie frischgepflügte Erde. Wir segeln vorbei an grünen Mauern, beobachten Pfefferfresser, Seeadler und Kolonien von Reihern, folgen Papageienschwärmen mit den Blicken. Endlich die erste Ansiedlung, ein paar armselige

Bambushütten unter Kokospalmen, Einbäume am Ufer. Man hat uns entdeckt. Alles, was Beine hat, kommt angerannt, schreit, winkt, springt in die Kanus und paddelt uns entgegen.

An diesen Ansturm werden wir uns in den nächsten Wochen zu gewöhnen haben. Meistens bemerken uns zuerst die Kinder, die schreiend zu den Hütten laufen und das ganze Dorf mobil machen. Wenige Augenblicke später kommt die Empfangsarmada angepaddelt. SHANGRI-LA ist die Sensation des Jahres, denn nie zuvor hat eine Segelyacht den Fly River befahren. Was sind das für Menschen, die schüchtern den Katamaran umpaddeln, jede unserer Bewegungen aufmerksam verfolgen, auf Gesten und Fragen mit einem Kichern hinter vorgehaltener Hand reagieren? Hier sind es die Kiwais, Bewohner des Flußdeltas, die ihre Einbäume noch mit einem Ausleger versehen. Einen Tag später treffen wir auf die Dudis, dann folgen die Gogodala, die Suki, die Zimakani, die Bagwa, die Kuni und die Yongom. Fast alle sind Halbnomaden, die mit ihren Einbäumen in dem unendlich scheinenden Sumpfgebiet als Jäger und Sammler umherziehen. Die Regenzeit verbringen sie in ihren Stammdörfern. Die größeren Ansiedlungen sind durch eine winzige Landepiste für Buschflugzeuge mit der Außenwelt verbunden und haben einklassige Schulen, die häufig von einer Mission betrieben werden.

Bis vor fünfzig Jahren waren diese Stämme gefürchtete Kopfjäger und Kannibalen, die in ständigem Krieg miteinander lagen. Man zeigt uns Steinkeulen und Werkzeuge aus dieser Zeit, die am Fly endgültig der Vergangenheit angehört. Vereinzelt, wenn auch von offizieller Seite dementiert, kommen auch heute noch Kannibalismus und Blutrache vor, z. B. am Oberlauf des Strickland River, der in den Fly mündet. Die Stämme, die wir auf unserer Vierhundert-Meilen-Reise besuchen, sind zwar von der Steinzeit weit entfernt, von der Zivilisation aber trennen sie noch Welten. Der Eroberungszug von Wellblechdach, Plastikeimer und Transistorradio, der fast den ganzen Süd-Pazifik überrollt hat, reichte noch nicht bis hierher. Beil, Buschmesser, Kochtopf und einfachste Bekleidung, damit erschöpft sich schon die Ausrüstung der Sumpfbewohner. Sie wird von Händlerbooten oder mit dem Buschflugzeug zu den Missionsstationen gebracht. Manchmal entdecken wir auch schon ein Kanu mit Außenbordmotor oder Jäger, die eine Schrotflinte besitzen. Das aber sind die Ausnahmen, normalerweise wird die Jagd wie zu Vorzeiten mit Pfeil und Bogen betrieben.

Bei den Bagwa-Leuten bleiben wir über zwei Wochen. Der Grund dafür ist Sale, der Jäger, der eine Missionsschule besuchte und fließend englisch spricht. Er wird unser Dolmetscher, Fremdenführer, Freund. Die vielen unterschiedlichen Sprachen sind unser größtes Problem. In manchen Dörfern treffen wir nur zwei, drei Kinder, die ein paar Brocken Englisch sprechen. Jeder Stamm, oft nur zwanzig bis dreißig Meilen voneinander entfernt, hat seine eigene Sprache, und sie sind so grundverschieden wie das Plattdeutsche vom Chinesischen. Wir können uns jetzt vorstellen, daß in Papua-Neuguinea über 750 Sprachen, nicht Dialekte, gesprochen werden. Kein zweites Land hat eine derartige Sprachenvielfalt, fast ein Fünftel der Weltsprachen, aufzuweisen.

Die Bagwa leben im Gebiet zwischen Fly River und unterem Strickland, was etwa der Hälfte Schleswig-Holsteins entspricht, und lassen uns eine überwältigende Gastfreundschaft zuteil werden. Man bietet uns den luftigsten Platz im Langhaus an. Sales ganze Sippe, das sind gut siebzig Leute, wohnen unter einem Dach. Wir ziehen es jedoch vor, an Bord zu schlafen, denn anders sind die Moskitos nicht zu ertragen. Entdeckt man uns tagsüber in der Nähe einer Feuerstelle, wird uns stets etwas zu essen angeboten. Die Hauptnahrung aller Bewohner der Fly-River-Sümpfe ist Sago. Die Frauen gewinnen es aus der Sagopalme, die im Sumpfland wild wächst. Das Mark der Palme wird herausgehackt, in Körbe aus Palmwedel gepackt und in Holzwannen mit den Füßen zerstampft. Mit Flußwasser ausgewaschen, setzt sich am Boden des Behälters ein klebriger Brei ab, der, über dem Feuer gekocht, genauso schmeckt, wie es sein Entstehungsprozeß vermuten läßt: nach Sumpffüßen, Modderwasser und muffigem Holz.

Wer bei den Bagwas zum Festessen eingeladen wird, darf nicht zimperlich sein. Fledermäuse, Schlangen, Igel, Maden und Vögel – alles, was kreucht und fleucht, wandert in den Suppentopf. Als mir einmal ein halbverkohltes Vogelkeulchen gereicht wird, denke ich an unsere knusprigen Hähnchen vom Grill. An dieses Bild muß ich mich krampfhaft klammern, denn ich erkenne am Keulenende einen Krallenfuß, der einst einem krummschnäbeligen Kakadu gehörte. Zu Hause hätte mein Imbiß tausend Mark gekostet.

Helga hat bei solchen Anlässen immer etwas ganz Wichtiges an Bord zu tun, was die Leute als völlig normal empfinden, gelten Frauen hier doch nur als Bruthennen, Last- und Arbeitstiere, die schon zum Preis von fünf bis zehn Schweinen (Güteklasse A, also gebärfreudig und muskulös) zu haben sind. Für Güteklasse C (häßlich und faul) tun's auch ein paar seltene Südseemuscheln. Ein erfolgreicher Jäger kann sich durchaus zwei bis drei Frauen leisten, obwohl Vielweiberei offiziell verboten ist. Doch bei den Bagwas gelten Tradition und Stammesgesetze mehr als die Paragraphen aus dem fernen Port Moresby.

Die Natur bestimmt das Leben dieser Seminomaden, deshalb sind Sitten und Gebräuche der Bagwas nur für den verständlich, der die Unbarmherzigkeit des Dschungels und die begrenzten Versorgungsmöglichkeiten dieses Gebietes kennt.

Fassungslos sehen wir, wie eine hochschwangere Bagwa-Frau mit einem kleinen Proviantbündel im Urwald verschwindet. Sie muß ihr Kind allein, ohne jegliche Hilfe, zur Welt bringen und darf bei Mehrlingsgeburten nur mit einem Baby zurückkommen. Auf diese Weise wird die Bevölkerungszahl nahezu konstant gehalten.

Die Kinder, die ständig kichernd und albernd um uns herumtollen, haben ausnahmslos Hungerbäuche, die sie auf Stelzbeinchen wie übervolle Säcke vor sich herschleppen. Proteinmangel heißt das Problem, das durch einseitige Ernährung mit stärkehaltigem Sago hervorgerufen wird. Uns wird einiges klar, als die Jäger beutebeladen heimkehren, was selten genug der Fall ist. Mann und Frau stopfen sich den Wanst voll nach dem Motto: nur selber essen macht fett! Die Kinder, ansonsten liebevoll umsorgt, nagen buchstäblich an den Knochen, und nach ihnen sind die Hunde an der Reihe.

Als Gäste bei Sales Sippe haben wir Gelegenheit, einen Bootsbau in allen Stadien zu verfolgen. In fast zweiwöchiger Arbeit wird aus einem Urwaldriesen mit Äxten und Hacken ein Kanu gezimmert, das eine derartig gleichmäßige, nach oben verjüngte Bordwand hat, als wären Präzisionsmaschinen am Werk gewesen. Die kunstvollen Einbäume, in denen bis zu fünfzehn Personen Platz finden können, haben an beiden Enden lange, flache Überhänge. Sie dienen in versumpften Uferzonen als Gangways und bieten den Bogenschützen beim Fischeschießen eine sichere Plattform.

„Kiap, weißer Mann, kommst du mit zur Jagd?“ Sale, Karota, Geli und Ume stehen mit Pfeil und Bogen bewaffnet im Kanu.

„Was gibt's zu jagen?“ frage ich, stecke Patronen ein und schultere mein Jagdgewehr.

„Hirsch, Wildschwein, Kasuar, Cuscus, Buschkänguruh, Vögel.“

Was sich vom Fluß aus so einladend romantisch zeigt, entpuppt sich als menschenfeindliche, gnadenlose Welt: Dschungel und Sumpfland des Fly River. Wer einmal durch diese grün-schwarze, dampfende Wildnis gekrochen ist, vergißt das nie. Nach einigen Meilen bin ich restlos sauer. Arme, Beine und Gesicht sind von Moskitos zerstochen, von Bambusspitzen zerkratzt. Zwischen den Zehen quatscht Modderwasser, das mir beim Durchwaten eines Sumpfes in die Gummistiefel drang. Ich stolpere über knöchelhohe Baumwurzeln, suche Halt an einer Liane, die sofort nachgibt und mich im Matsch landen läßt. Trockenes Laub, Käfer und Zecken prasseln von oben herunter. Jede halbe Stunde halten wir. Dann wandert ein selbstgerollter Glimmstengel reihum, und wir drücken uns mit der Glut die Blutegel von den Beinen. Hein Seemann im Urwald! Du wolltest das Abenteuer, also beklage dich nicht, sage ich mir, während ich mit rasselndem Atem hinter Sale herstolpere, der wie eine Katze mit federnden Sätzen durch das scheinbar undurchdringliche Grün springt. Mich plagt schon seit Tagen ein Tropengeschwür am Unterschenkel, das sich trotz Salben und Puder immer tiefer ins Fleisch frißt und mir gerade jetzt sehr zusetzt. So kann ich mich am Anblick von wilden Orchideen, gigantischen Luftwurzeln und verfilzten Lianen nicht erfreuen. Diese Natur ist nicht zum Anfassen, sie erscheint mir unberechenbar und heimtückisch.

Meine Begleiter dagegen spazieren barfüßig wie durch einen Botanischen Garten. „Hörst du, Kiap? Ein Wildschwein", bremst mich Sale. Nein, ich höre nichts, nur das Rauschen des Blutes in meinem Kopf. Wenig später: „Sieh dort, Cuscus!" Sale deutet in die Höhe, spannt einen Pfeil in den Bogen. Ich starre nach oben ins Zwielicht und nicke, erkenne aber nichts außer gezackten Himmelsausschnitten. Sale hat blitzschnell geschossen, und durch das Geäst saust ein katzengroßes, pelziges Etwas: ein Cuscus, ein possierliches Beuteltier, das durch den Bambuspfeil, der beim Aufprall zersplittert, übel zugerichtet ist. Diese Bambuspfeile wirken wie Schrotladungen. Für Großwild werden sie mit scharfen Spitzen aus Messern versehen, für Fische und Vögel verwendet man Hartholzpfeile mit Widerhaken.

Der Wald lichtet sich, die plötzliche Sonne schmerzt. Vor uns liegen riesige Sumpf- und Grasflächen. Hier soll es nach Sales Meinung von Hirschen nur so wimmeln. „Oh, plenty", raunt er mir zu und verdreht vor Entzücken die Augen. Unsere Gruppe teilt sich. Geli bleibt im Wald zurück und errichtet ein Lager. Karota, Ume und ich postieren uns am Rand des Sumpfes, wo Hirschspuren auf einen Wildwechsel deuten. Sale verschwindet mit den Hunden im hohen Gras, pirscht auf die uns gegenüberliegende Seite.

In der nächsten Stunde habe ich Zeit, mich meinen vielen Leiden zu widmen und den aussichtslosen Kampf mit den Moskitos aufzunehmen. Dann plötzlich geht alles blitzschnell: Hundegebell, drei Hirsche, die an mir vorbeipreschen, und noch bevor ich das Gewehr im Anschlag habe, stecken zwei Pfeile im ersten Hirsch, der, eine Blutspur hinterlassend, im Schilf verschwindet. Hunde, Bagwas und ein keuchender Kiap begeben sich auf eine wilde Verfolgungsjagd, die schon nach wenigen hundert Metern beendet ist. Ich werde Zeuge einer widerlichen Metzelei, bei der dem Hirsch das Leben buchstäblich herausgestochen und -gebissen wird. Jeder Tierschutzverein würde bei diesem Anblick zur Sondersitzung trommeln, aber für die Bagwas ist das Alltag. Hier geht's um Frischfleisch für die Sippe, ums Überleben. Deshalb schauen mich auch drei Augenpaare verständnislos an, als ich versuche, das Hirschgeweih aus dem Schädel zu schlagen. Daß der Kiap, die Weißhaut, taub, blind und offensichtlich gehbehindert ist, haben meine Begleiter längst bemerkt. Nun scheinen sie auch noch an meinem Verstand zu zweifeln. Denn wer will ein wertloses, ungenießbares Hirschgeweih? Schon lasse ich ab von meinem Tun, schultere Gewehr und eine Hirschkeule. Dabei hatte ich es mir für später so schön vorgestellt: Daheim hängt das Hirschgeweih an der Wand, und ich erzähle mit dem Cognacglas in der Hand, umringt von Freunden, die wilde Story von der Dschungeljagd in Neuguinea.

Im Lager erwartet uns ein lachender Geli, der mitgebrachte Fleischstücke über dem Feuer brät. Sie stammen von einem Kasuar, dem schwarzen, straußenähnlichen Laufvogel mit dem farbenprächtigen Kopf, auf dem ein Hornkamm wie ein umgeschnallter Sturzhelm sitzt. Bei der Flucht durch den Dschungel entwickelt der Kasuar Geschwindigkeiten bis fünfzig Stundenkilometer. Dabei fädelt er sich mit vorgerecktem Hals durch Gestrüpp und Geäst und fängt die harten Schläge mit dem Sturzhelm ab. Ein Stück von diesem Laufwunder reicht Geli mir nun auf der Messerspitze, in das ich heißhungrig hineinhaue. Verdammt, ich beiße in einen alten Autoreifen! Sale beobachtet mich aus den Augenwinkeln und grinst. „Weißt du“, sagt er, „normalerweise kochen wir den Kasuar sehr lange, zusammen mit Steinen. Danach schmeißen wir den Kasuar weg und essen die Steine.“ Ich mache noch ein paar vergebliche Nageversuche, schiebe dann aber in einem Augenblick, in dem ich mich unbeobachtet wähne, das Stück Stahlgürtelreifen ins Feuer.

„O Gott, so alt wie dein Gesicht wirst du nie“, empfängt mich Helga, merkt aber sofort, daß ich für alte Witze nichts mehr übrig habe. Rotunterlaufene Augen, aufgedunsenes Gesicht, Dreck und Blut überall: Ich bin fix und fertig. Helga umschwirrt mich wie eine Krankenschwester und zerrt ihren erschöpften Krieger in die Kajüte, die sie mit wenigen Handgriffen in eine Intensivstation umfunktioniert.

Meist in den Abendstunden kommen Sale und seine zahlreiche Sipp-

inks oben und unten: Zur Ei-
lage kommen die Seeschild
öten auf den Strand und
nterlassen gerippte Spuren

ie Riesenschildkröten gibt
nur noch auf Galapagos und
dabra

echts oben und unten: Tauch-
cht heißt meine Krankheit.
nter Wasser treffe ich auf jede
enge Bekannte

uränen sind harmloser als
Ruf

Oben: Solche Trauminseln gibt es auch im Südatlantik

Mitte, von links: Auf abgelegenen Inseln sind die Seevögel zu Hause, zum Beispiel der junge Baßtölpel und der Fregattvogel

Bis zu dreihundert Meter hoch erheben sich die gewaltigen Wanderdünen der Namib

Unten: Die Wüste: ein Ozean aus Sand, Sonne und Einsamkeit

Oben links: Sicheres Liegen in Kapstadt beim RCYC am Fuße des Tafelberges

Oben rechts: Weihnachten der Yachties

Mitte: Wale haben uns voll im Griff, jedoch ohne das Spielzeug zu berühren

Unten: Vor Dassen Island tummeln sich Pinguine im kalten Wasser des Benguela-Stromes

Die Weite des Atlantiks, die uns aufnimmt, ist nicht
Leere, sondern Verheißung . . .

schaft zum Schwatzen an Bord gepaddelt. Wie mag die SHANGRI-LA auf diese Menschen wirken? Unser Schiff, das nie verschlossen ist, muß für die Halbnomaden bestimmt aussehen wie eine geöffnete Schatzkiste, in die man nur hineinzugreifen braucht. Aber nicht ein einziges Messer, Tau oder Eßgeschirrteil wird uns von den Bagwas gestohlen. Und gerade als wir meinen, das Leben und den Alltag dieser Menschen zu kennen, zeigt uns ein Erlebnis, wie wenig wir tatsächlich wissen.

Während einer Jagd stoßen wir auf eine weitere Bagwa-Sippe, die ein Camp an einem halbversandeten Nebenarm des Fly errichtet hat. In diesem Camp finden wir einen jungen, bis zum Skelett abgemagerten Mann. Er liegt im Sterben. „Er muß sofort ins Krankenhaus", flüstere ich Sale zu, denn ich weiß, daß zwei Tagesreisen flußauf von der Kirche ein kleines Hospital betrieben wird. „No, man, the Old Man put magic on him." Der Alte hat ihn verzaubert, erwidert Sale, als handle es sich um die natürlichste Sache der Welt. „Der Mann ist nicht krank, aber wenn der Medizinmann seinen Tod beschlossen hat, muß er sterben." Ich bohre weiter, rede von Vergiftung und unbekannten Krankheiten. „Aber nein, der Medizinmann wohnt weit weg, oben am Strickland River. Er braucht nur deinen Namen zu kennen und eine persönliche Sache von dir zu besitzen. Dann würde er in nächtlichen Beschwörungen auch dich, Kiap, töten können."

„Weiß dieser Junge, daß er durch Zauber sterben muß?" frage ich.

„Yes, man", erwidert Sale unwirsch, und ich merke, daß er zu diesem Thema nichts mehr sagen möchte.

Nach Verproviantierung mit Hirschfleisch, Sago, Süßkartoffeln und Bambusschößlingen führt unser Slalomkurs weiter flußauf. Wir erreichen die Mündung des Strickland River, der sich mit wilden braunen Strudeln und noch mehr Urwaldbäumen in den Fly ergießt. Unser Ziel ist der Lake Murray, wo die größte Krokodilfarm der Provinz liegt.

Mit drei Knoten Fließgeschwindigkeit strömen die Massen des Strickland uns entgegen, lassen SHANGRI-LA wie eine Schnecke durch das schlammige Wasser kriechen. Es soll nicht ohne Komplikationen abgehen. Auf einer Tagebuchseite vom 21. 7. 81 stehen folgende Eintragungen: „Ankern auf fünf Meter Tiefe. Baumstamm, ca. 1,5 Meter Durchmesser, liegt quer vor den Rümpfen. Einholen des Ankers nicht möglich. Kette in Baumwurzeln vertörnt. Bringen zweiten Anker vom Heck zur Strommitte aus, stecken Kette Buganker. Manöver erfolglos. Sieben Eingeborene (Zimakanis) kommen mit Kanu längsseits. Befestigen Leine an Baumstamm, ziehen von Land. Erst durch Tauchen kann Kette klariert werden. Nach zwei Stunden: Anker auf."

Bei diesem einen Vorfall blieb es nicht. Am Ende der Reise wird unser Kat böse Bißwunden der Monster aufweisen, lange Schrammen im Unterwasserschiff. Auch werden die Impeller der Seewasserpumpen unbrauchbar sein, durch die Abnutzung im sandigen Flußwasser. Doch davon sind wir jetzt, während sich vor uns der Lake Murray mit seiner ganzen Pracht ausbreitet, noch weit entfernt.

Allein dieser See entschädigt durch seine Schönheit für alle Strapazen: schwarzgraues, spiegelglattes Wasser, von unbeweglichen Schilfflächen durchzogen, Sonnenuntergänge in atemberaubender Farbenpracht, und Kanus, die lautlos übers Wasser gleiten. Wir sitzen an den Feuern der Yongom, diskutieren mit Missionaren, füttern die Krokodile der Farm mit selbstgefangenen Fischen und sind zu Besuch auf einem australischem Fischerboot. Die Yongom zeigen uns voller Stolz ihre Transistorradios, Sonnenbrillen, Plastikschuhe und wollen mit uns handeln. Wie kommen diese Dinge in die Wildnis?

Die Bewohner der Lake-Murray-Region verdienen Geld, indem sie Jungkrokodile fangen und an die Farm verkaufen, wo sie zu passenden Formaten für Handtaschen herangemästet werden. Auch schmackhafte, lachsgroße Barramundis wandern aus den Netzen der Yongom direkt in die Tiefkühlräume des Fischerbootes, das gleich einen Kaufmannsladen an Deck stehen hat. Und die kleinen Transistorradios stammen von einer amerikanischen Sekte, die sie gegen Seelen eintauschte. Eine Vielzahl von Kirchen und Sekten haben ihre Seelenaufkäufer in diese Region gesandt, denn hier läßt sich's gut handeln.

Es vergeht kaum ein Gespräch, ohne daß immer wieder ein Wort fällt: Ok Tedi. Ok Tedi ist der Name für ein Gebiet in den Star Mountains, wo ungeheure Kupfer- und Goldvorkommen auf ihren Abbau warten. „Ok Tedi bedeutet Geld, viel, viel Geld", versichert mir ein Fischer, der in Kiunga am Oberlauf des Fly auf neue Arbeit hofft. Das kleine Eingeborenendorf Kiunga wird die Minenstadt für das Ok-Tedi-Projekt sein. Vierzigtausend Menschen sollen da laut Planung einmal leben. Schon haben Bagger und Bulldozer von der Natur Besitz ergriffen und den Weg freigemacht für eine neue Zeit. Daß diese Zeit der Urbevölkerung nur „Gutes" bringen wird, dafür bürgt die Studie einer Gruppe von Geographen, Biologen und Ethnologen. In einer knapp zweiwöchigen Expedition wurde der Fly bis Kiunga befahren und die gesamte Region wissenschaftlich untersucht. Auftraggeber: die Minengesellschaften von Ok Tedi! Der Wandel vom Jäger zum Sammler und zum Konsumenten westlicher Errungenschaften wird sich explosionsartig vollziehen, sobald die ersten Sprengladungen in den Ok-Tedi-Minen hochgehen.

Als der braune Fly uns mit kräftiger Strömung wieder ins salzige Blau ausspuckt, überlagern dunkle Vorahnungen unseren Stolz und die Freude über eine gut bestandene, strapazenreiche Flußfahrt.

Fly River, der Mächtige: Als skrupellosen Räuber und generösen Spender, hinterhältig und sanftmütig, launisch und beherrscht, doch immer frei und nur eigenen Gesetzen gehorchend, so haben wir ihn geliebt und gefürchtet.

Fly River, der Ohnmächtige: Durch Vertiefen und Begradigen vergewaltigt, durch Vermessen, Betonnen und Befeuern von einer Lebensader zum Förderband degradiert, so werden wir ihn wiedersehen.

DER INDIK – UNSER DUNKLER OZEAN

Ein Parasit an Bord

Darwin, Australiens wieder auferstandene Metropole – ein tropischer Wirbelsturm hatte sie verwüstet –, ist unsere letzte Bunkerstation vor dem Riesensprung über den Indik. Die Experten unter den Weltumseglern haben sich längst in den Häfen hinter dem Großen Barriere-Riff verproviantiert, denn hier oben ist alles teurer. Ich mag Darwin nicht: eine heiße Stadt mit flimmerndem Asphalt, gleißendem Beton, spiegelndem Glas. Und zu viele Gespräche drehen sich um Geld.

Nur abends, wenn die Sonne mit schreienden Farben ins Meer sinkt und sich die Bierhähne damit wie automatisch öffnen, kommt Atmosphäre auf. Dann sieht man in öden Pubs die braunen, faltigen Charakterköpfe der Farmer aus dem Umland neben den weißen, schwammigen Gesichtern der Geschäftsleute in trauter Kumpanei hinter Batterien von randvoll gezapften Biergläsern.

In einer solchen Abfüllstation treffen wir Karl, den Tramper aus Hannover. Karl ist seit sieben Jahren von Kontinent zu Kontinent unterwegs und dröhnt uns mit seinen Stories voll. Er gefällt uns, und wir laden ihn ein, an Bord zu kommen. In den nächsten Tagen macht er tatkräftig mit seinem Fahrrad für uns Besorgungen. Sein australisches Visum ist abgelaufen, die Reisekasse schmal, und so kommen wir überein, ihn nach Südafrika mitzunehmen, wo er auf neue Arbeit hofft. Alles läßt sich zunächst gut an.

Mit Backstagsbrise rauschen wir frisch verproviantiert hinein in den Indischen Ozean, aber dann stirbt der Wind, die kurzen Seen glätten sich, nur vereinzelt hasten kleine Katzenpfoten ums Schiff, verschwinden schließlich, und wir liegen eingegossen in eine große Platte aus verbogenem Blei. Dieser Zustand hält tagelang an. Die schlagenden Segel sind längst geborgen, ich tippe lustlos an meinem Expeditionsbericht herum, Helga bringt die Kombüse auf Vordermann, und Karl sitzt an seinem Platz neben dem Mast, die Kopfhörer auf, einen Smoke zwischen den Lippen und mit sich und seinem Walkman im Einklang. So wird er für uns in Erinnerung bleiben: Oberkörper leicht vorgebeugt, Micky-Mäuse auf den Ohren und den Kopf in einer Wolke von Qualm hin- und herschwenkend, stundenlang, tagelang.

„Du, mit dem stimmt doch was nicht“, meint Helga. Auch ich wundere mich über die Veränderung unseres neuen Crewmitglieds. An Land noch ein munterer Unterhalter, entpuppt er sich jetzt als apathischer Trauerkloß mit Leidensmiene. Sein gesunder Appetit allerdings bleibt das einzig Unveränderliche an ihm. Auf den Wildwechseln der Globetrotter und Weltumsegler traf ich mehrere dieser Psycho-Freaks. Es sind die Aussteiger, die grollend der Gesellschaft den Rücken kehren, im Zorn zurückblicken und starke Sprüche voller Kritik und Anklage klopfen. Um Unzulänglichkeiten zu verdecken und eigenes Versagen zu rechtfertigen? „Ich muß mich erst an die See gewöhnen“, meint Karl, als ich ihn nach einer Woche auf seine provozierende Passivität anspreche.

An unserer Dieselmaschine, die nicht starten wollte, hatte Karl sich zunächst erfolglos versucht, aber außer zwei verpfuschten Glühkerzen, auf die jetzt kein Schraubenschlüssel mehr paßt, hinterließ er keine weiteren sichtbaren Spuren. Da er sich als Kfz-Mechaniker ausgab, hielt ich mit Kritik nicht zurück, was wohl ein Fehler gewesen sein mag.

Unser Zusammenleben gestaltet sich zusehends verkrampfter. Sind die Unterhaltungen am Mittagstisch anfangs noch heiter und gelöst, so wird jede Diskussion bald durch bissige Kommentare erschwert. Uns fällt auf, daß Karl nur dann lobenswert über Situationen, Menschen und Länder spricht, wenn sie ihm dieses oder jenes gaben. Hat sich da einer um die Welt schmarotzt? Das fragen wir uns und sprechen es auch aus. Aber für ihn sind wir Spießer, Aktivisten: „Ihr wart nie in Poona, könnt gar nicht mitreden.“

Die Stimmung sinkt weiter, während die Gespräche verstummen oder sich auf Unumgängliches beschränken. Egozentriker Karl spült nach dem Essen die Teller, geht abends seine Wache und lebt ansonsten kilometerweit von uns entfernt. Ein starker Raucher, aber auf dem Gesundheitstrip war er vor der Reise der Meinung, daß so ein

Segeltörn die beste Gelegenheit sei, sich das Rauchen abzugewöhnen. Deshalb nahm er nur ein paar Kurpackungen mit, die wenige Sonnenuntergänge überstanden. Mit unseren antiken, krümeligen Zigaretten, die für unliebsame Behördenvertreter gedacht sind, können wir seine Entzugserscheinungen zunächst hinauszögern. Danach müssen die zwei letzten Päckchen Tabak herhalten, Überbleibsel aus meiner Pfeifenraucherzeit in Neuseeland.

Eines Abends dann die härtere Gangart. Ich starte routinemäßig die Maschine, doch häßliche Geräusche aus der Bilge bringen mich davon ab. Bei der Untersuchung kommt ein langes Stromkabel zum Vorschein, das sich mit kühnem Schwung von der Steckdose zu Karls Kabine schwingt. Das Lüfterrad der Lichtmaschine hat dieses Kabel nun in niedliche Kupferdrähte gehäckselt, die ich mit viel Mühe herausklauben muß. „Da hat doch Karl Wackelkopp in highfidelischer Umnachtung wieder Strom abgezapft", fluche ich so laut, daß der Verursacher es hören muß; tunlichst vermeidet er, in meine Nähe zu kommen.

Unser gespanntes Verhältnis eskaliert zur Feindseligkeit. Helga versucht, mich zu beschwichtigen, ich bin aber nicht mehr bereit, Karl weiterhin mitzunehmen, sondern dränge auf Kündigung des einseitigen Verhältnisses. Vielleicht nervt die anhaltende Flaute doch mehr, als wir uns eingestehen wollen, und so starte ich sehr unsportlich die Maschine. Wir brauchen Szenenwechsel, und der liegt nur fünfzig Seemeilen entfernt. Nach drei Stunden deutet Helga voraus: „Sieh mal, die Wolken dort schimmern hellgrün an der Unterseite. Das kann doch nur von der Lagune stammen, deren Türkis sich darin spiegelt."

Mit Augapfelnavigation steuern wir wie die alten Polynesier das Naturphänomen an, weil keine Detailkarte für dieses Gebiet an Bord ist. Mit Helga als Lotsen in der Saling tasten wir uns ganz vorsichtig in Slalomfahrt um bedrohlich aussehende Korallenköpfe hinein in die flache, friedliche Lagune.

Das Rätsel vom Ashmore-Riff

Ashmore-Riff, so heißt das unbewohnte Korallenatoll mit dem spärlichen Pflanzenbewuchs auf den Sandbänken. Hier gibt es kein Grün, keine Kokospalmen und außer den vielen Seevögeln kaum Leben über dem Wasser. Eine richtige Insel wird dieser trostlose Ort erst in ein paar hundert Jahren werden. Trotzdem: Schnell ein Sprung über die Kante, um die Aggressionen loszuwerden. Der erste Tauchgang, das Hinabgleiten an unbekannten Riffen, hat für mich die gleiche Faszination wie eine Märchenwelt für Kinder. Mein „Sesam öffne dich“ sind Flossen, Taucherbrille und Schnorchel, die mir die Korallenschlösser, Geisterwälder und Feenpaläste erschließen. Tauchsucht heißt meine Krankheit. Sie befällt mich sofort nach dem Ankermanöver, und sehr zu Helgas Ärger stürze ich mich mit wildem Schrei, den Fischspeer voran, in die Tiefe aus magischem Glas und überlasse der Bordfrau das Aufklaren. Ganz unfein spähe ich somit dieser unschuldigen Insel unter den Faltenrock, während Karl die Inspektion oberhalb der Gürtellinie übernommen hat und mit gesenktem Kopf über die Strände trottet. Unser Gast erscheint weiterhin nur zu den Mahlzeiten, hat auf Stereo-Empfang geschaltet und sich vom gemeinsamen Tun und Erleben völlig ausgeklammert.

Unter Wasser treffe ich viele alte Bekannte, knallbunte Bewohner der Korallenstöcke, aber auch neue Gesichter erscheinen vor der Taucherbrille, z. B. Seeschlangen. Ans Maßband bringen die gut einen Meter, Prachtstücke auch wesentlich mehr. Und jeder Zentimeter ist Farbe: rot und braun, dunkelblau bis schwarz, sogar orange. Die Körperform entspricht der von Schlangen an Land, nur der Kopf ist wesentlich kleiner und der Schwanz abgeplattet wie ein Paddel. Wenn ich gespannt rundum blicke, erspähe ich immer zwei bis drei von ihnen in meiner Nähe, die sich ohne Scheu durchs Wasser winden. Sie scheinen sich ihrer Giftigkeit voll bewußt zu sein, denn einige Male erlebe ich, daß sie neugierig direkt auf mich zuschwimmen. Das finde ich nicht sonderlich sympathisch, und bevor sie mir allzu nahe kommen, trete ich mit den Flossen kräftig zu, worauf die Schlangen einen dreifachen Salto rückwärts machen und reißaus nehmen. Ein Biß von ihnen würde mein Leben drastisch verkürzen und mir nur wenige Minuten Zeit lassen, meinen Abschied von der Weltbühne zu organisieren.

Ich springe so salopp mit dieser Gefahr um, weil man nur selten von Schlangenbissen hört. Und so drehe ich bei meiner Suche nach Schnecken auch jetzt nicht jeden Korallenblock um. Ich hoffe auf friedliche Koexistenz mit den Schlangen, die sich aus allen Höhlen und um die Ecken der Korallenbänke ringeln. Augen auf und gar nicht drum kümmern, rede ich mir ein.

Schnecken liegen hier in Mengen, vor allem die große Helmschnekke, die die Höhe eines mittleren Kochtopfs hat. Sie kostet zwanzig Dollar im Einkauf, deshalb sehe ich überall Zwanzig-Dollarscheine herumliegen, vielmehr sogar vierzig Dollar, weil Männchen und Weibchen immer paarweise im Sand wühlen. Doch verdränge ich ganz schnell die Gedanken an den schnöden Mammon und nehme nur ein paar Schnecken mit, um die Kolonie nicht zu sehr zu dezimieren.

Kurz vor Anbruch der Dunkelheit segelt noch ein Fahrzeug durch die Lücke im Riff. Durchs Fernglas meine ich, Indonesier zu erkennen. Imponierend, wie die Burschen mit dem archaischen Kahn durch das Riffgebiet kreuzen. Das Segel erinnert an einen Flickenteppich. Aber sie scheinen sich hier auszukennen. Es sind wilde, verwegene Gestalten, trotzdem winken wir. Sie reagieren nicht. Die scheinen Böses im Schilde zu führen!

Sofort fallen mir Piratenstories in indonesischen Gewässern ein, und ich lege die Signalpistole bereit, geladen mit Fallschirm und Leuchtkugel. So finster wie die aussehen, so entschlossen bin ich, jedem mit Mordabsichten beides in den Wanst zu jagen und entspannt zuzusehen, wie er in die ewigen Jagdgründe schwebt. Als wäre meine wilde Entschlossenheit bis zu ihnen gedrungen, werfen sie ihren Anker in weiter Entfernung.

Unbelastet wird die Nacht trotzdem nicht. Erst am frühen Morgen erkennen wir, daß wir für die Typen völlig uninteressant sind. Denn Schildkrötenräuber sind hier am Werk. Wir sehen, wie sie mit langen blanken Eisenstangen am Strand herumstechen, wo die Sandflächen einer Kraterlandschaft gleich in Gras übergehen.

Schon oft haben wir auf abgelegenen Koralleninseln die großen Seeschildkröten bei der Eiablage beobachtet. Nachts, bei Hochwasser, kommen sie an den Strand. Wenn man sich ruhig verhält, kann man ihr Stöhnen hören, während sie sich im Zeitlupentempo den Sand hinaufschieben und anfangen, mit den Hinterflossen zu buddeln. Aber sie bluffen, denn meist heben sie in der ersten Nacht nur zum Schein einige Krater aus, um von den Höhlen, in die sie dann wirklich ihre Eier legen, abzulenken. Auch hier am Ashmore-Riff fanden wir morgens die frischen, gerippten Spuren der Schildkröten, die an Kettenfahrzeuge denken lassen. Da die Eiablage Schwerstarbeit für sie ist – ein Weibchen legt ca. 150 Eier –, sind manche so erschöpft, daß sie den Weg ins Wasser nicht mehr schaffen und in der brennenden Sonne eingehen. Mumifizierte Kadaver bleiben zurück.

Wir sehen, wie die Diebe die Eier aufspüren, die wie Pingpongbälle aussehen. Mit den Stangen durchstechen sie die Gelege, klebriges Eiweiß verklumpt sich mit dem Sand. Ein Leichtes dann, die Nester auszunehmen. Ich kann nicht sagen, daß mir gefällt, was ich sehe.

Aber hätten die uns aufs Korn genommen, wäre es noch viel unangenehmer gewesen.

Ein Rätsel erwartet mich, als ich mit dem Segeldingi zu einer entfernten Sandbank aufkreuze. Seeschwalben, Fregattvögel und Basstölpel fliegen mit schrillem Geschrei auf, stürzen sich im Tiefflug auf mich, denn es ist Brutzeit. Zwischen den Nestern leuchten viele unnatürliche Farbtupfer, und ich denke zunächst an angeschwemmten Müll. Aber nein, da liegen zerrissene Kartons samt Inhalt, Plastiktüten, ungeöffnete Konservendosen, Shampooflaschen, Ölfässer, Kleiderbügel, Isolierband. Draußen muß ein Wrack liegen, schießt es mir durch den Kopf, denn viele Konservendosen liegen wie angespült am Strand, sind halb verrostet. Aber ich sehe kein Wrack, auch können die Waren, die zwischen den Büschen verstreut liegen, nicht von der Flut angespült worden sein. Ich finde ungeöffnete Kartons mit merkwürdigem Inhalt: Fensterputzmittel, Toilettenbürsten, Kernseife. Auch verschiedene ungetragene Textilien (Herrengröße 52), sowie Eisenstangen und Zeltplanen. Und dies alles liegt weit über die Insel verstreut, als hätten hier Vandalen gehaust.

Vielleicht haben Supermarktpiraten ihre Schätze an Land bringen wollen, sind aber offensichtlich gestört worden? Ein Schiffbrüchiger kann jedenfalls hier einige Zeit ein Schlemmerleben führen, mit modischem Firlefanz und in Kernseifenreinlichkeit. Die Herkunft der Dinge bleibt trotzdem rätselhaft, denn auch die Piratenstory paßt nicht ganz. Kein Schiff mit normalem Tiefgang kann in diese Lagune einlaufen und schon gar nicht die Sandbänke erreichen. Wir haben keine Erklärung dafür, aber gute Verwendung, auch wenn die verdammt schweißtreibend ist. Dingiladung um Dingiladung rudern wir zur SHANGRI-LA. Wie dumm, daß wir in Darwin die teuren Dollars für Dinge ausgaben, die es hier umsonst gibt. „Mit unserem Bestand an Klosettbürsten, Fensterputzmitteln und Kernseife können wir noch 25 Jahre die Welt umsegeln“, stellt Helga begeistert fest.

Aber das Rätselraten um die Herkunft der Dinge hält noch an, als wir das Riff mit frischem Wind und reichlich überladen längst verlassen haben. Fast alle Konservendosen sind ohne Etiketten, ihr Inhalt aber ist hervorragend. Auf unserer Speisekarte steht nun häufig SHANGRI-LA-Eintopfwunder oder Ashmore-Riff-Roulett. Das besteht z. B. aus einer Dose Rote Beete, einer Dose Aprikosen, einer Dose Erdbeermarmelade, einer Dose Thunfisch. Ich meine, daß sich Helga unbedingt mit Wahrscheinlichkeitsrechnung befassen sollte, denn auch heute gab es wieder ein Lorelei-Essen nach dem Motto: „Ich weiß nicht, was soll es bedeuten ...“

Christmas Island und Cocos Keeling

Christmas Island nimmt jeder Indik-Segler von Osten kommend mit, weil es strategisch so günstig liegt. Man kann dort noch einmal ausrüsten, verproviantieren und reparieren. Man ankert vor einem zauberhaften kleinen Yachtklub, wo sich jeder mit Getränken selbst bedienen kann und alles auf die Rechnung schreiben läßt, die am Ende des Aufenthalts beglichen wird. ‚Honesty system' heißt diese an die Ehrlichkeit des Seglers appellierende Methode.

Aber: „The Company", das anonyme Ungeheuer, ist allgegenwärtig. Unaufhaltsam wühlt es sich Meter um Meter durch Christmas Island, schlachtet gefräßig seine Eingeweide aus. Der Schatz im Boden der Insel, das Phosphat, ist ihr Reichtum und, so läßt sich ahnen, auch ihr Ruin. The Company, das ist die Phosphatgesellschaft im fernen Mutterland Australien, die das Vorkommen im Tagebau ausbeutet, und zwar mit aller Radikalität, die dieses Wort beinhaltet.

Unsere Inselrundfahrt wird keine beschauliche Landpartie; gelblich weiße Wolken des Phosphatstaubes trüben das Sonnenlicht, Kratergebirge erinnern an ein Foto vom Mond – aufgerissene, offene Wunden, wo die Bagger am Werk sind, bis zur Unkenntlichkeit vernarbte Landschaft, wo sie ihre Arbeit bereits beendet haben. Eine vernichtete Natur.

Durch Sprengungen und mit riesigen Baggerkrallen gelockert, wird die kostbare Substanz aus dem Gestein gewühlt und auf endlos langen Förderbändern und Loren direkt zur Verschiffung in den Hafen transportiert. In stalagmitenartigen Kegeln bleibt das Muttergestein ausgeweidet zurück.

Eine Erinnerung wird wach: an Makatea, die Geisterinsel bei den Tuamotus, auf der die Zerstörung, wie sie hier betrieben wird, bereits schaurige Vollendung war. Es gehört nicht viel Phantasie dazu, sich vorzustellen, daß es auf Christmas Island in zehn oder zwanzig Jahren genauso aussehen wird. Eines Tages, wenn hier nichts mehr zu holen ist, wird wohl der letzte Kranführer seinen Koffer packen, ins Flugzeug steigen und heim nach Australien fliegen. Im blauen Indik bleibt dann eine traurige Ruine zurück, die verrostete Bagger und morsche Förderbänder zieren, ein neuer Schandfleck der Zivilisation – nicht anders als auf dem fernen und doch so ähnlichen Eiland in der Südsee.

Oder etwa nicht? Die Leute von der Company weisen diese düstere Vision weit von sich: Für die Zeit danach gäbe es natürlich konkrete Pläne. Selbstverständlich werde man neuen Mutterboden über die Abraumflächen schütten. Stein und Bein schwören sie, daß neue Vegetation angepflanzt und die ganze Insel in einen blühenden Naturschutzpark verwandelt werden soll ... Die Frage mag dennoch erlaubt sein: Wer wird am Ende wohl so viel Geld aufwenden, um auf einer nutzlos gewordenen, einsamen Insel, weit von Australien entfernt, Bäume zu pflanzen? Es gibt doch noch so viele andere Inseln ...

In Christmas Island kommt es zur großen Aussprache mit Karl. „Also, ich bin dafür, daß du dein Bündel packst und den Sprung zurück nach Australien machst", beginne ich.

„Ich bleibe, es sei denn, du bezahlst mir den Heimflug", gibt Karl mit süffisantem Grinsen zurück.

Die rechtliche Lage ist eindeutig: Der Skipper einer Yacht ist für die Crew voll verantwortlich, die Personen, die er laut Crewliste ins Land einschleppt, hat er auch wieder auszuführen; oder er muß dafür sorgen, daß ihr Rückflug gesichert ist. Deshalb haben wir die schlechteren Karten, zumal Karl vorgibt, kaum noch Bares zu besitzen. Die Situation erinnert mich an eine Geschichte, die gut fünfzehn Jahre zurückliegt. Auf unserem Frachter, auf dem ich als Matrose diente, hatte sich in Lagos ein blinder Passagier eingeschlichen. Ihn kutschierten wir durch drei Länder, weil die Behörden sich überall weigerten, den Afrikaner an Land zu nehmen. Haben auch wir uns so einen Wanderpokal eingefangen? Wer garantiert uns eigentlich, daß Karl sich in Durban wirklich absetzt? Müssen wir ihn nun über Südamerika bis nach Europa schleppen? Bleibt vielleicht nur die alte rauhe Methode aus blutiger Piratenzeit. Doch zu diesem Zeitpunkt erwäge ich sie noch nicht. Und hätte jemand einen Vorstoß in diese Richtung gemacht, ich hätte ihn ausgelacht. Wochen später lache ich nicht mehr.

Diesmal schließen wir noch einen letzten Kompromiß. Karl verspricht Mitarbeit, ich gelobe Zügelung meiner Bissigkeit. Doch nur wenige Augenblicke später bin ich fast am Ausflippen. Sicherlich in guter Absicht hat sich Karl mit dem rostigen Werkzeug, das er überholen will, aufs Vorderdeck begeben. Nun sitzt er im Wind und schmirgelt von Hämmern und Zangen rostrote Wolken, die sich als feinste Eisenpartikel aufs weiße Deck setzen und beim nächsten Regen unlösliche Sommersprossen verursachen. Meine Emotionen bekomme ich nicht mehr in den Griff. Es ärgert mich maßlos, daß unser Guru stangenweise Zigaretten anschleppt, dazu neue Musikkassetten, obwohl er kurz zuvor den Offenbarungseid schwor.

Nach Cocos Keeling sind es nur drei Tage bei strammen Passat-Etmalen. Hinter dem kleinen Direction Island schimmern schon fünf

Masten durch die Palmen. Eine Raststätte auf der Autobahn der Weltumsegler ist erreicht. Natürlich kennt man sich. Die RAPTURE aus San Franzisko, die GOLDEN ORCHID aus Oslo, dann der betagte Hektor, ein knoblauchverschlingender Millionär nebst Leibarzt und bezahlter Crew mit seiner EL TIEMPO und – große Freude – unser guter Claude Carson mit der ENTROPY, den wir vor zwei Jahren aus den Augen verloren.

Vor lauter Wiedersehensfreude vergessen wir unsere Bordprobleme, zumal Karl sich sofort in andere Gesellschaft begibt, um seine Seele rein zu waschen. Er ist uns gegenüber klar im Nachteil, denn während Helga und ich uns aussprechen können, hat er nur die Möglichkeit, seinen Walkman laut oder leise zu stellen.

Als die australische STORM FISH einläuft, befällt der Troublevirus die ganze Gemeinde, die zuvor allabendlich an König Arthurs (Millionär Hektors) Tafel saß. Frauentyp Carlos, der Skipper der EL TIEMPO, langt mit Holzfällercharme mal kreuz und quer in die holde Weiblichkeit am Tisch, die das vereinzelt auch durchaus begrüßt; zuerst fliegen die Hüllen, dann die Fetzen. Mure ohrfeigt seine Freundin nach Landsknechtsart, neue Gruppierungen entstehen, und dann wird erst richtig Ballast abgeworfen. Ballast, der sich in monotonen Segeltagen und langweiligen Häfen staute. Als wir die Segel zur Weiterreise setzen, stehen am Strand zwei Zelte wie die Schutzhütten von Schiffbrüchigen. Drei Crewmitglieder haben gepackt und warten als Anhalter auf nachfolgende Yachten, die sich auch prompt einstellen. Leider ist unser Karl nicht unter den Abgesprungenen.

Die meisten von uns genießen auf dem Atoll Cocos Keeling noch einmal, ein letztes Mal, ein palmenrauschendes Idyll; so schwingt Wehmut mit in dem Getute, das jede auslaufende Yacht begleitet. Es geht heim mit großen Sprüngen: Mauritius, Südafrika, Europa. Wir haben abgemacht, das Weihnachtsfest gemeinsam in Durban zu feiern. Vorher werden wir unsere Freunde nicht wiedersehen, denn unsere Reise soll weiter nördlich zu den Chagos-Inseln verlaufen, dann in die Seychellen und über die Komoren durch den Mozambique-Kanal zur Silvesterparty nach Durban, für die man unser sechzig Quadratmeter großes Deck unbedingt braucht. Diese nördliche Alternativroute, obwohl wesentlich länger, wählen wir, weil sie durchaus Vorteile hat. Sie sind:

1. Man hat bis zu den Seychellen nahezu Vorwindkurs, kann also die stabilisierenden Passatsegel permanent fahren.
2. Das Gebiet mit der größten Sturmhäufigkeit um den 85. Längengrad wird nach Routening Chart nur am nördlichen Rand durchsegelt bzw. gestreift.

3. Die langen Segeltörns werden durch mehrere attraktive Landfälle unterbrochen. Der große Unbekannte dabei ist der Mozambique-Kanal, wo man im Oktober mit häufig wechselnden Winden rechnen muß, dafür aber kräftigen Schiebestrom hat, wenn man von Norden kommt.

Mordgedanken

Der Indik ist für uns ein dunkler Ozean, ein kreuz- und quergepflügter Wellenacker mit schmierigem Wolkenbild darüber. Ich mag ihn trotzdem. Der konstante frische Ostwind gibt heiße Meilen und Rekordetmale. Wir donnern wie mit zwei gekoppelten Surfbrettern zu Tal, Jubelschreie auf den Lippen, wenn das Log bei über zwölf Knoten das große Zittern bekommt. Bei diesen langen Surfphasen, die uns einmal das tolle Etmal von 217 Meilen bescheren, müssen wir von Hand steuern. Die Automatik ist überfordert, weil bei dem Tempo der Druck aufs Ruderblatt zu stark wird. Und bei den häufigen Kreuzseen muß man verdammt aufpassen, daß SHANGRI-LA nicht ausbricht, wenn eine Ohrfeige unvermutet den Achtersteven erwischt. Dann schießt sie schräg den blauweißen Hang hinunter, verharrt im Wellental, mit lautem Knall kommt ein Passatsegel back, während das andere durch knatterndes Killen anzeigt, daß hier etwas nicht stimmt. Schnell zurück auf Kurs. Krachend fällt der Wind ins Segel, das mit häßlichem Geräusch in zwei Stücke reißt. Beide Passatsegel werden auf diese Weise in staufreundliche Stücke zerlegt, die das Bergen erleichtern. Solches Segeln macht eine Nähstube aus unserer Kajüte, und Helgas Handnähmaschine tukkert die Dollars ab, die sie gekostet hat.

Als beide Passatsegel in Reparatur sind, ändern wir vorübergehend den Kurs und haben Großsegel und Fock I stehen. Nachts auf Freiwache fahre ich plötzlich hoch: Irgend etwas stimmt da nicht! Ein Blick durch die Luke. Das Großsegel ist im oberen Drittel quer eingerissen und schlägt krachend gegen Saling und Stagen. Ich springe an Deck. Da sitzt unser kosmopolitischer Parasit mit großen Kinderaugen, sieht nichts und hört nichts. Erst als ich das Segel unten habe, kommt Verwunderung in sein träumerisches Antlitz. Nun weiß ich, daß wir auch einen Teddybären als Wachegänger verwenden könnten, und schlafe in Zukunft auf Karls Wache nicht mehr.

Bald darauf stört mich ein rhythmisches Klopfen in Karls Kabine. Bei der Suche nach dem Poltergeist, den es zu erwürgen gilt, mache ich die Entdeckung, die mich endgültig ausrasten läßt. Nur dreißig Zentimeter vom Lichtschalter entfernt hat Karl brutal die Isolierung des Stromkabels aufgeschnitten, die beiden Adern freigelegt, auch ihre Isolierung zerstört und an die freigelegten Kupferdrähte sein Transformatorkabel für die Musikanlage angeschlossen: das Werk eines Hirnrissigen! Ich bin außer mir vor Wut. Mit einem Schraubenzieher hätte jedes Kind die beiden Kabelschuhe vom Lichtschalter lösen können, um so die Drähte anzuschließen. Mir ist, als hätte mir einer ins eigene Fleisch geschnitten.

Hätte ich meinen Haihaken zur Hand, ich würde nicht zögern, den Schwachkopf damit aufzuspießen und als Köder für die Außenbordkameraden zu benutzen. Ich schäume über wie ein hektisch gezapfter Maßkrug. Das war einfach zuviel. Klar, ein aufgeschnittenes Stromkabel ist normalerweise eine Lappalie, ebenso die Zigarettenkippen, die unser Globetrottel durch die Bettwäsche hindurch in die Matratze brannte; auch sein Seemannsknoten, zigfach geübt, der sich trotzdem wie durch Geisterhand löste und somit unser Dingi nachts auf die gegenüberliegende Lagunenseite treiben ließ – richtig, kann ja mal passieren. Es sind alles Kleinigkeiten, die sich aber in rascher Folge addieren. Am Ende reizt mich eine Summe von Idiotien, und ich würde Jack the Ripper spielen, wäre da nicht Helga mit ihrer Übersicht und Geduld.

Nachdem der erste Wutanfall verraucht ist, teile ich Karl folgendes mit: „Ich halte deine Anwesenheit an Bord nicht nur für unnötigen Ballast, sondern für ein nicht länger zu vertretendes Sicherheitsrisiko. Da du keine Anstalten triffst, die zu Beginn der Reise abgemachten Bedingungen einzuhalten, dich auch keineswegs um Veränderung bemühst, werden wir dich auf der nächsten Insel aussetzen, bewohnt oder unbewohnt." Dazu krame ich Machete, Angelhaken und Sturmstreichhölzer heraus, als Überlebensmaterial für den angehenden Robinson.

Karl sitzt zusammengesunken hinter seinem Verbannungspäckchen, das ich vor ihm aufbaue, und wechselt die Gesichtsfarbe von rot-weiß-rot zu gelb-grün-gelb. Ihm steht die Angst in den Augen, denn ihm ist klar, daß ich es bitterernst meine. Das Häufchen Elend fängt an, mir leid zu tun; mir wird bewußt, wenn ich ihn auf einem unbewohnten Atoll aussetzen würde, wäre das bei seinem Zustand glatter Mord.

Nach meiner Standpauke trollt sich der Schüler so gebeugt in seinen verräucherten Pausenhof, als schleppe er Zentnerlasten mit sich herum. Sicherlich hat er von meinen Ausführungen nichts begriffen, doch eines ganz bestimmt: Nach Durban laufen wir ohne ihn ein, bis dahin wird sein Name von der Crewliste gestrichen sein.

Von nun an dehnen sich die Schweigeminuten zu ganzen Tagen. Kommunikation gibt es nur noch zwischen Helga und mir. Wagt Karl es doch einmal, sich in das Gespräch einzuschalten, wird er abgewehrt wie ein lästiges Insekt. An eine Wiederherstellung der Bordharmonie ist nicht zu denken.

Diego Garcia wird für uns ein Schock. Dieser amerikanische Militärstützpunkt mitten im Indischen Ozean gleicht einem Ameisenhaufen. Schon bei der Annäherung an das Atoll mit der tiefen Lagune erkennen wir Hubschrauber und Flugzeuge, die über den Palmen kreisen wie Schwärme von Seevögeln über ihren Brutplätzen. In der Lagune liegen ein Flottenverband, Frachtschiffe und Tanker. Es stinkt wie in einer Großstadt.

Eine Riesenbarkasse, auf deren Deck gut fünf SHANGRI-LAS Platz gehabt hätten, geleitet uns an den Ankerplatz, wo schon das Behördenboot auf uns wartet. Denn hier herrscht Ordnung! Freundlich, aber bestimmt klarieren uns die englischen Beamten ein und geben uns zu verstehen, daß Landgang nicht gestattet und unsere Anwesenheit nicht länger als 24 Stunden erwünscht ist. Die Engländer sind die Hausherren auf den Chagos-Inseln. Die dreitausend Amerikaner wohnen auf Diego Garcia nur zur Untermiete, haben sich aber durch langfristige Verträge ihre militärische Spielwiese gesichert. Ihr nächtliches Treiben überstehen wir nur mit Oropax, finden aber trotzdem keinen Schlaf. Neben SHANGRI-LA dröhnen pausenlos Landungsboote ans Ufer, spucken Panzer und Kettengetier an den Strand, das mit röhrendem Motor seinem gleißenden Scheinwerferlicht hinterherdonnert. Nur einen Bruchteil der uns zugebilligten Zeit verbringen wir in diesem Irrenhaus, setzen beim ersten schwachen Licht die Segel und fliehen.

Während der Passat voll in die Segel greift und SHANGRI-LA zurück in die große Wiege drückt, denke ich, daß das, was hinter uns verschwindet, ein Stück gestaltete Sinnlosigkeit ist. Oder habe ich nur schlecht geträumt?

Wenn ich die Atolle, die wir in den letzten Jahren besuchten, nach Schönheit prämiieren müßte, fiele mir die Wahl nicht schwer. Die unbewohnten Atolle der Chagos-Inseln, wie Egmont und Salomon, bekämen den ersten Preis. Die Palmen scheinen hier noch höher und grüner zu sein, der Strand noch feiner und weißer und das Wasser noch klarer und blauer. Aber die Äußerlichkeiten machen noch lange kein Paradies aus. Wir beurteilen unsere Ankerplätze auch nach dem Nahrungsangebot und dem Vorkommen seltener Schneckenarten, und auf diesen Inseln kommen wirklich alle auf ihre Kosten, besonders die Einsamkeitsfanatiker.

So staunen wir nicht schlecht, daß ein winziges Schiffchen in der

Lagune von Egmont Island dümpelt. Es ist die GOUSTADIG mit François und Geraldine aus Singapur. Ihre Geschichte klingt so einfach wie das Leben, das sie führen:

François trampte nach dem Studium durch die Welt, lernte Geraldine, die in Singapur als Lehrerin arbeitet, kennen und lieben. Er fand auf dem Schrottplatz für sechshundert Dollar ein Aluminium-Rettungsboot und investierte noch einmal die gleiche Summe für Kiel, Deck, Rigg und Ausrüstung. Das Boot, in das wir, kaum angekommen, kriechen, besteht im Grunde nur aus einer Koje, um die sich der Schiffsrumpf schmiegt. Zu beiden Seiten der Koje stehen aufgeschnittene Plastikcontainer, säuberlich angebändselt, mit Trockenfisch, Reis, Wäsche und Büchern. Bei der Liliputanerstehhöhe von gut einem Meter spielt sich das tägliche Leben an Deck und im Cockpit ab. Aber trotz allem strahlen die beiden eine Natürlichkeit und Anspruchslosigkeit aus, die uns nachdenklich stimmen. Ich finde, sie haben etwas Asiatisches an sich. Das ist auch richtig, denn über vier Jahre lang kreuzten François und Geraldine durch die indonesische Inselwelt, lernten die Landessprache und arbeiteten monatelang bei Familien. Geraldine lernte Flechtarbeiten anzufertigen, die auf dem Markt verkauft wurden, François ging mit den Söhnen der Familien fischen. Unbehelligt schipperten sie in den piratenverseuchten Gewässern Malaysias und Borneos herum, hatten sogar gute Freunde unter den Schmugglern. Angst vor Beraubung? Was sollte ihnen denn geraubt werden?

Wir mögen die beiden auf Anhieb. Als sie sehen, wie wir unsere Utensilien an Land schleppen, um Palmherzen einzukochen, und ich die ersten Fische auf die heißen Steine zum Braten lege, wird die Sympathie gegenseitig. François bemerkt grinsend zu mir: „Noch gestern, als die SHANGRI-LA wie ein Hochhaus mit Dingi, Außenborder und Surfboard an Deck hereingedampft kam, dachte ich mir: Siehe da, die weltumsegelnde Schickeria hält Einzug.“ Gut zu wissen, wie man auf andere wirkt.

Karl drückt sich in den ersten Tagen auffällig dicht am Beiboot herum aus Angst, es könnte ohne ihn von Egmont verschwinden. Meine Lektion hat also gewirkt. Er beteiligt sich aber weiterhin nicht an unseren Aktivitäten, sondern geht erneut in die innere Emigration. Als er sieht, daß François und ich Thunfischkonserven herstellen, verzieht er sich. Nur gegen Abend, wenn die Fische auf dem Feuer gar sind, kommt unser Abstauber pünktlich aus weiten Fernen zum Bratenduft geschwebt, reibt sich die Hände wie ein Händler im Basar nach einem guten Geschäft und greift sich den größten Fisch von den heißen Steinen. François schaut sich das ein paarmal an, dann wird's auch ihm zu dumm, und er verurteilt unseren Nassauer nach kurzer Verhandlung zum Holzsammeln. „No wood – no food“, lautet der knappe Urteilsspruch.

Au revoir, GOUSTADIG, tschüs, Françoise und Geraldine. Wie sehr haben wir die Zeit mit euch genossen: Tage, ausgefüllt mit Tauchen, Kochen und Nichtstun, Nächte voller Lachen, Erzählen, Diskutieren. Während das braune Gaffelsegel, das über der grauen See hin- und herwinkt, immer kleiner wird, mache ich mir klar, daß uns zwei glückliche Menschen verlassen haben. Sie schippern mit einem Reichtum durch die Welt, dessen Basis ihre bescheidene Lebensform ist. Ich gebe zu, ich beneide sie ein bißchen. Nein – sehr. Aber ich weiß auch, daß ich mich auf diese Stufe der Anspruchslosigkeit nicht mehr begeben kann. Ich habe zu lange an Land gelebt, unter dem Joch des Konsumstrebens. Meine Gewohnheiten und Denkweisen werde ich nur schwer, wahrscheinlich nie ablegen können.

Immer grassiert die Meinung, daß ein Weltumsegler mit Renommieryacht und fettem Bankkonto einfach verpflichtet ist, glücklich zu sein – im Gegensatz zu dem Segler im Rettungsboot, mit 150 Dollar in der Tasche. Aber die See rückt diese Meinung mit ihrer Kraft zurecht. Sie macht keinen Unterschied zwischen teuer oder billig, groß oder klein, für sie zählen nur Sicherheit der Yacht und Können der Crew. Und damit ist die ausgleichende Gerechtigkeit wieder hergestellt.

Helga sieht mir meine philosophischen Gedanken an. „Ist was?“ fragt sie.

„Ich trauere den beiden nach“, antworte ich.

„Es war eine schöne Zeit für uns vier, und irgendwie beneide ich die beiden auch. Aber in so einer Nußschale möchte ich nicht leben.“

„Ich denke gerade darüber nach“, sage ich, „daß die Unternehmen GOUSTADIG und SHANGRI-LA ganz ähnlich begonnen haben. Wir und sie wollten um die Welt segeln und sehen, was sonst noch so läuft, außerhalb unserer heimatlichen Gefilde. Wenn etwas uns nicht trieb, so war es sportlicher Ehrgeiz. François und Geraldine sind jetzt genau wie wir vier Jahre unterwegs. Sie haben aber vom Entschluß bis zum Lossegeln nur sechs Monate gebraucht, wir dagegen sechs Jahre. Ohne unseren Hang zu Komfort und Perfektionismus hätten wir jetzt schon fast ein Jahrzehnt auf dem Meer verbracht.“

„Mir tut die Zeit nicht leid“, entgegnet Helga. „Ich könnte in so einer Primitivität nicht leben.“

„Sie leben nicht primitiv, sondern einfach. Das sind kerngesunde, rundum frische Menschen“, verteidige ich Geraldine und François.

„Ich finde es ja auch toll, aber ich könnte auf ihrer Basis nicht froh werden. Erzähl' mal in Deutschland, daß da welche mit dreitausend Mark Startkapital und hundert Mark pro Monat um die Welt segeln. Die denken, du bindest ihnen einen Bären auf.“

„Okay, okay.“ Helga überzeugt mich allmählich. „Die beiden sind Extreme, aber sie beweisen, daß es möglich ist. Wenn sie Arbeit finden, kommen sie mit dem Geld dreimal so lange aus wie wir. Und dann in den Häfen. Die können ihr Boot auch mal allein lassen, oder glaubst du, denen klaut jemand die Plastikkanister mit Reis oder die Wanten aus Stahldraht? Und wenn ihnen Ersatzteile fehlen, dann findet François auf dem nächsten Schrottplatz, was er braucht. Wir dagegen ...“

„Sag mal, bist du auf'm Negativtrip?“ unterbricht Helga mich.

„Ich stelle nur Fakten klar. Wir latschen doch tagelang schlecht gelaunt durch die Läden der Bootsausrüster oder sind darauf angewiesen, daß uns Teile nachgeschickt werden. Mit unseren übertechnisierten Yachten folgen wir dem Herdentrieb der Weltumsegler, weil die ausgetretenen Pfade an Servicestationen vorbeiführen, auf die wir angewiesen sind.“ Ob sie mich jetzt endlich versteht?

Aber Helga ist nicht zu bremsen bei der Verteidigung unserer Lebensweise. „Du siehst das zu einseitig. Die GOUSTADIG braucht die Servicestationen nicht in dem Umfang wie wir, okay. Dafür ist ihr Aktionsradius aber auch technisch und finanziell stark begrenzt. Nach Tahiti könnten die doch überhaupt nicht segeln. Nicht mal das Geld, das für den Rückflug hinterlegt werden muß, könnten sie flüssig machen.“

„Nach Tahiti wollen sie doch gar nicht, weil sie wissen, daß sie da nicht hinpassen.“ Unsere Diskussion droht aus dem Ruder zu laufen. Bevor wir uns streiten, beginne ich besänftigend von vorn. „Sieh mal“, sage ich, „wir haben uns aus den Normen der Zivilisation gelöst, um es anders zu machen als der durchschnittliche Bürger. Und was ist das Ergebnis? Wir haben uns eingereiht in andere Normen, die der Weltumsegelung. Fachbücher und Bootsausstellungen schreiben vor, wie man es machen muß, was man braucht bzw. zu brauchen hat. Das meiste davon ist ebenso überschüssiger Ballast wie Stereoanlage und Bar in einem Auto.“

„Wir liegen genau im Trend“, beharrt Helga. „Und wir fahren gut damit.“

„Der ganze Unterschied besteht in Dingi und Außenborder, Unterwasserkamera und Druckluftharpune bei uns und Ruderriemen, Skizzenblock und Handspeer, der mit Autoschlauchgummi abgeschossen wird, bei ihnen. Glaubst du etwa, daß Geraldines Bleistiftzeichnungen nicht mit unseren Fotos konkurrieren können?"

„Schon. Die brauchen es halt so und wir anders. Es ist der Unterschied zwischen einer komfortablen Vierzimmerwohnung und einem Campingzelt. Ich ziehe eben die Vierzimmerwohnung vor." Damit scheint das Thema für sie erschöpft zu sein.

Und ich tue gut daran, es zu akzeptieren.

Während die Goustadig nach Kenia segelt, soll unser nächster Stopp Agalega sein, Inseln, die zu Mauritius gehören. Wir lassen den Anker am Nordwestende fallen, meinen aber, wir lägen mitten im Ozean, so geht der Schwell mit uns zu kehr.

„Hier bleiben wir keinen Tag", stellt Helga lakonisch fest und reibt sich entrüstet den Ellenbogen, den sie sich bei dem Gewackel gestoßen hat.

Karl dagegen ist ganz Erwartung und saugt sich mit Blicken an Land fest. Eine Gruppe brauner Typen kommt winkend herangelaufen. „Kann ich schon mal an Land?" Karl stellt seine Frage mehr rhetorisch, er bittet nicht. Wir sind noch beim Aufklaren, aber das hat für ihn kein Gewicht.

„Du kannst gar nichts", entgegne ich grob. „Zuerst peile ich mal die Lage."

Am Strand werde ich freundlich empfangen. Händeschütteln, Fragen, Mißverständnisse, Gelächter – der Bann ist gebrochen. Hier kommt anscheinend nie eine Yacht vorbei. Also sind wir eine angenehme Abwechslung für die Bewohner von Agalega, zwei Inseln, geformt wie ovale Schollen und verbunden durch ein Riff, gespickt mit unzähligen Kokospalmen. Man hält auf Eigenart, folglich hat jede Insel ihr eigenes Dorf, ihre eigene Kirche, einen eigenen Gendarmen und ein eigenes Auto. Das eine davon staubt gerade auf dem Schotterweg heran und hält vor mir. Ein Auto? Es sieht aus wie eine Schrottplatzkomposition.

Ein kahlköpfiger Chinese, Manager der Kokosplantage, springt heraus und heißt mich in umwerfendem Englisch willkommen. „Welli nei", sagt er nach jedem Satz begeistert; wem sein „very nice" nun gilt, Shangri-la oder mir, wird nicht klar und ist auch nicht wichtig. Seine rundliche, nette Frau zwitschert ebenfalls: „Welli nei, welli nei", während sie das Poster von Shangri-la stolz verstaut, das wir ihnen geschenkt haben. Sie erzählen vom Leben auf den Inseln und den Problemen beim Be- und Entladen des Versorgungsschiffes, das alle drei Monate von Mauritius kommt. Ihre Gastfreundschaft und die Einladungen für die folgenden Tage lehne ich aber dankend ab, da wir so schnell wie möglich unseren entsetzlichen Ankerplatz verlassen wollen.

Als ich zurück an Bord komme, steht Karl am Achterdeck, sprungbereit wie ein Tiger, der aus dem Käfig will. Ich übergebe ihm die Riemen wie einem Läufer die Staffel, und mit ruckartigen Schlägen pullt er zum Strand und wird nicht mehr gesehen.

Uns ist klar, daß eine schlimme Nacht bevorsteht. Das Schiff schaukelt und schwingt in der Dünung auf und ab. Helga und ich verkeilen uns mit Kissen und Polstern in den Kojen und versuchen zu schlafen.

Morgens kommen zwei Boote längsseits. In unserem Dingi ein strahlender Karl mit Appetit auf Frühstück und einem nagelneuen T-Shirt, im anderen Boot der Gendarm und der Assistent des chinesischen Managers.

„Ich steige aus", strahlt Karl. Sein triumphierendes Gesicht zeigt, was es ihm bedeutet, nicht mehr auf uns angewiesen zu sein.

Mir verschlägt es die Sprache. „Wie schön", antworte ich nur. Es sollte sarkastisch klingen, kommt aber aus vollem Herzen.

„Ihr müßt aber noch zwei Tage warten, bis das Okay aus Mauritius kommt", sagt Karl.

Na klar, da mußte doch noch ein Hammer folgen. Es wäre ja auch zu schön gewesen, ihn ohne Einschränkung loszuwerden.

„Nicht einen Tag, nicht eine Stunde", entgegne ich.

„Ihr müßt!" In Karls Stimme liegt Trotz.

„Wir müssen gar nichts", sagt Helga. Auch von ihr hat er keine Nachsicht mehr zu erwarten.

Karl redet mit Händen und Füßen auf den jungen Assistenten ein; der scheint sich alles andere als wohl zu fühlen. Wahrscheinlich ist er nachts in Bierlaune etwas voreilig auf Karls Absichten eingegangen. Ich muß retten, was zu retten ist. Diese Chance, uns von Karl, dem Schmarotzer und Psychofreak, zu befreien, darf nicht ungenutzt verstreichen. Wir müssen weg sein, ehe das Telegramm aus Mauritius eintrifft. Denn was, wenn der Funkspruch negativ ausfällt? Dann geht das ganze Elend weiter. Das halte ich nicht durch, und auch Helgas Geduld hat ihre Grenzen.

Ich mache dem Assistenten klar, daß ich eine Lösung weiß: Karl kann doch zunächst auf der Kokosplantage arbeiten, dann fährt er mit dem Versorgungsschiff nach Mauritius und zuletzt nach Deutschland.

Während wir noch palavern, hat Karl in der Kabine seine Sachen gepackt, mit einer geradezu beängstigenden Geschwindigkeit. Selbstbewußt kommt er gesattelt und gespornt wieder zum Vorschein; Gendarm und Jungmanager willigen zögernd ein, ihn mitzunehmen. Gott sei Dank! Mir fällt ein Stein vom Herzen! Aber ich freue mich zu früh.

„Na“, sagt Karl, „ihr seid mich ja nun los. Dafür müßt ihr aber schon ein paar Scheine ausspucken.“

Es ist nicht der rauhe Seegang, der mich fast schwindlig macht, sondern Karls Unverfrorenheit, die mir die Füße unterm Körper wegzieht. Ich muß an mich halten, damit ich mich nicht an ihm vergreife. Aber ich nehme wenigstens eine drohende Haltung ein. Sie wirkt. Die drei verholen sich ins Boot, und noch ehe sie den Strand erreichen, haben Helga und ich schon in Rekordzeit den Anker an Deck und die Segel gesetzt.

Agalea driftet achteraus und mit ihr das letzte Kapitel einer schlimmen Erfahrung.

Aldabra, ein kleines Galapagos

Aldabra – ein Wort wie ein Zauberspruch aus Tausendundeiner Nacht. Und von märchenhaftem Zauber ist sie wirklich, die flache Koralleninsel, eines der weit verstreuten grünen Pünktchen im Indik, 390 Kilometer von Madagaskar entfernt und 650 Kilometer von der Küste Ostafrikas. Ein abgelegenes Atoll, zweiunddreißig Kilometer lang und nur dreizehn breit. Einst war es ein winziger Zipfel des mächtigen britischen Kolonialreiches, heute ist es politisch den Seychellen angegliedert, dem kleinen Inselstaat, der erst 1976 die Unabhängigkeit erlangte. Eine Treuhandstiftung verwaltet das Koralleneiland.

Es waren arabische Seefahrer, die vor Jahrhunderten die Insel aus ihrem Dornröschenschlaf erweckten. Mit ihren Dhaus befuhren sie nicht nur die ostafrikanischen Küstengewässer, sondern konnten sich offenbar auch weit ins Meer hinaus wagen. Wie eine Oase inmitten der Wasserwüste muß ihnen das Atoll erschienen sein, deshalb nannten sie es Al-Khadra, „das Grün“.

Doch die Märcheninsel verschloß sich allen menschlichen Annäherungsversuchen – sie bot keinen einzigen geschützten Ankerplatz, war ebenso schön wie abweisend. Die Araber gaben den Versuch, sie zu kultivieren, auch bald wieder auf, und so bewahrte sich Aldabra lange Zeit Ruhe und Frieden, denn die Routen der Kauffahrtsschiffe des 17. Jahrhunderts führten weit im Süden vorbei. Ohne die Vergewaltigung durch die Zivilisation konnte sich auf diesen wenigen Quadratkilometern eine seltene Fauna erhalten – Tierarten, denen anderswo im Lauf der Zeit längst der Garaus gemacht worden ist.

Eine Rarität ist nur noch auf den Galapagos und hier zu finden: Riesenschildkröten, diese Relikte aus grauer Vorzeit, die dem Menschen in der Schöpfung weit vorausgingen. In der stattlichen Anzahl von 150 000 Stück sind sie auf Aldabra noch beheimatet, das hat uns hierher gelockt.

James nimmt uns mit auf Patrouille in die Tier- und Pflanzenwelt der Lagune. Obwohl er Leiter der meteorologischen Station ist, fühlt er sich aus Neigung auch verantwortlich für den Schutz der seltenen Urzeittiere. Das Wetter auf Aldabra ist so konstant, daß es für einen Wissenschaftler eigentlich kaum eine ausfüllende Beschäftigung bietet: Pünktlich im Januar kommt mit dem Nordwestmonsun der Regen, ebenso zuverlässig verschwindet er wieder im Mai. Auch sonst gibt es nicht übermäßig viel Abwechslung. „Nur die paar Yachten, die das Atoll anlaufen“, sagt James. „Und alle drei Monate kommt das Versorgungsschiff von Mahé herüber.“

Wie verbringt er die Zeit? Nun, James ist Experte in Sachen Riesenschildkröten geworden und so etwas wie ihre gute Fee.

„Am besten“, erklärt er, „kann man sie am frühen Morgen beobachten. So lange es noch kühl ist, kommen sie aus ihren Verstecken, um zu fressen. In der Mittagshitze verziehen sie sich wieder ins schattige Gebüsch und dösen einfach vor sich hin.“

Auf stattliche 120 Kilo Gewicht und anderthalb Meter Länge bringen es die größten der furchterregenden, aber denkbar friedfertigen Urzeit-Monster. Etwa zehn Eier legt ein Weibchen – ganz so vermehrungsfreudig wie ihre Verwandten zu Wasser sind sie nicht.

Mit unserem kundigen Führer gelangen wir zu den bevorzugten Versammlungsplätzen der Tiere, ausgedehnten Grasflächen, auf denen etwas Torfmullartiges in Haufen weit verteilt herumliegt: Schildkrötenkot. James nimmt in seiner bewundernswerten Tierliebe eine Handvoll Exkremente auf und führt sie wie ein Tabaksprüfer aus Virginia an die Nase. Dann werden sie unter kritischen Blicken sorgfältig zerbröselt. „Hier, seht mal: Grashalme, Blätter, Zweige – das kommt teilweise völlig unverdaut wieder raus.“

Ja, danke, schon gesehen. Uns interessieren die Schildkröten wirklich sehr, aber mit dem, was sie auf ihrem Gemeinschaftsklo hinterlassen, können wir Laien doch wenig anfangen.

„Früher einmal“, erzählt James, „waren sie auf allen Inseln des Indik verbreitet, bis der Mensch ihnen zu Leibe rückte.“

Die Seefahrer vergangener Zeiten hatten irgendwann herausgefunden, daß sich die Tiere bequem als lebendes Frischfleisch mit an Bord nehmen ließen, und auch die Menschen, die sich auf den Atollen ansiedelten, wußten sie als Leckerbissen zu schätzen. Es dauerte nicht lange, bis der Bestand erheblich dezimiert war. Durch das Kultivieren der Inseln wurde außerdem der Lebensraum der Schildkröten eingeschränkt. Kein geringerer als Charles Darwin legte sich deshalb im Jahr 1870 mit der Regierung von Mauritius an und verhinderte durch energischen Protest die Errichtung einer Baumschule und eines Sägewerks auf Aldabra.

Gegen die natürlichen Feinde der Schildkröten, die Kokoskrabben, konnte aber auch Darwin nichts ausrichten. Die großen Krabben kriechen nachts durch die Büsche und plündern die Gelege – aber das haben sie schon immer getan, ohne daß allein dadurch die Schildkröten ausgerottet worden wären.

1965 faßten die Engländer Aldabra als Standort für eine anglo-amerikanische Militärbasis ins Auge. Daß die Insel zehn Jahre zuvor zum Naturschutzgebiet erklärt worden war, scherte die Strategen dabei wenig. Es hagelte Proteste von Naturschützern aus aller Welt, die vermutlich ungehört verklungen wären, hätte nicht die Natur sich sozusagen selbst geholfen: daß Millionen Seevögel auf der Insel nisteten, gab letztlich den Ausschlag. Die Militärs verzichteten auf den Stützpunkt Aldabra – nicht aus Rücksicht auf die Vögel, sondern aus Sorge um ihre Flugzeuge. Zu schlechte Erfahrungen hatte man auf Ascension im Atlantik gemacht, wo Vogelschwärme häufig in die Triebwerke der Militärmaschinen gerieten.

Nun donnern die Düsenjäger statt dessen über die Insel Diego Garcia, auf Aldabra aber gedeiht in aller Ruhe ein paradiesischer Tiergarten. Die dichte Vegetation im Inneren bildet ein ideales Biotop für selten gewordene Vogelarten wie Silberreiher, Kormorane, Ibisse. Wir sehen sogar die Weißhalsralle – bräunlich und mit einem weißen Fleck am Hals –, einen Vogel, der nicht fliegen kann. Nur hier und auf Malabar konnte die Ralle überleben. Auf allen anderen Inseln landeten die knapp hühnergroßen Vögel in den Kochtöpfen, und was die Menschen nicht verspeisten, holten sich die von Schiffen ausgesetzten, wildernden Katzen. Zu leicht wird die Ralle ein Opfer der eigenen Neugier: Um sie zu fangen, schlagen die Inselbewohner nur zwei Holzstäbe aufeinander, schon rennt der Vogel vorwitzig aus dem Gebüsch, und sein Schicksal ist besiegelt.

Nicht weniger bunt als an Land ist auch das Leben in den kristallklaren Gewässern rund um das Atoll. Beim Tauchgang in den seichten Korallengärten (nicht weit davon fällt der Meeresboden in viertausend Meter Tiefe ab) drängt sich um mich ein neugieriges Volk in allen Regenbogenfarben – Barrakudas, Snapper, Süßlippen, Barsche von gut fünfzig Kilo! Mantas schweben elegant über mich hinweg. Mit der Tide lasse ich mich durch den Westpaß treiben, wo äußerst reger Verkehr in beiden Richtungen herrscht. Schildkröten paddeln mit unglaublicher Geschwindigkeit gegen den Strom aus der Lagune. Wieder einmal vergesse ich unter Wasser Raum und Zeit und erliege der Faszination der „dritten Dimension".

Handel und Wandel auf den Komoren

Grün, daß es den Augen wohltut – so präsentiert sich auf den ersten Blick die Gewürzinsel, deren Bauern die Früchte der Einfachheit halber auf dem Mittelstreifen der Autostraße zum Trocknen auslegen. Benzindüfte hin, Abgase her, auf dem heißen Asphalt scheinen sich die geernteten Gewürznelken am wohlsten zu fühlen.

Jean, Lehrer im Dienst der französischen Entwicklungshilfe, in dessen verbeultem Renault wir über diesen kostbaren Mittelstreifen der Küstenstraße fahren, ist Insider auf Anjouan. „Ihr werdet bald sehen", prophezeit er, „daß die üppige Vegetation leider falsche Tatsachen vortäuscht. Seht sie euch gut an. Wenn ihr wiederkommt, ist vielleicht nichts mehr davon übrig."

Seine düstere Prognose wird bald wahr. Je höher sich die Straße an den Bergen emporwindet, um so trostloser wird das Bild. Und auf den Höhen finden wir nichts als kahles, nacktes Gestein, keinen Baum, keinen Strauch.

„Diese Berge", erzählt Jean, „waren vor gar nicht langer Zeit genauso dicht bewaldet wie das Unterland. Und sie könnten es heute noch sein, wenn die Leute in ihrer Unwissenheit nicht jeden Baumstamm und jeden Zweig zu Kleinholz machen würden."

Erst jetzt fällt uns auf, daß die vielen Kinder am Rand der Straße alle große Reisigbündel auf den Köpfen balancieren. „Vor drei Jahren bin ich hergekommen", fährt Jean fort. „Damals konnten die Frauen und Mädchen noch im Umkreis von siebenhundert Metern um ihre Wohnstätten Brennholz finden. Heute müssen sie dreimal so weit gehen. Und bald finden sie überhaupt nichts mehr."

Die Folgen des radikalen Kahlschlags sind Erosionsschäden, die nicht mehr zu beheben sind. Bei starken Regenfällen wird die lockere Erde von den Bergen geschwemmt und von den Flüssen ins Meer getragen. Draußen, an den Korallenbarrieren, ist der Mutterboden wiederzufinden: Unaufhaltsam erstickt er das Riff unter Bergen von Schlamm – oder zumindest das, was von dem einstigen Korallenring noch übriggeblieben ist. Denn auch dort, am Riff, findet ein permanenter Raubbau statt.

Davon zeugen die eigenartigen Scheiterhaufen entlang der Küstenstraße. Bis zu zwei Meter hoch hat man Holzscheite aufgeschichtet, auf denen Kalkkorallenstöcke gebrannt und zu Baumaterial verarbeitet werden. „Wir haben ihnen ja vorgemacht, daß man in Steinhäusern leben muß", klagt Jean. So baggern sie die lebenden Korallen aus dem Meer und den Rest des geplünderten Riffs deckt der Schlamm zu. Was Wunder, daß mir hier beim Tauchen kein Fisch mehr begegnet.

Ob die Leute eines Tages begreifen, daß sie sich ihren eigenen Lebensraum zerstören? An Dach und Fundament gleichzeitig demontieren sie ihr Haus. Wie lange mag der Zwischenstock noch bewohnbar sein?

„Hör mal, Skipper, wenn wir hier länger bleiben, sieht es aber bald traurig für uns aus. Dann müssen wir die Reserven angreifen, ist dir das klar?"

Anhand geheimnisvoller Zahlenkolonnen hat die hauptamtliche Zahlmeisterin der SHANGRI-LA soeben festgestellt, daß die Lebenshaltungskosten auf den Komoren mit unserer Kalkulation nicht unter einen Hut zu bringen sind.

„An die Dollars gehen wir nicht ran", verkünde ich standfest, „dazu müßte es uns schon schlechter gehen."

„Na, dann laß dir mal was einfallen."

Tja, wovon leben die Leute zwischen Madagaskar und Ostafrika? Sie treiben Handel – was uns der Anblick des Hafenstädtchens Mudsamuda auf Anjouan gleich verriet. Ein bunter Markt beherrscht die orientalische Szenerie, ein Basar, auf dem eifrig palavert, gefeilscht und gekungelt wird.

„Können wir vielleicht irgendwas verkaufen?"

„Besseres", sagt die Bordfrau, „fällt mir auch nicht ein. Mal sehen, was sich finden läßt. Ausmisten ist sowieso längst fällig, wir platzen bald aus den Nähten."

Also kehren wir auf SHANGRI-LA einen mühevollen Tag lang alles von unten nach oben; der gesamte Hausrat wird handverlesen. Meine Güte, wo kommt das ganze Zeug bloß her? Nachdem das mobile Inventar etwa dreiundzwanzigmal von hier nach da und zurück geräumt worden ist, türmt sich am Ende eine Halde Ballast im Cockpit – alles, was wir an Überflüssigem in den verschiedensten Häfen erstanden haben: Ansichtskarten und Muscheln, Schnecken von Tahiti und Opossumfelle aus Neuseeland, auch Angelschnüre und Fischerkugeln aus einem Wrack und ein Haufen ältlicher Textilien. Zusehends verwandeln sich Schränke und Regale in adrett gefülltes Mobiliar, ein höchst nützlicher Nebeneffekt.

Ein ordentliches Schiff zurücklassend, schultere ich am nächsten Morgen den prall gefüllten Seesack. Auf geht's zum Markt! Links und rechts noch je eine schwere Plastiktüte, deren Grifflöcher sich bereits nach den ersten zehn Schritten riskant in die Länge dehnen . . . Schwitzend versuche ich, jede unnötige Bewegung zu vermeiden, da ich ja auch noch meinen Strohhut, unverzichtbar gegen Sonnenstich, auf dem Kopf balancieren muß; so erreiche ich den Basar flach atmend, gerade noch vor dem Zusammenbruch.

Kurz die Affenarme ausgeschüttelt, den Schweiß abgewischt und in die Hände gespuckt! Voll Spannung breite ich auf einer Wachstuchdecke meinen maritimen Flohmarkt aus. Und siehe da, das Angebot scheint der Nachfrage voll zu entsprechen! Innerhalb kürzester Zeit erfreut sich der SHANGRI-LA-Sperrmüll größter Beliebtheit, der Ramsch geht weg wie die sprichwörtlichen warmen Semmeln. Vergessen ist die Plage. Im Hochgefühl des Erfolgs feilsche ich um Groschenbeträge, versteigere an den Meistbietenden, animiere die Zögernden mit munteren Sprüchen und halte Vorträge über die Bürde des Lebens: der gelernte Levantiner. Helga macht Kasse und paßt auf wie ein Schießhund, daß die Einnahmen nicht gleich wieder im Publikum verschwinden. Das Volk drängelt sich um uns wie beim Winterschlußverkauf.

Leider frohlocke ich zu früh über meine kaufmännischen Talente. Denn schon naht aus heiterem Himmel die personifizierte Mißgunst, unbemerkt und aus dem Hinterhalt. Als eine unnachgiebige Hand sich gewichtig auf meine Schulter legt, fahre ich herum wie vom Donner gerührt. Ein amtliches Gesicht unter einer Uniformmütze schaut streng auf mich herab. Die Uniformjacke paßt dazu. Und eine energische, international verständliche Handbewegung verwirft mein argloses Tun. „Verboten! Papiere? Polizei!" Drei Worte nur, aber in Sekundenbruchteilen spult sich ein dramatischer Film vor meinem geistigen Auge ab: Unannehmlichkeiten, Verhöre, Einzelzelle oder – Gott bewahre – womöglich eine Geldbuße? In der verzweifelten Hoffnung, das Ärgernis abwenden zu können, raffen wir hastig die restlichen Ladenhüter zusammen. Ich schüttle noch gründlich die Decke aus, damit meine Komplizin diskret die Tageskasse beseitigen kann.

„Mitkommen zur Wache!“ Er meint es ernst.

Unsere Kundschaft ist plötzlich wie vom Erdboden verschluckt, dafür umringt uns jetzt eine respektlose Horde grölender Kinder. Ein Mordsspaß, wie die ertappten Sünder folgsam neben der Uniform hertrotten! Froh, wenigstens nicht in Handschellen abgeführt zu werden, haben wir wortlos beschlossen, keinen weiteren Ärger herauszufordern. Bloß nicht unnötig reizen! Vielleicht ist Polen noch nicht verloren, erfahrungsgemäß hängt alles von der richtigen Taktik ab ...

„Sieh mal, mon ami ...“ Weder sieht er, noch ist er ‚mon ami‘. „Ich konnte ja nicht wissen, daß das hier verboten ist.“

Schweigen. Na ja, so intelligente Ausreden hört ein Polizist alle Tage.

„Also, wirklich – wenn ich das gewußt hätte ... Schließlich ist es in anderen Ländern nicht verboten!“

Er stutzt. Immerhin eine Reaktion. „Das glaube ich nicht. Vorschriften gibt es überall.“

„Klar, mein Freund.“ Jetzt muß ich ihm recht geben, das wird ihm gefallen. „Ich kenne die Vorschriften. Aber du weißt doch, daß sie nur für neue Waren gelten, nicht für gebrauchtes Zeug! Second hand – nie gehört?“

Gott sei Dank, jetzt bleibt er immerhin stehen. Da mich der gute Umsatz bedeutend erleichtert hat, kann ich meinen Ausführungen mit beredten Gesten Nachdruck verleihen. Natürlich ist es keine böse Absicht, daß dabei meine Linke mit der blitzenden Armbanduhr ganz zufällig in sein Blickfeld gerät. Irgendeine Schwäche wird er doch haben ... Irre ich mich, oder sehe ich da im Auge des Gesetzes tatsächlich das erhoffte Glänzen? Wirklich, sein Blick folgt zweifellos mit wachsendem Interesse meiner Pseudo-Rolex, für die ich bei Tchibo achtunddreißig Mark auf den Tisch gelegt habe.

Jetzt oder nie! Ich presche vor: „Unser Mißverständnis, mein Freund, müßte doch irgendwie aus der Welt zu schaffen sein?“

Noch hält er sich bedeckt. „Wie meinst du das?“

„Also, paß auf – so’n kleines Mißgeschick passiert, wenn man fremd ist in einem Land. Sollten wir gegen die hiesigen Gepflogenheiten verstoßen haben, wäre es mir furchtbar unangenehm. Wir sind sehr dankbar für die großzügige Gastfreundschaft und möchten niemandem Probleme bereiten. Wie schön, wenn man auf verständnisvolle Menschen trifft! Wir sind dir zu Dank verpflichtet. Sei herzlich willkommen auf unserem Schiff – wir liegen dort hinten an der Pier ...“

Beiläufig halte ich ihm nochmals die ‚Rolex' unter die Nase. „Ich würde mich ja gern mit einem Gastgeschenk für deine Freundlichkeit revanchieren ...

Sein sekundenlanges Schweigen läßt mir das Blut in den Adern stokken. Sie fechten einen unsichtbaren, lautlosen Kampf aus – die Honorigkeit des Staatsdieners und seine ach so menschliche Unvollkommenheit. Er macht es sich nicht leicht. Schon sehe ich meine Taktik gescheitert und uns wegen Bestechungsversuchs im finsteren Verlies, da brüllt er unvermittelt los. Doch der Zornausbruch gilt keineswegs uns, sondern der Kindermeute, die wie eine Traube an uns hängt. Erschrocken stieben sie auseinander und drücken sich in die Häusernischen. Unerwünschte Zeugen sind damit beseitigt, und ohne weitere Zeit zu verschwenden, schlägt unser Gendarm den kürzesten Weg zum Hafen ein.

Ein Stein fällt mir vom Herzen. Leichtfüßig eskortieren wir unseren Fang zur Pier. Kaum an Bord, geht die schon angekratzte Beamtenehre ganz verloren. Arco, wie sich unser Freund und Helfer nennt, fordert unverzüglich seinen Preis. Wenn's weiter nichts ist? Einem guten Freund überlasse ich doch mit Freuden fast alles, was mir gehört... Arco macht denn auch ein Gesicht wie Ostern und Pfingsten auf einmal, als ich ihm gönnerhaft das gute Stück überreiche. Es war die vorletzte Armbanduhr aus unserem Reservelager, die Gefälligkeiten-Kiste hat sich allmählich geleert.

Von nun an lösen sich alle Probleme wie von selbst. Das staatliche Wohlwollen ist uns sicher. Am nächsten Morgen erscheint, von Arco beordert, ein Großhändler an Bord, eine Art Nachlaßaufkäufer. Erneut beginnt das Feilschen, Handeln, Abwägen. Der Kerl ist natürlich geübt in der Kunst, außerdem hat er so viel Zeit, daß wir mit dem Kaffeekochen kaum nachkommen. Auf jeden Fall aber sind wir den ganzen restlichen Krempel auf einen Schlag los, und der Pegel der Bordkasse zeigt einen recht erfreulichen Stand.

Natürlich eilt die Bordfrau schnurstracks zum Gemüsemarkt, um das eben Gewonnene ohne Verzug in Vitaminen anzulegen. Freundlicherweise läßt sie mir noch genug übrig, daß ich die Tanks vollbunkern kann.

Arco, der Arm der Obrigkeit, entwickelt sich zum anhänglichen Freund. Oft steht er zum Klönschnack auf der Fußmatte, und für uns geht von seiner Anwesenheit etwas Beruhigendes aus. Einen Verbündeten bei der Polizei zu haben, ist doch unbezahlbar. Wir werden sogar eingeladen, ihn daheim zu besuchen, eine Aufforderung, der wir selbstverständlich nachkommen. Und da tut es mir auf einmal gar nicht mehr leid um meine schöne Uhr. Denn die Behausung Arcos bescheiden zu nennen, wäre eine unzulässige Untertreibung. Von bestürzender Ärmlichkeit erscheinen uns die zwei winzigen Räume. Daß mit reichlich Plüsch so etwas wie Gemütlichkeit suggeriert wird, kann über die Armseligkeit dieser Unterkunft nicht hinwegtäuschen. Da Arco Staatsdiener ist, dürfte sein Elendsquartier aber noch komfortabel sein im Vergleich zu anderen ‚Wohnungen' auf dieser Insel... Schlagartig wird uns vor Augen geführt, was das heißt: in einem Land der Dritten Welt zu leben, abhängig zu sein von ‚Entwicklungshilfe', von den Brosamen, die vom reich gedeckten Tisch der wohlhabenden Nationen fallen.

In seinem Schuppen zeigt uns Arco eine Pyramide gestapelter Säcke mit dem Aufdruck ‚Trockenmilch' – eines jener Hilfsgüter, die schon zum Symbol für die Unzulänglichkeit und das mangelnde Einfühlungsvermögen der Spender geworden sind. „Leider", sagt Arco, „ist unseren Kindern diese Nahrung nicht gut bekommen..." Denn bei der internationalen Hilfsorganisation, deren Namen die Sendung trägt, hatte wohl niemand einen Gedanken daran verschwendet, daß man den Empfängern auch die Verwendung des nichtssagenden weißen Pulvers erklären müßte... So haben die Kinder beim Kosten des staubigen Milchmehls nur schrecklich gehustet; die Säuglinge, von ahnungslosen Müttern damit vollgestopft, bekamen quälende Blähungen und Darmbeschwerden.

Schließlich kam zwar jemand auf die Idee, das Pulver mit Wasser anzurühren, es zu genießen, wagte aber niemand mehr. Und auch der Versuch, die weiße Flüssigkeit als Wandfarbe zu entfremden, scheiterte kläglich. „Nicht mal dazu taugt es was", sagt Arco kopfschüttelnd. „Wir können es nicht gebrauchen."

Das Angebot, von den Säcken so viele, wie wir wollen, an Bord zu nehmen, schlagen wir nicht aus. Das reicht für Pfannkuchen bis zum jüngsten Tag – Arco aber und die anderen Bewohner von Anjouan halten uns sicher für ganz schön blöd...

Leiche längsseits

An der Pier vor dem Point Yacht Club in Durban, Südafrika, schaukelt fast vollzählig der Indik-Jahrgang 1981. Der bescheidene Anlegesteg hat sich, als er gebaut wurde, einen solchen Andrang wohl nicht träumen lassen. Damit sich hier keiner unterprivilegiert fühlt, werden in gütlichem Einvernehmen wöchentlich die Plätze getauscht – mal muß man ‚wild' ankern, mal darf man an die Pier. Die beiden Katamarane in der Armada, KISKADE und SHANGRI-LA, genießen allerdings endlich einmal die ausgleichende Gerechtigkeit: Die sonst wegen ihrer Parkschwierigkeiten bedauerten und oft in die hintersten Ecken verbannten Mehrrumpfboote dürfen am Steg liegenbleiben. Das verdanken wir dem glücklichen Umstand, daß nur sehr flachgehende Schiffe bei Flut die knapp einen Meter tiefe Einfahrt passieren können. „Abwasserkanal" wird die kümmerliche Rinne allseits beschimpft, und zweimal täglich offenbart diese Bezeichnung ihre Richtigkeit. Dann nämlich, wenn die Ebbe den Schlick samt den ‚biologischen Rückständen' des Großraums Durban freigibt und die Sonne ohne Rücksicht auf menschliche Geruchsnerven die braune Kloake zum Dampfen bringt. Der ihr entsteigende Duft ist ebenso überwältigend wie der Anblick.

Andere Länder, andere Reize.

Ob die hygienischen Zustände exotischer Staaten daran schuld sind? Ich glaube es nicht. Die Gedanken, die mir in letzter Zeit durch den Kopf gehen, müssen subtilere Ursachen haben. Jedenfalls reift in mir ein Plan, der mich schon auf dem Indik mehr oder weniger heimlich beschäftigt hat: Ich möchte in ein Flugzeug steigen und einen Abstecher in die Heimat machen!

Allerlei wichtige Gründe fallen mir ein, die mich geradezu zwingen, möglichst bald nach Hause zu fliegen: Sollte ich nicht mit einem Verlag über ein Buch verhandeln, das die Weltumsegelung mit SHANGRI-LA zum Thema haben könnte? Filme und Fotomaterial müßten gesichtet, Artikel abgeliefert werden.

Ach, als ob es *das* wäre! Nein, Heimweh habe ich nach all den Jahren! Ich träume davon, Freunde und Familienangehörige wiederzusehen, ich befürchte, daß die lange Trennung Bindungen zerstört haben könnte.

Doch zunächst müssen wir wieder arbeiten, um über die Runden zu kommen – und erst recht, um ein Flugticket nach Hamburg bezahlen zu können.

Wie in vielen Häfen, liegt auch hier der Yachtklub mitten in der Stadt, am Pulsschlag des Geschehens, und wird täglich von zahlreichen Neugierigen besucht. Für Yachties wie uns, permanent auf der Suche nach lukrativer Betätigung, sind die sich daraus entwickelnden Kontakte von großem Wert. Irgend jemand ist immer darunter, der uns behilflich sein kann. Auch hier folgen dem obligatorischen Woher und Wohin wieder einmal diverse Einladungen, Parties, Gespräche. Freundschaften entstehen, und es dauert nicht lange, da sind unsere nächsten Jobs unter Dach und Fach.

Allerdings muß die SHANGRI-LA-Crew diesmal getrennte Wege gehen. Helga – sie hat mit Bravour den Hauptgewinn gezogen – schickt sich an, als Reiseführerin gutbetuchte Touristen durch Durban und Umgebung zu kutschieren. Derweil ist der Skipper nach Johannesburg engagiert, um für einen der neuen Freunde eine Yacht auszubauen. Meine Vermutung, daß das Boot nicht allein der Segelleidenschaft seines Eigners dienen soll, wird sich bald bestätigen. Mancher, der die politische Entwicklung in Südafrika realistisch betrachtet und ahnt, daß er als Weißer eines Tages die falsche Hautfarbe haben könnte, bastelt eben vorsorglich an seiner privaten Arche Noah und beginnt, seine Schäfchen ins Trockene zu bringen, so unauffällig wie möglich, versteht sich, denn Transfer von Kapital ist verboten.

Für mich werden es Wochen der körperlichen Ertüchtigung, in denen ich die Erfahrungen vom Bau der SHANGRI-LA nutzbringend anwenden kann. Mit sporadischen Lageberichten hält mich die Bordfrau über die Ereignisse ‚zu Hause' auf dem laufenden. So erhalte ich eines Tages auch folgenden Brief, der mich veranlaßt, bis zum Ende meines Jobs auf glühenden Kohlen zu sitzen:

„Gestern gab's siebzig Rand Trinkgeld", schreibt die andere Crewhälte. „Dafür mußte ich mir aber auch was einfallen lassen! Meine Gruppe wußte verdammt gut Bescheid, bei der reichten meine Standardsprüche über Natal nun wirklich nicht mehr aus. Was sollte ich machen? Hab' einfach über unsere Reise geplaudert – das kam an!" Bis zu dieser Stelle tut sie noch, als gäbe es weiter nichts zu berichten. Dann kommt's: „Tja, und sonst . . . Den Rest wollte ich Dir eigentlich lieber mündlich beibringen, wenn Du zurück bist. Aber bis dahin würde ich platzen. Also, dann halt' Dich mal fest – und nicht aufregen, ja? Es ist alles halb so wild, wie es sich anhört. Nicht daß Du denkst, mich kann man nicht allein lassen! Also: Letzten Freitag war ich mit Joe (kennst Du nicht, erklär' ich Dir später) zum Essen in der Stadt. Gegen Mitternacht komme ich an Bord zurück und denke, mir bleibt das Herz stehen! Wohin ich sehe – Sodom und Gomorrha! In allen Schapps ein einziges Chaos! Sämtliche Sachen wurden aus den Schränken gerissen und gleichmäßig verteilt; aber auch gar nichts war mehr an seinem Platz. Wir hatten also ungebetenen Besuch. Na, erst hab' ich mal tief durchgeatmet und dann Inventur gemacht. Ergebnis: Radio, Recorder, Walkie-talkie, Armbanduhren und Rechner weg. Aber das Geld haben sie nicht gefunden.

Natürlich hab' ich die Polizei gerufen. Für die war das weiter nichts Aufregendes, hatte ich den Eindruck. Sie reagierte so bürokratisch, daß ich mir keinerlei Erfolg ausrechnete und überzeugt war, die Anzeige landet im Papierkorb. Aber am nächsten Morgen kamen die Beamten wieder und holten mich ab! Stell' Dir vor, auf der Polizeiwache, da lag doch vollzählig unser Hab und Gut! Ich dachte, ich träume. Vier Bürschchen, nicht älter als vierzehn oder sechzehn, aus der Nähe von Johannesburg, waren von zu Hause abgehauen und in Durban auf Diebestour gegangen. Nachdem sie bei uns abgesahnt hatten, waren sie beim Einbruch in die nächste Yacht auf frischer Tat erwischt worden.

Soweit die Geschichte mit dem Einbruch. Aber denk' bloß nicht, daß das schon alles war. Ich hatte kaum Zeit, mich von dem Schrecken zu erholen. Heute morgen, gleich auf nüchternen Magen, kam's noch viel dicker. Ich klappe so gegen acht Uhr die Gangway auf die Pier – und traue meinen Augen schon wieder nicht: Da liegt ein Mann längsseits im Schlamm. Ich denke noch, er ist ausgerutscht, und warte, daß er wieder aufsteht. Aber der tut nichts dergleichen. Ich laufe also hinüber zu Chuck auf die ROSINANTE, Du weißt ja, er ist Arzt. Chuck guckt sich meinen Fund bloß kurz an und stellt lakonisch fest: tot.

Allmählich frage ich mich, womit ich das alles verdient habe. Die Polizisten mußten schon wieder zur SHANGRI-LA kommen! Sie guckten mich ziemlich merkwürdig an. Mit unserem Bootshaken haben sie den Toten dann herausgeholt: in den Gürtel gehakt und durchs Wasser zur Treppe gezogen (natürlich vor großem Publikum). Rauf auf die Trage, rein ins Auto – und weg. Die haben mir nicht eine einzige Frage gestellt, kein Verhör, gar nichts! Ist das nicht seltsam? Mir war ganz schön mulmig, ich hatte mit Unannehmlichkeiten gerechnet, denn immerhin hatte der Mann – sah übrigens aus wie ein Inder – deutliche Platzwunden am Kopf. Als sie einfach davonbrausten, hab' ich ganz tief Luft geholt.

Natürlich ging die Neuigkeit wie ein Lauffeuer herum: Jetzt auch noch ein Toter bei der SHANGRI-LA! Falls wir bisher nicht berühmt waren – jetzt haben wir's geschafft. Jeder grinst mich an und fragt: ‚Na, was hast du denn als nächstes zu bieten?' "

Ich lese Helgas Brief, bis ich ihn auswendig kann, und bin froh, als die Zeit gekommen ist, meine Sachen zu packen. Bei den nächsten Katastrophen möchte ich doch lieber zugegen sein.

„Laßt sie brennen, die Hure!"

Die Vereinbarung von Cocos Keeling, das bevorstehende Weihnachtsfest gemeinschaftlich zu begehen, wird von der ganzen Yachtie-Gemeinde mit einhelliger Begeisterung aufgenommen. Sofort setzt ein emsiges Planen und Vorbereiten ein und allerhand Werkelei unter Heimlichgetue.

Als Einsatzzentrale fungiert die britische Yacht WINDWAGGON, deren rühriger Skipper Clive die Gesamtleitung und den Einkauf auf sich genommen hat. Die Kalkulation, die Clive aufstellt, wäre einer Großküche angemessen. Offen bleibt nur noch die Frage: Wo hat die ganze Meute Platz? Da kommt einer auf die zündende Idee: „Leute, wir sind Segler, wir feiern natürlich auf dem Wasser! Die beiden Kats – das sind zusammen rund 150 Quadratmeter Decksfläche – müßten reichen." Also werden KISKADE und SHANGRI-LA mit viel Klimbim in Partyschiffe verwandelt.

Wir sind Segler aus vierzehn verschiedenen Nationen, die einträchtig und mit ansteckendem Eifer ein sicher ungewöhnliches Christfest gestalten. Ungewöhnlich bestimmt für uns deutsche Teilnehmer, denn das amerikanische Übergewicht in der Gruppe setzt die Akzente: Überall werden Hütchen und phantasievolle Kostüme hervorgezaubert, Ballons und sonstiges Karnevalszubehör. Unsere traditionellen deutschen Vorstellungen von Tannenzweigen, sanft schimmerndem Kerzenlicht, duftenden Bratäpfeln und Orgelklang müssen wir hier wohl vergessen. Doch der jüngste Yachtie-Nachwuchs sammelt sich mit Apfelbäckchen um Tante Helga von der SHANGRI-LA, denn die weiß, wie man hübsche Sterne und glitzernde Rauschgoldengel bastelt.

Mitten in unseren internationalen Advent in Südafrika platzt ein Hilferuf: „Feuer! Mad John brennt! Feuer bei Mad John!"

Wie eine gut trainierte Feuerwehr hechtet das halbe Seglerdorf in die Dingis und rudert in wilder Hatz zu Mad John. Der Typ ist aber auch immer für eine Überraschung gut! Bisher konnte sich noch niemand recht entscheiden, als was dieser weiße Rabe unter den Yachties nun eigentlich zu betrachten ist. Ein Asozialer? Ein Penner zur See? Ein Navigationsgenie – oder schlicht ein Lebenskünstler? Es wird behauptet, daß er nicht immer so ganz richtig tickt, aber mit Gewißheit läßt sich über Mad John nur eines sagen: daß er ein begnadeter Bierfabrikant ist und sein Boot die merkwürdigste Brauerei der Welt.

Jetzt scheint bei der Kokelei irgend etwas schiefgegangen zu sein, denn dichte Rauchwolken quellen aus dem Niedergang. Und was macht John? Selbstverständlich das, was der normale Mensch am wenigsten erwartet. Als kicherndes Bündel hockt er auf dem Achterdeck, höchst amüsiert in den Anblick des bedrohlichen schwarzen Qualms vertieft, der unaufhörlich aus dem Bauch seines Schiffes dringt. Ähnlich muß Nero beim Brand von Rom ausgesehen haben. Den Löscheinsatz versucht er mit theatralischem Armrudern abzuwehren: „Laßt sie brennen, die Hure, laßt sie nur brennen!"

Mann, das muß ja ein Teufelszeug sein, seine neue Biermarke.

Schon klatscht aus eilig gefüllten Pützen Seewasser übers Deck, gurgelt in den Niedergang, wo es heiß aufzischt. Irgendwer hat einen funktionsfähigen Handfeuerlöscher aufgetrieben und hält blind in die Kajüte hinunter. Während sich das versprühte Löschpulver mit dem Rauch zu gewaltigen Wolken vermischt, haut John sich in irrem Vergnügen auf die Schenkel und kann sich gar nicht mehr beruhigen vor Lachen.

„Junge, Junge“, hustet eine Stimme, „jetzt hat's ihn aber gründlich erwischt.“

Ich bin bloß froh, daß er die Wirkung seines neuen Gebräus nicht am Heiligabend an uns ausprobiert hat.

Das Feuer läßt sich bald unter Kontrolle bringen – Mad John nicht. Als sich sein Geisteszustand auch nach einigen Tagen nicht merklich gebessert hat, verständigen wir die Hafenbehörden und vorsichtshalber auch gleich das amerikanische Konsulat. Irgend etwas muß geschehen. Vielleicht können die Behörden für seinen Heimflug sorgen?

Doch soweit kommt es nicht. Eines Nachts ist Mad John verschwunden, ausgelaufen mit einer halb ausgebrannten Yacht. Oder etwa abgesoffen? Das Ausklarieren hat er sich jedenfalls geschenkt. Die Beamten nehmen's leicht, sind offensichtlich froh, daß sich das Problem ohne viel Aufwand und Mühe von selbst gelöst hat. Anstandshalber wird noch eine Suchmeldung abgesetzt, und dann geht man erleichtert zur Tagesordnung über.

Das Seglerdorf hat jedoch einige Gewissensbisse. „Ach, laßt nur“, sagt Clive, „Unkraut vergeht nicht. Dem passiert schon nichts.“

Ich bin da nicht so sicher. Doch soll sich tatsächlich nach gar nicht langer Zeit erweisen, daß einer wie Mad John nicht umzubringen ist. In Mosselbay entdecke ich am Bahnhof eine bekannte Gestalt, die einen Sack Kohlen von den Dampfloks zum Hafen hinunterschleppt: kein anderer als Mad John.

„Hallo, John, wie geht's dir denn?“

„Alles klar, alles klar!“ Er springt an Deck und kippt die Kohlen lose in den Niedergang. Nachdem sich die schwarze Wolke ein wenig verzogen hat, wage ich, ein Taschentuch vor dem Mund, einen Blick ins Innere. Es sieht genauso aus wie früher bei uns im Kohlenkeller, nur daß es hier auch noch so etwas wie eine Koje gibt, ein gräuliches, zerwühltes Nest; darüber ein paar rußverschmierte Regale mit einigen Büchern, die das Feuer verschont hat. Der Wohnbereich eines Seglers? Ich glaube eher, hier hat sich ein Bergmann unter Tage eingerichtet. Draußen an Deck ein wildes Knäuel aus Segeln, Tampen, Plastikkanistern, Autoreifen und Schläuchen, und obendrauf ein „ehemaliges“ Dingi. Grau herrscht vor in dem Stilleben. Nur die Außenwand der Yacht zeigt sich in Kontrastfarbe: Die eine Seite, wohl ehemals weiß, ist von hingeklatschten grünen Klecksen geziert, die in auslaufende Streifen übergehen, als hätte jemand den Rest Farbe aus dem Malpinsel gestrichen. Die Seite zur Pier hin muß erst kürzlich im selben Grün gestrichen worden sein. Dabei ist der Künstler allerdings in Zeitnot geraten, denn die kreisrunden Flächen der Autoreifenfender blieben ausgespart. Schweigend betrachte ich Johns „Yacht“.

„So kann ich natürlich nicht auslaufen“, bekennt der Skipper überraschend vernünftig. „Aber in einer Woche habe ich sie in Schuß.“

Spricht's und pickt mit spitzen Fingern sein Mittagessen aus der Ölsardinenbüchse.

Ich würde ein halbes Jahr brauchen, um aus dieser verräucherten Höhle wieder ein Schiff zu machen. Ob ich mich aber damit aufs Wasser wagen würde? Doch John, dieser Liebling der Götter, hat es bis hierher geschafft, und er wird es auch noch weiter schaffen. Viel später, in der Karibik, wird John noch einmal unseren Weg kreuzen: in bester Verfassung und mit einem rundum grünen, sauber aufgeräumten Schiff. In Durban hatte er nur gerade eine kohlschwarze Phase, so was kommt eben vor.

Kontraste zur Weihnachtszeit

Das Festkomitee hat ganze Arbeit geleistet. Noch nie hat unsere alte, weitgereiste SHANGRI-LA ein solches Ereignis gesehen wie diesen Weihnachtskarneval der vierzehn Nationen! Unter buntem Lampionschein, in einer Dekoration, die eher ein Vorgriff auf Silvester ist, schwelgen wir zwischen Truthahn und Fisch, knackigen Salaten und Bergen von Obst. Als Eiskübel für den Champagner dient ein ganzes Dingi; wie ein Igel sieht es aus mit den Flaschenhälsen, die aus den Eiswürfeln ragen. Angeheizt von einer eigens formierten Band, schlägt die Stimmung bald Wellen. Weihnachten als Tanzparty – wo steht denn geschrieben, daß unbedingt Pathos dazu gehört?

Auch ohne Glöckchenklang und Tannenbaumkerzen gibt es leuchtende Kinderaugen, strahlend beim Gedanken an die sehnlich erhoffte Taucherbrille oder den neuen Schnorchel, an Angelhaken, Legobausteine und Märchenbücher. Für die Erwachsenen aber bedeutet dieser Abend mehr als eine Weihnachtsfeier. Denn uns ist bewußt, daß dies zugleich der Höhe- und Schlußpunkt einer unvergeßlichen Zeit der

Zusammengehörigkeit ist. Wir nehmen Abschied. Wieder einmal wird sich ein Seglerdorf, eine Gemeinschaft auf Zeit, auflösen. Deshalb muß der Schampus auch dazu herhalten, die leicht zugeschnürten Kehlen zu entspannen. Ganz aber lassen sich Wehmut und Trennungsschmerz nicht verdrängen, wenn auch nach außenhin Fröhlichkeit regiert. Keiner nimmt das Wort Abschied in den Mund, doch es steht jedem ins Gesicht geschrieben, nur unzulänglich durch ein Lächeln getarnt.

Von hier aus werden wir uns zerstreuen in alle Windrichtungen. Die Amerikaner gehen zurück nach Florida oder in die Karibik, die Europäer über die Azoren nach England, die Australier und Kiwis Richtung Panamakanal. Die Hoffnung, daß wir uns irgendwo wieder begegnen, ist mit Zweifeln behaftet – und doch, haben wir nicht schon öfter die wundersamsten Zufälle erlebt?

Peter, unser Weihnachtsmann von daheim, läßt sich in diesem Jahr entschuldigen. Er hat sich entschlossen, seine Bodenständigkeit unter Beweis zu stellen und den Eigenheimbau voranzutreiben, statt zur SHANGRI-LA zu jetten. Schade, er hat uns immer einen trauten Abglanz gemütvoller deutscher Weihnacht mitgebracht.

Doch der alljährliche dicke Stapel Post läßt auch diesmal nicht auf sich warten. Alle haben an uns gedacht. Sollte ich vielleicht die Lieben zu Hause mit meinem Gruß gleich seelisch darauf einstimmen, daß ich möglicherweise eines Tages plötzlich vor der Tür stehe?

Einer der Briefe kommt von Walter aus Flensburg, meinem alten Spezi. Es ist ein Brief, dessen Beantwortung ich mir nicht leichtmachen kann, der mich zu einem Bekenntnis herausfordert: „Wie man hört, seid Ihr ja ganz begeistert von Südafrika. Wenn man bei uns etwas über das Land erfährt, dann eigentlich immer im Zusammenhang mit den Problemen der Apartheid ... Wie ist das denn nun? Irgend etwas müßt Ihr doch davon mitkriegen, das kann Euch doch nicht unberührt lassen?"

„Du hast recht, Walter", schreibe ich zurück. „Nein, man kann nicht hier sein, ohne davon berührt zu werden, ganz persönlich und unmittelbar. Und wenn ich bisher in meinen Briefen fast nur über Landschaften, Freunde und Jobs berichtet habe, dann nicht, weil ich die Augen vor den politischen Gegebenheiten des Landes verschließe. Es ist nur so unsagbar schwer – und vielleicht auch nicht zulässig –, als Gast, der nur einen Blick über den Zaun wirft, Stellung zu beziehen zu Dingen, die man in ihrer ganzen Tiefe gar nicht erfassen kann. Durchschaubar scheinen die Dinge immer nur aus weiter Entfernung – da läßt sich ja alles so leicht in Kästchen einordnen. An Ort und Stelle sieht es dann ganz anders aus.

Natürlich gibt es Länder, die man schon mit stillem Unbehagen betritt, vorbelastet durch fragwürdige Informationen. So war es in Argentinien, in Chile. Und wenn sich auch im Land selbst vieles bestätigt und man neue Einsichten hinzugewinnt, so scheue ich mich doch, meine Meinung laut auszuposaunen. Wie empfindlich sind wir Deutschen, wenn ein Ausländer uns zu beurteilen wagt. Vielleicht mit Recht. Denn was sieht ein Außenstehender schon? Und was sehe ich in Südafrika? Daß die Handhabung der Menschenrechte ein Skandal ist. An dieser Tatsache kann es nicht den geringsten Zweifel geben. Soweit bestätigt sich, was ich wußte, als ich herkam. Wie verwirrend aber ist das, was sich kein Außenstehender ohne eigenen Augenschein vorstellen kann! Du denkst, die Apartheid ist ein Problem zwischen Schwarz und Weiß? Auch ... Doch diese Sache ist so viel komplizierter, daß es schwer ist, überhaupt durchzublicken.

Südafrika ist die Heimat vieler Rassen: Inder, Zulu, Herero, Farbige, Weiße ... Und jede dieser Rassen teilt sich noch in verwirrend viele Gruppierungen auf, die untereinander wenig verbindet. So gibt es schwarze Bevölkerungsschichten, die einander nicht nur spinnefeind sind, sondern deren Verhältnis zueinander auch von Standesdünkel geprägt ist. Und ein Farbiger ist etwas ‚Besseres' als ein Zulu. Weißer ist ebenfalls nicht gleich Weißer – auch unter uns gibt es Gegensätze wie zwischen Finnen und Sizilianern.

Natürlich bleibt die Tatsache, daß eine kleine weiße Minderheit alle Rechte für sich beansprucht und die große Mehrheit der Bevölkerung ausbeutet und physisch wie psychisch unterdrückt – wenn sich auch ganz langsam ein Wandel anzubahnen scheint. Ob dieser Wandel aber so durchgreifend sein wird, daß die lange aufgestaute Ungeduld sich noch nicht in einer gewaltigen Explosion nackter Gewalt Luft macht – wer weiß das? Hier mit Gewalt Veränderungen schaffen zu wollen, das hieße mit Sicherheit, den vielen Fehlern der Vergangenheit mit einem neuen schweren Fehler zu begegnen. Jahrhundertelang angesammeltes Unrecht läßt sich eben nicht über Nacht aus der Welt schaffen. Die Apartheid ist wie eine Charakterschwäche, die sich von Generation zu Generation vererbt. Mancher erkennt und verurteilt sie – aber wer kann schon seine Schwächen so ohne weiteres ablegen?

Je mehr ich mich mit der Situation hier befasse, um so mehr Fragen türmen sich vor mir auf – und ich bin nicht geneigt, dafür eine einfache Antwort zu akzeptieren. Ich kann Dir nur sagen, daß mich die Konfrontation mit der Apartheid im täglichen Leben zunächst weniger geschockt als vielmehr heillos verwirrt hat. Bis Du rausgekriegt hast, wer was wo darf, hast Du auch schon alles falsch gemacht. ‚Whites Only' heißt es zum Beispiel im Restaurant oder an den Toiletten. Öffentliche Gebäude und Geschäfte: gemeinsam. Wohnen: getrennt. Internationale Hotels: für alle. Öffentliche Verkehrsmittel: wieder streng getrennt. Da ich das nicht so schnell lernte, bin ich natürlich prompt im Bus für Schwarze gelandet. Irgendwann aber mußte ich mir eingestehen: O Gott, ich habe mich daran gewöhnt. So schnell geht das, wenn man auf der ‚richtigen' Seite geboren ist. Aber mir ist klar: Wäre ich schwarz, nie würde ich mich daran gewöhnen ...

Helga fährt noch immer Touristen auf Fotosafari spazieren, während ich den lang gehegten Wunsch in die Tat umsetze: Ich packe für den Heimflug nach Deutschland.

Unversehens finden sich also meine Beine an einem kalten Wintertag auf dem Flughafen Hamburg-Fuhlsbüttel wieder – und sie scheinen ganz allein dazustehen, getrennt von mir, denn noch ist mein Kopf umwölkt von den Katernebeln der Feier von Durban, und mein Magen knetet noch die pappigen Sandwiches aus Johannesburg ... Wiederholt ertappe ich mich dabei, daß ich erstaunt herumfahre, wenn die Worte der Umstehenden an mein Ohr dringen: nicht zu glauben, wie viele Leute hier deutsch sprechen!

In der Ankunftshalle steht er vollzählig versammelt, mein ganzer lieber, so lange vermißter Anhang. Ich wechsle von einem Arm in den anderen, und alle Sorge fällt von mir ab ... Nichts hat den alten, gewachsenen Bindungen etwas anhaben können, nicht die lange Zeit der Trennung, nicht die großen Entfernungen und die Erlebnisse, die wir nicht teilen konnten. Die fest verankerten Beziehungen meines Lebens sind davon unberührt geblieben.

Am nächsten Tag schon sieht man den Heimgekehrten im alten Stammcafé sitzen und Lieblingstorten genießen: Marzipan, Schwarzwälder Kirsch, Käsesahne. Mit Gewalt paßt auch noch ein Stück Nußtorte obendrauf. Diese Unersättlichkeit läßt ahnen, daß da einer etwas nachzuholen hat.

Wenig später kann man mich schon als Brüllaffe im Volksparkstadion entdecken, natürlich in der Westkurve, lautstark den HSV unterstützend. Daß ich mit vorgestrecktem Hals bis zum Programmschluß vor dem Fernseher ausharre, ruft einige Verwunderung hervor. Das kannte man früher nicht von mir. Aber ich könnte sogar das Testbild bewundern.

Belustigt registriert meine Umwelt auch, daß Schaufenster mich unwiderstehlich anziehen. Ich studiere die Auslagen wie andere Leute ein weltbewegendes Kunstwerk in einer Gemäldegalerie. Und geradezu naiv kann ich mich freuen beim Bummel durch Lübecks enge Gassen, als ich frisch restaurierte Fassaden und Giebel entdecke. Mein Lübeck, das schönste Freilichtmuseum der Welt!

Ich bin heimgekommen, zurück zu meinen Wurzeln.

Während ich noch wie im Taumel das Wiedersehen mit meiner Vergangenheit feiere, wird etwas zur Gewißheit: SHANGRI-LA, meine Insel im Weltenwind, driftet nicht vor Treibanker dahin; nein, da wo sie erdacht, entstanden und beheimatet ist, liegt ihr Anker tief vergraben. Wohin sie auch treibt, dieses Band bleibt bestehen. Und was sie in Zukunft auch tun wird, es ist nur verständlich, wenn man die lange Ankerkette hierher zurückverfolgt.

Nachdem sich meine Wiedersehenseuphorie erschöpft hat (wie kann ein Südsee-Robinson nur so hingerissen vom trüb-winterlichen Norddeutschland sein?), kehrt langsam meine gesunde Nüchternheit zurück, und nach zwei Wochen bin ich schon fast wieder eingebürgert.

Als „der Weltumsegler – wir haben euch ja von ihm erzählt“ werde ich auf Parties herumgereicht, und jedermann versichert mir, wie „toll“ das ist, was ich so mache. Letztlich glaube ich es fast selber.

„Wie kommt dir denn alles so vor hier nach der langen Zeit?“

Tja. Eine Parklücke zu finden, scheint noch schwieriger geworden zu sein. Und sonst? Nach einiger Zeit stelle ich fest, daß daheim ein Wort in Mode gekommen ist, das ich hundertmal häufiger höre als jedes andere: „Problem“. Es gibt überhaupt nur noch Probleme. Und über die diskutiert man mit einer Verbissenheit, wie ich sie in den letzten Jahren an keinem Ort der Welt erlebt habe. Arbeitslosigkeit, Umweltverschmutzung, Kriegsgefahr. Gibt es all diese Probleme in anderen Ländern nicht – oder fürchtet man sich anderswo weniger? Deutschland scheint nur noch Katastrophenstimmung zu kennen, und zwar bis hinein in die persönliche Sphäre jedes einzelnen. Dazu diese Angst, daß etwas schiefgehen könnte mit der beruflichen Karriere, dem Wohlstand, den man auf Pump genießt, mit der Sicherheit für die Zukunft! Das war doch früher nicht so? Oder habe ich es nur nicht bemerkt, war ich damals zu sehr mit den gleichen „Problemen“ beschäftigt? Waren diese Gedanken, diese Debatten wirklich auch für mich einmal wichtig? Vielleicht nicht ganz so sehr – gäbe es sonst SHANGRI-LA? Ich weiß es nicht. Ich sehe nur, daß ich Mühe habe, für die Sorgen meiner Partyfreunde das rechte Verständnis aufzubringen.

Deutlich wird mir auch, daß das Vorzeigen von Imponiergütern in dieser Gesellschaft offensichtlich unerläßlich geworden ist, will man etwas gelten. Besitz gleich Glück – diese Formel scheint zum Dogma geworden zu sein. Schmerzlich vermisse ich den unkomplizierten Umgang der Menschen miteinander, wie er unter den Yachties selbstverständlich ist. Oder die offene Art, ohne jedes affektierte Getue, wie die Neuseeländer sie haben, denen es völlig fernliegt, sich auf irgendeine Weise zu verstellen, um mehr zu scheinen, als sie sind.

Doch es dauert nicht lange, da erwische ich mich dabei, daß ich mich schon wieder anzupassen beginne! Wie's der Brauch ist, knöpfe ich mich zu und übe mich darin, den Gefühlspanzer zu tragen, als Kälte- und Wärmeschutz. Schon gehöre ich wieder zu denen, die immer „keine Zeit haben", trage diese praktische Floskel als Abwehrschild vor mir her.

Nein, das will ich doch gar nicht! Und so lange ich es noch merke, ist nicht alles zu spät.

Als fremdartig und peinlich, ja grotesk, erlebe ich die Situationen in vollen Geschäften, Bussen, im Zahnarztwartezimmer. Wie kleine graue Kellerasseln kommen mir die Menschen vor. Da sitzen sie deutlich sichtbar – und scheinen sich doch verkrochen zu haben, schirmen sich sorgsam gegeneinander ab. Haben sie Angst voreinander? Haben sie nicht den Wunsch nach einer aufmunternden Bemerkung, einer lockeren Unterhaltung? Warum reden sie dann nicht miteinander?

Wie fehlt mir das spontane Aufeinanderzugehen, die offene Gesprächsbereitschaft, das fröhliche Lachen und ungezwungene Palavern der Tropenländer!

Nein, nicht meine Heimat hat sich verändert. Ich bin es, der ein anderer geworden ist.

02.00 Uhr: Kap Agulhas querab

Neben uns liegt die Ronsyl, beheimatet in Großbritannien. Bordwand an Bordwand, hoffen wir gemeinsam auf eine günstige Stunde. Denn alles hängt vom richtigen Timing ab, will man von Durban aus den glatten Absprung zum Kap der Guten Hoffnung schaffen. Zwei Windrichtungen sind charakteristisch für diese Küste und maßgebend für die Segelei: ein starker Südwest oder, wenn man Glück hat, ein ebenso starker Nordost. So lange es von Südwesten bläst, und das tut es viel zu oft und viel zu ausdauernd, kann man das Vorhaben vergessen. Es bleibt einem nur übrig, auf der Lauer zu liegen und die Anzeichen einer Flaute oder noch besser einer Winddrehung abzupassen. Denn auf der Strecke nach Kapstadt gibt es nur wenige „natürliche“ Häfen, deshalb muß man den Törn in größtmöglichen Sprüngen schaffen: etwa zweihundert Seemeilen pro Etappe.

Endlich ist die Chance da, und gleichzeitig mit der RONSYL machen wir eilends die Leinen los, Ziel: East-London, der nächste größere Hafen. Und nun soll sich zeigen, wie ungeheuer wichtig das Geschwindigkeitspotential eines Bootes sein kann! Wenn wir auch nie auf Rekorde aus waren – oft genug bummeln wir angelnd über die Meere –, so verfügt SHANGRI-LA doch über erhebliche Reserven, wenn es darum geht, Fahrt zu machen und einen günstigen Wind optimal zu nutzen. Auf diesem Törn nun müssen wir wieder einmal für ihre Fähigkeiten dankbar sein, denn knapp vor dem erneuten Einsetzen des Südwest erreichen wir East-London. Und gerade eingelaufen, hören wir die Meldung: „Yacht RONSYL mit gebrochenem Ruder nach Durban zurückgeschleppt!“ Sie haben es nicht mehr geschafft, die englischen Kameraden, waren zu langsam und sind dem Südwest voll in die Fänge geraten.

Fortuna bleibt uns auch auf den folgenden Etappen gewogen, doch es wird ein rauher Törn, auf dem es reichlich ‚staubt‘. Das von Helga geführte Logbuch, hier verkürzt wiedergegeben, bestätigt es:

Freitag, 2. 4. 82 East London

Zeit	Wind	Barometer	Segelführung	Bemerkungen
07.30		1025		Maschine an, Leinen los
08.00	SE 4	1025	Groß, Genua	Maschine aus, Wind sehr böig
15.00	ESE 6	1023	Genua	Groß geborgen, Genua ausgebaumt, See sehr grob, böig
20.00	E 7	1020	Fock I	Segelwechsel, Feuer Bird Isl. querab

Samstag, 3. 4. 82

Zeit	Wind	Barometer	Segelführung	Bemerkungen
00.00	E 7	1021	Fock I	Feuer Cape Recife querab
05.00	E 6	1020	Fock I	Feuer Cape St. Francis querab
06.00	E 4–5	1020	Genua, Groß	Setzen Groß und Genua, sehr hohe Dünung aus SE
20.00	E 2–3	1018	Genua, Groß	

Sonntag, 4. 4. 82

Zeit	Wind	Barometer	Segelführung	Bemerkungen
00.00	E 2	1017	Genua, Groß	Nebel
02.00	E 0–1	1018		Nebel, bergen Segel, Maschine an
06.00	Flaute	1018		Maschine aus, Nebel sehr dicht, treiben, Funkfeuer Mosselbay gepeilt
10.30	Flaute	1018		Maschine an, Zielfahrt
13.15				Vor Anker in Mosselbay. Hafeneinfahrt Mosselbay: Brecher in voller Breite über Luvpier. Im Hafen guter Schutz gegen vorherrschenden Schwell.

Mo. 5. 4. 82 bis Do. 8. 4. 82 Hafenliegezeit in Mosselbay

Freitag, 9. 4. 82 Mosselbay

Zeit	Wind	Barometer	Segelführung	Bemerkungen
08.00				Maschine an, Anker auf
08.30	SE 4	1021	Genua, Groß	Hafenausfahrt passiert, Maschine aus
10.30	SE 6	1021	Genua, Groß 1. Reff	reffen Groß, Flesh. pt. querab
15.30	SE 6-7	1019	Genua, Groß gerefft	konfuse See
17.00	SE 7-8	1017	Fock I	bergen Groß, setzen Fock I
19.00	SE 8	1016	Fock II	setzen Fock II, gewaltige Seen

Sonnabend, 10. 4. 82

Zeit	Wind	Barometer	Segelführung	Bemerkungen
00.00	SE 8	1015	Fock III (Sturmfock)	setzen Sturmfock, Riesenseen!
02.00	SE 9	1013	Sturmfock	Cape Agulhas querab – Indischer Ozean durchsegelt, zurück im Atlantik

06.00	SE 7	1011	Fock II	Segelwechsel, See beruhigt sich
10.00	WSW 2	1013	Genua, Groß	Segelwechsel, Wind dreht, flaut ab
16.30	WSW 2	1014	Genua, Groß	Cape Hangclip querab
18.00	Flaute	1015		Segel geborgen, Maschine an
20.50	Flaute	1017		Vor Anker in Simonstown. Hafen bei SE nicht geschützt, kleiner YC mit Duschen

Sonntag, 11. 4. 82 Hafenliegetag in Simonstown

Montag, 12. 4. 82

Zeit	Wind	Barometer	Segelführung	Bemerkungen
07.40	SE 1-2	1021	Genua, Groß	setzen Segel
10.00	SE 2	1022	Genua, Groß	Cape of Good Hope querab
13.00	SE 0-1	1022		bergen Segel, Maschine an
15.45				fest an Pier beim RCYC Kapstadt

Sie gilt als die große Schönheit, die Königin unter den Städten Südafrikas, vielleicht Afrikas schlechthin: diese eher unafrikanische Stadt am Fuße des Tafelberges, der so ausschaut, als hätte man ihm den oberen Teil waagrecht abgesägt. Zur Feier des Tages zeigt sie sich in strahlendem Sommerkleid. Doch das sonnige Bild simuliert nur afrikanische Temperaturen, täuscht optisch hinweg über den kühlen Lufthauch, der vom Wasser her durch die Straßen zieht. Der eisige Benguela-Strom, der, aus der Antarktis kommend, die Süd- und Westküste des Kontinents streift, beschert dem Kap der Guten Hoffnung ein Klima, das uns recht europäisch anmutet. Wir beschließen, den letzten Törn ganz schnell abzuhaken und uns etwas Gutes anzutun.

Entspannt dösen wir im Straßencafé in den Sonnenstrahlen und spülen das angetrocknete Salz die Kehlen hinunter. Doch gegen Abend werden zum erstenmal seit Tasmanien die wollenen Pullover hervorgekramt. Schön warm eingemummelt feiern wir „Karneval in Grönland". Die ungewohnte Kleidung hat uns an Grog erinnert – endlich haben wir wieder Grund, uns einen gepflegten Grog zu genehmigen. Und da man ja von einem noch lange nicht zwei warme Füße kriegt, wird es ein urgemütlicher Abend bei uns in Kapstadt.

In den folgenden Tagen rüsten wir für die Weiterfahrt. Das, was einmal Deutsch-Südwest genannt wurde, wollen wir unbedingt in Augenschein nehmen. Wir machen uns auf, in Afrika auf den Spuren dessen zu wandeln, was man früher als „Deutschtum" bezeichnete.

AUSGANGSKURS GEKREUZT – WELT UMSEGELT

Auf verwehten Spuren

Eine milchige Wand liegt über dem Benguela-Strom, die uns lautlos verschlingt. Sie umschließt SHANGRI-LA mit dicker nasser Watte, die uns zu beängstigender Blindheit verurteilt. Nie sind wir in eine derart dicke Suppe geraten! Gefangen in undurchdringlichen Schwaden, lauschen wir in die Nebelstille und sehen Gespenster im trübe wogenden Weiß-grau. Schmerzlich vermissen wir jetzt ein Radargerät. Nur durch Funkpeilung können wir uns vorsichtig an der Küste entlangtasten und ahnen höchstens, was sich hinter den Schleiern verbirgt.

Welche Erleichterung, als die Milchsuppe unverhofft wieder zu klarer Brühe wechselt! Plötzlich schwebt der Vorhang nach oben – und waagrechte erste Sonnenstrahlen tauchen die Erscheinung einer Stadt in goldenes Licht. Der Blick auf die Wüstenstadt Lüderitz ist frei. Die Geisterfahrt hat ein Ende!

Lüderitz ist einer dieser Namen, die auf dem Schwarzen Kontinent so merkwürdig deplaciert wirken. Die Ansiedlung sollte das Andenken des Bremer Kaufmanns Adolf Lüderitz wahren. Der Hansestädter aus einer anderen Welt, ein Sproß des kaiserlichen Deutschlands, hatte sich, von kolonialem Geist beseelt, zu Großem berufen gefühlt. Er wählte diese sandige Bucht als Sitz seiner Handelsniederlassung und brachte 1884 Reichskanzler Bismarck dazu, das Gebiet zwischen der See und den Dünen der Namibwüste unter deutsche Schutzherrschaft zu stellen. Fremde Länder ungefragt zu ‚beschützen', war ja auch schon damals üblich. Jahrhunderte zuvor, um 1488, als Hereros und Bantus noch ohne Adolf Lüderitz und deutsche Truppen auskamen, segelte der portugiesische Seefahrer Bartoloméu Diaz an dieser Küste entlang und fand sie so einladend, daß er ihr den Namen ‚Sand der Hölle' gab.

Als wir näherkommen, wirkt die morgendlich vergoldete Stadt verwelkt, präsentiert nur noch rissige Abziehbilder ehemals intakter Häuserfassaden. Friedhofsruhe schlägt uns entgegen, selbst im Hafen herrscht ungewöhnliche Stille. Nur ein paar Langustenfänger mit portugiesischer Kennzeichnung liegen hier vertäut. Sonst Leere an der Pier – bis auf eine kleine Knickspantyacht, die sich offenbar hierher verirrt hat. Wir verholen an ihre Seite, um uns nicht so einsam zu fühlen.

Augenblicklich taucht drüben auf der SÜDWIND eine Figur aus der Versenkung auf. Ein munterer, dunkelhaariger Teddybär erscheint: braune Knopfaugen in einem ansteckend lustigen Gesicht, das ist Rudi, ein Abkömmling der Seefahrernation Österreich. Ein Leuchten überzieht des alpenländischen Skippers Miene, als er der SHANGRI-LA ansichtig wird. „He, euch kenn' ich! Ihr seid doch die ... Seid ihr die nicht? ... Von euch stand einiges in den Seglerzeitschriften, stimmt's?"

„Und du – du mußt doch der sein mit dem Mastbruch am Kap und dem defekten Motor, und was war da noch?"

„Klar bin ich der!" strahlt Rudi entzückt. Ja, so ist das in der großen Seglerfamilie: Manche ihrer Mitglieder haben einander noch nie gesehen, dennoch kennt jeder jeden.

Rudi von der SÜDWIND – das ist kein anderer als ‚Katastrophen-Rudi'. Es heißt, daß er so ziemlich alle Negativrekorde hält, die sich ein Segler in den schlimmsten Alpträumen ausmalen kann. Was einem auf See auch an Widrigkeiten zustoßen kann – Rudi zieht jede Heimsuchung magnetisch an. Augenscheinlich hat er aber bis jetzt noch alles ganz gut überstanden.

„Schade, daß ihr erst jetzt kommt", bedauert er. „Ich laufe nämlich morgen schon aus. Hätte ja gern noch ein bißchen mit euch geplaudert. Aber wenn ihr auch nach St. Helena geht, dann sehen wir uns sowieso bald wieder."

„Machen wir, Rudi! Wir sehen uns auf St. Helena, alles klar!"

Am nächsten Morgen klopfen wir noch kurz an: „Tschüs, alles Gute!"

Während also Rudi seine Startvorbereitungen trifft, erobern wir mit Fotoapparat, Sonnenhut und Einkaufstasche den Ort Lüderitz oder besser das, was einmal Lüderitz gewesen ist ... Den Reiseführer vor der Nase, laufen wir wie die Pfadfinder durch ausgestorbene, sandgepeitschte Straßen. Man braucht nicht lange nach ihnen zu suchen, den Relikten deutscher Herrlichkeit. Alles gibt sich noch original teutonisch, wenn auch in einer für uns sonderbar altertümlichen Form. Es ist, als wären wir plötzlich in eine Zeitmaschine geraten, mit der man zurückreisen kann in die Vergangenheit: Die Apotheke heißt immer noch ‚Reichsapotheke', und dann ist da ‚Kapp's Ballhaus' und der ‚Männerturnverein'... Doch die meisten Gebäude stehen nur noch als leere Hüllen einer überholten Epoche da, leblos und überflüssig in verödeten Straßen.

Vor allem Diamantenfunde hatten einst Menschen angelockt und Lüderitz Blüte und Wohlstand gebracht – ein vergänglicher Rausch, von dem nur noch Schatten geblieben sind. Eine Ahnung einstiger Größe vermitteln die vernachlässigten Häusergesichter, von denen der sandige, heiße Wüstenwind die Farbe abtrennt. Lüderitz, zum Ruhme Deutschlands erbaut, ist nur noch ein matter Abglanz seiner selbst. Zwei verschlafene Hotels dösen vor sich hin, eine verlassene Walfangstation träumt von ihrer verlorenen Daseinsberechtigung. Wenn keine neuen wirtschaftlichen Impulse kommen – und durch welches Wunder sollte das geschehen, da selbst die Langustenverarbeitung rückläufig ist? –, dann wird nichts das Siechtum von Lüderitz aufhalten können.

Die hier noch ausharren, tragen großenteils deutsche Namen. Unvermeidlich läuft man ihnen in die Arme, den ‚Reichsdeutschen', die sich mit zwanghafter Beharrlichkeit als unsere Landsleute fühlen – und dabei ignorieren, daß sich die Welt seit Kaisers Zeiten weitergedreht hat. Einer, mit dem wir freundschaftlichen Kontakt bekommen, ist Adolf Neumann, Trans-Ozean-Stützpunktleiter, der hier vielleicht noch den unterhaltsamsten Job innehat: Er betreut die Yachten, die die Lüderitz-Bucht anlaufen; auch wir werden fürsorglich von ihm vereinnahmt.

„In den nächsten Tagen", sagt Adolf, „muß ich in die Wüste, zur Pumpstation, wo wir das Wasser für Lüderitz fördern. Ich bin dafür verantwortlich. Wenn's euch interessiert, nehme ich euch mit."

Uns interessiert alles, deshalb sind wir ja unterwegs. Also abgemacht. Wir wollen nur schnell noch Rudi verabschieden, denn der ist immer noch da.

An Deck der SÜDWIND sieht es mittlerweile aus wie in einem Erdbebengebiet. Rudi ‚bereitet' immer noch ‚vor' und scheint das Schiff zu diesem Zweck in seine Bestandteile zu zerlegen.

„Na, Rudi, wird das denn heute noch was mit dem Auslaufen?"

„Nein, nein... Vor morgen bin ich nicht weg. Da sind noch'n paar Probleme aufgetreten, die Segel, wißt ihr... Und am Motor ist auch noch 'ne Kleinigkeit zu tun."

Na denn. Wir betrachten nicht ohne Faszination die totale Konfusion auf der Südwind. Ob er sein Boot bis morgen wieder segelfertig hat? Gewisse Zweifel sind angebracht.

Mit Adolfs Allradgetriebenem brummen wir, eine beachtliche Staubwolke hinterlassend, aus der Stadt, immer entlang der Wasserleitung, die Adolf mit geübtem Seitenblick kontrolliert. So geht es weit hinaus in die Namib, eine der ältesten Sandwüsten der Welt.

Ein einfaches, sauberes Häuschen mitten in der Wüste kennzeichnet den Standort des Brunnens. Beim Betreten des Gebäudes sieht man gleich, daß das hier Adolf Neumanns Revier ist – das ganze Zimmer ist mit Segelschiffbildern tapeziert. Ganz in der Nähe fördert ein Dieselmotor das kostbare Naß aus der Tiefe der Namib. Kaum zu glauben, daß es in dieser Umgebung überhaupt Wasser gibt.

Die Wüste. Das ist eine ganz neue, fremde Erfahrung für uns.

In aller Frühe, lange bevor der Tag gleißend anbricht und die Sonne alles erbarmungslos ausglüht, noch im graublauen Morgenschatten, gehen wir hinaus in den Sand. Bis zu dreihundert Meter hoch erheben sich die gewaltigen Wanderdünen der Namib – die höchsten der Welt.

Welche Stille! Nichts an der Wüste ist eindrucksvoller als ihr Schweigen. Fast hält man den Atem an. Nur das Knirschen der eigenen Schritte und erschreckend das Echo des Sandes, den die Stiefel beim Gehen zurückwerfen... Das klingt, als würde einem jemand folgen. Unwillkürlich dreht man sich um... Nein, niemand, nichts – nur diese umfassende, hörbare Stille.

Wir stapfen hinauf zum Scheitel eines Hügels und setzen uns, zwei winzige Punkte in der Unendlichkeit. Stumm, in unwillkürlicher Ergriffenheit, schauen wir in die Weite der Namib. Eine Weite, wie sie auf See niemals zu sehen ist. Ein Bild, das betroffen macht wie ein unerwartet gewährter Blick in ein Gelobtes Land, jenseits aller Grenzen.

Fern am Horizont verschmelzen die Sandwellen mit einer noch nachtdunklen Hügelkette, und dort scheint der Himmel die Erde zu berühren. Losgelöst von aller Erdenschwere sitzen wir nur da und schauen; ein Gefühl der Befreiung ergreift uns. Nur die Einsamkeit, die Empfindung, das einzig Lebende in dieser sandigen Unendlichkeit zu sein, macht uns beklommen.

Und doch lebt die Wüste. Aber man kann es nur ahnen, denn das Leben zeigt sich nicht. Nur Spuren verraten die Existenz von Käfern und anderen kleinen Wesen – in den Sand gezogene Streifen und Muster. Und die wenigen hartnäckigen Gräser, vom Windhauch gebogen, zeichnen feine Stricheleien dazu.

Auf einmal kündigt sich ein Leuchten weit hinter den Hügeln an. Die langsam steigende Sonne beginnt ihr unvergleichliches Farbenspiel in den endlosen Wellen der Sandhügel. Aprikosenfarben entfacht sie Glut auf den Gipfeln der großen Wanderdünen, während die Senken noch silbrig kühl schimmern. Doch schon bald lodern die Flammen hell, greifen brennende Strahlen in jeden Winkel, jede Mulde.

Die Gestalt der Wüste wandelt sich, als die Schatten sich, alle Linien verwischend, auflösen und der Horizont zu einer vor Hitze zitternden, spiegelnden Täuschung wird.

Nur noch der weite Raum ist da, voll blendender Helle. Die Zeit haben wir vergessen. Erst als es unerträglich wird, als nur noch weißglühendes Flimmern uns umgibt, wird uns klar, daß es schon Mittag ist.

Zum Fuß der Düne zu gelangen, ist zum Glück keine besondere Anstrengung. Auf dem Hosenboden rutschen wir die weichen, pudrigen Hänge hinab und kehren zurück in die Welt, zu unserem Adolf Neumann, der noch in seiner Pumpstation beschäftigt ist.

„Eigentlich gibt's da überhaupt nichts zu sehen", meint Adolf, als wir an der Wasserleitung entlang zurückbrummen. „Da wohnt schon lange keiner mehr. Ein paar von den Häusern hat man wohl restauriert, aber da ist nichts los."

Trotzdem möchten wir, bitte, in Kolmannskop mal aussteigen, und Adolf tut uns den Gefallen.

Es ist wirklich nichts los in Kolmannskop, der alten Bergwerksstadt am Weg nach Lüderitz: eine Ansammlung Häuser ohne einen einzigen Menschen, aufgegeben, verlassen. Aber welch abenteuerliche Faszination geht von der schauerlichen Atmosphäre einer solchen Geisterstadt aus!

Einst wohnten hier die Angestellten einer Diamantmine, und so wie sie den Ort erbaut hatten, so ließen sie ihn verwaist zurück: mit Wohnhäusern und Schule, einem Postamt und sogar einem Kasino, dessen Theatersaal über eine weithin berühmte Akustik verfügte. Alles steht noch, einiges wurde aus nostalgischen Gründen wieder hergerichtet. Vor der Mine blieben ein paar Loren sich selbst und dem Rost überlassen.

Man ahnt, welch geschäftiges Treiben die Straßen erfüllt haben muß. Und wenn der Wind eine Tür in den Angeln knarren läßt und den Staub um die Häuser fegt, dann sieht man im Geiste Figuren sich bewegen – wie in den Kulissen eines Stummfilms. Doch die Lichter sind längst ausgegangen, alles ist nur noch Attrappe. Wenn der Wind schweigt, herrscht Friedhofsruhe.

Schon mit dem Ersten Weltkrieg und dem darauf folgenden Preissturz für Diamanten hatte der Niedergang der Stadt begonnen. Und der unermeßliche Diamantenfund weiter südlich an der Oranjemündung versetzte ihr schließlich den Todesstoß. 1956 verließ auch der letzte Einwohner Kolmannskop.

Einmal wird die Wüste sich den Ort zurückholen. Sie ist schon dabei, ihn langsam, Haus für Haus, zu begraben. Wir gehen durch einige schweigende Gebäude und treten in den Räumen schon auf Sand, den der Wind durch die Fenster hereingetragen hat.

Unwillkürlich denken wir an Lüderitz. Wie lange noch wird der Hafenstadt das Schicksal von Kolmannskop erspart bleiben? Es ist nur eine Frage der Zeit. Das Symbol seiner eigenen Vergänglichkeit hat Lüderitz direkt vor der Tür.

Katastrophen-Rudi

„Hallo, Rudi! Dir gefällt's hier wohl?“

Zurück an der Pier, finden wir den österreichischen Teddybär noch am alten Platz bei seiner Lieblingsbeschäftigung: In-die-Sonne-Blinzeln. Katastrophen-Rudi scheint den Kampf gegen das Chaos auf seiner SÜDWIND vorübergehend aufgegeben zu haben und läßt fünf 'ne grade Zahl sein.

Wir bleiben noch eine Woche Seite an Seite mit ihm und haben einen Mordsspaß. Wenn Rudi erst ins Erzählen kommt, bleibt kein Auge trocken. Von Tag zu Tag verschiebt er seine Abreise unter stets neuen Vorwänden. Auf SHANGRI-LA lautet der Guten-Morgen-Gruß schon: Na, welche Ausrede wird unser Rudi heute haben?

Als wir schließlich unseren Start auf den übernächsten Tag festlegen, Wasser und Diesel bunkern und anfangen, Lebensmittel heranzuschleppen, wird's prompt auch auf der SÜDWIND betriebsam: Rudi malt seinen Rettungsring an. Mit glänzender Lackfarbe, in Weiß und Signalrot. Was kann ihm jetzt noch passieren? Seine ‚Überlebenstonne‘ ist bereits weitgehend komplett, wird nur durch ein paar Kleinigkeiten, die noch mit Gewalt hineinpassen, ergänzt.

Mitten im Cockpit der SÜDWIND hat dieser für eine Yacht einmalige Ausrüstungsgegenstand seinen festen Platz: ein Hundert-Liter-Plastikfaß, das auf gut österreichisch ‚Survival-Container' heißt. Für den Notfall enthält die Tonne alle möglichen Delikatessen, unentbehrlich für einen Feinschmecker wie Rudi: ausgewählte Käsesorten, Müsli, Salami, an die zwanzig Liter Guajava-Saft („den mog i halt"), ein paar erlesene Weine und was man sonst noch für einen kultivierten Schiffbruch benötigt. Wie Rudi allerdings das Kunststück fertigbringen will, seine Tonne im Seenotfall in die Rettungsinsel zu hieven, das bleibt sein Geheimnis.

Aber mit dem, was unsereiner für Logik hält, darf man dem Rudi sowieso nicht kommen. Welche Maßstäbe man auch anlegt, für ihn haben sie keine Gültigkeit. Immerhin war es kein geringerer als Mad John, der den SÜDWIND-Skipper einen „wirklich ungewöhnlichen Segler" nannte.

Kurz vor unserem Auslaufen fliegen nebenan die Fetzen: Rudi geht in die Startlöcher!

„Gell, ihr nehmt mich doch mit? Ihr müßt mich rausschleppen!" Sein Motor ist nicht fertig geworden, und die SÜDWIND sieht immer noch aus wie eine Yacht, die Anstalten macht, ins Winterlager zu gehen. Fender, Tampen, Anker und Ersatzteile liegen in genialer Unordung an Deck verstreut, nur das Notwendigste verschwindet im Bunker. Unsere Bedenken kann Rudi überhaupt nicht verstehen: „Jo mei, auf See hab' ich doch jede Menge Zeit. Weshalb jetzt abhetzen mit dem Zeug? Das mach' ich nachher alles in Ruhe."

Als es soweit ist und wir die SÜDWIND am Schlepptau von der Pier wegziehen, muß jeder zufällige Beobachter annehmen, die Yacht gehe in die nächste Werft. Draußen entlassen wir unseren Schützling mit gemischten Gefühlen.

„Der hat bestimmt an jede Relingstütze einen Schutzengel gebunden", meint Helga, besorgt der SÜDWIND nachschauend. Doch unser Rudi winkt vergnügt und trompetet noch herüber: „Beeilt euch! Ich stell' schon das Bier kalt in St. Helena!"

Während er die Insel direkt ansteuern will, gehen wir noch zweihundertfünfzig Meilen weiter nördlich nach Walvisbay, um dann von dort über den Atlantik zu starten. Natürlich wird Rudi längst in Jamestown liegen, wenn wir auf St. Helena ankommen, jenem Pünktchen im Ozean, wo Napoleon einst in seine letzte Verbannung ging.

Als die SÜDWIND langsam achteraus sackt, bin ich doch ganz zuversichtlich, daß der konstante Südostpassat Rudi zu einer ruhigen Reise verhelfen wird. Außerdem ist er ja für alle Fälle gerüstet – selbst als

Schiffbrüchiger hätte er einen Abgang mit dem Standard eines Drei-Sterne-Restaurants.

Neun Tage nach Walvisbay erreichen wir das kleine Eiland im Südatlantik, das als günstige Zwischenstation an der üblichen Yacht-Route von Südafrika nach Brasilien liegt: St. Helena, von dem die Welt wohl niemals gehört hätte, wäre es nicht untrennbar verbunden mit dem Schicksal jenes Mannes, der – wie immer man zu ihm stehen mag – in entscheidender Weise europäische Geschichte gemacht hat.

Beim Einlaufen in Jamestown – die berühmte Bucht ist gespickt mit Wracks aus napoleonischer Zeit – interessiert uns allerdings nur die Gegenwart. Sofort halten wir Ausschau nach der SÜDWIND. Irgendwo muß sie ja sein, auch wenn wir sie nicht gleich entdecken können. Wir gehen an die Pier und suchen den Hafen ab.

Nichts. Keine SÜDWIND, kein Rudi. Nirgends der vertraute Anblick des müllübersäten Decks.

„Womöglich hat er inzwischen aufgeräumt", scherze ich, „und wir erkennen ihn deshalb nicht." Aber ganz geheuer ist mir die Sache nicht. Wir starten eine Straßenumfrage, in immer größeren Kreisen vom Hafen durch den Ort. Nein, niemand hat die SÜDWIND gesehen.

„Meinst du, er ist schon wieder weg?" sinniert Helga. „Vielleicht hat es ihm zu lange gedauert, auf uns zu warten."

Der Hafenkapitän muß es wissen. Doch wieder ernten wir nur ein Kopfschütteln. „Tut mir leid. Eine Yacht mit diesem Namen ist nicht registriert, war auch nicht hier, ganz gewiß nicht, das ließe sich feststellen."

Ratlos stehen wir auf der Straße. Wo mag Rudi bloß geblieben sein? Das Wetter war gut und dürfte ihm keine sonderlichen Schwierigkeiten bereitet haben. Uns bleibt nur noch eine Schlußfolgerung: aufgrund eines Navigationsfehlers hat Rudi die Insel verfehlt und ist gleich „durchgefahren" nach Südamerika; Brasilien ist ja auch viel leichter zu finden, da trifft man nicht so leicht daneben. Diese Erklärung scheint uns die wahrscheinlichste. Alles weitere Kopfzerbrechen hilft nicht. Aus dem Rendezvous wird eben nichts, und unser Bier müssen wir selber kaltstellen.

Eine Woche lang durchstreifen wir die vulkanische Insel auf den Spuren ihrer napoleonischen Vergangenheit – ein touristisches Pflichtprogramm, ohne das man diesen Ort unmöglich wieder verlassen kann. Um nach Longwood zu fahren, dem historischen „Kern" von St. Helena, mieten wir einen Landrover. Über schroffes, gebirgiges Gelände geht es hinauf zu jenem Haus, in dem der kleine große Korse die letzte Zeit seines Lebens verbrachte und starb. Gründlicher hätte man ihn kaum verbannen können, außer vielleicht an den Südpol. Diesmal wollte man sichergehen, es sollte für ihn kein Zurück mehr geben.

Das Haus ist heute ein Museum und das Grundstück im Besitz des französischen Staates, der die für seine Geschichte bedeutsame Stätte für die Nachwelt bewahrt. Sogar ein französischer Gouverneur wacht – in Nachfolge des Verbannten – über den einsamen Besitz: ein kleines, sehr kleines Stück der Grande Nation, bewacht von einem Gartenzaun.

Voll der bildenden Eindrücke, machen wir uns auf den Rückweg. In einer Serpentine parken wir und schauen über die rissigen Hänge erstarrter Lava, die zerklüftete Küstenlinie und das gleißende Wasser. Ein Ort von herber Schönheit. Aber für den Rest des Lebens?

„Gib mir mal das Glas", sagt die Bordfrau unvermittelt, um dann eine Weile bewegungslos aufs Meer hinauszustarren. „Siehst du, was ich sehe?" Ich sehe ein Segel in der Ferne.

„Guck mal durch."

Es ist noch ziemlich weit weg, aber das könnte er sein. Wir steigen ein und rasen zurück nach Jamestown. Gegen Abend ist die Yacht von der Mole aus deutlich zu erkennen – tatsächlich die SÜDWIND mit Rudi, dem Sorgenkind. Wo, um alles in der Welt, hat er sich die ganze Zeit herumgetrieben? Es gibt doch keine einzige Kneipe zwischen Lüderitz und Jamestown! Seit drei Wochen ist Rudi von Südafrika unterwegs, er könnte längst in Rio bummeln gehen!

Als sie näher kommt, steige ich ins Dingi und rudere der SÜDWIND entgegen. Doch Rudi scheint mich nicht zu sehen und macht auch nicht die geringsten Anstalten, den Hafen anzulaufen. Wenn er jetzt nicht seinen Kurs ändert, fährt er glatt an der Bucht vorbei! Ich pulle aus Leibeskräften, nur noch die Yacht im Auge, die mir wie ein Geisterschiff entgleitet. Die Strömung bringt mich in Schwierigkeiten, schon bin ich viel zu weit draußen in meiner Nußschale. Verdammt noch mal, was hat er denn?

„Rudi!" brülle ich hinüber. „Rudi! Komm her, Mensch!"

Er lebt. Ein brauner Wuschelkopf wird sichtbar. Rudi starrt zu mir herüber, als wäre ich eine Erscheinung. Und dann kommt die SÜDWIND endlich längsseits.

„Grüß dich, Burghard, komm an Bord!"

Völlig ausgepumpt klettere ich ins Cockpit und betrachte den Freund so besorgt prüfend wie ein Arzt seinen Patienten. „Mein Gott, Rudi, ist alles in Ordnung? Sag mal, du Pfeife, wo kommst du denn jetzt her?"

„Tut mir leid, daß ich mich verspätet hab'", sagt er mit dem unschuldigsten Gesicht der Welt. „Aber es ging nicht früher. Weiß du, ich war nämlich krankgeschrieben."

„Du warst – was?"

„Na ja – abgemeldet ins Lazarett. Mußte 'ne Woche das Bett hüten."

Da muß ich mich erst mal hinsetzen.

Also, es war so: Unterwegs ist ihm der Großbaum gebrochen, kleines Mißgeschick, na ja, und hat ihm wie nebenbei ein paar Rippen eingedrückt – worauf Rudi in der Koje verschwand und die Yacht eine Woche lang sich selbst überließ. Da hatte wohl einer seiner Schutzengel gerade gepennt. Den Kerl kann man eben nicht allein lassen.

Ich stoße aus Versehen gegen die Survival-Tonne: hohl! Wenigstens sein Appetit scheint nicht gelitten zu haben.

„Und wie geht's deinen Rippen jetzt?"

„Geht so. Wenn du mir beim Ankermanöver helfen würdest?"

Klar. Doch ehe ich zugreifen kann – wir sind auch noch viel zu weit vor der Bucht –, holt Rudi bereits in einem seiner plötzlichen Anfälle von Hektik den Anker heraus und schmeißt ihn mit schmerzverzerrter Grimasse über Bord. Es plumpst, und die Leine schlängelt sich hinterher. Es gluckst, und auch die Leine ist weg. „Ach, verflixt", sagt Katastrophen-Rudi, „war nicht festgebunden . . ."

Und dann muß die SÜDWIND nach Jamestown hineingeschleppt werden, so wie sie schon aus Lüderitz geschleppt wurde, denn natürlich funktioniert der Motor immer noch nicht. Vor Anker schwojt dort die Stahlyacht SITISI. Mary und John verkörpern mit drei Weltumsegelungen in zwei Jahrzehnten ein anderes Extrem. Still, bescheiden und unbemerkt von der Öffentlichkeit, segeln sie Hunderttausende von Seemeilen ohne besondere Vorkommnisse. Warum passiert ihnen nie Lebensgefährliches, Sensationelles, von dem andere so schillernd berichten? Nun, es sind halt gute Segler.

Doch Rudi ist ein Pfundskerl, ein enfant terrible und Farbtupfer in der Szene. Aber ehe dieser Spezialist noch weitere Schicksalsschläge auslöst, machen wir uns davon. Am nächsten Tag läuft SHANGRI-LA aus, zur letzten großen Etappe zurück nach Salvador.

Wale hautnah

Ein neuer Tag ist angebrochen über dem Südatlantik, meine Wache, die letzte der Nacht, zu Ende gegangen. Aus dem Salon, wo Helga eben den Küchendienst antritt, dringt das Klappern von Teekessel und Geschirr.

Es wird Zeit, daß ich mich seelisch auf die unvermeidlichen Frühstückspfannkuchen einstelle.

Noch drei Tage bis Salvador. Eingebettet in die Harmonie von Meer und Wind, im besänftigenden Gleichmaß des Südostpassats, gleitet SHANGRI-LA zum zweiten Mal auf ihrer Reise der brasilianischen Küste entgegen. Es ist ein Törn zum Entspannen: segeln und träumen, träumend segeln, schauen und denken. Angeln, Briefe schreiben ...

Die Pfannkuchen beginnen, mich in der Nase zu kitzeln. Also noch einmal gründlich recken und die durchwachten Stunden aus den Gelenken schütteln; bevor ich mich zur Futterquelle begebe, werfe ich den routinemäßigen Rundblick über den Horizont ... Aber diesmal komme ich nicht weit in meiner Drehung, nur von recht voraus bis Steuerbord querab. Dann vergesse ich das Atmen und erstarre zu Eis.

In fünf Meter Entfernung steigt eine Fontäne auf! Und noch ehe mein Denken wieder eingesetzt hat, erhebt sich so etwas wie eine Insel neben SHANGRI-LA: der gewaltige Rücken eines Wals!

„Helga!" Vor Schreck stoße ich nur ein heiseres Krächzen aus, das jedoch meine Bordfrau augenblicklich alarmiert. Sie stürzt aus der Tür, und sprachlos blicken wir die Erscheinung an, gebannt und viel zu ängstlich, um uns zu rühren. Unsere erste Begegnung mit dem Riesensäuger der Meere!

„Burghard", flüstert Helga dann so beklommen, als gelte es, den Besucher nicht zu reizen. „Der ist nicht allein. Sieh mal, da hinten ..."

Wale! Überall Wale! Das Wasser ist in wilder Bewegung. Sie laufen von achtern auf, etwa dreißig bis vierzig Stück! Es sind Tiere von gut fünfzehn Metern Länge – wenn sie wollen, können sie mit SHANGRI-LA Pingpong spielen! Mir rutscht das Herz in die Hose.

Neugierig und anhänglich wie Delphine schwimmen sie stundenlang längsseits, spielen Ringelreihen um unsere kleine rote Schaukel und begutachten sie aufdringlich von allen Seiten. Kreuz und quer tauchen sie unter dem Boot durch, wobei wir gespannt den Atem anhalten. Da einer unserer Rümpfe über ein Unterwasserbullauge verfügt, können wir beobachten, wie sie in nur einem Meter Abstand unter den Schwimmern vorbeigleiten ...

Sie scheinen SHANGRI-LA für ein lustiges Spielzeug zu halten. Einer macht sich den besonderen Jux, in Längsrichtung unter uns durchzutauchen, um sich mit sieben Knoten – genau unsere Fahrt – vor uns zu setzen. Offenbar hält er SHANGRI-LA für eine ziemlich lahme Ente, denn er zeigt bald stolz, daß er viel schneller schwimmen kann als wir. Davonstiebend verursacht er einen gewaltigen Strudel vor unserem Bug.

Sie haben uns voll in ihrer Gewalt, vermeiden es jedoch, das Spielzeug zu berühren. Unser erster Schreck hat sich gelegt, inzwischen haben wir zu Filmkamera und Fotoapparaten gegriffen. Wir verknipsen und verkurbeln, was an Filmmaterial noch vorhanden ist, um das seltene Ereignis festzuhalten.

Gegen Mittag scheinen die Wale das Interesse an uns zu verlieren; schließlich wird jedes Spiel mal langweilig, und wahrscheinlich sind wir ihnen auf die Dauer einfach zu langsam. Sie verschwinden so plötzlich in der Weite des Atlantiks, wie sie gekommen sind...

Alô, Salvador!

Drei Tage später sind wir da.

Fünf Jahre alt sind die Erinnerungen an unsere erste Bekanntschaft mit Südamerika – nun löst die Wirklichkeit sie ein. „Wir sehen uns wieder“, das war ein Versprechen, eine Absicht, eine Hoffnung – jetzt wird sie wahr. Zum ersten Mal erscheint eine Stadtsilhouette in der Kimm, die uns bereits vertraut ist, erstmals kommen wir *zurück*. Der Kreis, den SHANGRI-LA über die Weltmeere gezogen hat, schließt sich, die Runde um den Erdball ist vollendet.

Vor fünf Jahren war Luggi noch bei uns. Wir drei kamen als Fremde, als die „Neuen“ unter den Yachties, denen sich ein unbekannter Lebensraum erschloß. Heute kehren wir zurück als alte Freunde, als feste Mitglieder einer Gemeinschaft.

Es ist, als ob man einen wohlbekannten Film noch einmal sieht... Da stehen Elke und Werner an der Pier, als hätten sie die ganze Zeit hier gewartet. Immer noch sind sie für die Yachties unverändert aktiv, unermüdlich auf Achse, um zu helfen, wo Not am Mann oder am Boot ist. Und auch im Klub dieselben dienstbaren Geister wie damals, Namen, die einem geläufig sind, Gesichter, die Erkennen und Wiedersehensfreude zeigen.

„Da seid ihr ja, habt aber lange gebraucht!“

„Wann war das, vor fünf Jahren? Nicht zu glauben!“

Die Zeit ist ausgelöscht, als wären wir erst gestern hier gewesen. Man schaut sich um und glaubt zu träumen. Können denn die Jahre spurlos vergangen sein? Wohl nicht ganz... Wenn wir heute in den Spiegel schauen, ist doch etwas zurückgeblieben: etwas wie ein Brandzeichen, ein Stempel, geprägt vom Salzwasser, von peitschenden Stürmen und flammendem Wüstenwind, gehärtet in Sonnenglut und im eisigen Atem der Gletscher: Spuren des Staunens, des Begreifens.

Eigentlich direkt tröstlich, daß auch unser guter alter Iate Club do Bahia bei näherem Hinsehen gewisse Spuren der Zeit verrät; ein bißchen verludert sind die Gebäude inzwischen doch, der Lack ist ab – und nach ortsüblicher Art läßt man es dabei. Leger zu sein, ist nun einmal üblich in dieser Stadt.

Zur Zeit versteckt die alte Diva Bahia ihr chronisch vernachlässigtes Kleid unter einem grellen Überwurf von knalligem Gelb-Grün. Wohin man auch schaut, prangt sie in den Nationalfarben. Straßen und Plätze, Hochhäuser und Villen, Baracken und Buden – alles hat sich in Schale geworfen. Wir kommen gerade rechtzeitig zum größten Ereignis, das es im Leben der Brasilianer überhaupt geben kann: Die Fußball-Weltmeisterschaft ist ausgebrochen, der Super-Karneval!

Zwar tobt die Schlacht im fernen Spanien, doch kein Zweifel, der eigentliche Schauplatz ist hier! Wer in Sachen Sport wenig Ahnung hat, muß beim Anblick der euphorischen Stadt zu der Überzeugung kommen, der Sieg sei bereits errungen – was für die Bahianos auch fraglos der Fall ist. Der Gewinn des Pokals für Brasilien ist ausgemachte Sache, ein Frevler, wer daran Zweifel hegt. Brasilien gebührt nun einmal von Natur aus die Krone der Fußballwelt, denn Karneval und Fußball, diese beiden kulturellen Errungenschaften der Menschheit, sind schließlich Nationaleigentum.

Das runde Leder scheint sogar, jedenfalls äußerlich, alle Schichten der Bevölkerung zu einen. Gelb und grün leuchtet es an den Bürowolkenkratzern der City, von denen viele hundert Flaggen wehen. Gelbgrün und patriotisch zeigen sich aber auch die Favellas, die Elendsquartiere der Ärmsten, wo man aus Mangel an Fahnentuch einfach zu Pinsel und Farbe gegriffen hat: Alle Bäume tragen grelle Ringelsocken! Abertausend Wimpel schmücken die Auslagen der Geschäfte, Plakate dekken die Narben rissiger Fassaden zu. Bahia, die Heruntergekommene, ist eine Orgie in Gelb und Grün, den frühlingshaft-frischen Farben des Landes.

Überall stehen Fernsehapparate und davor Trauben von Menschen, zu jeder Tages- oder Nachtzeit. Selbstverständlich hat die Nation in diesen schicksalshaften Tagen arbeitsfrei. Und natürlich verfolgen auch wir die Scharmützel der Gladiatoren vor dem Klubfernseher, denn es wäre beleidigend, keine Solidarität zu zeigen. Wir glaubten, dieses Land, diese Leute schon zu kennen. Nichts wußten wir. Nichts von ihrer Begeisterungsfähigkeit, ihrem patriotischen Enthusiasmus, ihrem überschäumenden Temperament.

Goooool!!! Tor!!! Ein einziger Aufschrei aus hunderttausend Kehlen weht durch die riesige Stadt, und dann unterstreichen unzählige Kanonenschläge dröhnend den erneuten Triumph drüben im alten Europa. Jedes erfolgreich absolvierte Spiel wird mit einem Siegeszug gefeiert. Die ganze Nacht strömen sie dann lärmend durch die Stadt, die Trios-Elettricos-Bands, die sich mit ihren röhrenden Verstärkeranlagen auf Lkws aufgebaut haben und mit Samba-Rhythmen die Stadt beherrschen, im Kielwasser eine tobende, tanzende, singende Masse Mensch. Die Samba – das andere Wort für Lebensfreude und Bewegung – ist die zweite Natur der Bahianos. Einer, so weiß ein Arzt im Klub zu berichten, ist tags zuvor bei der Fußballparty im Sambaschritt aus dem Fenster getanzt. Leider im zehnten Stock.

Gar kein so ungewöhnlicher Vorfall, wie man hört.

Und dann geschieht die Katastrophe. Am Ende der 14 Tage steht das Desaster fest: Italien schlägt Brasilien! Italien wird Weltmeister.

Ein Weltuntergang dämmert herauf. Lähmendes Schweigen legt sich über die Stadt. Und dann schlagen die Emotionen jäh um, großes Heulen und Zähneklappern setzt ein. Die Plakate werden von den Wänden gerissen; man zerfetzt in ohnmächtiger Verzweiflung die ganze Silvesterdekoration und verbrennt die gelb-grünen Fahnen, als wären es Farben des Feindes. (Jetzt ein italienisches Trikot anziehen und spazierengehen, denke ich, wäre wahrscheinlich die schnellste Art, Selbstmord zu begehen).

Zorn und Zerknirschung halten sich die Waage. Einige sehen aus, als hätten sie sich Asche aufs Haupt gestreut, wandeln im Trauergewand einher. Lächerlich? Aber wer von uns ahnt schon, für wie viele eine ganz persönliche Tragödie stattfindet? Im Flur des Hauses, wo Werner und Elke wohnen, hockt ein Mann mit vom Heulen verquollenem Gesicht; er sieht derart erbarmungswürdig aus, daß man nicht an ihm vorbeigehen kann.

„He, was ist mit dir, amigo?“

Er kommt aus einem Dorf weit außerhalb der Stadt. Arm ist er, sie sind dort alle arm. Aber zur Weltmeisterschaft wollte er das Geschäft seines Lebens machen. Neben ihm liegt in einem schäbigen Karton der Gegenwert eines ganzen Monatslohns, angelegt in gelb-grünen Hütchen, Papierschlangen, Girlanden und anderer Faschingsdekoration. Zur Siegesfeier wollte er die kostbare Ware verhökern: alles, was er besitzt, nun ist es wertlos. Er ist ein geschlagener Mann und sicher nicht der einzige. Selbst wer keinen materiellen Verlust zu beklagen hat, trägt schwer an der Niederlage. Und keiner schämt sich der Tränen, so wenig wie der junge Mann, der anderntags in der Reihe vor dem Bankschalter neben mir steht und das Heulen in seiner Fassungslosigkeit noch immer nicht lassen kann.

Emotionen zu unterdrücken, das halten eben nur wir für schicklich.

Der Weg ist das Ziel

Wie oft muß man ein Land besuchen, um unter seine Haut zu sehen? Haben wir in diesen Tagen des Taumels, der Exaltiertheit, einen Blick ins Herz Brasiliens, Lateinamerikas getan? Vielleicht. Haben wir diesmal die ganze Vielfalt seines Wesens erkannt, das Gefüge seiner bunt zusammengewürfelten Gesellschaft? Haben wir begriffen, wie all diese konträren Völkergruppen wirklich miteinander leben? Sicher nicht.

Ähnlich ist es uns wohl an den meisten Orten ergangen, die wir besucht haben. Was kann man begreifen, das man nur einmal gesehen hat? Nichts. Es heißt, alle Dinge haben zwei Seiten. Nur zwei? Welch eine Untertreibung!

Wir haben wahrhaftig vieles wahrgenommen in den Jahren mit SHANGRI-LA, aber verstanden vielleicht nicht einmal die Hälfte. Und ohne daß wir darüber diskutieren müssen, wissen wir, daß diese Reise nicht zu Ende sein kann, nicht hier und nicht jetzt – und sicher noch lange nicht.

Als nach erneutem Abschied Salvador schließlich wieder im Kielwasser hinter uns versinkt, ist mir längst klar, daß es ein Irrtum war zu glauben, ein bestimmter Ort, ein bestimmter Hafen müsse das Ende, das Ziel unseres Unternehmens sein. Am Anfang war alles so genau geplant: ein Kurs „von hier nach dort". Nun hat die Erfahrung, das Erlebte, den Plan korrigiert. Der Weg selbst ist das Ziel geworden. Und wir bleiben auf dem Weg, auf dem es noch unendlich viel zu entdecken gibt, Unbekanntes zu erforschen, bereits Liebgewonnenes zu vertiefen. Wir sind Seenomaden geworden – was könnten wir noch anderes sein? Sollen wir zurückkehren an Land, in unsere alte Lebensform, die uns fremd geworden ist? Kaum ein Vogel, der in die Freiheit entkommen ist, kehrt freiwillig in den Käfig zurück, es sei denn, der Hunger zwingt ihn dazu. Aber wir hungern nicht, so lange wir nicht darauf warten, daß uns das Paradies in den Schoß fällt. Wir jagen nicht einem Traum nach, sondern wir *leben* diesen Traum, der herrlich sein kann oder beklemmend, wie alle Träume.

Was uns auch noch erwarten mag, so viel ist gewiß: Wie in Salvador wird uns auch anderswo bereits Bekanntes, Vertrautes begegnen. Überall auf der Welt sind „Heimathäfen".

Die Weite des Atlantiks, die uns aufnimmt, ist nicht Leere, sondern Verheißung; sie verspricht neue Ufer, ein Korallenriff, ein unbewohntes Eiland, eine Stadt vielleicht, neue Gesichter und alte Freunde.

Und SHANGRI-LA wird immer unser Zuhause sein, das uns Wärme und Geborgenheit gibt. Wohin uns ihre Segel auch ziehen werden, wir sind glücklich auf unserer Insel im Weltenwind.

5. Auflage

ISBN 3-7688-0596-4

Fotos: Burghard Pieske
Umschlag: Siegfried Berning
Printed in Germany 1991
Gesamtherstellung: May + Co, Darmstadt